Als die Liebe auf die Welt kam

Zu diesem Buch

Welche Macht hat unsere Stimme? Wie groß ist unsere Chance, weit über hundert Jahre alt zu werden? Warum rauchen so viele Menschen? Was hat es mit dem Phänomen der Synästhesie auf sich? Die erstaunlichen Antworten auf diese und viele andere Fragen liefern 30 GEO-Reportagen, denen eines gemeinsam ist: das Thema Mensch. Sie handeln von der Wissenschaft des Lachens, von Geschwistern, die zu Rivalen werden, von den Rätseln des Körpers und der Psyche und von den Wundern der Medizin. Sie erzählen von neuen Dimensionen des Alterns, erkunden die Chancen des Gen-Zeitalters und erklären, wie Zellen und Synapsen etwas so Komplexes wie das Ich erzeugen können. Eine eindrucksvolle Sammlung von Geschichten rund um das Wunderwesen Mensch, die auf ebenso geistreiche wie unterhaltsame Weise Erkenntnisse vermitteln und zum Nachdenken anregen.

Peter-Matthias Gaede, geboren 1951 in Selters, Studium der Sozialwissenschaften in Göttingen, ist Chefredakteur von GEO. Zahlreiche Auszeichnungen.

Als die Liebe auf die Welt kam

30 Reportagen über den Menschen

Ein GEO-Buch

Herausgegeben von
Peter-Matthias Gaede

Piper München Zürich

Als GEO-Bücher liegen in der Serie Piper außerdem vor:
S. O. S. im Nordmeer (2770)
Frühstück in Timbuktu (2773)
Die Seele des weißen Bären (2898)
Wolf Schneider: Am Puls des Planeten (3161)

Ungekürzte Taschenbuchausgabe
Piper Verlag GmbH, München
Juli 2002
© 2000 Hoffmann und Campe Verlag, Hamburg
Umschlag/Bildredaktion: Büro Hamburg
Isabel Bünermann, Julia Martinez, Charlotte Wippermann
Umschlagfoto: Robin M. White/photonica
Satz: Dörlemann Satz, Lemförde
Druck und Bindung: Clausen & Bosse, Leck
Printed in Germany   ISBN 3-492-23519-0

www.piper.de

Inhalt

VORWORT 9

Innenansichten

IRENE VON HARDENBERG
Das Lachen: Scherz, Witz, Humor und tiefere Bedeutung 13

JOHANNA ROMBERG
Menschliches Versagen: Warum wir alle Fehler machen 23

UTA HENSCHEL
Geschwister: Zu Rivalen geboren 37

FRANZ MECHSNER
Traumforschung: Geschichten aus der Nacht 49

HANIA LUCZAK
Kinderpsychiatrie: Im Spital der taumelnden Seelen 61

FRANZ MECHSNER
Bewusstsein: Die Suche nach dem Ich 73

Fallgeschichten

JOACHIM E. FISCHER
Jeune-Syndrom: Das kleine Leben des Philippe S. 87

INES POSSEMEYER
Hirnstrom-Kommunikation: Leben von Geistes Hand 99

ERWIN KOCH
Multiple Persönlichkeit: Ich bin ich, und ich bin viele 113

KLAUS BACHMANN
Synästhesie: Wenn ich Worte höre, dann sehe ich
sie farbig geschrieben vor mir 123

OLIVER SACKS
Tourette-Syndrom: Vom Es besessen 131

Körperexpeditionen

JOHANNA ROMBERG
Stimme: Sprich, damit ich dich sehe ... 143

HELGE SIEGER
Biotop Mundhöhle: Seid verschlungen, Millionen ... 157

RAFAELA VON BREDOW
Blut: Urstrom des Lebens ... 165

ALBERT ROSENFELD
Haut: Viel mehr als eine Hülle ... 177

HANIA LUCZAK
Fett: Der Stoff, aus dem die Pfunde sind ... 187

Lebenswelten

ANDREAS WEBER
Biorhythmus: Und immer ist die Nacht zu kurz ... 205

HANNE TÜGEL
Berufskrankheiten: Auf dem Prüfstand –
Betriebssystem Mensch ... 215

HARALD MARTENSTEIN
Rauchen: Die fatale Lust ... 225

UTA HENSCHEL
Alternsforschung: Man lebt nur zweimal ... 237

HENNING ENGELN
Evolution: Als die Liebe auf die Welt kam ... 251

Klinikvisiten

JOACHIM E. FISCHER
Frühgeburten: Der Kampf um eine Handvoll Leben ... 263

ROBERT MCCRUM
Schlaganfall: Wettlauf gegen den Hirntod ... 275

MICHAEL O. R. KRÖHER
Arzneimittel-Test: Versuchskaninchen Mensch ... 285

HANIA LUCZAK
Herztransplantation: Das fremde Ding in meiner Brust ... 299

KLAUS BACHMANN
Neuromedizin: Der Griff ins Menschenhirn   303

STEFAN KLEIN
Neuroprothetik: Techno sapiens   315

HERMANN SCHREIBER
Grenzerfahrungen: Komm, schöner Tod   327

Visionen von gestern

ALBERT ROSENFELD
Biochemie: Schöpfung aus der Schale   337

STEPHEN S. HALL
Genom-Projekt: Der entschlüsselte Mensch   349

VOLKER STOLLORZ
Nachlese: Gentechnik im Rückspiegel   361

DIE AUTOREN   365

QUELLENVERZEICHNIS   368

Vorwort

Um das Jahr 2029 wird das menschliche Gehirn gescannt und in einem Computer dupliziert werden können – der Beginn eines chip-implantierten „ewigen" Lebens.

Visionen wie diese, von Ray Kurzweil in seinem 1999 erschienenen *Homo s@piens* niedergeschrieben, gehören zum Sound der Jahrtausendwende. Es ist ein Fanfarenklang mit weltumspannendem Echo, zusammengesetzt aus den Erfolgsnachrichten, die von allen Fronten der Erkenntnis schallen. In Humangenetik und Hirnforschung, in der Soziobiologie und der Evolutionspsychologie, in Computer- und Nanotechnologie, in Biophysik, Informatik und Robotik, heißt es, sei es angebrochen: das goldene Zeitalter der Wissenschaft. Die Ära der endgültigen Durchdringung letzter Lebensgeheimnisse, der endgültigen technischen Bezwingung der Welt, der Planbarkeit menschlichen Handelns.

Aus Klon-Schaf Dollys Wolle gestrickt, hängt schon ein Pullover im Londoner Science Museum; gleichsam ein Fetisch der Molekularbiologie. Aber erst das „Human-Genom-Projekt", die Entzifferung des genetischen Codes des Menschen, von dem sich die Forschung den Zugang zum „Buch des Lebens" verspricht, hat für Taumel gesorgt. Als neue „Bibel", als „Heiliger Gral" wird es gefeiert, und als revolutionäre Bedienungsanleitung für das Betriebssystem Mensch. James Watson, erster Leiter des Genom-Programms, jubelt im *Time Magazine*: „Früher glaubten wir, unser Schicksal läge in den Sternen. Wie wir heute wissen, liegt es in großem Maße in unseren Genen."

Das ruft auch jene auf den Plan, die von der Schaffung eines „cybernetic organism" träumen, der „Cyborgisierung" des Menschen und, parallel, der Menschwerdung der Maschine. Ganz so wie in Isaac Asimovs Science-fiction-Werk von 1976, in dem Andrew Martin, der Roboter mit der Seriennummer NDR 114, sich in ein autonom denkendes und fühlendes Individuum verwandelt, während sich umgekehrt die Menschen mit maschinellen Ersatzteilen ausstatten. Man trifft sich, sozusagen, im Einverständnis darüber, dass es nicht mehr länger Privileg des Menschen sein wird, „Ich denke, also bin ich" zu sagen – und nicht mehr länger Vorsprung der Maschine, nach mathematisch berechenbaren Gesetzen zu funktionieren. Und die neuro-biologische Forschung ist ja tatsächlich schon so weit, Nervenzelle und Chip zu fusionieren.

Das Versprechen, bald alles und jedes erklären zu können, die Suggestivkraft vermeintlich finaler Durchbrüche zur letzten Erkenntnis, überwältigen die Öffentlichkeit in bisher ungekanntem Maße. Für manchen Kritiker kündigt sich hier gar eine neue „Wissenschaftsreligion" an; ein Abschied von der eigentlichen Kardinaltugend der Wissenschaft: ihrer Skepsis den eigenen Ergebnissen gegenüber.

Vergleichsweise leise jedenfalls sind gegenwärtig jene Stimmen zu vernehmen, die vor einem allzu mechanistischen Menschenbild warnen. Aber es gibt sie; vom US-Amerikaner Jeremy Rifkin, der auf den immensen sozialen Sprengstoff einer Einteilung des Menschen in Geno-Typen verweist, bis zu Paul Virilio, der die besinnungslose Bevorzugung instrumenteller und digitalisierter Verfahren in einer Forschung kritisiert, die dabei womöglich vergesse, wem sie zu dienen habe.

„Menschen leben (…) immer in zwei Welten zugleich – als biologische Wesen in der natürlichen Welt und als Kulturwesen in einer Welt symbolischer Bedeutungen, die vor allem durch Sprache repräsentiert und durch Kommunikation vermittelt wird", schrieb der Frankfurter Professor für Rechtstheorie, Klaus Günther, kürzlich in einem Beitrag für die *Zeit*. Und genau dies ist das Leitmotiv auch der Wissenschafts-Geschichten im vorliegenden Buch. „30 Reportagen über den Menschen", die das Individuum als handelndes Subjekt verstehen, nicht als Funktion.

Die früheste der hier ausgewählten Reportagen ist 1982 in GEO erschienen, die aktuellste im Jahre 2000. „Als die Liebe auf die Welt kam" ist also durchaus auch ein Spiegel der in nur zwei Jahrzehnten gewonnenen Dynamik in der Erkenntnis vom Menschen. Vor allem aber illustrieren die Texte das Gewicht, das ein Medium wie GEO, einst als Magazin für Exotisches gestartet, seit langem nun schon den ganz diesseitigen Entwicklungen in Medizin, Psychologie und Gesellschaft beimisst. Denn ohne Zweifel: Im Zeitalter einer neuen „Biopolitik" aus Wissen und Macht haben sich die Massenmedien mehr als nur jener Nutzwert-Aufgabe zu stellen, die sich darin erschöpft, die jeweils neuesten Handy-Tarife oder Aktienkurse von Gentechnik-Firmen zu publizieren. Die Brisanz neuen Wissens ist evident, und damit auch die Frage nach der gesellschaftlichen Öffentlichkeit, die von der „Wissensfolgenabschätzung" nicht ausgegrenzt werden darf. Schon aber kursiert genau diese Befürchtung; die Furcht, dass noch größere

Teile der menschlichen Gemeinschaft den Kontakt zur Wissenschaft und zu Wissenschaftlern verlieren werden, je mehr sich deren Tun im Mikrobereich des kaum noch Sinnlichen abspielt.

Hier haben Medien für Mit-Wissen zu sorgen, auch für Geschichtsbewusstsein in der Rezeption von Wissenschaft. Und nicht zuletzt: Hier hat ein Magazin wie GEO angesichts der neuen Grenzsituationen und Dilemmata auch auf weniger prominenten Forschungsfeldern wie Pränataldiagnostik, Schmerztherapie oder der Definition des Todes jene „Kultur des Erzählens und Wertschätzens menschenfreundlicher Entscheidungen" in der Forschung zu leisten, die kürzlich von Wissenschaftlern im „Iserlohner Aufruf" für einen neuen Umgang mit dem wissenschaftlich-technischen Fortschritt gefordert wurde. Viele der in diesem Band versammelten Reportagen könnten ein kleiner Beitrag dazu sein.

Hamburg, im Juli 2000 *Peter-Matthias Gaede*
 Chefredakteur GEO

IRENE VON HARDENBERG

Scherz, Witz, Humor und tiefere Bedeutung

Für manchen sind Lachsalven eine höchst ernsthafte Angelegenheit: Emotionsforscher und Mediziner analysieren »Hahaha«-Frequenzspektren, messen Muskelzuckungen, kitzeln Probanden durch – und beginnen zu begreifen, warum es heilsam ist, sich kaputtzulachen.

Montclair, ein Städtchen am Rande New Yorks: Paul McGhee, einer der bekanntesten Verhaltenspsychologen der USA, geht eiligen Schrittes über die Glen Ridge Avenue. Der weißhaarige, hoch gewachsene Mann hat sich einen kleinen Elefantenrüssel umgebunden und setzt mir eine rote Pappnase auf. Nachmittagsvergnügen eines Lachforschers: Mal sehen, wie die Leute in Montclair darauf reagieren.

Auf der Post. Der junge Beamte schielt verstohlen auf McGhees graues Rüsselchen und sucht dann geflissentlich nach den verlangten Briefmarken mit Elefantenbildern. Seine Mundwinkel verziehen sich keinen Millimeter. „Wissen Sie, der Rüssel wächst mir nur bei Regen", erzählt ihm der Forscher.

Keine Reaktion. Todernst blättert der Beamte in den Marken mit Mammuten, Dinosauriern, Gorillas und Elefanten. Erst als sein Kunde vier Dollar hinblättert, huscht der Anflug eines gequälten Lächelns über das diensteifrige Gesicht. „Immer dasselbe", brummelt der Wissenschaftler beim Hinausgehen. „Kinder lachen am meisten über den Rüssel. Schwarze und Frauen auch häufig, aber weiße Männer ganz selten."

Draußen vor der Post winken ihm kichernd vor Vergnügen zwei schwarze Rasta-Ladys zu. Ein kleiner Junge im Kinderwagen starrt auf unsere Nasen, greift sich an die eigene, schaut noch mal und grinst. Ein schwarzer Polizist sagt feixend zu seinem Kollegen: „Naseweise Leute …" Nur ein Mann in Nadelstreifen schaut irritiert weg. Als Paul

McGhee schließlich die Treppe zu seinem kleinen Büro in der Church Street hinaufsteigt, erzählt er von einem Deutschland-Besuch: Im Stau auf der Autobahn vor Leipzig hätten die Mercedes- und BMW-Fahrer auch nicht gelacht, als er sie mit seinem Rüssel aus dem Wagenfenster anglotzte.

Warum hat uns die Natur etwas so Absonderliches wie das Gelächter mitgegeben? Warum hat der Mensch Humor und der Gorilla keinen? Ist das hektische Atmen gekitzelter Schimpansen eine Vorstufe des Lachens? Warum amüsieren sich nicht alle Menschen über das gleiche? Gibt es im Gehirn ein Lachzentrum? Macht Heiterkeit gar tatsächlich gesund, wie die Bibel behauptet? Lachen, „dieses kleine Problem", meinte einst der französische Philosoph Henri Bergson, „entzieht sich jedem, der es fassen will, gleitet davon, verschwindet, taucht wieder auf". Jetzt endlich scheinen Wissenschaftler dieses kleine Problem dingfest machen zu können.

Paul McGhee, der in den siebziger Jahren die Entstehung des Humors beim Kleinkind untersucht hat, ist einer der Pioniere der Humorforschung. Weltweit versuchen rund 200 Wissenschaftler – Psychologen, Neurologen, Linguisten, Stressforscher, Immunologen – dem Geheimnis des Lachens, des Humors auf die Spur zu kommen. Sie verabreichen ihren Testpersonen Lachgas, flößen ihnen Alkohol ein, spritzen aufputschendes Adrenalin oder bauen Kitzelautomaten. Japanische Wissenschaftler haben die Heiterkeit von Krankenschwestern untersucht, indem sie deren Gesichtsmuskeln mit Elektroden-Nadeln spickten und die Damen mit einem anderthalb Kilo schweren Gerät zur Arbeit schickten, das die Muskelspannungen maß.

Der Normalbürger lacht im Schnitt nicht mehr als 20-mal am Tag – allerdings: So ganz genau hat dies bisher noch niemand nachgezählt. Er lacht, wenn sein Chef auf der Bananenschale ausrutscht oder wenn er eine Million Mark im Lotto gewinnt. Er lacht, wenn er nervös ist, höflich sein will oder gekitzelt wird. Er lacht sogar, wenn er voller Angst auf der Achterbahn unterwegs ist. Und sollte er einmal ein Haschischpfeifchen rauchen, wird er vermutlich zumindest in Kicherlaune geraten.

Depressive lachen nie, Kinder aber mindestens zehnmal mehr als Erwachsene. Paul McGhee holt jedes Mal tief Luft und lacht lauthals, bevor er den Telefonhörer abnimmt – denn danach klingen die Stimmen freundlicher. Pygmäen lachen, bis ihnen die Knie weich werden und sie auf den Boden fallen.

Lachen ist ein derart fester Bestandteil unseres Lebens, dass wir leicht vergessen, wie merkwürdig es eigentlich ist, dass sich unser höchstes Vergnügen ausgerechnet mit spastischen Körperzuckungen und fanfarenartigen Laut-Salven kundtut. Ist Ihnen einmal aufgefallen, wie in einem Raum jede Konversation selbst durch das leise Stakkato eines verhaltenen Gelächters übertönt wird? Der Mann lacht mit mindestens 280 Schwingungen pro Sekunde, bei einer Frau sind es gar 500. Bei den Obertönen kommen selbst Opernsängerinnen nicht mehr mit, so schnell schwingt unsere Atemluft, wenn sie nach einem guten Witz mit 100 Kilometern pro Stunde aus dem Mund stürmt.

Das Zwerchfell hüpft, das Herz schlägt schnell. Die Pupillen werden groß, die Fingerkuppen feucht. Die Beinmuskulatur erschlafft und manchmal auch die Blase. Zwei Sekunden und sieben schnelle Hahahahahahahas lang – bis wie beim Dudelsack die Luft ausgeht und wir zum nächsten Hahaha neu inhalieren müssen. Melodie und Rhythmus des Gelächters sind bei den Menschen vermutlich so unterschiedlich wie ihre Fingerabdrücke. Lachen ist eine höchst individuelle Angelegenheit. Selbst Zwillinge goutieren selten dieselben Witze.

Kennen Sie zum Beispiel den aus Sigmund Freuds Scherz-Kiste?

Ein Mann greift bei Tische, als ihm der Fisch serviert wird, zweimal mit beiden Händen in die Mayonnaise und streicht sie sich in die Haare. Vom Nachbarn erstaunt angesehen, scheint er seinen Irrtum zu bemerken und entschuldigt sich: Pardon, ich glaubte, es wäre Spinat.

Haben Sie gelacht? Mögen Sie vielleicht auch die Blödeleien von Mr. Bean oder Friedrich Karl Waechters absurde Tier-Cartoons?

Dann sind Sie, würde Willibald Ruch sagen, ein typischer Nonsens-Liebhaber. Der Psychologe, der seit 15 Jahren die Korrelationen zwischen bestimmten Charaktereigenschaften und Witzvorlieben erforscht, würde weiter schließen, dass Sie mit hoher Wahrscheinlichkeit auch ein kreativer Mensch sind: neugierig, abenteuerlustig, fantasievoll, aber auch etwas egozentrisch und chaotisch. Menschen unter 25 Jahren sind häufiger so wie Sie als Menschen über 60.

Sind Sie tatsächlich so jung? Nein? Dann gefällt Ihnen vielleicht eher dieser Witz?

Ein Mann stürzt von einer Klippe und kriegt auf halber Höhe eine vertrocknete Baumwurzel zu fassen. Über dem Abgrund hängend, fleht er zum Himmel: „Ist dort oben jemand?" Aus den Wolken kommt eine tiefe, beruhigende Stimme: „Ja, mein Sohn. Lass dich fallen, und ich nehme dich auf." Der Mann schaut nach unten, denkt kurz nach und ruft dann: „Ist vielleicht noch jemand da?"

Der gefiel Ihnen besser? Anscheinend bevorzugen Sie Witze, die einen gewissen Sinn für Logik und Kombinationsgabe erfordern. Der Kabarettist Dieter Hildebrandt amüsiert Sie vermutlich mehr als der

Brachialkomiker Karl Dall. Wahrscheinlich schätzen Sie auch Ordnung im Alltag, sind gewissenhaft, zuverlässig, konservativ, wenn auch manchmal – pardon – etwas intolerant und dogmatisch. Willibald Ruch würde Sie als leicht „neurotizistisch" einstufen und tippen, dass Sie die wohlstrukturierten Gemälde von Albrecht Dürer lieber mögen als Picasso, Mozart-Menuette lieber als Keith Jarretts Jazz-Improvisationen.

Ruch hat ermittelt, dass über Witzvorlieben eines Menschen (liebt er Nonsens-Blödelei oder Logik-Witze – oder eine Mischung daraus?) auf einen eher kreativ-chaotischen oder gewissenhaft-autoritären Charakter zu schließen ist. Mit Witzen lässt sich laut Ruch womöglich selbst die Persönlichkeit von Berufsbewerbern unauffällig, aber unfehlbar testen.

Willibald Ruch, ein wohlbeleibter 41-jähriger Kärntner mit lustigen braunen Äuglein und dunklem Bart, arbeitet in Zimmer 29 des Instituts für Physiologische Psychologie der Universität Düsseldorf. Unter Kollegen gilt der Lach-Experte als Exot. „Ich habe nachgerechnet: Es gibt zehnmal so viele Arbeiten über Angst wie über Heiterkeit", erzählt er, während er zwischen Aktenordnern, Papierstapeln und vertrockneten Palmen seinen Stuhl in Position schiebt.

Rund 10 000 Menschen haben Ruchs Witzetests und ausgeklügelte Persönlichkeitsfragebögen bisher ausgefüllt. Das Ergebnis einer der jüngsten Befragungen (Stichprobe: 1277 Deutsche und 912 Amerikaner): Frauen lachen generell mehr als Männer, von 40 Jahren an werden die meisten Menschen ernster, und Amerikaner haben seltener schlechte Laune als Deutsche. Weshalb, weiß keiner.

Heitere Menschen, so zeigen Ruchs Versuche weiterhin, sind unter Stress widerstandsfähiger und optimistischer. Sie erinnern sich an lustige Erlebnisse doppelt so schnell wie Miesepeter, und Alltagsmühen verderben ihnen nach der Lektüre eines Cartoonhefts weniger leicht die Laune. Allerdings enthemmt der Alkohol sie seltener zum Kichern als sauertöpfische Menschen.

Der Emotionsforscher führt durch die langen Betongänge seines Instituts zu einem Versuchszimmer. Auf senfgelbem Sperrmüll-Sessel schauen sich normalerweise Testpersonen für sieben Mark Honorar pro Stunde Monty-Python-Filme an und tragen – heimlich von einer Videokamera durch einen Einwegspiegel beobachtet – ihre Gemütsregungen auf Fragebögen ein.

Ruchs Assistentin Gabriele Köhler baut vor mir ein weißes Tablett mit neun grauen Behältern auf. Ich soll die Gewichtsunterschiede feststellen und damit meine Sensibilität und meinen Sinn für Feinunterscheidung offenbaren. Nicht einfach: Der erste und zweite Behälter sind sehr leicht und vom Gewicht her kaum voneinander zu unterscheiden. Auch der dritte Behälter ist leicht. Zögernd hebe ich Behälter vier auf, doch da fällt meine Hand schwer wie ein Stein auf den Tisch zurück: Nummer vier wiegt etwa 20-mal so viel wie die anderen.

Ich lache laut los. Ruch grinst zufrieden: Ich habe das Geheimnis des Humors begriffen. „Komisch", so erklärt der Emotionsforscher, „ist alles, was nicht unseren Erwartungen entspricht": ein Tonnengewicht im Feinunzen-Test, ein weißhaariger Herr mit Elefantennase, der Ausrutscher auf der Bananenschale, eine unerwartete Pointe.

Ruch arbeitete während seines Grazer Studiums in den Semesterferien als Wachmann. Zwischen den nächtlichen Rundgängen las er in Sigmund Freuds Traktat über den „Witz und seine Beziehung zum Unbewussten". Das Büchlein brachte ihn ins Sinnieren. Der Wiener Psychoanalytiker glaubte, dass Menschen im Scherz lustvoll ihre Aggressionen abladen und ihre Triebe mit lüsterner und feindseliger Tendenz befriedigen würden: „Fast niemals erzielt der tendenzlose Witz jene plötzlichen Ausbrüche von Gelächter, die den tendenziösen so unwiderstehlich machen."

Ruchs systematische Befragungen lieferten indes Ergebnisse, die dem großen alten Mann der Seelenforschung widersprechen. Erfolglose Casanovas lachen nicht am liebsten über Blondinenwitze, prüde Blaustrümpfe kichern nicht am heftigsten über Schlüpfrigkeiten. Tatsächlich richtet sich die Intensität unseres Gelächters danach, wie gelungen der Überraschungseffekt einer Pointe ist – egal, ob über Ostfriesen, Manta-Fahrer oder Irre gewitzelt wird.

Wie kräftig wir allerdings loslachen, ist eine Frage des Temperaments. Wundern Sie sich also nicht, wenn beim nächsten Mal Ihr Gegenüber bei Ihren Scherzchen nur müde die Mundwinkel hebt. Als Phlegmatiker mag er Ihren Humor köstlich finden, wird aber nach Ruchs Erfahrungen selbst unter Lachgaszufuhr seine Gesichtsmuskeln kaum bewegen. Hippokrates hätte vermutet, dass es ihm einfach etwas an Blut fehle, einem der nach seiner Lehre wichtigsten vier Körpersäfte, der „humores".

Lachen und Humor: Sie geben aber nicht nur Aufschluss über das individuelle Temperament und die Persönlichkeitsstruktur eines Menschen. Sie machen auch Überraschungen zum Vergnügen. Sie entspannen, vertreiben die Sorgen, reinigen unser Gemüt.

Was nun die Heiterkeit mit den Körpersäften wirklich zu tun hat, erforscht der 54-jährige Immunologe Lee S. Berk an der Medizinischen

Hochschule von Loma Linda bei Los Angeles. Der Kanadier hat in aufwendigen Experimenten nachgewiesen, dass beim fröhlichen Lachen mehr Stoffe der körpereigenen Immunabwehr ausgeschüttet werden.

Zehn Medizinstudenten sitzen in Loma Linda vor einem Videogerät und johlen vor Vergnügen über einen Clown, der Wassermelonen mit einem Hammer zertrümmert und sein Publikum beschimpft. Am rechten Arm jedes Zuschauers hängt ein Katheter. Ein Arzt geht während der einstündigen Vorstellung mehrmals durch die Reihen und nimmt kleine Plastiksäckchen mit Blut ab. Im Labor wird mit komplizierten chemischen Tests die Konzentration einzelner Immunstoffe geprüft. Nach einem Rundgang durch das Labor, in dem rund 100 Männer und Frauen in hellblauen Kitteln an teuersten Apparaten versuchen, winzigste Mengen von Körpersubstanzen dingfest zu machen, erläutert Berk anhand von Grafiken und Tabellen das Ergebnis seiner bisherigen Forschungen.

Dazu bedarf es zunächst eines Mini-Kurses in Immunologie: Wenn Viren und Bakterien in den Körper eindringen, erkennen so genannte T-Zellen die Fremdkörper – das Immunsystem wird hochgefahren. Gleichzeitig aktiviert und koordiniert das hormonartige Gamma-Interferon die Produktion mehrerer körpereigener Abwehrstoffe: Diese Antikörper-Proteine greifen die Eindringlinge an, so genannte Killer-Zellen vernichten außerdem infizierte Zellen.

Das Ergebnis von Loma Linda: Bei rund 70 lachenden Testpersonen erhöhten sich in unterschiedlichen Versuchen die Werte von Gamma-Interferon, T-Zellen, Killer-Zellen und Antikörperstoffen im Blut. Selbst einen Tag später fanden die Forscher bei den Slapstick-Fans darin wesentlich mehr Immunstoffe als bei Vergleichspersonen, die lediglich einen langweiligen Film angeschaut hatten.

Die Ergebnisse aus der kalifornischen Wüste erregten Aufsehen und werden inzwischen auch von Untersuchungen andernorts bestätigt. Wie die Immunreaktion allerdings genau entsteht, vermögen Berk und seine Kollegen bisher nicht zu sagen. Entscheidend ist vermutlich die chemische Kommunikation zwischen einem kirschgroßen, entwicklungsgeschichtlich alten Gehirnteil, dem Hypothalamus, und der Nebennierenrinde.

Seit der Vorgeschichte der Menschheit sind unsere „Körpersäfte" sehr fein darauf abgestimmt, uns für physische Gefahren fit zu halten. Die Nebennierenrinde produziert deshalb unter anderem das Hormon Cortisol, das bei Stress Entzündungen hemmt, die Immunreaktion bremst und unseren Urahnen half, bei Überlebensgefahr in Sekundenschnelle alle Kräfte auf die Bein- und Armmuskeln zu konzentrieren.

Der moderne Dauerstress hält die Werte des Immunblockers Cortisol allerdings ständig über normal und schwächt die Kräfte. Lachen schafft Abhilfe: Das Gehirn signalisiert der Nebennierenrinde „Entspannung", und der Cortisolwert im Blut verringert sich, wie Berks Versuche zeigen, um beinahe die Hälfte.

Zwar feuern beim Witzehören und beim Lachen die 100 Milliarden Nervenzellen im Gehirn an den unterschiedlichsten Orten. Die Wege der Neuronenimpulse für Vergnügliches sind jedoch ebenso wie das Denken und die Erinnerung noch weitgehend unerforscht. Lachwissenschaftler sind gleichwohl von ihnen aufs höchste fasziniert.

Zum Beispiel Paul Ekman, der eine Flugstunde nördlich von Loma Linda an der University of California das Lächeln erforscht. Der ehemalige Militärpsychologe wurde in seiner Zunft berühmt, als er in seinem „Human Interaction Laboratory" auf einem Hügel San Franciscos an mehr als tausend Gesichtern akribisch das Spiel von 43 Gesichtsmuskeln bei Angst, Ekel, Überraschung, Ärger, Traurigkeit und Freude analysierte.

„Wir lächeln bei weitem nicht nur, wenn wir fröhlich sind", erklärt der freundliche ältere Herr vor dem Kamin seines kleinen Arbeitszimmers. Genüsslich spielt er einige der von ihm kategorisierten 18 Lächelvarianten vor: Das „gequälte Lächeln" auf dem Zahnarztstuhl, das „verächtliche Lächeln" des Snobs, das gekünstelt „höfliche Lächeln" der Mona Lisa, das Konversationslächeln als mimischer Ersatz für ein „mmh" in unserem Interview.

„Hunde wedeln mit dem Schwanz, Menschen lächeln", definiert Ekman. Doch nur ein einziges unserer 18 Standard-Lächeln sei – dem Schwanzwedeln gleich – Ausdruck spontaner Heiterkeit: Ekman tippt zur Illustration auf seinen Wangenmuskel, den *Zygomaticus major*, zieht die Mundwinkel symmetrisch eine Sekunde nach oben und kräuselt die Lidränder zu Krähenfüßchen. Nur der Wangenmuskel und *Orbicularis oculi*, der Augenmuskel, sind für den Ausdruck unseres Vergnügens zuständig. Selbst wenn das Gesicht eines Menschen ungerührt zu sein scheint, kann man – sollte er sich amüsieren – seinen Spaß im *Zygomaticus* messen: anhand minimaler elektrischer Impulse.

Im Mittelalter vermutete man den Sitz des glücklichen Lächelns und des Gelächters in der Milz, die im Englischen übrigens „spleen" heißt. Heute weiß man, dass bei Heiterkeit der Hirnstamm Impulse an die Muskeln aussendet. Menschen mit Verletzungen in diesem evolutionsgeschichtlich sehr alten Gehirnteil können deshalb nur noch bewusst „höflich" oder „gequält" die Lippen verziehen, nicht aber spontan, mit Krähenfüßchen um die Augen, lächeln. Patienten mit Verletzungen der Hirnrinde, in der sich unser bewusstes Denken abspielt, können hingegen ein aus dem Unterbewusstsein auftauchendes Lächeln nicht mehr unterdrücken. Verziehen sich entzückt ihre Lippen und Lider, breiten sich auch im linken Präfrontallappen des Gehirns hinter der Stirn elektrische Wellen aus. Dort rumort es generell bei positiven Emotionen.

Der Mimikexperte Paul Ekman und sein Freund, der Neuro-Spezialist Richard Davidson aus Wisconsin, wollten nun wissen, ob sich das glücklich-spontane Zucken hinter der linken Stirn auch künstlich auslösen ließe. Sie setzten 14 Studenten graue, mit Elektroden gespickte Lykrakappen auf und wiesen sie an, mit *Zygomaticus*-Heben und Krähenfüßchen ein typisch fröhliches Lächeln zu simulieren. Dann beobachteten sie die Veränderungen der Gehirnströme.

Das unerwartete Ergebnis: Beim gespielten Lächeln flackerten die Neuronen hinter der linken Stirn nicht weniger als beim spontanen. Anders gesagt: Wenn Sie heute Abend vor dem Spiegel mit Augen- und Wangenmuskeln ein Glückslächeln mimen, werden Sie sich auch ohne Harald Schmidt oder Hella von Sinnen fröhlicher fühlen, sich entspannen und vielleicht sogar Ihre Immunabwehr stärken.

„Niemand hatte das Versuchsresultat erwartet", sagt Paul Ekman. „Aber bei Emotionen sind alle Änderungen, von der Erinnerung bis zur Gestik, miteinander vernetzt. Vielleicht hätten wir für unseren Versuch nicht einmal das Lächeln gebraucht, sondern nur den Impuls, der dem Gesicht sagt, es soll lächeln."

Seine detailversessene Analyse des „stillen Lachens" ließ den 63-jährigen Professor auf eine weitere Merkwürdigkeit stoßen: „Lächeln erkennen wir schneller und aus größerer Entfernung – von bis zu 90 Metern – als jeden anderen mimischen Gefühlsausdruck." Selbst das Foto eines spontan lächelnden Gesichts bewirke beim Betrachter reflexhaft freudiges Zucken in den Wangen. Ekman folgert: Lächeln und Grinsen sind vermutlich ein Jahrmillionen altes Relikt der Evolution aus der Zeit unserer sprachlosen Hominiden-Vorfahren. Mit entwaffnender Freundlichkeit signalisierten sie einst dem Fremden schon von weitem: „Ich will dir nichts Böses! Erschlag mich nicht mit deinem Knüppel!"

Lachen aus vollem Hals hingegen folgt anders als ein Lächeln meist als befreite Reaktion auf eine Anspannung: beim Kitzeln, als Angstreflex während einer Achterbahnfahrt, nach dem konzentrierten Warten auf die Pointe eines Witzes. Auch darin sehen Experten ein Erbe der Evolution: Sie vermuten, dass unsere Urahnen nach lebensgefährlichen Kämpfen mit Tieren oder ihresgleichen ihren Körper instinktiv mit Gelächter lockerten und so ihre Immunabwehr wieder aufdrehten. Und vielleicht war ihr Hahaha auch ein Signal an die verängstigte Sippe im Versteck, dass eine Gefahr überstanden war – also ein Vorläufer der ersten Worte.

Lachen und Humor: Sie entwaffnen den Gegner und entspannen den Körper. Sie stärken die Abwehrkräfte, elektrisieren das Gehirn, stecken andere zur Heiterkeit an. Sie kommen aus der Tiefe des Unterbewusstseins, stillen seelische und vielleicht sogar körperliche Schmerzen.

Zurück in Montclair bei New York: Paul McGhee, der Patriarch der Lachforscher, doziert über die vertrackteste Frage seiner Zunft: Sind Lachen und Humor dem Menschen angeboren?

Der Verhaltensforscher rückt den Stuhl vor dem Computer zurecht, spielt nachdenklich mit der Elefantennase und nickt schließlich: „Ja, ich glaube schon, obwohl selbst Säuglinge je nach Temperament sehr unterschiedlich lachen."

Junge Hunde, Rehe oder Affen toben und spielen instinktiv, um so ihre körperliche Geschicklichkeit zu üben. Junge Menschen, so vermutet McGhee, trainieren nach gleichem Muster mit Humor und Witzen ihren Verstand: „Humor ist die logische Übertragung eines erweiterten Spielverhaltens auf die abstraktere Sphäre der Ideen." Neugeborene, so zeichnet er dann in ein Koordinatensystem an der Wandtafel ein, haben zunächst weder Ideen noch Humor. Im Schlaf lächeln sie zwar, „aber das sind lediglich Reflexe des unkontrolliert zuckenden Zentralnervensystems". Erst mit drei oder vier Monaten beginnen Säuglinge tatsächlich zu „grinsen", wenn sie das Gesicht von Mama, Papa, Oma oder Brüderchen sehen: Das Erkennen einer Gesichtsform strengt das sich langsam entwickelnde Gehirn noch so sehr an, dass die Babys sich danach instinktiv mit einem Lächeln entspannen.

Der aktive Humor – Paul McGhee setzt einen dezidierten Strich in seine Altersskala – artikuliert sich erst in der ersten Hälfte des zweiten Lebensjahres. Das menschliche Gehirn formt in dieser Phase zum ersten Mal abstrakte Symbole, und Kleinkinder verdrehen im Kopf endlos neu begriffene Bilder und Vorstellungen. Sie putzen sich, quietschend vor Vergnügen, mit dem Bleistift die Zähne, telefonieren mit dem Suppenlöffel und sagen – triumphierend über die Möglichkeiten ihres Geistes – zur Mama kichernd „Papa". Bis mit ungefähr drei Jahren die Erkenntnis erneut einen Sprung macht. Jetzt verbinden die Kinder mit den Dingen nicht mehr nur schemenhafte Symbole, sondern auch Eigenschaften. Jetzt finden sie es überaus lustig, den Anblick des Hundes mit „Miau miau" zu kommentieren – eine Verdrehung, zu der sie zuvor noch nicht fähig gewesen wären.

Schließlich, mit sechs Jahren, rückt die Vervollkommnung der Sprache ins Zentrum des Humors: Von den Kanuri-Kindern in Nigeria bis zu kleinen Berliner Steppkes blödeln alle Kinder mit Wortverdrehungen, Ulkrätseln und endlosen Reimen. Zum ersten Mal werden die Erwachsenen mit Streichen von ihrem Thron als Übermenschen enthoben; mit Popo- und Pipiwitzen attackieren die Kleinen Tabus. Bis zum zwölften Lebensjahr verfeinern Kinder parallel zur Ausbildung des Abstraktionsvermögens ihren Geist mit immer komplexeren Witzen. Dann, McGhee macht wieder einen Strich auf die Tafel, ist die intellektuelle Entwicklung abgeschlossen – und die humoristische.

Kinder, die daheim wenig zu lachen haben, seien merkwürdigerweise häufig humorvoller als ihre wohlbehüteten Klassenkameraden. Erstgeborene lachen, wie Versuche zeigen, gewöhnlich häufiger als ihre mehr verhätschelten Geschwister. Und viele Komödianten – wie etwa der Hollywood-Star Tom Hanks – erklären ihre ersten clownesken Auftritte als Überlebensstrategie in einer glücklosen Kindheit.

Von 14 Jahren an – McGhees Kreidekurve zeigt nun steil nach unten – fällt der überbordende kindliche Instinkt für Ulk und Späße sehr schnell wieder in sich zusammen. Schon mit 30 Jahren geben sich rund fünf bis zehn Prozent der Bevölkerung wieder so ernst, dass sie mit Woody Allen sagen könnten: „Die meiste Zeit habe ich kaum Spaß und den Rest der Zeit gar keinen."

Genau solchen Menschen, denen der Alltagsstress jegliche spielerischen Impulse ausgetrieben hat, versucht Paul McGhee seit einigen Jahren mit Vorträgen und Büchern zu einem heiteren Weltbild zu verhelfen. Meist, so beobachtet der Wissenschaftler interessiert, sind seine Zuhörer besonders zielorientierte, pflichtbewusste, fleißige, gar ängstliche Zeitgenossen. Steuerbeamte, Notruf-Telefonisten, Manager, Krankenschwestern, Krebspatienten.

Der Professor rät ihnen, einmal wieder ein Buch mit Comics anzuschauen, mit den Kindern zu blödeln oder sich eine rote Nase aufzusetzen. Er will ihnen zeigen, wie sie das Spielerische der eigenen Kindheit zurückgewinnen können, Distanz zu den Alltagssorgen schaffen und sich lachend regenerieren. McGhee zitiert eine einst kühn anmutende These des englischen Philosophen Bertrand Russell: „Lachen ist die billigste und effizienteste Wunderdroge – eine universelle Medizin."

JOHANNA ROMBERG

Warum wir alle Fehler machen

*Auf uns Menschen ist kein Verlass. Wir
fahren Autos zu Schrott, lassen Züge entgleisen,
Flugzeuge abstürzen und Kernkraftwerke explodieren.
Niemals, so scheint es, hatte unsere Unvollkommenheit so
verheerende Folgen wie heute, da wir täglich mit hochkomplexer
Technik konfrontiert sind. Umso paradoxer die Erkenntnis der
Unfallforscher: Fehler eröffnen nicht nur faszinierende
Einblicke in die Mechanismen unseres Denkens – sie
sind auch notwendig für unsere Existenz.*

Haben Sie heute schon versagt? Nein? Ich schon. Allein im Laufe der letzten Stunde habe ich mindestens viermal die Wörter „Unflück" und „Versachen" in meinen Computer eingetippt. Beim Versuch, ein Ferngespräch ins Sekretariat umzuleiten, bin ich, nicht zum ersten Mal übrigens, an den Feinheiten unserer Telefonanlage gescheitert, und der strafende Blick meiner Kollegin B. lehrte mich vorhin, dass ich die redaktionseigene Teemaschine wieder einmal ohne Wasser in Betrieb gesetzt hatte.

Und das war nur die Bilanz eines Vormittags. Vor ein paar Tagen habe ich mir etwas viel Schlimmeres geleistet: Ich habe über 40 Hektar Wald mitsamt zwei Wohnhäusern abbrennen lassen, obwohl mir sechs Löschzüge und ein Hubschrauber zur Verfügung standen.

Zum Glück ist bei dem Brand niemand zu Schaden gekommen, denn er ereignete sich auf einem Computerbildschirm. „Feuer" ist der Name eines Szenarios, das Psychologen an der Universität Bamberg entwickelt haben – um herauszufinden, welcher Logik unsere alltäglichen Entscheidungen und Fehlentscheidungen folgen, welche Mechanismen das bewirken, was wir „menschliches Versagen" nennen.

Moment mal, höre ich Sie sagen: Wovon reden wir hier eigentlich? „Menschliches Versagen" – da geht es doch um Leben und Tod, um

Katastrophen, die die Welt erschüttern, um explodierte Atomkraftwerke, abgestürzte Flugzeuge, entgleiste D-Züge und ätzende Giftgaswolken, um Abgründe von Schuld und Entsetzen. Bei jenem Stichwort tauchen automatisch bestimmte Bilder auf. Von ernst blickenden „Verantwortlichen" – meist Sprechern von Unternehmen oder Behörden –, die, wenige Tage oder Wochen nach einem spektakulären Unglücksfall, vor die Fernsehöffentlichkeit treten und verkünden, dass nach eingehenden Untersuchungen und gewissenhaftem Abwägen nunmehr feststehe, dass ...

Und dann folgt die Formel vom „menschlichen Versagen".

Ich weiß nicht, wie die Formel auf Sie wirkt. Auf mich hatte sie, bis vor kurzem, einen eigentümlich beschwichtigenden, fast tröstlichen Effekt. Es war, als hätte der jeweilige Verantwortliche gesagt: Kein Grund zur Beunruhigung, verehrtes Publikum. Wir haben alles im Griff. Nicht unsere hochkomplexe, vielfach angezweifelte Technik hat versagt, sondern, wieder mal, der Mensch – der einzige Risikofaktor, der sich bekanntlich jeder Kontrolle entzieht. Es besteht also kein Grund, das System als Ganzes in Frage zu stellen.

Irren ist menschlich, und niemand ist vollkommen. Wenn Sie regelmäßig die Nachrichten verfolgen, werden Sie wissen, wie viel Wahrheit in solch banalen Redensarten steckt: „Menschliches Versagen" wird als Ursache für 70 bis 90 Prozent aller Unfälle in technischen Systemen angegeben, für drei Viertel aller Flugzeugabstürze, 80 Prozent der Chemieunfälle und – je nach Schätzung – für 15 bis 50 Prozent der Störfälle in Kernkraftwerken. Bei Schiffsunglücken und Autounfällen schätzen Experten den Anteil des „human factor" sogar auf 90 bis 95 Prozent.

Erlauben Sie mir eine Frage: Was verstehen Sie unter einem „Versager"? Ich möchte vermuten, dass die folgende Definition Ihren Vorstellungen relativ nahe kommt: Ein Versager – das ist ein Mensch, der eine grobe, außergewöhnliche, unentschuldbare Fehlhandlung begeht. Etwa ein Kapitän, der seinen Tanker im Vollrausch auf eine Sandbank setzt. Oder ein Führerscheinneuling, der unangeschnallt und übermüdet mit Tempo 180 über die Autobahn rast. Oder jener Aeroflot-Pilot, der in einem Anfall von Tollkühnheit seinem 15-jährigen Sohn den Steuerknüppel übergab und so den Tod von 75 Menschen verursachte.

So ähnlich hatte auch ich mir die Mechanismen des „menschlichen Versagens" vorgestellt – bis ich mich näher mit der Vorgeschichte einiger spektakulärer Unglücksfälle der letzten Jahre beschäftigte. Was Unfallforscher in mühsamer, zum Teil jahrelanger Detektivarbeit über die Ursachen dieser Unglücksfälle herausgefunden haben, legt eine ganz andere Schlussfolgerung nahe: Die Menschen an den Schaltstellen verunglückter technischer Systeme sind in der Regel alles andere als Versager. Die Ingenieure der Katastrophenreaktoren von Tschernobyl und Three Mile Island, die Bediener der Chemiewerke von Bhopal und Seveso, die Konstrukteure und Operateure der explodierten Raumfähre „Challenger", die Besatzungsmitglieder der gekenterten Fähren „Estonia" und „Herald of Free Enterprise", die Piloten der meisten in jüngerer Zeit abgestürzten Flugzeuge – sie alle waren in ihrer Mehrzahl qualifizierte, routinierte Fachkräfte, die ihre Arbeit bei klarem Bewusstsein und in der Überzeugung verrichteten, die Situation zu jedem Zeitpunkt voll im Griff zu haben. Und zwar bis zum allerletzten Moment. Hasardeure, Saboteure und hoffnungslos Unfähige sind in der Katastrophenstatistik nur am Rande vertreten.

Aber, werden Sie fragen, wenn es so wenige Versager gibt – wie kommt es dann zu den vielen Katastrophen?

Ein Mann steht am Kopierer und zählt die Seiten: eins, zwei, drei, vier, Bube, Dame, König, As.

Eine Frau bereitet eine Party vor, rührt einen Kuchen an und mischt einen Salat. Anschließend stellt sie den Kuchen in den Kühlschrank und den Salat in den Backofen.

Ein anderer Mann steht ratlos in seinem Schlafzimmer, nicht wissend, was er dort gesucht hat. Erst als er wieder an seinen Schreibtisch zurückgekehrt ist, fällt es ihm ein: Er wollte sich ein Taschentuch holen, um die Brille zu putzen.

Die drei Begebenheiten entstammen einer Sammlung von rund tausend alltäglichen „Fehlleistungen". Zusammengetragen hat sie der amerikanische Psychologe Donald Norman – nicht etwa, weil ihn die Missgeschicke seiner Mitmenschen besonders amüsiert hätten, sondern weil sie ihm, wie er sagt, Aufschluss darüber geben, wie unser Verstand funktioniert. Oder auch nicht.

Jeden Tag, jede Stunde muss unser Gehirn eine Fülle von Eindrücken verarbeiten und sortieren. Dabei verfährt es nicht nach dem Setzkastenprinzip – jeder Information ihr eigenes Fach –, sondern es stellt Verbindungen her, verknüpft Sinnverwandtes zu Strukturen, die die Kognitionspsychologen als „Schemata" bezeichnen.

Diese Verarbeitungs-Technik ist nicht nur äußerst ökonomisch, sie ist geradezu lebensnotwendig. Rund 80 Prozent unserer täglichen Handlungen sind mehr oder weniger „automatisiert" – von elementaren Dingen wie Gehen, Schreiben, Sprechen bis zu mehrteiligen Handlungsabläufen wie Kuchenbacken, Ein-Taschentuch-zum-Brilleputzen-Holen oder Nach-der-Arbeit-die-Kinder-Abholen-und-Brot-

Einkaufen. Je besser wir eine Tätigkeit beherrschen, desto stärker schematisiert sind deren Bestandteile, desto stärker können wir sie auf die Ebene des Halbbewussten delegieren – wie ein Computerprogramm, das, einmal angeklickt, selbstständig abläuft.

Die Schemata im Kopf prägen auch unser Bild von der Außenwelt. Alles, was wir sehen und hören, ordnen wir unwillkürlich einem bekannten Muster zu: „Similarity matching" mit „Komplexergänzung" nennen das die Psychologen. Wenn wir durch eine halb geöffnete Tür ein Tischbein sehen, „wissen" wir, dass es sich um einen ganzen Tisch handelt – selbst wenn das Bein aus einem Material besteht, das wir nie zuvor gesehen haben.

Wir sind in der Lage, aus halb verständlichen Satzfetzen eine sinnvolle Information herauszuhören oder ein paar kryptische Krakel zu einem kompletten Schriftbild zu ergänzen – eine Leistung, die uns selbst die „intelligentesten" Computer bislang nicht nachmachen. Aber in der Einzigartigkeit unserer Intelligenz liegt auch deren Dilemma. Gerade jene Mechanismen, die unser Denken so ungeheuer flexibel, effizient und kreativ machen, sind auch die Quelle ständiger Fehlleistungen.

Denn die Schemata in unseren Köpfen führen ein seltsames Eigenleben. Einmal in Gang gesetzt, spulen sie sich unbeirrt ab – auch dann, wenn wir unsere ursprünglichen Absichten längst aus den Augen verloren haben. Manchmal geraten zwei von ihnen auf Kollisionskurs – und veranlassen uns zu widersinnigen Handlungen, wie etwa, einen Salat in den Backofen zu stellen.

Auch kuriose Wortgebilde wie „Unflück" entstehen auf diese Weise – durch einen „Zusammenstoß" der sinnverwandten Begriffe „Unglück" und „Unfall". Manchmal läuft ein Schema lückenhaft ab – mit dem Ergebnis, dass wir, zum Beispiel, eine Teemaschine einschalten, ohne vorher Wasser einzufüllen. Oder es drängelt sich vor, obwohl es unseren eigentlichen Handlungsabsichten zuwiderläuft: Dann sagen wir in Gedanken Spielkarten-Sequenzen auf, wo wir eigentlich Seiten zählen wollten. Das alles geschieht nicht zufällig: Je häufiger wir ein Schema „aktivieren", desto größer unsere Neigung, unwillkürlich darauf zurückzugreifen.

Solche „Fehlschaltungen" wären nichts weiter als amüsant oder allenfalls ärgerlich – wenn unser Leben ausschließlich aus so harmlosen Tätigkeiten wie Sprechen, Kopieren oder Teekochen bestünde. Kritisch wird es, wenn wir mit so gefährlichen Konstruktionen wie Autos, Flugzeugen, Autofähren, Chemiefabriken und Atomkraftwerken umgehen.

Katastrophenstatistik, Abteilung „falsches Schema": Ein Doppeldecker-Bus kracht gegen eine niedrige Brücke. Sechs Menschen kommen ums Leben. Der Fahrer, so stellt sich anschließend heraus, hat dieselbe Strecke zuvor jahrelang mit einem Einfach-Decker befahren.

Abteilung „Schemaverwechslung": Ein Triebwerk einer britischen Boeing 737 fängt kurz nach dem Start Feuer. Statt des brennenden Triebwerks schaltet der Pilot versehentlich das noch funktionierende ab. Der Flug endet nach 20 Minuten mit einer Bruchlandung, 49 Menschen sterben.

Abteilung „Schema mit Lücken": Bei routinemäßigen Wartungsarbeiten im Atomkraftwerk „Three Mile Island" bei Harrisburg, Pennsylvania, vergessen Techniker, zwei Ventile im Notspeisewassersystem wieder zu öffnen. Dieses Versäumnis ist ein wichtiges Glied in der Kette von Ereignissen, die zum bis dahin schwersten Unfall in der Geschichte der zivilen Atomindustrie führten. Vor der Untersuchungskommission sagen die Techniker aus, angesichts der Hunderte von Ventilen, die in einem Kernkraftwerk geschlossen oder geöffnet werden müssen, sei es nichts Ungewöhnliches, wenn einige davon sich in der falschen Stellung befänden.

Abteilung ungenaues „similarity-matching": Ein Pilot, der seit längerer Zeit in Warteposition steht, vernimmt im Kopfhörer endlich die Stimme des Fluglotsen: „Goodbye, Jack!" Als er, mehr durch Zufall, vor dem Start noch einmal einen Seitenblick auf die Rollbahn wirft, stellt er fest, dass dort gerade eine Maschine startet. Blitzartig geht ihm auf, dass der Zuruf in Wirklichkeit „Stand by, Jack!" – warte ab! – gelautet hatte. Seine mehr oder weniger unbewussten Erwartungen hatten seiner Wahrnehmung einen Streich gespielt.

Dieser Vorfall ging zum Glück nicht in die Katastrophen-Statistik ein. Die meisten unserer „Fehlschaltungen" bleiben folgenlos, weil sie von der Kontrollinstanz unseres bewussten Verstandes rechtzeitig korrigiert werden. Wenn sich unser alltägliches Versagen ausschließlich auf der Ebene der harmlosen Schnitzer und Patzer abspielte – die Welt, in der Sie und ich leben, sähe um vieles sicherer und besser aus.

Aber leider unterlaufen uns nicht nur Schnitzer, sondern auch handfeste Irrtümer.

„Sie sind Feuerwehrkommandant. Ihr Einsatzgebiet ist ein 600 Hektar großes Waldgebiet gegen Ende eines trockenen Sommers. Sie haben sechs Löschzüge und einen Hubschrauber zur Verfügung, die Sie lenken können, wohin Sie wollen. Folgendes müssen Sie bedenken: Brände können an verschiedenen Stellen zugleich ausbrechen, der Wind kann sich jederzeit drehen, die Löschzüge müssen gelegentlich

auftanken und brauchen Zeit, um an ihren Einsatzort zu gelangen. Ihre Aufgabe ist es nun, so viel Wald wie möglich zu erhalten."

Dieses Computerszenario wurde aufgrund realer Bedingungen in einem schwedischen Waldgebiet entwickelt. Dietrich Dörner und seine Mitarbeiter am Psychologischen Institut der Universität Bamberg haben es im Laufe der letzten Jahre mit rund 300 Versuchspersonen durchgespielt. Ihr Ziel war es, herauszufinden, wie Menschen mit komplexen Situationen umgehen, nach welcher Logik sie Entscheidungen fällen – und ob sie dabei bestimmten Denkmustern folgen.

Das tun sie in der Tat. Und, so das niederschmetternde Ergebnis dieses und einer Reihe ähnlicher Experimente: Die meisten unserer Denkmuster führen fast zwangsläufig zu Fehlentscheidungen. Wir Menschen sind keine geborenen Strategen. „Unser Denkvermögen", sagt Professor Dörner, „wurde ganz offensichtlich für eine Umwelt entwickelt, die wesentlich schlichter und überschaubarer strukturiert war als die, in der wir heute leben."

Beispiel Waldbrandspiel: Die Versuchspersonen waren oft schon überfordert, wenn an mehreren Stellen gleichzeitig Feuer ausbrach. Dann verfielen sie entweder in hektischen Aktionismus, oder sie kapselten sich hilflos ein: Die einen setzten alle Löschzüge in verschiedene Richtungen in Bewegung, mit dem Erfolg, dass kein einziges Feuer gelöscht werden konnte. Die anderen konzentrierten alle Energien auf das nächstgelegene, überschaubare Feuer, ohne Rücksicht darauf, ob die Flammen eines entfernteren Flächenbrands sich womöglich unkontrolliert ausbreiteten. Häufig fällten sie Entscheidungen, ohne die Dynamik des Systems zu berücksichtigen – etwa, dass der Wind ein Feuer oft schneller vorantrieb, als die Löschzüge folgen konnten. Oder sie verbrauchten alle Wasservorräte bei einem Brand – und mussten dann hilflos zusehen, wie sich während des Auftankens ein winziges Feuerchen zum verheerenden Großbrand ausweitete.

Aktionismus, Einkapselung, das Unvermögen, dynamische Prozesse einzuschätzen, die Unfähigkeit, Folgen des eigenen Handelns vorauszusehen – solche Verhaltensmuster sind besonders dort gefährlich, wo jeder Handgriff, jede Entscheidung in Minutenschnelle ein ganzes Bündel unerwünschter Nebeneffekte haben kann.

Katastrophenstatistik, Abteilung „tödliche Irrtümer":

Als die Crew einer Lockheed-Tristar zum Landeanflug auf Miami ansetzt, stellt sie fest, dass es Schwierigkeiten mit dem Ausfahren des Bugrades gibt. Fieberhaft bemühen sich Pilot und Copilot, den Defekt zu beheben – und bemerken dabei nicht, dass die Maschine beständig an Höhe verliert. So gebannt starren sie auf das erloschene Lämpchen, dass sie nicht nur den Höhenmesser aus den Augen verlieren, sondern auch eine ganze Reihe deutlich sichtbarer und hörbarer Warnsignale schlichtweg ignorieren.

Als sie nach vier Minuten schließlich den Fehler bemerken, ist es zu spät – die Maschine stürzt in die Everglades, 100 Menschen kommen ums Leben. Tragische Ironie: Hinterher stellt sich heraus, dass das Fahrwerk einwandfrei ausgefahren war – nur das Glühbirnchen der Anzeige war defekt.

Als die Operateure des Blocks IV von Tschernobyl die Leistung des Reaktors herunterfahren, um ein Testprogramm durchzuführen, gerät der Reaktor auf ein viel zu niedriges Leistungsniveau und damit in einen Zustand gefährlicher Instabilität. Als die Operateure dies bemerken, brechen sie das Experiment zwar ab. Jedoch reicht die Zeit nicht mehr aus, um durch Schnellabschaltung des Reaktors die Kettenreaktion zu beenden. Sie können nicht mehr verhindern, dass die Reaktorleistung unkontrolliert hochschnellt. Das war, soviel man heute weiß, die Ursache der Explosion.

Um den Test überhaupt durchführen zu können, mussten die Operateure vorher eine Reihe elementarer Sicherheitsvorkehrungen außer Kraft setzen. Sie taten dies nicht nur, weil sie sich über die Neben- und Fernwirkungen ihrer Handlungen nur unzureichend im klaren waren – sie taten es wohl auch, weil das Nichteinhalten von Sicherheitsbestimmungen zu ihrer täglichen Routine gehörte. Darin unterschieden sie sich übrigens kaum von vielen Kollegen in westlichen Industriebetrieben: Sicherheitsbestimmungen sind meist lästig, und wer „Dienst nach Vorschrift" macht, gilt in der Regel als Drückeberger.

Doch gefährliche Gewohnheiten erzeugen, wenn sie über längere Zeit folgenlos bleiben, ein trügerisches Sicherheits- und Überlegenheitsgefühl. Die Operateure von Tschernobyl „gingen mit dem Reaktor so lässig um wie mit einem Samowar", so das Urteil eines fassungslosen Experten nach der Katastrophe. Freilich taten sie das nicht nur aus eigenem Antrieb, sondern weil sie sich von ihren Vorgesetzten ausdrücklich darin bestärkt sahen: Erst wenige Wochen vor dem GAU waren sie als Team dafür ausgezeichnet worden, dass sie den Reaktor überdurchschnittlich lange am Netz halten konnten.

Tschernobyl ist ein Beispiel für „menschliches Versagen" auf allen Ebenen – von den Operateuren bis hin zu den Managern und Konstrukteuren des Atomkraftwerks. Beim Versuch, die Vorgeschichte der Katastrophe zu rekonstruieren, kamen die Richter des Tschernobyl-Prozesses 1987 auf eine Gesamtzahl von 71 Verstößen gegen Sicherheitsvorschriften.

Die Analyse dieser Katastrophe – und einer Vielzahl anderer, mehr oder weniger schwerer Unfälle – vermittelt freilich auch eine tröstliche Erkenntnis: Murphys berühmtes Gesetz der Pannenwahrscheinlichkeit stimmt eben doch nicht. Nicht alles, was schiefgehen kann, geht auch schief. Nicht jeder Schmetterlingsflügelschlag muss notwendigerweise einen Orkan auslösen. Eine Katastrophe ist in der Regel das Ergebnis einer Vielzahl von kleinen Missgriffen, Versäumnissen und Fehlentscheidungen, die auf völlig unvorhergesehene Art zusammenwirkten – wobei jede Fehlhandlung, für sich betrachtet, zu unbedeutend gewesen wäre, um ein Unglück, geschweige denn eine Katastrophe auszulösen.

Wäre das nicht so, dann könnten wir keinen Schritt aus dem Haus gehen, ohne ernstlich befürchten zu müssen, von einem Auto überrollt, von herabfallenden Flugzeugtrümmern erschlagen oder vom Fallout eines gerade explodierten Atomreaktors verstrahlt zu werden.

Jedem Piloten unterlaufen laut einer unveröffentlichten Studie einer europäischen Luftfahrtgesellschaft im Durchschnitt 10 bis 15 Schnitzer und Patzer pro Stunde. Zwischen 1988 und 1993, so ermittelte das Wiener Ökologie-Institut, haben sich in den 416 weltweit kommerziell betriebenen Atomreaktoren rund 1500 Betriebsstörungen ereignet. Beim Lesen des vom Institut herausgegebenen „Handbuchs der Reaktorpannen" kann einem heiß und kalt werden: Da wird vergessen, versäumt, übersehen, nicht beachtet, da vergeht kaum ein Monat, zuweilen kaum eine Woche, ohne dass irgendwo zwischen Vermont, Würgassen, Kozloduj und der Kola-Halbinsel eine Sicherung falsch ausgetauscht, ein Sperrventil nicht gedichtet, ein abgeblasenes Kühlmittel nicht weggepumpt oder bei einer Routinekontrolle ein technischer Defekt entdeckt wird, mit dem niemand auch nur im Traum gerechnet hat.

Zum Glück sind die Folgen meist harmlos. Trotzdem stellen Sie sich vermutlich dieselbe Frage wie ich: Wenn wir Menschen, bei all unserer erstaunlichen Intelligenz, so unsichere Kantonisten sind – können wir es verantworten, so hochgefährliche technische Systeme wie, zum Beispiel, Atomkraftwerke zu betreiben? Und wenn wir es tun: Wie können wir die Folgen unserer Fehlhandlungen möglichst gering halten?

Sprechen Sie den Empfänger beim Namen an! Formulieren Sie so präzise wie möglich! Halten Sie Blickkontakt! Stellen Sie sicher, dass die Entfernung weniger als 5 Meter beträgt! Bestätigen Sie jede Mitteilung! Wiederholen Sie wichtige Mitteilungen Wort für Wort! Melden Sie ausgeführte Handlungen!

Diese Kommunikations-Regeln sind nicht für alltägliche Situationen bestimmt. Sie wurden für einen Arbeitsplatz entwickelt, an dem der Umgang mit hohem Gefährdungspotenzial zum Alltag gehört: für die Kontrollwarten deutscher Atomkraftwerke. Gelehrt werden solche und andere Regeln im Schulungszentrum der „Kraftwerks-Simulator-Gesellschaft" in Essen. Dort trainieren Kraftwerksingenieure aus ganz Deutschland für den Ernstfall – an Simulatoren, die, detailgetreu bis ins letzte Glühlämpchen, den Kontrollwarten der verschiedenen deutschen Kernkraftwerkstypen nachgebaut sind.

„Menschliches Versagen" – diesen Begriff hört Dr. Eberhard Hoffmann, Ausbildungsleiter des Zentrums, äußerst ungern. Menschen „versagen" nicht, sagt er, sie neigen vielmehr dazu, sich nicht „normengerecht" zu verhalten. Es hat wenig Sinn, sie dafür zu bestrafen; man muss vielmehr versuchen, komplexe Systeme so auszulegen, dass sie den Eigenarten und Unzulänglichkeiten des menschlichen Denkvermögens Rechnung tragen. Man muss sie „fehlerverzeihend" gestalten.

Das beginnt damit, dass die Schnittstellen zwischen Mensch und System – das Schaltpult, die Kontrollwarte, die Instrumententafel im Cockpit – möglichst bedienerfreundlich konstruiert sind. Was durchaus nicht so selbstverständlich ist, wie es klingt. Vielleicht gehören Sie, wie ich, zu jener Mehrheit von Menschen, die regelmäßig in hilfloser Wut vor den Finessen von Videorecordern, Autoradios oder Hochleistungskopierern kapitulieren. Dann werden Sie wissen, dass die meisten Konstrukteure und Designer sich um das Kriterium „Benutzerfreundlichkeit" herzlich wenig scheren.

In dieser Hinsicht geht es uns Alltagsmenschen oft nicht anders als den Operateuren gefährlicher Systeme. Eine Reihe von Flugzeugabstürzen und Beinahe-Abstürzen geht auf Fehler beim Ablesen oder Bedienen von Geräten zurück, deren Design Missverständnisse geradezu provozierte: Höhenmesser, die nicht eindeutig den Unterschied zwischen 1000 und 10 000 Fuß erkennen ließen, elektronische Steuerungssysteme, die den Piloten zu komplizierten, zeitraubenden Eingaben auf einer winzigen Tastatur zwangen, wo er früher, in Cockpits älterer Bauart, nur die Steuersäule hätte bewegen müssen.

In Tschernobyl blieben die Operateure auch deshalb bis zuletzt über die Gefährlichkeit der Situation im unklaren, weil ihnen das System keine ausreichenden Rückmeldungen über die Auswirkungen ihrer Handlungen lieferte. Im Kontrollraum des Reaktors von Three Mile Island begannen in den ersten Minuten nach dem Störfall etwa 100 verschiedene Warnsignale zu blinken oder zu pfeifen – mit dem

Ergebnis, dass die Bediener „am liebsten die ganze Schalttafel zusammengeschlagen hätten", wie einer von ihnen nach dem Unglück zu Protokoll gab.

Ebenfalls in einem amerikanischen Kernkraftwerk wurde eine besonders haarsträubende Fehlkonstruktion beobachtet: Ein Temperaturschreiber mit zwei Stiften, von denen einer die Temperatur des kalten Wassers aufzeichnete – in Rot – und der andere die Temperatur des heißen Wassers – in Blau. Weil das den gängigen Assoziationen – Rot für heiß, Blau für kalt – diametral widerspricht, hatten die Bediener ein Schild darüber angebracht mit der Aufschrift: „Nicht vergessen – Rot ist kalt!"

Menschliches Versagen aufgrund fehlerhaften Designs – diese Unfallursache ist in einem deutschen Kernkraftwerk so gut wie ausgeschlossen. Denn die „Benutzeroberfläche" deutscher AKWs ist so konstruiert, dass sie den Besonderheiten menschlichen Denkens und Wahrnehmens Rechnung trägt.

Zum Beispiel, indem die Vorgänge im Innern des Reaktors auf den Anzeigen so bildhaft wie möglich wiedergegeben werden: Statt an monotonen, rechtwinklig geordneten Reihen von Lämpchen und Schaltern orientieren sich die Operateure an Schaltbildern, die Verknüpfungen und Zusammenhänge erkennen lassen. Statt abstrakte Zahlenkombinationen deuten zu müssen, lesen sie bestimmte Messwerte, zum Beispiel den Dampfdruck, an farbigen Diagrammen ab, die mit etwas Mühe sogar Laien einleuchten. Selbst wenn sich ein Störfall ereignet, werden die Operateure von der Flut eingehender Alarmmeldungen nicht erschlagen: Grafische Elemente, zum Beispiel orangefarbene Markierungen auf bestimmten Schaltfeldern, helfen ihnen, die wichtigen von den weniger wichtigen Signalen zu unterscheiden.

Was aber geschieht, wenn ein Operateur, trotz Standardprozedur und bedienerfreundlichen Schaltpults, versehentlich eine falsche Tastenkombination drückt? Immerhin umfasst das System Kernkraftwerk zehn- bis zwanzigtausend Ein- und Ausgabegrößen, deren Interaktion theoretisch bis zu zehn Millionen Ereigniskombinationen erzeugen kann.

Die Frage ist berechtigt, räumt der Ausbildungsleiter des Essener Simulatorzentrums ein. Es kommt vor, dass selbst qualifizierten Operateuren Versehen unterlaufen. Das System „verzeiht" aber solche Fehler, indem es sie gar nicht erst ausführt: Unsinnige oder gar gefährliche Eingaben der Operateure treffen auf automatische Sperren, sie werden „overruled", wie es im Kerntechniker-Fachjargon heißt.

Der Mensch wird im Ernstfall von der Elektronik buchstäblich überstimmt.

Und was geschieht, wenn ein Ingenieur, aus Experimentierlust oder weil er zu Recht oder Unrecht meint, es besser zu wissen, solche Sperren auszutricksen versucht? Schließlich ist das System, das hundertprozentig immun gegen menschliche Willkür und Experimentierlust wäre, bisher noch nicht erfunden worden. Jeder Panzerschrankbauer, jeder Datenschützer, jeder Computerexperte kann das bestätigen. Und wenn schon vergleichsweise schlichte Konstruktionen wie Panzerschränke, Computer und Datenbanken nicht restlos vor menschlichen Zugriffen zu schützen sind – wie viel weniger dann ein System mit zehn- bis zwanzigtausend Ausgabegrößen und zehn Millionen Ereigniskombinationen?

Diese Überlegung hält der Ausbildungsleiter des Kraftwerk-Simulatorzentrums nun schlicht für abwegig. Nicht etwa, weil er die elektronischen Sperren im Steuerungssystem von Kernkraftwerken für absolut unüberwindlich hielte. Sondern weil, wie er versichert, Willkür und Experimentierlust in deutschen Nuklearanlagen absolut unübliche Eigenschaften sind. Dass das so ist – und so bleibt –, dafür garantieren nicht zuletzt die psychologischen Kriterien für die Auswahl von Kraftwerksingenieuren: „Wir brauchen Leute, die sich an Checklisten halten. Fantasten und freischaffende Künstler haben hier nichts verloren!"

Vielleicht ist in unserer modernen Welt, in der Welt der Überschallflugzeuge, Supertanker, Großchemieanlagen und Atomreaktoren ohnehin ein anderer Menschentypus gefragt. Vielleicht könnten wir um vieles sicherer und besser leben, wenn es mehr Leute gäbe, die bereit wären, sich an Checklisten und Vorschriften zu halten.

Warum nur hat es die Natur so eingerichtet, dass die meisten von uns als Fantasten und freischaffende Künstler auf die Welt kommen?

Aus dem Tagebuch eines Fantasten. Morgens: Eine Höhle aus Sofakissen gebaut, einen Turm aus Butterbrotwürfeln errichtet, einen Pantoffel zum Rennauto umfunktioniert (für Teddybären). Nachmittags: Versuch, Kuchen mit Suppenlöffel zu essen (eher mühsam), Versuch, Waschbecken mit der Zahnbürste zu putzen (zu umständlich), schließlich Versuch, Funktionsweise eines Lippenstifts auf Teppichboden zu überprüfen. (Wurde unterbunden und als Fehlverhalten bestraft. Warum eigentlich?)

Wenn von „menschlichem Versagen" die Rede ist, kommt Professor Theo Wehner, Psychologe an der Technischen Universität Hamburg-Harburg, früher oder später auf Kinder zu sprechen – und auf die

Beobachtungen, die er und seine Mitarbeiter bei „Forschungsaufenthalten" in Kindergärten gemacht haben. Kinder, sagt er, sind ein ideales Studienobjekt für Fehlerforscher. Nicht nur, weil sie am laufenden Band ebenso köstliche wie enervierende „Fehlleistungen" produzieren, sondern weil sie jedem Beobachter zu einer wichtigen Erkenntnis verhelfen: dass ein Leben ohne Fehler im Grunde unmöglich, ja unmenschlich ist.

Professor Wehners Auffassung von „Fehlern" und „Versagen" lässt sich am prägnantesten in einer Abwandlung von Murphys Gesetz zusammenfassen: Alles, was schiefgehen kann, sollte schiefgehen. Und damit nicht genug: Es sollte möglichst auch das schiefgehen, was bisher noch nicht schiefgegangen ist.

Das muss in den Ohren der meisten Ingenieure und „klassischen" Fehlerforscher ziemlich abenteuerlich klingen. Aber es beruht auf einer durchaus einleuchtenden Überlegung.

Was ist ein Fehler? Ein Fehler ist die Abweichung von Wahrheit. Aber von welcher? Absolute „Wahrheit", das wissen Erkenntnistheoretiker ebenso wie Theologen, ist menschlicher Kenntnis prinzipiell entzogen. Natürlich gibt es Wahrheiten, die man besser nicht bezweifelt – zum Beispiel die, dass Feuer heiß ist und dass ein Ziegelstein, wenn man ihn loslässt, zu Boden fällt.

Aber vieles, was wir als Wahrheit bezeichnen, ist nichts weiter als eine Norm oder Konvention. Ein Fehler im Sinne einer Normabweichung muss nicht grundsätzlich von Übel sein, im Gegenteil: Was heute grundfalsch erscheint, kann morgen, in einem anderen Zusammenhang, goldrichtig sein. Fehler und Irrtümer eröffnen häufig neue Möglichkeiten – und bieten unerwartete Einsichten ins Bestehende.

Ein fehlerloser Mensch wäre eine Horrorvorstellung: Wer perfekt auf die Welt kommen wollte, würde weder laufen noch sprechen, noch irgendeine andere elementare Tätigkeit erlernen können. Das hindert unsereins nicht daran, beständig nach Perfektion zu streben. Eine fatale Neigung, findet Wehner. Denn wo Fehler tabuisiert und um jeden Preis vermieden werden, wird das Leben gefährlich. Und zwar vor allem dort, wo Sicherheit besonders wichtig ist.

Im Rahmen einer Studie zum Thema Arbeitssicherheit hat Wehner Arbeiter in einer Automobilfabrik interviewt, die einen Unfall erlitten hatten – und parallel dazu Kollegen aus demselben Team, die unfallfrei geblieben waren. Er bat sie, zu berichten, was ihnen während der Arbeit durch den Kopf gegangen war, ob sie sich schon vorher einmal bei Fehlern oder Beinahe-Fehlern ertappt hätten, wie sie ganz allgemein die Risiken ihrer Tätigkeit einschätzten.

Das Ergebnis: Die „Pechvögel" waren ausgerechnet diejenigen, denen bis dahin die wenigsten Fehler unterlaufen waren – weil sie sich strikt an vorgegebene Standardprozeduren gehalten hatten. Die „Unversehrten" dagegen hatten sich von jeher Abweichungen erlaubt, hatten gelegentlich eigene Strategien ausprobiert – und so, trotz einer Reihe kleinerer Missgeschicke, eine größere Sicherheit bei ihrer Tätigkeit entwickelt.

„Aus Schaden wird man klug" – der Satz gilt freilich nur dort, wo ein Fehler nicht gleich zum Zusammenbruch des gesamten Systems führt. Was „Fehlertoleranz" ist, erklärt Wehner anhand eines Vergleichs: Wenn man einem Auto Zuckerwasser ins Benzin mischt, geht der Motor irreparabel kaputt. Wenn man dagegen einer Katze ein Stück Hartgummi unters Futter mengt, nimmt sie keinen Schaden – weil sie das unbekömmliche Teil durch Schnüffeln, Beäugen und Probebeißen aussortiert oder, wenn sie es versehentlich verschluckt, mit Hilfe ihres Verdauungssystems wieder ausscheidet.

Auch wenn die Natur uns in puncto Fehlertoleranz stets überlegen sein wird – man kann auch komplexe technische Systeme, wie Autos, Flugzeuge und moderne Industriebetriebe, „fehlerfreundlicher" und damit sicherer gestalten. Zum einen, indem man Fehler nicht von vornherein für unerwünscht erklärt, sondern ihnen, buchstäblich, „freundlich" gegenübertritt – sie also als willkommene Lern- und Erkenntnishilfe nutzt, statt sie als „Versagen" zu brandmarken. Zum anderen, indem man, ganz konkret, Arbeitsabläufe verändert, allzu starre und damit fehlerträchtige Routinen lockert, Arbeitern die Möglichkeit gibt, individuelle Prozeduren zu entwickeln. Und nicht zuletzt, indem man auf ein vernünftiges Maß reduziert, was lange als klassische Methode zur Erhöhung der Arbeitssicherheit galt: die Automatisierung.

Denn Automatisierung, das beginnen auch einige ihrer entschiedensten Verfechter einzusehen, hat einen unerwünschten Nebeneffekt: Wo Menschen auf die Funktion von Kontrolleuren und Checklisten-Abhakern reduziert werden, da verlernen sie genau jene Fähigkeiten, die sie im Ernstfall jedem technischen System überlegen machen: Improvisationstalent, Kombinationsgabe, Fantasie.

Es gibt natürlich Systeme, in denen Fantasten und Improvisatoren absolut nichts verloren haben. Das gibt auch Wehner zu. Wo Fehler Katastrophen unabsehbaren Ausmaßes auslösen können, sagt er, müssen sie nun einmal um jeden Preis vermieden werden. Deshalb wird das „fehlerfreundliche Atomkraftwerk" wohl immer ein Ding der Unmöglichkeit bleiben.

Das allerdings, findet der Professor, spricht nicht gegen die Philosophie der Fehlerfreundlichkeit, sondern vielmehr gegen Atomkraftwerke. Ein System, das sich aufgrund seines Risikopotenzials keine Fehler, keine Experimente mehr leisten kann, ist letztlich nicht entwicklungs- und erneuerungsfähig.

Vielleicht sollten die Verantwortlichen, die über die Zukunft solcher und ähnlicher folgenschwerer Risiko-Technologien befinden, von Zeit zu Zeit mit dem Feuer spielen. Das Waldbrandszenario „Feuer", ebenso wie die anderen Computerspiele, mit denen Dietrich Dörner in Bamberg die Mechanismen der menschlichen Entscheidungsfindung erforscht, hat nämlich einen interessanten Nebeneffekt: Es bringt diejenigen, die sich daran versuchen, oft in fruchtbares Grübeln.

Dörner hat schon erlebt, wie gestandene Manager, die sonst, ohne mit der Wimper zu zucken, über die Zukunft von Unternehmensabteilungen, Produktlinien und vielen Dutzend Arbeitsplätzen entschieden, beim Anblick des Spielresultats auf dem Computerbildschirm von heftigen Selbstzweifeln gepackt wurden. Sich aber dann, bei der Ehre gepackt, zu einer neuen Spielrunde aufrafften – die meist sehr viel erfolgreicher ausfiel als die erste.

Kann man der Logik des Misslingens entkommen? Man kann, sagt Dörner. Die Fähigkeit, vernetzte Zusammenhänge zu durchdringen, sich über die Folgen eigener Entscheidungen klar zu werden, rationale Prognosen zu formulieren, und, was das schwerste ist, einmal gefasste Entscheidungen aufgrund neuer Einsichten zu korrigieren – all das ist zwar schwierig, aber bis zu einem gewissen Grad durchaus lernbar. Man muss es bloß wollen.

Aber genau da liegt der Haken.

Vor einiger Zeit ließ die Fraktion einer der großen im bayerischen Landtag vertretenen Parteien (Dietrich Dörner sagt diskreterweise nicht, welcher) in Bamberg anfragen, ob es möglich sei, einmal eines der dort entwickelten Szenarien auszuprobieren – im Hinblick auf die Schulung der eigenen Entscheidungsfindung. Dörner sagte erfreut zu, in Erwartung eines hochinteressanten Großversuchs.

Der Termin wurde vereinbart – und kurz vorher wieder abgesagt. Hatten die Herren Entscheidungsträger womöglich im letzten Moment kalte Füße bekommen?

Vielleicht befürchteten sie, dass die Einsicht in die Begrenztheit der eigenen Fähigkeiten allzu schmerzhaft ausfallen werde.

UTA HENSCHEL

Zu Rivalen geboren

*Eine neue Theorie rüttelt an unserem Bild der Familie.
Ein amerikanischer Wissenschaftler hat ein Muster entdeckt,
das den alltäglichen Rangeleien unter Schwestern und Brüdern
einen Sinn gibt. Es gilt nicht nur für die Kindheit. Nicht nur für die
Zeit, in der Geschwister in ihren frühen Rollen als großer Beschützer
und niedliches Nesthäkchen miteinander auskommen müssen.
Selbst Prognosen für spätere Karrieren scheinen mit Frank
Sulloways Konkurrenzmodell möglich zu sein.*

Als Karin und Edgar Nahpetz ihrem vierjährigen Mario von der kleinen Schwester erzählen, die demnächst zur Familie gehören wird, fragt er: „Bin ich nicht genug?"
Felix will wissen, warum Mamas Bauch so dick ist. Sylvia und Richard Tonbaum erklären ihrem Sohn, dass darin ein Baby wächst, das bald auf die Welt kommt. Kommentar des Dreijährigen: „Das Baby ess' ich auf."

Tine darf nach der Geburt ihres Brüderchens zum ersten Mal mit auf die Entbindungsstation. Neben dem Bett ihrer Mutter steht eine Wiege, in der das Baby liegt. Tine wendet sich ab. Während die Eltern sich unterhalten, greift die Vierjährige nach einem Apfel. Sie wirft ihn hoch und fängt ihn auf, wirft ihn hoch, fängt ihn auf, wirft ihn hoch – fängt ihn nicht auf: Der Apfel landet im Kinderbett, knapp neben dem Kopf des Neugeborenen.

Viele Paare wünschen sich ein zweites Kind, weil sie fürchten, sonst einen sozial verkümmerten Einzelgänger aufzuziehen. Weder der Protest ihrer Erstgeborenen noch lebhafte Erinnerungen an eigene Eifersuchtspein, wenn die Mutter nur noch Zeit für das neue Baby zu haben schien, vermag Eltern von ihrer Überzeugung abzubringen: Erst mit dem Zweitkind ist die Familie komplett.

Anekdoten über Geschwister-Zwist als ständiges Hintergrundrauschen im Vier-Personen-Haushalt schrecken sie sowenig wie die in der Ratgeber-Literatur angekündigten Krisen, mit denen ältere Kinder auf den Zuwachs reagieren. Sie werden plötzlich „schwierig", leiden an Schlaflosigkeit, Ängsten, Bauchschmerzen, Konzentrationsstörungen, sogar an Asthma.

Familiengründer von heute sind fest davon überzeugt, dass ihnen solche Pannen nicht passieren können. Sie trauen sich zu, die typischen Fehlerquellen auszuschalten und dem turbulenten Erziehungsdrama im eigenen Nest ein „Happy End" zu geben. Ihr Regiekonzept fürs Familienglück lautet gewöhnlich: Kein Kind soll sich zurückgesetzt fühlen, keines vorgezogen werden.

Nach dem jüngsten Stand der Forschung sind solche Vorsätze chancenlos: Nicht Gleichbehandlung, sondern Ungleichheit im trauten Heim ist es, was der kleinen Persönlichkeit die entscheidenden Impulse gibt. In diesem Punkt herrscht zunehmend Übereinstimmung unter Vertretern sonst so zerstrittener Disziplinen wie Psychologie, Biologie und Anthropologie. Und zwar seit zwei amerikanische Forscher, die Psychologin Denise Daniels und der Verhaltensgenetiker Robert Plomin, 1987 mit einer einzigen Veröffentlichung die Theorien über die Entwicklung von Kindern revolutioniert haben.

„Warum", betitelten die beiden Wissenschaftler ihre Studie, „sind Kinder ein und derselben Familie so verschieden?" Eine wunderbare Frage. Überraschend naiv, wie eine typische Warum-Frage sein muss, und zugleich hintergründig. Weil sie unsere gewohnte Ansicht – nämlich: Geschwister sind einander auffallend ähnlich – aufbricht und uns bereits einen Aha-Effekt beschert, noch bevor wir eine Antwort erhalten.

Geschwister also, die so vieles gemeinsam haben – dieselbe Gebärmutter, dasselbe Zuhause und durchschnittlich 50 Prozent ihrer Erbanlagen –, sollen sich dennoch ungleich verhalten?

Auf der Suche nach den Ursachen luden Daniels und Plomin zunächst getrennt voneinander aufwachsende eineiige Zwillinge zum Test – biologisch am engsten verwandte Menschen, die gewöhnlich als Beweis für die Macht der Gene gelten. Die Wissenschaftler registrierten erhebliche Unterschiede im Verhalten der Paare, was für den starken Einfluss der Umgebung sprach. Denn biologische Ursachen schieden aus, da die Chromosomensätze eineiiger Zwillinge identisch sind.

Die Gegenprobe bei biologisch nicht miteinander verwandten Adoptivkindern sollte nun klären, ob der Einfluss der Familie, bei der sie gemeinsam aufwachsen, sie ähnlicher mache, ob identische Umweltbedingungen zu identischen Eigenschaften führten. Ergebnis: Auch hier entwickelten sich die Kleinen durchaus unterschiedlich. Als Ursache folgerten Daniels und Plomin nunmehr: „weil sie, obwohl Mitglieder derselben Familie, in entscheidenden Situationen nicht dasselbe erleben".

Und das gilt ebenso für normal verwandte Geschwister. Dasselbe Zuhause, so das verblüffende Fazit, macht auch sie nicht ähnlicher, sondern verschiedener. Wobei auch hier ungleiche Erfahrungen diesen Prozess in Gang setzen.

Was Psychologen und Soziologen zur gemeinsamen „sozioökonomischen" Umwelt zählen – also ob Kinder in einer Beamten- oder Handwerkerfamilie aufwachsen, ob eigenes Heim, Auto, Jahresurlaub selbstverständlich sind oder ob sie in einer Mietwohnung an einer Ausfallstraße wohnen und die Ferien im Freibad verbringen –, bewirkt nach Ansicht von Daniels und Plomin nur fünf Prozent der Persönlichkeits-Unterschiede. Siebenmal so viel geht auf das Konto individueller, so genannter „ungleicher" Erlebnisse zurück. Sie sind es, die dem Expertenduo zufolge jedes Kind in eine eigene, von den Geschwistern fortführende Richtung drängen.

Damit hatten die beiden Forscher das Modell der Familie als gemeinsamer Umwelt demontiert. Das traute Heim ist offenbar kein monochromes Tauchbad, aus dem Kinder identisch eingefärbt hervorgehen. Sondern eher eine Ansammlung vieler Mikro-Welten. Je älter die Geschwister werden, umso stärker verändern sich ihre spezifischen Welten. Bis sie schließlich die Summe der Erfahrungen abbilden, die jedes einzelne Kind gemacht hat, seine individuellen Verhaltensweisen, seine eigenständige Persönlichkeit.

Jede Mikro-Welt ist die Warte, von der aus bereits ein einjähriges Kind genau verfolgt, wie sich die Mitglieder der Familie verhalten. Und dabei sieht es die Dinge von seiner Warte aus anders als sein Bruder oder seine Schwester. Angesichts solcher Erkenntnisse verspricht ein egalitäres Erziehungsprogramm kaum Erfolg. In der Tat stellen Daniels und Plomin lakonisch fest, dass „der Einfluss der Eltern, wie immer er aussehen mag, eher zur Differenzierung als zur Integration führt".

Klar zu sein scheint: Geschwister sind nicht gleichzuschalten. Ähnlichkeiten, die Verwandte an ihnen wahrnehmen wollen, empfinden sie sogar als Provokation und „kämpfen darum, sich abzugrenzen", stellt der Münchner Familienforscher Hartmut Kasten fest. Eineiige Zwillinge sind darauf sogar besonders erpicht.

Dabei haben die Eltern beim Krisenmanagement im Familienalltag gar keine Wahl. Mütter und Väter können ein Kind, das sein Spielzeug wütend durchs Zimmer schleudert, kaum exakt so behandeln wie den Sprössling, der ruhig am Tisch ein Bild malt. Keine Mutter kann mit einem Säugling so umgehen wie mit ihren Drei-, Sechs- oder Zehnjährigen oder auch nur erwägen, den vor Fieber glühenden Jüngsten mit seinen Geschwistern mit ins Weihnachtsmärchen zu nehmen. Verlangen kranke Kinder nicht ohnehin nach besonders liebevoller Zuwendung und Rücksicht?

Viele Frauen beschäftigen sich besonders hingebend mit ihren Babys. Dabei kommen sogar die Geschwister zu kurz, die kaum aus den Windeln sind. Videosequenzen, aufgenommen im Abstand mehrerer Jahre, führen vor, wie konsequent diese Mütter Kinder im gleichen Alter auch gleich behandeln. Doch während die Mutter den niedlichen Neugeborenen mit Zärtlichkeiten überschüttet, steht die dreijährige Tochter daneben und fühlt sich ausgeschlossen. Sie registriert nur die Streicheleinheiten für das Baby und erinnert sich nicht mehr daran, wie sehr auch sie im Babyalter gehätschelt worden ist. Fazit: Im selben Augenblick erleben Schwester und Bruder diese Szene sehr unterschiedlich.

Wenig anders steht es mit Jugenderinnerungen. Größere Kinder vergessen nie, wie die Kleinen sie genervt haben. Immerzu hatten sie einen Steppke im Schlepptau, der mitspielen wollte und sofort losheulte und nach Mama rief, wenn es nicht nach seinem Kopf ging. Aber auch aus der Perspektive der Jüngeren sieht diese Zeit nicht eben rosig aus. Vermutlich war der bewunderte große Bruder oder die angebetete große Schwester der erste Mensch, der sie abgelehnt und ihnen immer wieder zu verstehen gegeben hat, wie lästig sie ihm waren. Erwachsene berichten verbittert, wie sie als Jüngere jahrelang um die Freundschaft der Älteren geworben oder darum gekämpft haben, wenigstens akzeptiert zu werden.

Nicht nur das neue Fahrrad für die Große und der abgelegte Roller für die Kleine, auch subtilere, nur von den Betroffenen erspürte Unterschiede wirken wie Keile und treiben die Geschwister auseinander, jedes in die eigene Mikro-Welt.

Hunderte von Daniels und Plomin befragter Geschwister klagten, dass es in ihrer Familie Lieblinge und damit ständige Ungleichheit gegeben habe. Eltern wiederum räumten ein, dass sie sich schuldig fühlten, weil sie eines ihrer Kinder mehr liebten oder, schlimmer, eines ablehnten. Ein Kometenschweif von Folgestudien bestätigt die These des amerikanischen Forscherduos. Theoretisch ließen sich solche Vorstöße ins weite Feld der subjektiven Wirklichkeit noch lange fortsetzen, würden aber lediglich statistisch erhärten, was wir ohnehin ahnen: Kinder derselben Familie sind im Durchschnitt ungefähr 15 Jahre oder 5475 Tage oder 131 400 Stunden lang unterschiedlichen

Erlebnissen ausgesetzt, die aus ihnen unterschiedliche Persönlichkeiten machen.

Der Mensch ist ein biologisches Wesen, Produkt einer langen Naturgeschichte – der Evolution. Warum hat sie solche Verschiedenheit entwickelt? Welchen Vorteil bringt sie? Solche Fragen trieben den amerikanischen Wissenschaftshistoriker Frank Sulloway an. Seine Antworten, Ergebnisse von 26 Jahren Fleißarbeit, wurden im November 1996 in den Vereinigten Staaten als neue Geschwister-Theorie veröffentlicht und haben in Fach- und Laienkreisen heftige Debatten entfacht.

Erste Antwort: Kinder aus ein und derselben Familie sind verschieden, weil es biologisch sinnvoll ist, wenn Individuen mit möglichst unterschiedlichen Strategien um begrenzte Ressourcen, nämlich die Fürsorge ihrer allmächtigen Eltern, konkurrieren.

Zweite Antwort: Kinder sind verschieden, weil ihr Platz in der Geburtsfolge sie dazu macht. Ob ein Kind älter ist oder jünger, ob es eine Zeitlang kräftiger ist oder schwächer, reif oder unreif, gewitzt oder unerfahren, beeinflusst den Stil, mit dem es seinen Anspruch vertritt, und damit die Entwicklung seiner Persönlichkeit.

Dritte Antwort: Eltern bevorzugen ihren ersten Sprössling, weil sie, bis der zweite auf die Welt kommt, schon eine Menge Liebe, Zeit und Fürsorge in ihn investiert haben.

Am Anfang von Sulloways langem Rechercheweg stand eine sehr einfache und ebenfalls naive Frage. Sie lautete: Warum Darwin? Schon in seinem zweiten Harvard-Semester imponierte dem Studenten 1967 mächtig, dass die wichtigste Entdeckung der modernen Biologie von einem eher durchschnittlich begabten Wissenschaftler stammt. „Darwin war weder so ehrgeizig noch so gelehrt wie viele seiner Zeitgenossen. Seine Rechtschreibung war katastrophal. Trotzdem wurde er der berühmteste Wissenschaftler der letzten 500 Jahre." Warum also Darwin?

Sulloway beschloss, das Rätsel zu lösen. Seine Suche führte zunächst von Darwin fort und zu immer neuen Fragen. Er studierte die Biografien von 6566 Persönlichkeiten der letzten 500 Jahre. Wie kam es, dass ausgerechnet sie in die Geschichte eingegangen sind als Entdecker, Reformatoren, Rebellen, Aufklärer, Streiter für Rechte – oder als Bewahrer, Herrscher, Systematiker? Warum haben manche Menschen bereitwillig neue Erkenntnisse akzeptiert, während andere Überkommenes vehement verteidigten, wie etwa der berühmte amerikanische Naturforscher und Darwin-Zeitgenosse Louis Agassiz die Schöpfungslehre?

Vom Hölzchen schien Sulloway aufs Stöckchen zu kommen. Aber er ließ nicht locker, bis er erkannt zu haben meinte, was Menschen aus der Reihe tanzen lässt. Nämlich: Große Veränderer rebellierten gegen geltende Lehren, weil ihr Platz in der Geschwisterfolge sie zu Aufrührern bestimme. Der Geburtsrang erlaube eine verlässliche Vorhersage, ob ein Mensch eher konservativ denke oder quer, ob er mitschwimme im Strom des Konsenses, wie es typisch sei für Erstgeborene, oder als Spätgeborener gegen den vorherrschenden Trend ansteure. Wie zum Beispiel Darwin, das fünfte von sechs Kindern. Oder wie Sulloway, der dritte von vier Brüdern.

Kurz, der Wissenschaftshistoriker wirft die gängigen Theorien der Persönlichkeitsentwicklung und der Geschichte über Bord, samt Ödipuskomplex und marxistischem Klassenkampf-Modell. Ersetzt werden sollen sie von einer durch und durch darwinistischen Interpretation menschlichen Verhaltens: Rivalität unter Geschwistern, der innerfamiliäre Kampf zwischen den Erstgeborenen und den anderen, prägt die Strategien der jungen Kontrahenten, deren Einstellungen und Urteile. Eltern, die sich für ein zweites Kind entscheiden, müssen damit rechnen, einen Rebellen aufzuziehen.

„Niemand ist genetisch zum Erst- oder Spätgeborenen bestimmt", erklärt Sulloway. „Wir finden uns einfach in dieser Rolle wieder und müssen das Beste daraus machen." Etwa: Wer mit Geschwistern aufwächst, begreift, jüngsten Studien zufolge, zeitiger als ein Einzelkind, welche Vorstellungen andere haben und welche Absichten sie hegen.

Schon die Kleinsten lernen nach Sulloways These „rasch, sich von den Mitbewerbern zu unterscheiden und erfolgreich eine Nische zu besetzen". Was Sulloway in Anlehnung an Darwin als „Prinzip der Differenzierung" beschreibt, drängt Geschwister dazu, besondere Profile zu entwickeln: Ein Kind zeigt Begabung fürs Malen, ein anderes räumt Preise in der Leichtathletik ab, ein drittes kann zwar schlecht lesen, dafür aber ohne Gebrauchsanleitung alle technischen Geräte im Haus reparieren. Mit ihren Talenten, ihren Eigenheiten bewerben sie sich um die Aufmerksamkeit ihrer Eltern, suchen Anerkennung und Förderung.

Doch Geschwister können auch aus ihrer Rolle fallen: Wenn zum Beispiel der Neid auf das umhegte Baby übermächtig wird, greifen Ältere noch einmal zur Milchflasche, machen wieder in die Hose, wollen vorübergehend mit dem Säugling um die Fürsorge der Eltern konkurrieren. Bis sie merken, dass die Position des „Großen" auf die Dauer mehr Vorteile bringt. Denn diese Ur-Nische in der Familie muss nicht erst erobert werden: Sie fällt dem zu, der zuerst auf die Welt kommt. Das erste Kind genießt die Zuwendung seiner Erzeuger zunächst für sich allein. Kein Bruder, keine Schwester kann diesen Vorsprung jemals aufholen.

In westlichen Kulturen läßt sich der Wirbel um den deutlich höheren Status des Erstgeborenen am Aufwand ablesen: an Baby-Ausstattungen, Spielzeug, Möbeln und einer lückenlosen Foto- und Video-Dokumentation, angefangen mit der ersten Ultraschall-Aufnahme des Embryos bis zum ersten Schrei, ersten Zahn, ersten Schritt, ersten Fahrrad, ersten Schultag. Aber auch in vielen nicht-westlichen Gesellschaften wird der erste Nachwuchs besonders gefeiert, macht dessen Ankunft die Ehe der Eltern überhaupt erst verbindlich. Eine Untersuchung bei 39 Völkern belegt, dass Erstgeborene oft schon während der Kindheit dazu erzogen werden, einmal Oberhaupt eines Clans zu sein. Ihre Geschwister üben sich früh darin, ihnen zu dienen und zu gehorchen.

Weltweit danken die Privilegierten ihren Erzeugern diese Sonderrolle, indem sie den Erwartungen der Eltern gerecht zu werden versuchen und deren Autorität zu ihrer eigenen machen: Als stellvertretende Chefs der jüngeren Geschwister wollen sie bestimmen, wo es langgeht. Teilen fällt ihnen schwerer als austeilen. Sie sind selbstsicher, leistungsorientiert, aber nicht risikofreudig. Sie übernehmen früh Verantwortung in der Familie und streben später Führungspositionen an.

Sulloways Daten verraten, dass Erstgeborene dort dominieren, wo es um Ansehen geht, so als Flugzeugpiloten oder Nobelpreisträger. Aber auch – einmal Boss, immer Boss – als politische Führer: US-Präsident Clinton, der britische Premierminister Churchill, Iraks Staatschef Saddam Hussein, Russlands Präsident Boris Jelzin – sämtlich Erstgeborene.

Spätgeborene aber lassen sich keineswegs einfach herumkommandieren. Die Diktatur der Älteren macht sie vielmehr rebellisch, sie ersinnen Gegenstrategien und provozieren dadurch wiederum die Großen. Die Folgen laut Sulloway: „Im Schoß der Familie eskaliert eine Art Rüstungswettlauf der Evolution." Die Jüngsten sind Suchende, bereit für Experimente – nur so schaffen sie es, eine noch unbesetzte Nische zu erobern. Ihre Offenheit gegenüber Alternativen macht sie fantasievoller, kreativer und unabhängiger.

Aus ihren Reihen stammen die großen Entdecker und die radikalen Neuerer, deren Ideen die Wissenschaft aus ihren eingefahrenen Geleisen gedrängt haben: Nikolaus Kopernikus veränderte unser Weltbild, Alfred Wegener das Gesicht unseres Planeten. Als Underdogs der

Familie sympathisieren Spätgeborene eher mit den Ausgebeuteten, stellen herrschende politische Verhältnisse in Frage, zetteln Widerstand und Aufruhr an. Unter ihnen finden sich so berühmte Unruhestifter wie Gandhi, Martin Luther King, Trotzkij, Castro, Arafat und Ho Tschi-minh.

Einzelkinder pendeln, was ihre Persönlichkeiten angeht, zwischen den Extremen. Sie haben genauso wenig übrig für Experimente wie Erstgeborene und übernehmen auch gern die Meinung der Eltern. Gesellschaftlich aber orientieren sie sich ähnlich wie Spätgeborene, mit einem Hang zu radikalen politischen Ansichten.

Ein Einzelkind gleicht nach Sulloway „einem kontrollierten Experiment". Es erlaubt uns zuzusehen, was dabei herauskommt, wenn ein Kind ohne Konkurrenz in der Familie aufwächst. In gewisser Weise verwirklichen Einzelkinder einen darwinistischen Kindertraum: Sie genießen die Zuwendung der Eltern für sich allein, weil sie die Geburt eines Rivalen erfolgreich abgewendet haben.

So faszinierend es ist, sich selbst oder die Verwandten und Freunde in der Sullowayschen Typisierung wiederzuerkennen: Es bleibt ein Rest von Skepsis, dass einer hingeht und Menschen in ein Schema presst.

Dem Mann, der unser Verhalten für derart berechenbar erklärt, ist indes eines nicht vorzuwerfen: dass er mit leichtfertigen, mit über den Daumen gepeilten Mutmaßungen aufwartet. Schlussfolgerungen wie „die Persönlichkeit eines Erstgeborenen ist der eines anderen Erstgeborenen ähnlicher als der seiner eigenen Geschwister" verdankt Sulloway eher einem Informations-Overkill. Erst auf der Basis von mehr als einer halben Million Personendaten und 20 000 überprüfter Biografien rückte er damit heraus, welches statistische Muster ihm wieder und wieder aufgefallen ist: Der Platz in der Geschwisterfolge scheint die Strategien und Standpunkte seiner Protagonisten entscheidend zu beinflussen.

Der Umgang mit derartig großen Datenmengen ist so ungewöhnlich nicht. Wer nicht nur raten, sondern prognostizieren will, wie Entwicklungen in so genannten komplexen Systemen ablaufen, setzt verschiedene Variable zueinander in Beziehung und kalkuliert, mit welcher Wahrscheinlichkeit sie sich wie verändern. Wir vertrauen auf solche Hochrechnungen bei lokalen Wettervorhersagen, Wahlprognosen oder bei Stauwarnungen, wenn etwa während der Urlaubszeit in dänischen Ferienhäusern der Bettenwechsel bevorsteht.

Die Geburtsreihenfolge ist kein rigides Raster, sondern flexibel genug für individuelle Abweichungen. Dass dabei etwas Plausibles herauskommt, liegt an den statistisch relevanten Datenmengen, die Sulloway bei seinen Testläufen einsetzt. Aber nicht nur daran. Seine Theorie besticht, weil sie vor allem biologisch sinnvoll ist. Sie fußt auf einer Entwicklungsphase, die Geschwister ausnahmslos durchmachen: die Zeit der Positionskämpfe.

Und die werden nach darwinistischen Regeln ausgetragen: Ob der Nachwuchs im Nest um die leckerste Larve ficht oder in den gut situierten Familien unserer ersten Welt um den dickeren Schokoriegel – jedes der Geschwister erstrebt die Zuwendung der Eltern für sich allein.

Wie ein Ritual mit festgelegten Rollen wird in allen Familien das ausgetragen, was Biologen als unauflöslichen Konflikt zwischen Geschwistern einerseits und zwischen Nachwuchs und Eltern andererseits beschreiben. Grund für den Dauerstreit um die Elternliebe ist die potenzielle biologische Ewigkeit jedes Einzelnen: das Überleben seines Erbmaterials. Nichts Geringfügiges also. Was in jedem Lebewesen einzigartig und unsterblich ist, braucht eine Chance, sich zu reproduzieren. Dazu muss es in das dafür erforderliche Alter kommen, und das gelingt am besten, wenn die Eltern möglichst viel „investieren".

Vor rund 30 Jahren begannen Soziobiologen, die genetischen Rechenexempel im animalischen Kampf ums Dasein und somit auch im Konkurrenzkampf von Geschwistern zu entschlüsseln. Ob Tiere füreinander sorgen, ob sie Helfer oder Rivalen werden, hängt unter anderem vom Grad der Verwandtschaft ab.

Vogeleltern müssen ein Interesse daran haben, allen Jungen, denen sie die Hälfte ihres eigenen Erbprogramms mitgaben, genug zukommen zu lassen. Reicht aber das Futter nicht für alle, wird sozusagen neu gemischt: Der Gen-Egoismus der Eltern gewinnt die Oberhand. Manche Vogelarten ziehen nur noch die Jungen mit guten Überlebensaussichten groß – üblicherweise die kräftigsten, die als Erste aus dem Ei geschlüpft sind und in die sie bereits am meisten Fürsorge „investiert" haben.

Ohne einen Piep des Protests lassen sie zu, dass die älteren Jungen die kleinen aus dem Nest kegeln. Kommt es noch schlimmer, geben Vogeleltern ihr gesamtes Gelege auf, um nicht selber zu verhungern, und machen erst in der nächsten Brutsaison wieder einen Versuch, sich fortzupflanzen.

Übertragen Evolutionspsychologen solche Erkenntnisse auf unser menschliches Verhalten, so entdecken sie erwartungsgemäß Übereinstimmungen, Hinweise auf genetische Spannungsfelder auch in unserem Familienleben.

Auf Anhieb mag uns Bürgern der Überflussgesellschaft nicht einleuchten, dass Geschwister es als existenzielle Entscheidung empfinden, ob ihnen Leckereien, Spielzeug oder Zärtlichkeit zugeteilt oder versagt werden. Aber der verzweifelte Protest, der sich an Süßwarenständen von Supermärkten vernehmen lässt, wenn eine Mutter ihrem Kind etwas verweigert, macht akustisch deutlich: Für den rundum wohlgenährten Brüller steht mehr auf dem Spiel als der Lolli. Kleine Kinder, die mit ihren Wünschen auf ein mütterliches oder väterliches Nein stoßen, reagieren darauf haltlos schluchzend, mit rotem Gesicht, bebendem Körper, erhobenen Armen – als wären sie in höchster Gefahr. Dass sie derart Alarm schlagen, wirkt heute unangemessen, war aber in der Vergangenheit keineswegs „unvernünftig".

In kultivierten Jahrhunderten und in zivilisierten Gesellschaften verfuhren Menschen-Familien, wenn ihr Status, ihr Besitz, ihre Linie, ihre Existenz gefährdet war, kaum humaner mit ihrem Nachwuchs als Tiereltern mit ihren Jungen. So gibt es viele Greifvögel, die zwei Eier legen, aber immer nur ein Junges großziehen. Das zweite ist die Reserve, falls dem ersten etwas zustößt.

Den Kampf ums Dasein, den wir für die Natur, für den Lebensalltag von Tieren und Pflanzen akzeptieren, lassen hoch zivilisierte Bürger der Neuzeit für sich selbst ungern gelten. Haben wir Kulturwesen solche „biologistischen" Regeln nicht längst außer Kraft gesetzt? Offenbar nicht, denn ausgerechnet in den gesellschaftlich akzeptierten Traditionen entdecken Evolutionspsychologen darwinistische Strategien.

Aktuelle Studien interpretieren Heirats-, Tauf- und Sterberegister, Genealogien, Testamente und Kataster aus der jüngeren Vergangenheit Europas als Dramen der Geburtsrangfolge. Dort ist zu erkennen, wie Eltern ihre anstehenden Entscheidungen über Fürsorge und Erbe danach ausgerichtet haben, ob sie die eigene „Fitness" dabei „maximieren" – ob ihr Erbgut in der nächsten Generation überlebt.

Dem Bild der kinderreichen Familie, die über die Runden kommt, weil alle Geschwister von klein auf mit anfassen, steht eine Untersuchung der Amerikanerin Sarah Blaffer Hrdy gegenüber: Danach stammten 60 Prozent der im 18. Jahrhundert in Frankreich geborenen Säuglinge, die zu Ammen in Pflege kamen, aus Handwerkerfamilien. Die Mitarbeit der Hausfrau war im Betrieb einfach unentbehrlich. Von den professionellen Nährerinnen erwarteten die Eltern, dass sie auf ebenso professionelle Weise, nämlich als „Engelmacherinnen", den ökonomisch nicht tragbaren Kindersegen unauffällig aus der Welt schafften.

In weiten Teilen Europas und Nordamerikas war es üblich, dass reiche Bauern ihren Besitz, um ihn zusammenzuhalten, nur einem einzigen Sohn übergaben, meist dem Erstgeborenen. An der biologischen Tatsache, dass der „Stammhalter" mehr Nachkommen hinterlassen kann als eine Tochter, orientierte sich zum Beispiel auch der portugiesische Adel. Titel, Namen und sämtliche Privilegien erbte jahrhundertelang stets der Älteste. 35 Prozent der Adelsfräulein landeten im Kloster, 40 Prozent der jüngeren Söhne beim Militär. Von europäischen Expansionskriegen in Afrika und Indien kehrte ein Viertel der Nachgeborenen nicht wieder heim.

Mit einer anderen, ebenso erfolgreichen Strategie vererbten hingegen wohlhabende ostfriesische Bauern den ungeteilten Besitz samt Familiennamen über Generationen: In Krummhörn erhielt der jüngste Sohn den Hof, und die Älteren wurden ausgezahlt. Noch bis 1874 sorgten Eltern dafür, dass die Belastung für den Erben erträglich ausfiel: Selten blieben mehr als drei Schwestern und drei Brüder pro Familie am Leben. Wer der Jüngste war, bestimmten demnach die Erzeuger.

Anderswo bekamen Spätgeborene, das bestätigen mehrere Studien, erst ihre Chance, sobald Risiken einzugehen waren. Wenn es etwa galt, neues Land zu erschließen und zu besiedeln, schickten Eltern ihre jüngeren Kinder vor, die wenig zu verlieren hatten.

Kein Wunder, dass sie im Gegensatz zu ihren älteren Geschwistern von klein auf mehr wagen, sich selbst mehr zutrauen, unternehmerischer auf Herausforderungen reagieren: Sie können dabei nur gewinnen.

Von Erstgeborenen, das legen diese Interpretationen nahe, sind Veränderungen des Status quo, der sie favorisiert, nicht zu erwarten. Auch für die Zukunft geben Eltern ihnen wenig Grund zum Protest. 1997 hat Jennifer Nerissa Davis vom Münchner Max-Planck-Institut für Psychologische Forschung ermittelt, dass kanadische Familien heute ihre ältesten Kinder bei der Ausbildung stärker unterstützen. Die Geförderten streben dann einen höheren beruflichen Status an und erreichen ihn durchweg auch.

Wenn es dagegen um Entwicklung und Fortschritt geht, bleiben wir offenbar wie seit Jahrhunderten auf die kühnen Visionen und den Elan der „Zweitbesten" angewiesen. In diesem Punkt begegnen sich die Analysen der Evolutionspsychologen mit denen des Wissenschaftshistorikers Sulloway. Und von ihnen erhält er auch den meisten Beifall für seine These, dass der Platz in der Geschwisterreihe die Strategie eines Kindes und später dessen Persönlichkeit prägt.

Konflikte im kleinen und privaten können, und das macht die elegante Ökonomie des Sullowayschen Systems aus, weltbewegende Umwälzungen anstoßen: Der Motor, der den Wandel antreibt, ist die Kinderstube.

FRANZ MECHSNER

Geschichten aus der Nacht

Ist der Traum ein zufälliges Gehirngewitter oder kreatives Spielzeug des Unterbewussten? Gift oder Wohltat für die Seele? Auf raffinierte Weise schmuggeln Wissenschaftler Bilder in die Köpfe der Schläfer, simulieren Nachtfantasien mit Hilfe von Computern. Und einige haben sich auf ein faszinierendes Abenteuer eingelassen: Sie träumen bei vollem Bewusstsein.

Wie ein Träumer sieht er nicht aus, der einstige Skateboard-Artist der deutschen Spitzenklasse Paul Tholey. Der 56-Jährige ist ein Könner auf dem Rollbrett, desgleichen ein Meister des Kunstradsports. Und verficht eine höchst unorthodoxe Trainingsmethode: „Komplizierte und gefährliche Kunststücke, Überschläge mit Schraube etwa oder mehrfache Salti, die übt man am besten im Traum."

Die grün umwachsene alte Villa, die Tholey am Rande des saarländischen Städtchens St. Wendel bewohnt, könnte in einem Fantasieland stehen. Der Traumakrobat öffnet den Schuppen in seinem weitläufigen, halb verwilderten Garten und zeigt die „Extremgeräte", mit denen er seine halsbrecherischen Taten vollbringt: Das BMX-Rad, mit dem er auf einer Loopingpiste nach oben jagt und sich frei in der Luft dreht. Das Einrad, auf dessen schwindelerregend hohem Sattel er mit verbundenen Augen zu balancieren pflegt. Das bunte, zerkratzte Snowboard: „Damit fahr' ich im Handstand die Buckelpiste runter."

Und gelernt hat er all diese Tricks in jenen Fantasiegefilden, aus denen wir Normalträumer selten mehr als verworrene, verrückte Geschichten mitbringen? „Nicht jede einzelne Bewegung übe ich im Traum. Da trainiere ich vor allem mein Körpergefühl und mein Empfinden für den Raum. Ich fliege zum Beispiel Salti und spüre dabei in jeder Faser, wo ich gerade bin."

Paul Tholey ist nicht nur ein Meistersportler, sondern auch Professor für Psychologie und Traumforscher von Weltruf: Schon als Student erfand er Methoden, mit deren Hilfe man lernen kann, Träume nicht nur intensiver, farbiger und detailreicher, sondern geistig völlig wach zu erleben, in vollem Wissen, dass man träumt. Mehr noch: Im Laufe der letzten Jahrzehnte entwickelte er immer virtuosere Techniken, das eigene Verhalten in solchen „Klarträumen" willentlich zu steuern – eine Kunst, die tibetische Mönche schon seit mehr als einem Jahrtausend kultivieren, die jedoch bei uns so gut wie unbekannt ist.

Wer klarträumt, kann ekstatisch durch die Lüfte fliegen oder „schlafen, mit wem man will", wie die Traumforscherin Patricia Garfield begeistert schreibt. Und Klarträumer brauchen, so Tholey, keine Traumdeutung mehr: „Wir fragen die Gestalten direkt, warum sie da sind und was sie bedeuten." Ein Klarträumer fragt gelassen einen heranspringenden Tiger: „Wer bist du?" Die Raubkatze stutzt verblüfft und verwandelt sich in den Vater des Träumers. „Trübträume" nennt Tholey herablassend das gewöhnliche Irrlichten im Schlaf.

Träumerlatein? Träume spielen in Köpfen, und in Köpfe kann man nicht hineinsehen – eines der größten Handicaps der Wissenschaft. Doch geschulte und geübte Klarträumer, von der wachsenden Zahl der Enthusiasten „Oneironauten" genannt, haben in den letzten Jahren ihre Fähigkeiten in Schlaflabors unter Beweis gestellt und ermöglichen Traumforschern mittlerweile Experimente, von denen diese bis vor kurzem nicht einmal träumen konnten.

Während Messgeräte beweisen, dass sie tatsächlich schlafen, „morsen" Oneironauten mit Augenbewegungen Botschaften aus der Tiefe des Traums. Sie stellen sich vorher verabredete Aufgaben: So konnten Wissenschaftler beispielsweise demonstrieren, dass beim Zählen im Traum die linke Hirnhälfte, beim Singen die rechte stärker aktiv ist – ganz wie im Wachen. Oneironauten prüfen auch, wozu sie selbst und ihre Gestalten im Traum fähig sind: So stellten Klarträumer fest, dass sie zweistellige Zahlen richtig miteinander multiplizieren konnten, dass jedoch andere, denen sie im Traum begegneten, kaum das kleine Einmaleins beherrschten.

Forscher, die sich mit Träumen beschäftigen, haben es im Gerangel um Posten und Forschungsmittel nicht leicht, immer noch werden sie von Kollegen argwöhnisch beäugt. Doch das könnte sich bald ändern: Denn nicht nur verblüffen die lange Zeit kaum ernst genommenen Oneironauten mit neuartigen Einsichten in die Tätigkeiten des schlafenden Gehirns; Wissenschaftler schmuggeln beispielsweise auch Objekte ihrer Wahl in die Traumwelt und erforschen, wie diese in Traumserien in immer neuer Gestalt wiederkehren. Jüngste Untersuchungen deuten auf Zusammenhänge von Träumen und kreativen Fähigkeiten.

Psychologen beginnen, Träume mit Hilfe von Computern zu simulieren, die „Konstruktionsprinzipien" der Nachtfantasien zu durchschauen, zu erkennen, wie diese im Gehirn „gemacht" werden. Und Therapeuten entwickeln Methoden, mit denen schlechte Träume zu „reparieren" sind.

So schwer sie es oft noch im Forschungsbetrieb haben – auch Traumforscher können Karrieren machen. Sogar Traumkarrieren: Im Seitenflügel einer Klinikburg im amerikanischen Brockton bei Boston residiert der Hirnforscher Robert McCarley, leutselig, sonnig, einer der meistinterviewten Wissenschaftler unserer Zeit. Seinen Ruhm verdankt McCarley einer provozierenden Theorie, die er 1977 gemeinsam mit seinem damaligen Harvard-Kollegen Allan Hobson veröffentlicht und die weltweit Furore gemacht hat. Jung und frech wie sie waren, führten die beiden Forscher die fantastischen Erlebnisse im Schlaf auf einen simplen biologischen Prozess zurück: Träume seien chaotische Aktivitätsgewitter in der Hirnrinde, ausgelöst durch von den beiden entdeckte Neuronen im Stammhirn.

Massenweise werden bei diesen elektrischen Gewittern kleine graue Zellen im Cortex erregt, als würden wir tatsächlich etwas sehen und uns bewegen – nur vollkommen wirr. In diesem Schlamassel kann das überforderte Gehirn, McCarley und Hobson zufolge, nichts anderes tun, als irgendwelche Gestalten, irgendeinen Sinn in das Chaos hineinzufantasieren, so wie wir vielleicht am Tage eine Wolke als Kamel oder den Mond als Gesicht deuten. Das gelingt nicht immer. Deshalb, so McCarley, sind Träume oft so konfus und bizarr.

Die Lösung des gordischen Knotens? Der Geniestreich, der die nächtlichen Fantasien unstrittig erklärt? „Die Hirnforscher waren zufrieden mit unserer Theorie", erzählt McCarley. Doch jene, die in Träumen einen wie auch immer verschlüsselten Ausdruck der Persönlichkeit, Offenbarungen aus dem Unbewussten zu sehen gewohnt waren, entfesselten einen Sturm der Entrüstung im Fach- und sonstigen Blätterwald: Träume sollen nichts als sinnlose neuronale Aktivitätsgewitter sein? Unglaublich, diese Eierköpfe, die Elektroden in Katzenhirne pieksen!

„Dabei", verteidigt sich McCarley, „haben wir nie behauptet, dass Träume sinnlos sind": Nur die Anfangserregung der Hirnrinde sei chaotisch, unabhängig von der Geschichte des Träumers. „Doch wir haben immer betont, dass das Gehirn in einem zweiten Schritt diese Erregung deutet – und so entstehen sinnvolle Gestalten und Szenen. Das ist wie bei einem Rorschach-Test: Sage mir, was du in einem Tintenklecks erblickst, und ich sage dir, wer du bist."

Noch bis vor wenigen Jahrzehnten galten Träume als nicht besonders häufige Ereignisse, aufblühend aus einem dunklen Schlaf. Als Auslöser wurden alle möglichen schlafstörenden Reize vermutet: Mit einer Wärmflasche unter den Füßen träumte Gregory, ein im vorigen Jahrhundert traumforschender Graf, er besteige den heißen Ätna. Der Schlafforscher Alfred Maury ließ sich im Schlummer Wasser auf die Stirn träufeln und träumte, er sei in Italien, fürchterlich schwitzend. Träume entstehen, wenn mächtige Wünsche uns zu wecken drohen, lehrte schließlich Sigmund Freud zu Beginn des 20. Jahrhunderts: Der Traum gaukelt uns deren Erfüllung vor, und wir können sozusagen befriedigt weiterschlafen.

Die moderne Traumforschung begann 1953 mit einer damals sensationellen Entdeckung, die Freuds Erklärung in Frage stellte: Die Amerikaner Eugene Aserinsky und Nathaniel Kleitman fanden heraus, dass gewisse zyklisch wiederkehrende Schlafphasen, in denen wir merkwürdigerweise hektisch die Augen bewegen, besonders traumträchtig sind: Wer aus solch einer „REM-Phase" (REM: *R*apid *E*ye *M*ovement) geweckt wurde, erzählte so gut wie immer einen Traum. Die Nachricht ging um die Welt: Alle Menschen, auch jene, die sich nie an etwas erinnern, träumen drei- oder viermal pro Nacht, insgesamt etwa zwei Stunden. Es scheint also, dass Träume nicht von Wünschen oder sonstigen Reizen ausgelöst werden, sondern schlicht zur Biologie des Schlafes gehören.

McCarley und Hobson konnten nun die zyklische Wiederkehr des REM-Schlafes hirnphysiologisch erklären: Die „REM-on-Zellen" – jene, welche die „Aktivitätsgewitter" in der Hirnrinde auslösen – und eine zweite Neuronengruppe im Stammhirn, welche den REM-Zustand abschalten kann, blockieren einander im Wechselspiel, „in einem permanenten Krieg, in dem der Geist als Geisel genommen wird".

Wie jedoch die oft so schwer deutbaren Anspielungen, Metaphern und Symbole in die Träume kommen, darauf haben die Physiologen keine Antwort. Freuds Erklärung: Die Wünsche, die den Traum auslösen, sind schmutzig oder böse, verboten und dem Schläfer peinlich. Deshalb verzerrt, versteckt und arrangiert das Gehirn die „latenten Traumgedanken", so dass der „manifeste Traum" überhaupt nicht mehr als Wunscherfüllung kenntlich ist. Der Traum, den wir erleben, ist nichts als ein lügnerisches Maskenspiel: Zärtlichkeit kann Wut bedeuten, Verehrung Neid. Besonders die „auffällig harmlosen" Träume sind Freud zufolge verdächtig, verbergen sie doch „durchweg grobe erotische Wünsche".

An eine solche im Unbewussten verankerte Selbsttäuschungsmaschinerie will Wolfgang Leuschner, traumforschender Psychoanalytiker am Sigmund-Freud-Institut in Frankfurt am Main, „so nicht glauben". Um besser zu verstehen, auf welche Weise sich psychisches Material zu Träumen zusammenfügt, ersann er ein ausgeklügeltes Experiment. „Schauen Sie": Der Forscher zeigt eine Mappe mit unbeholfenen Zeichnungen – Traumszenen, die Testpersonen gemalt haben, nachdem sie aus dem REM-Schlaf geweckt worden sind. Auffällig viele Dreiecke finden sich darin, mal scheinbar unmotiviert auf ein Auto gemalt, mal als dreieckige Ananasstücke oder Hüte.

Leuschner hatte seinen Versuchsschläfern vor dem Zubettgehen ein Dia an die Wand geworfen: Eine in leicht kubistischer – oder besser: triangulistischer – Manier hauptsächlich aus Dreiecken gemalte bunte Strandlandschaft. Dreieckig sind nicht nur der Meeresausschnitt, die Berge und ein pyramidenartiges Häuschen, sondern beispielsweise auch die Räder der Fahrzeuge, die Baumkronen und die Früchte. Nur acht Millisekunden lang ließ Leuschner das Bild auf der Leinwand aufblitzen: Bewusst sehen die Probanden dabei nichts oder fast nichts, doch aus unbekannten Gründen finden solche unterschwelligen Reize besonders gut den Weg in die Träume.

In vielen Zeichnungen der Träumer kam dies und jenes vor, das auf dem Bild zu sehen war, ein Fahrrad, ein Auto, eine Gruppe Tennisspieler – doch niemals die komplette dreieckig gestaltete Strandlandschaft. Auch Anklänge an das Dia waren häufig: In vielen Träumen herrschte Ferienstimmung, sei's an einem Swimmingpool, sei's in einer südländischen Gasse. Vögel oder Flugzeuge erschienen statt der im Originalbild flatternden Fledermaus. Die Haifischflosse, die im Stimulusbild aus dem Wasser ragt, kehrte als „Wellenbrecher" wieder.

Freud hätte Vögel oder Flugzeuge vielleicht als absichtliches Verstecken der eigentlich „gemeinten" Fledermaus gedeutet, als „Verschiebung". Leuschner stellt sich die Traumbildung viel simpler vor: „Es sieht ganz so aus, als würden sich unsere Wahrnehmungen, Gedanken und Erinnerungen in einem vorbewussten Verarbeitungssystem teilweise in ihre Formen, Farben und begrifflichen Merkmale auflösen, die dann wie Moleküle in einer Lösung herumschwirren und sich zu neuen Kombinationen verbinden." Derart könnte sich die von einer konkreten Prüfungsangst abgespaltene Furcht, „etwas zu verpassen", mit einem geträumten „abgefahrenen Zug" verbinden. Oder die „Ferienstimmung" mit der Erinnerung an eine Italienreise.

Ob und in welcher Veränderung Motive in aufeinander folgenden Träumen wiederkehren, ist selten sicher zu erkennen. Doch der Trick mit den Dreiecken machte es Leuschner möglich, deren Reise durch mehrere Träume zu verfolgen: In den Zeichnungen der ersten Traumphasen tauchen nur wenige Dreiecke auf, und wenn, dann meist isoliert, kaum verbunden mit dem Rest des Bildes.

Später erscheinen dreieckige Tischbeine, Pfeile mit deutlich gemalter dreieckiger Befiederung, dreieckige Oberkörper, dreieckige Brillen: „Die Einbindung der Dreiecke in sinnvolle Zusammenhänge wird mit der Zeit immer stimmiger, vor allem dann in Zusatzzeichnungen von freien, spontanen Einfällen, die man nach den Traumzeichnungen von den Versuchspersonen noch anfertigen lässt." So macht Leuschners Experiment auf höchst elegante Weise sichtbar, was viele Menschen seit je den Träumen zutrauen: die allmähliche Verarbeitung und Integration von Erinnerungen in den Nächten, die man „darüber schläft".

Leuschners Fazit: „Freud hat vieles am Traum richtig gesehen, doch der die manifestierten Bilder gestaltende Traumbildungsmechanismus ist viel einfacher, als er sich das vorstellte: Vieles scheint weniger das Werk eines geschickten Regisseurs im Unbewussten zu sein als schlicht das Resultat einer relativ autonomen Seelenchemie."

Wenn jene ständigen Neukombinationen von Gedankenfragmenten den Traum bestimmen, dann sind vielleicht auch kreative, witzige Neuschöpfungen, die „Schlangenrutschbahn", der „Schrank zum Fliegen" oder das „besonders kuschelige, um den Körper wickelbare Haustier" wenigstens teilweise Ergebnisse der von Leuschner skizzierten „Seelenchemie". So enthalten Träume wohl auch eine Menge Verspieltes, das gar keine „Bedeutung" hat, sondern nur die Freiheit der möglichen Kombinationen widerspiegelt.

Doch bei aller Ungebundenheit und scheinbaren Absonderlichkeit – so wie Dalí malte, träumen wir nicht: „Die Fantastik von Träumen wird maßlos überschätzt", betont die junge Züricher Psychologin Barbara Meier. „Die meisten auf den ersten Blick verrückten Träume haben in Wahrheit nur ganz wenige bizarre Elemente." Gemeinsam mit ihrer Mentorin Inge Strauch hat die Forscherin zahllose Träume und Tagfantasien verglichen und beide für erstaunlich ähnlich befunden: „Vielleicht ist Träumen nichts anderes als die rational wenig kontrollierte, von äußeren Eindrücken ungestörte Fantasietätigkeit im Schlaf."

So genannte typische Themen, die oft in Traumbüchern abgehandelt werden – wie Nicht-von-der-Stelle-Kommen, Fliegen, Sich-nackt-in-der-Öffentlichkeit-Finden oder Zahnausfall –, sind nach den Erkenntnissen der Psychologin sehr selten. Schlangen kommen fast nie vor. Und nur zehn Prozent der Träume bieten „manifest Sexuelles". „Vielleicht hat ja das Träumen gar keine spezielle Funktion", formuliert die junge Forscherin die einfachste denkbare Hypothese. Träumen wir also nur, weil es biologisch wenig sinnvoll ist, jede Nacht das Großhirn abzuschalten? Reißt der Strom der Gedanken und Bilder niemals ab, am Tag „Fantasie" genannt, in der Nacht „Traum"?

Dass Traumszenen so normal und folgerichtig verlaufen, führen manche Forscher als starkes Argument gegen McCarleys und Hobsons Chaostheorie des Traumes ins Feld. McCarley kontert jedoch: „Wenn das Gehirn erst einmal Sinnvolles in die anfänglich chaotischen Erregungen hineinfantasiert hat, dann assoziiert es zu diesen Bildern weiter." Ein offener Disput also.

Wie aber entstehen aus Gedankenpartikeln Bilder? Und wie setzen sich die Bilder zu Szenen in Bewegung? Ein junger kanadischer Wissenschaftler bemüht sich, mit Hilfe von Selbstversuchen Antworten zu finden. Tore Nielsen, Leiter des Schlaflabors der Universitätsklinik Montreal: „Ich sehe einen schwebenden, blau-weißen Ball. Plötzlich fliegt er auf mich zu, und reflexartig schlage ich danach. Als der Ball meinen Unterarm berührt, wundere ich mich, wie leicht er ist – wie ein Strandball." Keine Szene aus einem Traum, sondern ein „hypnagoges Bild", eine typische „Einschlafhalluzination".

Viele solcher Gaukelbilder hat Nielsen beschrieben und Detail für Detail analysiert: „Man kann an diesen traumartigen Miniszenen wunderbar studieren, wie sie zustande kommen. Viel besser als an den unübersichtlichen Nachtträumen selbst." Nielsen – große Aufschrift auf seinem T-Shirt: „Dreams" – lässt sich, wenn er sich dösig fühlt, aufrecht sitzend von der Müdigkeit übermannen. Sofort wieder aufgeweckt vom fallenden Kopf oder Arm, kann er sich meist an solche hypnagoge Halluzinationen erinnern. Aber: „Man muss das wahnsinnig üben."

Er versucht, seine Körpergefühle möglichst genau zu erspüren, und durchforstet dann die Umgebung nach Eindrücken, die möglicherweise die gesehenen Bilder mit angeregt haben: „Nach der Ball-Halluzination fiel mir zum Beispiel auf, dass nicht weniger als zehn an der Wand hängende blau-weiße Teller im Raum waren, auf die ich lange nicht bewusst geachtet hatte. Wie der Ball vor mir schwebte, das erinnerte mich auch stark an ein Foto der Erde im Weltall, das ich einige Zeit davor betrachtet hatte." Volleyball ist Nielsens Lieblingssport – eine bestimmte Spielsituation sechs Tage zuvor könnte zur Ball-Halluzination beigetragen haben.

Nielsens akribische, subtile Beschreibung und Analyse der kleinen Sequenz füllt mehrere Seiten. Sein vorläufiges Fazit aus den Selbstversuchen: „Die Gesetze, nach denen die hypnagogen Szenen sich entwickeln, scheinen simpel zu sein: Bilder, in denen sich frische Wahrnehmungen mit Erinnerungen vermischen, setzen sich in Bewegung, wobei stets neue, passende Erinnerungen und Körperwahrnehmungen assoziativ in die Szene einfließen und weitere Bilder anregen." Ein Modell für den Fortgang der großen Nachtträume? Ja, denn auch sie scheinen stark von solchen assoziativen Automatismen – auch von Körpergefühlen – bestimmt zu sein.

Schützenhilfe findet Nielsen in der „Traumdeutung" Freuds. „Im Traume jagen und haschen sich die Vorstellungen nach zufälligen Ähnlichkeiten und kaum wahrnehmbaren Zusammenhängen", ist dort zu lesen. Der bloße Gleichklang von Worten kann Freud zufolge die Traumdynamik bestimmen – von der Insel *Gilolo* über eine Szene mit der Blume *Lobelia* zum Erscheinen des Generals *Lopez* und von dort zu einem *Lotto*-Spiel.

Läuft also ein Bild weitgehend automatisch ab, indem ein Bild das nächste stimuliert? David Foulkes, Psychologe in Atlanta und einer der Pioniere der „kognitiven" Traumforschung, ist ganz anderer Ansicht: „Träumen ist weit mehr als simple Assoziation. Und weit mehr als passive Wahrnehmung. Träumen ist nichts Primitives, sondern eine hochstehende intellektuelle Leistung." Sprechen wir im Traum nicht vernünftig und lösen wir nicht manchmal gar Probleme? „Um zu träumen, müssen wir uns Szenen vorstellen können. Wir müssen in der Lage sein, uns selbst in unserem Geist zu simulieren. Das ist der Stoff, aus dem das Denken ist." Sein Fazit: „Zum Träumen brauchen wir ausgereifte kognitive Fähigkeiten." Und daraus folgt für Foulkes zwingend: „Tiere und Neugeborene können nicht träumen."

Eine ketzerische Behauptung: Denn lesen wir nicht allenthalben, dass alle Säugetiere träumen – außer dem Ameisenigel? Oder dass Babys so ausgiebig schlafen müssen, weil sie viermal so lange träumen wie Erwachsene? Völliger Quatsch, spottet Foulkes: „Solche unsinnigen Ideen entstehen, wenn man naiv REM-Schlaf und Traum gleichsetzt, nach dem Denkmuster: Säugetiere haben REM-Phasen, also träumen Säugetiere. Und: Embryos im Mutterleib verbringen den größten Teil ihrer Zeit im REM-Schlaf, also müssten sie sich ins Leben träumen." Es sei seltsam, wie gutgläubig die Verfechter solcher Ansichten dabei Kindern und Tieren letztlich eine Bewusstseinshöhe und geistige Fähigkeiten zutrauten, von denen im Wachleben beim besten Willen nichts zu bemerken sei.

„Wir haben", begründet Foulkes seine Gegenposition, „vielleicht mehr Kinderträume untersucht als sonst jemand auf der Welt. Kleine Kinder schildern danach nur Spots, kurze Bilder, und das hängt offensichtlich nicht daran, dass sie sich ihrer Träume nur schlechter erinnern oder sie schlechter erzählen können als Ältere. Die Fähigkeit, in Szenen zu träumen, entwickelt sich erst mit dem Schulalter. Und es dauert noch einmal bis fast zur Pubertät, ehe Kinder ausführlich und detailreich wie Erwachsene träumen." Doch trotz Foulkes' Folgerungen müssen die Traumforscher letztlich auch hier mit Hypothesen vorlieb nehmen. Denn ob Tiere und Kleinstkinder träumen oder nicht, kann bis heute niemand zweifelsfrei beweisen.

Ein ebenso beeindruckendes Gedankengebäude hat die Berner Psychoanalytikerin und Neurobiologin Martha Koukkou-Lehmann errichtet. Ihre These: „In Träumen werden wir in gewissem Sinne zu Kindern." Mit ihrem Mann Dietrich Lehmann hat sie eine aufsehenerregende Theorie des Schlafens und Träumens entwickelt: „Wenn unsere Vorstellungen richtig sind, dann spazieren wir im Schlaf durch die Gedächtnisspeicher unserer Kindheit." Eine Bestätigung für diese These sieht die Forscherin in detaillierten Analysen von Hirnstrombildern: „Unsere Hirnaktivität im Schlaf ähnelt der Hirnaktivität von wachen Kindern. Je tiefer der Schlaf, desto weiter gehen wir quasi in unsere Kindheit zurück." Der Traum erlaube uns so, unsere Wacherlebnisse mit älteren Erinnerungen zu verbinden.

„Den Königsweg zur Kenntnis des Unbewussten" nannte Sigmund Freud zu Beginn des 20. Jahrhunderts das nächtliche Theater. Heute halten Forscher wie der einflussreiche amerikanische Psychologe Ernest Hartmann den Traum gar für den „Königsweg zum Verständnis aller menschlichen Geistestätigkeit": Hartmann ist davon überzeugt, dass sich in Träumen besonders deutlich die Basisprozesse unserer Psyche zeigen, die letztlich auch unser waches Denken, unsere Fantasie, Intelligenz und Kreativität ermöglichen. Denn Traum und Fantasie wenden ihre Inhalte um und um, und es entstehen, da die rationale Kontrolle gelockert ist, immer neue Assoziationen. „Die freie Verknüpfung von Gedanken", meint der Psychologe, „scheint ein grundlegender Mechanismus unseres Geistes zu sein."

Solch freies, schöpferisches szenisches Spiel könnte der Ausdruck, die Urbewegungsform sein, die unseren tieferen Persönlichkeitsschichten am angemessensten ist. Vielleicht hat das seine Wurzel in der Vergangenheit des Menschen: „Der Traum", sagt die in Hannover lehrende Literaturwissenschaftlerin Elisabeth Lenk, „war ursprünglich alles andere als Privatsache." Den Angehörigen von Stammesvölkern sei er das Medium der Beziehung zu ihren Mitmenschen, zu den Geistern und Ahnen und zum Kosmos, der Zugang zu einer umfassenderen Welt. Da dürfte es kein Zufall sein, dass noch heute die meisten unserer Träume gesellig sind. Denn das Menschliche verwirklicht sich letztlich nirgends anders als in Beziehungen.

Erst in den sogenannten Hochkulturen wurde, so Elisabeth Lenk, der Traum vom Medium der Wahrheit zum verzerrten Gleichnis und letztlich zum privaten Bilderrätsel, „überwacht und verdächtigt durch die Psychologie". Was Wunder, dass Menschen, die auf die Kraft der Ratio setzten, oft wenig mit dem nächtlichen Tohuwabohu anfangen konnten und können. So etwa der Philosoph Immanuel Kant. Nur die „wohltätigen Albträume" lobte der Königsberger Aufklärer, „weil dergleichen Vorstellungen die Kräfte der Seele mehr aufreizen, als wenn alles nach Wunsch und Willen geht".

Dass Albträume tatsächlich „wohltätig" sein können, glaubt auch die amerikanische Psychologin Rosalind Cartwright: „Geschiedene, die von dem traumatischen Ereignis träumen, bewältigen ihren Schmerz besser." Schon das Träumen als solches tut uns vielleicht gut, das Spazierengehen in den Gefilden der Fantasie – ganz unabhängig vom Thema. „Mag sein", meint Cartwrights emeritierter Kollege Ernest Hartmann – doch nächtlicher Horror könne auch den Geist vergiften. Hartmann, der selbst „nur glückliche Träume" zu haben behauptet, hat sich jahrelang mit Albträumen beschäftigt und festgestellt, dass Albträumer keineswegs besonders ängstliche Menschen sind.

Im Gegenteil. „Albträumer sind meist überaus offen und vertrauensselig. Zugleich sind sie jedoch höchst sensibel und verletzlich – oft Künstler, Musiker oder Therapeuten, praktisch nie Banker oder Ingenieure." Hartmanns Erklärung: „Dickfellige, die sich abschotten und Belastendes verdrängen, haben keine Albträume." Es seien die sensiblen Naturen, die nichts vergessen können, die vom nächtlichen Horror heimgesucht werden. Ihre Traumstrategie des „Durcharbeitens" versage, wenn allzu schmerzliche Gedanken weder bewältigt noch verdrängt werden könnten.

Sollte, wer von nächtlichen Schreckensvisionen geplagt wird, klarträumen lernen? So lautet neuerdings der Rat experimentierfreudiger Therapeuten. Studien zufolge ist die zuverlässigste Methode, diese Fähigkeit zu erwerben, die von dem Traum-Radler Paul Tholey entwickelte „Reflexionstechnik": Frage dich tagsüber immer wieder ernsthaft, ob du vielleicht träumst. Suche nach seltsamen Wahrnehmungen, etwa eine ungewöhnliche Handbewegung oder eigenartige

Beleuchtung. Oder stell dir möglichst intensiv vor, alles, was du gerade siehst, sei Fantasie. Irgendwann machst du das gleiche im Traum. Und erkennst wahrscheinlich, dass deine Erlebnisse nur Gedanken sind, dass selbst das gefährlichste Monster dich nicht wirklich verletzen kann.

„Der erste bewusste Traum kommt bei manchen ganz schnell", sagt Paul Tholey. „Normal sind allerdings, wenn man ernsthaft übt, drei bis fünf Wochen." Wer dann zum ersten Mal bemerkt: „Ich träume! Ich kann alles machen!", der schwingt sich oft geradewegs in die Lüfte, um sich an der neuen Freiheit zu berauschen. „Klarträumen ist das noch lange nicht!", meint jedoch Paul Tholey.

Meist kommt man bei den ersten Bewusstseinsregungen im Traum nur auf recht simple Ideen: Der eine versucht, durch eine Wand zu gehen, der andere, ein Weinglas mit der Faust zu zerschlagen, ohne sich wehzutun. Einem Dritten fällt schier gar nichts ein, was er tun könnte, so dass er sich schließlich resigniert vor einer von ihm geträumten Pyramide hinsetzt: „Das ist jetzt also deine Seelenlandschaft. Ist ja interessant."

Auch Anfänger in Klarträumen können bald Fallträume in Flugträume verwandeln oder erkennen, dass Angreifer Fantasiegestalten sind. Jedoch kommt nicht jeder sofort auf das Naheliegende: Durchaus im Wissen zu träumen, geriet einer von Tholeys Probanden in immer neue Schwierigkeiten, an Geld für eine Restaurant-Rechnung zu kommen. Bis ihm schließlich einfiel: Im Traum kann ich einfach weggehen – ohne zu bezahlen.

„Man sollte sich schon im Wachen vornehmen, was man eventuell im Traum tun will", meint Tholey. Tricks erleichtern manches Vorhaben: Wer einen Freund treffen will, der sollte ihn nicht einfach herwünschen, sondern sich etwa vorstellen, dass er hinter der nächsten Tür zu finden sei.

Allerdings geschieht im Klartraum längst nicht alles nach Wunsch. Gerade die Absicht, den Traum kontrollieren zu wollen, kann bestürzende Erfahrungen bescheren: „Ich versuche", beschreibt ein Klarträumer, „mein Gesicht im Spiegel zu sehen und erschrecke. Es ist kein Gesicht da, der Kopf sieht aus wie ein strahlender Ball. Ich denke mir, es ist ein Traum und ich muss doch das Gesicht formen können. Es gelingt nicht richtig: Mal bilden sich die Augen klarer aus, mal der Mund; insgesamt wirkt das Ganze sehr verzerrt; ich bekomme Angst …"

Tholey entdeckte ein simples Verfahren, um aus solchen Träumen herauszukommen: „Man muss nur intensiv einen Punkt fixieren, schon wacht man auf." Wer weiterträumen will, sollte sich also hüten, etwas zu lange anzuschauen. „Geübte", behauptet Tholey, „können sich erinnern, denken und handeln wie im Wachen." Statt vor Albtraumgestalten fortzulaufen oder sich primitiv mit ihnen zu prügeln, diskutieren sie vernünftig mit den Monstern – möglichst bis zur Versöhnung. Und Traum-Meister gewinnen sogar Freunde im Schlaf, die sie um Rat bitten. Oder mit denen sie per Snowboard Buckelpisten hinunterpreschen.

Träumen Sie was Schönes.

HANIA LUCZAK

Im Spital der taumelnden Seelen

Die jüngsten Patienten der Seelenärzte stehen kaum auf eigenen Beinen und haben doch schon einen langen Weg hinter sich: im Grenzland zwischen Wahn und Wirklichkeit. Ein Bericht aus einer kinderpsychiatrischen Abteilung, in der kleine Patienten ihre »Liebesobjekte« ertränken und Psychiater versuchen, Neurosen, Borderline-Syndrome und Psychosen zu bekämpfen.

Ein unauffälliges Basler Stadthaus. Noch ruht in den Zimmern ein Rest von Nacht, sie sind erfüllt von der friedlichen Weichheit kindlicher Atemzüge. Zehn Kinder wohnen hier. Sie nennen ihr Heim „Abteilung". Oder sie sagen: „die Psych".

Kinderpsychiatrie. An der Universitätsklinik Basel, der Stadt mit der größten Psychiaterdichte Europas, ist sie in drei Häusern untergebracht: „Bienenstock" nennt Chefarzt Dieter Bürgin eine alte Villa. Hier ist die Ambulanz, in der jährlich 1000 „psychiatrisch auffällige" Kinder untersucht und behandelt werden. Etwa fünf Prozent sind so krank, dass sie bleiben müssen. Entweder im Nebenhaus, der psychiatrischen Bettenstation des Kinderspitals – oder in jenem bürgerlichen Wohnhaus in der stillen, idyllischen Straße, gleich um die Ecke.

Wenn dort morgens die Kinder die Treppe hinuntertoben, ist ihnen nicht anzumerken, dass die meisten Grenzgänger sind und ihr jetziges Zuhause ein Grenzposten ist. Die Grenzpflöcke haben Psychiater und Psychologen eingeschlagen, in ihrem Bemühen, seelisches Leid zu klassifizieren. Sie unterscheiden „emotionale Störungen", die „Neurosen", von schweren Geisteskrankheiten, den „Psychosen". Dazwischen haben sie eine Art Niemandsland ausgemacht, in dem die meisten Kinder hier herumirren: das Borderline-Syndrom.

Das Außergewöhnliche zeigt sich in diesem Haus zunächst in der übertriebenen Betonung des Gewöhnlichen. Wenn etwa die fünfjährige Anna ein wenig zu oft erzählt, wie lieb ihre Mami sei. Oder wenn die sechsjährige Vanessa völlig Fremde ein wenig zu innig umarmt. Oder wenn der zwölfjährige Michael sich vor Freude über einen unbegleiteten Friseurbesuch kaum beruhigen kann.

Eines ist allen gemeinsam in dieser ungewöhnlichen Wohngemeinschaft: Wenn sie sich unbeobachtet fühlen und in sich versunken sind, dann ist er da, dieser blicklose Blick der inneren Abkehr. In Richtung Fenster, grenzenlos der Helligkeit entgegen, in eine andere Welt – als ob das Licht an ihren Augen sauge. „Nur ein Geflecht aus Seidenfäden" halte die Kinder hier fest in unserer Welt, sagt die Erzieherin Regine – und meint das unsichtbare Netz aus Regeln, Schranken und beständiger menschlicher Zuwendung im möglichst überschaubaren Alltag dieses Hauses: Vom Wecken über die Mahlzeiten sei der Tagesablauf so durchstrukturiert, dass sich „die Haltlosen nicht verlieren".

Zehn Erzieher betreuen hier zehn Kinder, jedes Kind hat seine Bezugsperson. Mindestens drei Erwachsene sind immer anwesend, streng, liebevoll, gelassen, wie eben professionelle Pädagogen versuchen, mit Kindern umzugehen. Nur dass hier die Fenster geschlossen bleiben und täglich kontrolliert wird, ob sie verriegelt und die Schlüssel abgezogen sind. „Manche Kinder spüren sich so wenig", sagt Regine, „dass sie aus dem Fenster fallen würden."

Sie erzählt, dass Anna stundenlang grell gebrüllt habe, als sie hier angekommen war. Wenn sie zu Hause geschrien hatte, waren – damit die Nachbarn nichts hörten – Mutter und Stiefvater mit ihr in den Wald gefahren, um sie dort zu verprügeln. So lange, bis sie ganz still war. Sie erzählt, dass Michael, den seine Mutter nicht mehr sehen will, noch vor ein paar Monaten mit dem Kopf gegen die Wand gerannt sei und dass er immer noch „ums emotionale Überleben" kämpfe. Sie erzählt, dass Gerald, der für drei Pflegefamilien „untragbar" geworden sei, am Anfang täglich „gestiegen ist": Zu zweit haben sie ihn halten müssen, damit er in seiner Tobsucht nicht sich selbst oder seine Betreuer verletze. Und dass Vanessa, bei der „Verdacht auf sexuellen Missbrauch" besteht, beim Spaziergang die Beine wildfremder Männer umarme und das Gesicht an deren Hosen reibe.

„Wir nehmen Kinder", sagt die Pädagogin, „die pädagogisch nirgends mehr zu halten sind", die „draußen nicht mehr überleben können". Und sie meint damit solche, die jahrhundertelang als Wechselbälger, als Hexenkinder beseitigt und verbrannt, solche, die gequält, versteckt und verleugnet worden sind, solche, die ihr Umfeld und sich selbst zerstören: die gestörten Störer.

Die sechsjährige Vanessa hat heute Morgen „wie ein Galeerensklaventreiber" so lange an ihre Zimmertür gepocht, bis sich ein Brett lockerte. Jetzt am Frühstückstisch kann sie keinen Moment ihre Hände und Arme still halten. Immer wieder streicht sie sich über das lockige dunkle Haar. Es wirkt so unnatürlich, so intensiv. Plötzlich schlägt sie den Kopf auf den Tisch. Regine ruft: „Jetzt reicht es" und schiebt das Mädchen aus dem Zimmer.

Kaum sind die beiden draußen, ertönt ein lang gezogener Schrei, wie von einem Tier. Mit der tiefen Stimme eines Mannes brüllt Vanessa: „Papi, Papi." Am Tisch ist es still geworden. Reglos schauen die Kinder auf das Blumenmuster des Tischtuchs. Fast alle haben Ähnliches am eigenen Leib erfahren. Draußen ist wieder die tiefe entseelte Stimme zu hören: „Du Sau, du, ich bring dich um." Eine Tür wird geschlossen. Doch das Brüllen dringt weiter nach drinnen.

Regines Hände zittern noch, als sie sich später eine Zigarette anzündet. Sie erzählt, dass sie die tobende Vanessa lange mit beiden Armen umfangen gehalten habe. „Halten", erklärt sie, „gibt Halt." Sie habe Vanessa „entfernen" müssen, fügt sie beinahe entschuldigend hinzu, denn sonst wären alle „hochgegangen". Die Kinder könnten Spannung nicht aushalten, ihre Reizschwelle sei sehr niedrig. Würden die Regeln nur ein wenig gelockert, sei hier die Hölle los. „Irgendwann werde ich zu alt sein für Kinder mit dieser Dynamik", sagt Regine.

„Manchmal müssen die drüben den Eltern die Kinder wegnehmen, um deren Leben zu retten", sagt Regine. „Die drüben", das sind die Kinderpsychotherapeuten in der Ambulanz. Dort, „im Bienenstock", sitzt Dieter Bürgin mit seinen Mitarbeitern, den akademischen Behandlern, Erforschern und Verwaltern seelischen Krankseins. Zehn ärztliche Kollegen – die Psychiater – und sechs Psychologen therapieren ständig etwa 100 kleine Patienten ambulant, aber auch Vanessa und ihre Mitbewohner. „Wenn das Leben an einen Punkt kommt, an dem der Lebensfluss stockt", sagt Dieter Bürgin, „dann müssen wir eingreifen." Er fügt hinzu: „Kinderpsychiatrie ist immer auch Sozialpsychiatrie", und deutet mit dem Kopf in Richtung „Abteilung": Vier von fünf dort aufgenommenen Kindern kämen aus katastrophalen psychosozialen Verhältnissen. Geringer Bildungsstand, schlechte wirtschaftliche Lage oder psychische Versehrtheit der Eltern seien Risikofaktoren für die Entwicklung eines Kindes. Grenzfall-Kinder würden in aller Regel nicht nur schon als solche geboren. Sie würden von der Umwelt auch dazu gemacht.

Bürgin und seine Mitarbeiter orientieren sich am „psychodynamischen Konzept": Weil sie nicht glauben, dass alles allein eine Sache der Biologie ist, versuchen sie, sich der kindlichen Psyche unter anderem mit dem theoretischen Konzept der Freudschen Psychoanalyse und deren Weiterentwicklungen zu nähern. Über den prinzipiellen Ansatz: Es gibt zwischen bewussten und unbewussten Vorgängen Wechselwirkungen. Die unbewussten Anteile gelte es aufzuschlüsseln, da sie unsere Handlungen in großem Maße mitbestimmten.

Draußen, vor dem Fenster seines Zimmers in der alten Villa, auf der anderen Seite des Rheins, rauchen die Schlote der Chemiefabriken. Glocken läuten. Basel, die reiche, saubere Stadt am trüben, grauen Strom, die Stadt mit den Fixer-Stammplätzen an der Uferpromenade und den vielen Blumenkästen an den tadellosen Bürgerhäusern. Etwa 20 Prozent aller Schulkinder sollen hier in der Schweiz, wie auch in vielen europäischen Ländern und in den USA, „Verhaltensauffälligkeiten" oder „Leistungsbeeinträchtigungen" aufweisen. Kindergärten, Schulen und Behörden, Hausärzte und vor allem Eltern schicken solche Kinder zur Untersuchung in die Ambulanz im „Bienenstock". Die Befunde reichen von vorübergehenden kleinen Lebenskrisen über das „psychoorganische Syndrom", etwa bei „Zappelphilipps", über Neurosen wie Phobien, Zwänge und Essstörungen, über das besagte Borderline-Syndrom bis hin zu den schrecklichsten aller Seelenleiden: den Psychosen wie Schizophrenie oder Autismus.

Bürgins „Bienenstock" ist ein ehrwürdiges Haus. Alte Holztäfelungen, Erker, große Fenster. Im Warteraum ein Spielhaus mit mannsgroßen Teddybären. Überall stehen kleine Stühle neben normalen. Sämtliche Türen sind geschlossen. Nur wenn eine sich öffnet, ist manchmal zu spüren, dass in diesem Haus etwas anders ist: Es sind Doppeltüren, die Geheimnisse hüten sollen. Eine Tür geht auf, und ein Junge stürzt wie von Furien gejagt die Treppe hinunter. „Olaf", ruft der im Flur wartende Vater ihm hinterher. Gemeinsam mit dem Therapeuten läuft er dem Jungen nach und versucht, ihn wieder in das Zimmer zurückzubringen. Zu jeder einzelnen Stufe müssen sie Olaf überreden. Je näher sie wieder dem Therapiezimmer kommen, desto unruhiger wird der Kleine. „Die wollen dir doch nur helfen", sagt der Vater.

Sein Sohn leidet an Schulphobie. So wie er jetzt weglaufen will, flieht er wieder und wieder in panischer Angst aus der Schule. Er kann es nicht ertragen, irgendwo ohne seine Eltern zu sein. Der Vater, ein Geschäftsmann, gibt sich große Mühe, seinen Sohn zu verstehen. Doch als er dessen am Treppengeländer festgekrallte Hände lösen will, bricht hinter seinem beherrschten Gesicht Entsetzen und so etwas wie Abscheu hervor: Was ist nur mit meinem Kind passiert?, scheint er schreien zu wollen. Niemand weiß, was mit Olaf passiert ist. „Hochkomplexe, multidimensionale Ursachenbündel" lösen laut Lehrbuch diese Panik aus – was immer das bedeuten mag.

Ein wenig Licht in das Dickicht zu bringen, sei Aufgabe seiner Fachrichtung, sagt Dieter Bürgin. So will er wissen, was hinter solchen Neurosen steckt, um Olaf helfen und womöglich Schlimmeres verhindern zu können. Die unbewussten Anteile seien aufzuschlüsseln, da sie die Phobie vermutlich verursacht haben.

Kinderpsychiatrie ist eine junge Disziplin. Erst seit wenigen Jahrzehnten gilt das Kind nicht mehr „als Erwachsener en miniature", sagt Dieter Bürgin, und wird die Entwicklung seines Seelenlebens, die einer permanenten Metamorphose gleicht, systematisch erforscht. Er glaubt jedoch nicht, dass Kinder heute kränker sind als früher. Die Sensibilisierung der Bevölkerung habe zugenommen, meint er, vor allem die der Lehrer. Außerdem seien viele Kinder den Anforderungen der Leistungsgesellschaft nicht gewachsen. Und es sei heute kein gar so großer Makel mehr, ein Kind in die Psychotherapie zu schicken: „Wir sind nicht mehr im Elfenbeinturm."

Dem Therapeuten ist es gelungen, die Tür hinter Olaf und sich wieder zu schließen. Der Junge wird nun eine fein ausgearbeitete Diagnostik durchlaufen: Mit Hilfe von Kritzelspielen wird der Psychologe Dialoge mit dem Jungen zu inszenieren versuchen. Er wird ihn Tintenkleckse deuten, ihn mit Bauklötzen und Puppen Szenen bauen lassen, um zu sehen, „wie das Kind die Welt erlebt". Er wird mit Olaf Karten spielen, wird ihn Bildergeschichten logisch zusammenlegen und Wochentage an den Fingern abzählen lassen, um „die intellektuelle Reife" des Jungen abzuschätzen.

Neurologen werden überdies Olafs Reflexe und Reaktionen untersuchen, um biologische Reife und organische Gesundheit zu bestimmen. Und eine Regel gilt hier überall: „Ein Test ist kein Test", sagen sie. Da die Psyche ein Dschungel ist, versucht man, sie auf vielen Wegen zu erforschen. Krank? Gesund? Die Entscheidung sollte danach gefällt werden, wie viel ein Mensch leidet, sagt der Psychiater Bürgin. Am Ende steht die Entscheidung für eines der drei Häuser: ambulante Therapie, Einweisung in die „Abteilung" oder auf die Station des Kinderspitals. „Leichteren Fällen" wie Olaf, dessen Eltern „kooperieren", wird zum Beispiel eine zweistündige Therapiesitzung pro Woche im „Bienenstock" angeboten.

Hier im Bienenstock sitzen Erwachsene aller Gesellschaftsschichten – viele haben ihre Kinder niemals geschlagen oder gequält, sind offen für Gespräche und Gefühle, nach dem Urteil der Fachleute „kompetente Eltern". Auch sie haben erleben müssen, wie sich ihre Kinder plötzlich auf unheimliche Weise verändern. Wie sie panische Ängste entwickeln vor Tieren oder Menschen, vor dem Bett oder dem

Fernseher, oder vor lauten Geräuschen, wie der Junge mit der „Knallphobie". Wie sie plötzlich zwanghaft ihre Hände waschen oder alles zählen, addieren und dividieren. Wie sie sogar die Nahrung verweigern oder laufend in die Hose machen oder einfach nicht mehr gehen oder sprechen wollen.

Solche Neurosen stehen unter den psychischen Erkrankungen an erster Stelle und haben eine „relativ gute Prognose". Nur ein Drittel der Betroffenen leidet fünf Jahre später noch unter der gleichen Störung – die sich allerdings ohne Behandlung häufig verschlimmert. Anders als viele Eltern glauben, wachsen sich viele Symptome nicht von allein wieder aus, sagt Dieter Bürgin.

Manche Mutter, mancher Vater braucht Jahre, Störungen mit völlig unbekannter Ursache und „ungünstigerer Prognose" zu akzeptieren. Wie das Elternpaar im Nebenzimmer, dessen Sohn bereits mit sechs Jahren „diese Tic-Erkrankung" entwickelt hat: Der 14-Jährige bellt unwillkürlich wie ein Hund. Beim wöchentlichen Familiengespräch mit dem Therapeuten erzählt der Junge von der Schule und von seinen Zukunftsplänen – und bei jedem dritten Satz stößt er einen gepressten, bellenden Schrei aus.

Viele Eltern fragen sich: Ist unsere Erziehung, sind wir schuld? Besonders bei „schwierigen" hyperaktiven Kindern, die viel schreien und zappeln, die unruhig oder aggressiv sind. Fachleute diskutieren eine umstrittene Begründung: Danach rühren die Auffälligkeiten der Kinder von einem Hirnschaden her, der vor, bei und nach der Geburt oder durch eine disharmonisch verlaufende Hirnreifung entstanden sein könnte. Kritiker meinen jedoch, dass es sich bei diesem „psychoorganischen Syndrom" eher um ein Konstrukt hilfloser Ärzte handele: Sie möchten den Eltern Diagnosen offerieren, die diese entlasten.

Wo immer auch die Ursache liege, sagt Dieter Bürgin, es gebe nun einmal von vornherein „schwierige Kinder". Diese seien besonders gefährdet. Sie brauchten viel Einfühlung und Hinwendung. Verheerend wirke sich aus, wenn Eltern Auffälligkeiten mit psychischer oder physischer Gewalt „wegerziehen" wollen. Dann beginne ein „pathologischer Dialog", und es sei nicht weit zur „sekundären Neurotisierung": Das Kind werde durch die Reaktionen der Umwelt erst richtig krank gemacht.

Mittagessen, geordnetes Chaos wie in einer Großfamilie: Zehn Kinder sitzen um zwei Tische, zwischen ihnen die Erzieher. Manche, Gerald etwa, sind gerade aus der Schule gekommen, andere, wie Vanessa, haben im Haus Spezialunterricht erhalten. Anna geht jeden

Vormittag in den nahen Kindergarten. Das einzig Auffallende hier ist die Sonde, die Jacqueline aus der Nase ragt. Das 18 Monate alte Mädchen thront auf einem Hochstuhl am Kopf des Tisches und schaut still vor sich hin. Niemand scheint sie zu beachten. Die Erzieher haben mit den anderen abgesprochen, so zu tun, als wäre Jacquelines Anwesenheit nichts Besonderes. Keiner soll das Essen erwähnen, das vor dem Kind unberührt auf dem Teller liegt. Die Kleine rülpst. Alles lacht.

Jacqueline leidet an Alkohol-Embryopathie. Darauf lässt unter anderem ihre Gaumenspalte schließen. Das durch Alkoholmissbrauch in der Schwangerschaft hervorgerufene Syndrom bringt meist einen Gehirnschaden mit sich. Wie schwer dieser ist, soll nun „abgeklärt werden". Ohne Sonde hätte die Kleine nicht überlebt: Sie verweigert von Geburt an die Nahrung. Zu den Pädagogen der „Abteilung" ist Jacqueline gekommen, weil die Psychiater im „Bienenstock" davon ausgehen, dass ihre Nahrungsverweigerung nicht nur organische Ursachen hat. In der „fördernden Umgebung" und mit dem „anregenden Beispiel der Kinder" könnte das Kleinkind vielleicht doch essen lernen.

Nach der Mahlzeit – „Hungrig soll sie uns beim Speisen zuschauen" – wird Regine mit einer großen Spritze kommen und der Kleinen durch die Sonde Brei und Tee in den Magen drücken. Am Nachmittag wird Jacquelines Mutter erwartet, zum wöchentlichen Elterngespräch. Dann wird sie mit dem Kind spazieren gehen. „Sie riecht nicht mehr nach Alkohol", sagt Regine. Gerald muss Küchendienst machen, weil er gestern eine halbe Stunde zu spät aus der Schule gekommen ist. „Scheiß-Psych", schimpft er.

Gerald ist ein „Hammerfall", wie seine Bezugsperson Elke es nennt. Die erste Pflegemutter, die er sehr geliebt hat, eine Busfahrerin, wurde ermordet. Die zweite hielt es mit ihm nicht aus, weil er so eifersüchtig war und ihre Familie tyrannisierte. Die dritten Pflegeeltern wollten ihm den Teufel mit kaltem Wasser austreiben. Dann kam er ins Kinderheim, wo ein Erzieher ihm die Adoption versprach, sein Versprechen aber nicht hielt. Gerald beschuldigte ihn, „Sex-Spielchen" mit ihm gemacht zu haben, was er später wieder zurücknahm. In der nächsten Pflegefamilie verletzte er die Tochter. Anfang und Ende einer Kinderkarriere: Psychiatrie.

Der Junge kommt mit einer Schüssel dampfender Nudeln herein, setzt sich neben Jacqueline, streichelt ihr über den Kopf und legt ihr eine Nudel auf den Teller. Dieser Knirps mit seinem gewinnenden Wesen soll rasende Lust auf Zerstörung in sich tragen? Soll Möbel und sich selbst an die Wand geworfen haben? Soll gebissen, gekratzt, geschrien haben: „Ich habe die Kraft des Teufels."?

„Um ihn am Boden zu halten, mussten wir uns auf ihn setzen", erinnert sich Elke. „Und wir saßen heulend auf ihm." Den Ausbrüchen folgten Sätze wie: „Ich möchte an deine Brust." Gerald sei der Einsamste hier. Er könne am Wochenende nie nach Hause wie die anderen. Seine leibliche Mutter sei zu schwach, ihn zu halten. Sein Vater habe sich davongemacht, wie viele Väter. „Der Vaterhunger ist unglaublich hier", sagt Elke und blickt auf Vanessa.

Auch die Sechsjährige zählen sie hier zu den Grenzgängern – und zwar zu den gefährdetsten: ein Schritt weiter, und sie würde womöglich aus der Grauzone „Borderline" in das Schwarz der Psychose stolpern. Ob sie wohl schon dorthin blickt, wenn sie starr auf ihrem Bett sitzend sich leise ein Liedchen singt und ihre grünen Elfenaugen auf das Helle des Fensters richtet? Daniel, ihre Bezugsperson, nennt den Anblick den „tiefsten Schmerz des Ozeans".

„Ich muss sie lehren, draußen zu überleben", sagt er. Als Vanessa vier Jahre alt war, ist ihr Vater an Krebs gestorben. In der Bar ihrer Mutter wurde sie früh mit der Erwachsenensexualität konfrontiert. Einer Kindergärtnerin fielen ihre Erzählungen auf, sie ging zum Jugendamt. Vanessa wurde als Fünfjährige eingeliefert und wusste über den Samenerguss Bescheid. Verdacht auf sexuelle und körperliche Misshandlung durch den Stiefvater. Sie könnte weiter missbraucht werden, sagt Daniel, weil sie es geradezu herausfordere. Sie zeige das typische Verhalten des missbrauchten Kindes: Sie springt Männern auf den Schoß, und Männer springen an auf ihren Blick. Das ist die einzige nahe zwischenmenschliche Beziehung, die sie kennt. Die Täter würden so geradezu anerkannt, ja oft geliebt.

Grenzfall-Kinder. Ihre alltägliche Gratwanderung verläuft zwischen Realität und Fantasie, zwischen Kontaktsucht und Menschenangst, Seelenbersten und Seelenschrumpfen. Im Grunde könnte man alle Kinder in der Abteilung als „Borderline-Fälle" bezeichnen, sagt Dieter Bürgin. Ihr „Ich, ein Funktionsbündel", habe keine gleichbleibende Richtung. Es trudelt – wie ein führerloses Flugzeug.

Die Grenze zwischen der Innen- und der Außenwelt sei bei solchen Kindern völlig durchscheinend, wie eine Haut aus Pergament, und falle oft in sich zusammen. Dann dringt die Außenwelt ungefiltert in das Innenleben. Die unangenehmen Gefühle von Horror und Hilflosigkeit können bis zur Überflutung eskalieren: „Mikropsychotische Zustände" nennen Fachleute das, was Gerald oder Vanessa zum Schreien bringt.

„Der Überstieg in die Wahnwelt des schizophrenen Psychotikers", das sei die Gefahr, sagt Bürgin. Das Borderline-Syndrom, diese geheimnisvolle schwere Störung der Persönlichkeitsentwicklung, trete in vielen Unterformen auf. Viele Patienten seien „emotionale Analphabeten". Für sie gebe es nur Schwarz oder Weiß, Ja oder Nein, überbordende Liebe oder abgrundtiefen Hass. Manche in der „Abteilung" hätten bereits einen „präpsychotischen Kern". In der Pubertät seien solche Kinder besonders gefährdet, die Grenze unwiederholbar zu überschreiten.

„Psychiatrie ist: mit dem seelischen Elend leben lernen." Von „Psychosen" spricht der Professor mit dem Respekt vor dem Unfasslichen – und deutet nach „drüben" in die Bettenstation, nur ein Haus weiter am Rhein entlang. In dieser Station der kühlen weißen Betten geht es oft um Leben und Tod. Hier müssen sie die Kinder manchmal mit Psychopharmaka ruhig stellen. Jedes Zimmer ist durch große Scheiben einzusehen, die Balkone sind mit hohen Gittern abgesichert. Hier ist die Auffangstation für die schwierigsten, akuten Fälle wie den der 14-jährigen Psychotikerin, die nächtelang durchgeschrien hat. Es waren Gebärschreie. Sie hat die Beine angezogen und gepresst. Sie wollte sich wiedergebären.

Psychosen sind nach wie vor eines der größten Rätsel der Medizin, die „Sphinxe der Psychiatrie". Diese Leiden kommen im Kindesalter sehr selten vor, etwa im Verhältnis vier zu 10 000. Das psychotische Geschehen beginnt typischerweise mit extremer Angst und Rückzug aus dem Alltag. Erzählungen von teuflischen Gestalten, die im Körper oder im Kopf sitzen und alles lenken, sind häufig. Etwa 80 Prozent der Kinder berichten von Halluzinationen und Bedrohtheitserlebnissen.

In den Notfallbetten lagen am Anfang fast alle aus der „Abteilung", nachdem sie von Amts wegen in die Psychiatrie eingewiesen worden waren. Hier hat Vanessa Scheiben zerschlagen und Anna anderen Kindern Infusionsnadeln aus den Armen gezogen. Vielleicht haben sie von hier diesen blicklosen Blick mitgenommen.

Kinder- und Jugendpsychiatrie. Keiner hier weiß genau, was eine Seele endgültig zum Zerbrechen bringt: Elternhaus, Schule, Gene oder Hirnchemie. Keiner weiß, wo die Psychologie aufhört, wo die Biologie beginnt. „Wir können nur ein grobes Raster über die seelischen Leiden legen", sagt Chefarzt Bürgin. „Das Einzige, was wirklich festliegt, ist das Alter." Je jünger ein Mensch mit schweren Krankheiten wie Schizophrenie sei, desto schlechter seine Prognose – vor allem ohne Behandlung.

„O Herr", sagt eine Psychologin, „bewahre mich vor vorschnellen Diagnosen." Seit Wochen diskutieren sie und ihre Kollegen in der Ambulanz über die Störung des dreijährigen Jan: Die gehöre wohl „in den großen Topf des Autismus-Syndroms", und dieser wiederum „gehöre in den großen Topf der frühkindlichen Psychose". Und seit Wochen – Diagnose und Therapie in einem – bemüht sie sich gemeinsam mit der Mutter Jans, dessen Abkapselung, dessen völligen Rückzug aus dieser Welt zu verhindern und dem „Jungen mit autistischen Zügen" wenigstens die Winzigkeit eines Blickkontakts zu entlocken.

Der Dreijährige steht in der Ecke und hat die Stirn fest an die innere der Doppeltüren gedrückt. Seine Mutter lässt mit einem Knall einen Bauklotz auf den Boden fallen. Der kleine Kopf mit den wundgewachten Augen dreht sich eine Spur zu den zwei Frauen hin. Doch der Blick bleibt nach innen gerichtet, während die Augen sich im Licht des Fensters verlieren. Die Psychologin sitzt am Boden und zeigt dem Kind große bunte Kegel. Sie rollt ihm Bälle zu und schlägt leise auf eine Trommel – wie sie es schon Dutzende Male getan hat.

Jan hat sich weggedreht und lehnt wieder den Kopf an die Tür. Unverständliche Laute dringen aus seinem Mund. Die Mutter läuft auf ihn zu. „Nein, lassen Sie ihn", sagt die Therapeutin leise. „Das ist seine Art, mir zu zeigen, dass es jetzt genug ist." In ein paar Tagen wird er wiederkommen, und sie wird es wieder versuchen.

Kinderpsychiatrie – die Disziplin der Langmut und des Spielens. Die Waffe gegen die Angriffe aus dem Reich der seelischen Leiden ist nicht Sprache, sondern Handlung. Kinder legen sich nicht auf die Couch. Die Therapeuten setzen daher auf die heilende Kraft einer fantasierten Welt. Ihre Kommunikation ist Gestik, Mimik, Bewegung im Raum und der Umgang mit den Spielsachen. Indem ein Kind im Spiel seinen Bären streichelt und tröstet, tröstet es sich selbst.

Kinder können ihre inneren Konflikte in geradezu unheimlicher Präzision darstellen: Gerald hat tagelang mit seinem Therapeuten Drähte und Telefonschnüre verlegt, bis ein fein gesponnenes Kommunikationsnetz das Zimmer durchzog. Einige Tage später, nach einem schmerzvollen Gespräch über seinen verlorenen Vater, hat er die Schere vom Schreibtisch genommen und alle Kabel wieder durchschnitten. „Auch auf dich ist kein Verlass", hat er in seiner Sprache gesagt, ich bleibe lieber allein. Danach hat er viele Spielstunden lang nicht mehr mit dem Therapeuten gesprochen. Sie saßen einander schweigend gegenüber, manchmal hat Gerald geweint. Ohne den Halt der Pädagogen würden die „Abteilungs"-Kinder die Therapie nicht durchhalten. Denn hier „tut Heilen weh", sagt Bürgin.

Wenn Vanessa im Spiel ihre Stofftiere im Goldfischglas ertränkt, dann ertränkt sie nicht nur ihr „Liebesobjekt", nein, dann ertränkt sie auch ein Stück Kindheit. Borderline-Kinder zerstören Sachen und Beziehungen, bevor deren Verlust sie verletzen kann. Und wenn Vanessa ihr Lieblingsspiel „Hochzeit" spielt, dann legt sich der Mann immer auf die Frau und zuckt.

In all dem spiegelt sich ein therapeutischer Prozess wider: Schaffen eines Schutzraums für das Auftauchen von Gefühlen, das allmähliche Bewusstwerden und danach der Dialog mit Emotionen und Worten. Um zu verstehen, sagt Bürgin, müssten sie mitspielen. Oder mitmusizieren, mitmalen. „Wir sind wie Resonanzkörper, die mitschwingen. Wie lebende Behältnisse, in die Patienten ihre Gefühle hineingeben können." Der Therapeut koste sozusagen vor, den vorverdauten Brei gebe er dem Kind, das noch nicht kauen kann, wieder zurück.

In die Gefühlswelt eines anderen einzutauchen, selbst in die eines Kindes, sei jedoch nicht ungefährlich: Sich völlig darauf einlassen und trotzdem distanziert bleiben, Grenzen überschreiten und Verletzungen wahrnehmen, das müsse man beherrschen, ohne über den anderen zu herrschen. Manchmal sei sie sich nicht mehr sicher, sagt eine Therapeutin, „wer hier wen therapiert". Denn es sei nicht leicht, sich dem machtvollen Zugriff dieser Kinder zu entziehen.

Nachmittags im Schwimmbad. Die Kinder der „Abteilung" holen ihre Handtücher aus den kleinen Rucksäcken. Sie kreischen und sie freuen sich. Regine hilft Anna, die Schuhe auszuziehen. Elke hat Jacqueline im Arm. Gerald und Michael laufen schon auf die großen Becken zu. Vanessa ergreift eine meiner Hände, Anna die andere. „Kommt mit uns schwimmen."

Im Wasser springt mich Vanessa plötzlich an, beginnt überlaut zu sprechen und dabei Baby zu spielen. Sie wimmert und schreit: „Mami, Mami", verzerrt ihr Gesicht. Was bricht da durch? Sie umarmt mich, bis es schmerzt. Ich kann sehen, wie sich die Haare an ihren dünnen Mädchenarmen aufstellen. Sie umklammert mich mit ihren Beinen. Anna krallt sich von hinten an mir fest. Sie japst, als ertränke sie. Spielt sie Todesangst? Sind die Kinder plötzlich besessen? Ihr Wimmern wird immer lauter. Vanessa spreizt weit die Beine, reibt ihre Scham an meiner Hüfte. Haut auf Haut, Gefühl auf Gefühl.

Das also meinten die Therapeuten, als sie von der Gefahr der „Übertragung" sprachen: Unter dem Diktat der Dynamik des Unbewussten „wiederholen die Kinder böse Szenen", die sie erleiden mussten, wie Regieanweisungen. Die Mitspieler in diesen von der Innenwelt inszenierten Spielfilmen können alle Personen sein, die mit den Kleinen in Kontakt treten.

„Bei Kindern sind wir nackter als bei Erwachsenen", sagt Dieter Bürgin. „Wir sind ihrem andauernden Agieren ungeschützter ausgeliefert." Wer hier heilen will, braucht Herrschaft über Gefühle, jene Ursubstanzen der Verständigung, die unsichtbaren Wellen gleich von Mensch zu Mensch überspringen und dabei so große Wirkung tun können: So erfahren Therapeuten, was die Patienten in ihrem Inneren mit sich herumtragen – Mit-Fühlen, Empathie, ist die Essenz des therapeutischen Prozesses. Doch die Gefahr, dass Therapeuten ihre eigenen schlechten Gefühle auf die kleinen Patienten übertragen, sei groß, denn oft bleibe den Erwachsenen keine Zeit, zu reflektieren. Danach fühle sie manchmal, erklärt eine junge Assistenzärztin, einen „Kater wie nach einem Gefühlsrausch".

Die Mädchen lassen sich wie zwei bleierne Tropfen wieder ins Wasser fallen. Es kommt mir vor, als wüssten sie, dass sie mir Angst gemacht haben. Anna lächelt beim Auftauchen ihr altes Gefangene-Maus-Lächeln, Vanessa strahlt mich gläsern an. „Fratze", denke ich unwillkürlich und schäme mich meines Gedankens: Für kurze Zeit habe ich mich dafür rächen wollen, dass zwei kleine geschundene Seelen die Macht haben, in mich einzudringen. „Gegenübertragung" nennen das die Experten.

Nach dem Abendessen sitzen alle um den Tisch. Eine Schüssel mit Apfelschnitzen geht herum. „Schnitzli" heißt das allabendliche Beisammensein. Jedes Kind erzählt, was es erlebt hat. Zum Abendzeremoniell gehören kleine altmodische Dinge, das magische Licht einer Kerze zum Beispiel. Josy, die älteste Betreuerin, übernimmt seit ihrer Pensionierung häufig den Nachtdienst. Unzählige Kinder „seien an ihr vorübergegangen", und alle seien „originelle kleine Persönlichkeiten" gewesen. Alle hätten zum Abschied ein kleines mit Hirse gefülltes Kissen von ihr bekommen.

Das Kissen für Michael sei schon fertig. Und sie habe ein gutes Gefühl, sagt die „Großmutter vom Dienst", wenn der Junge „nach zwei Jahren Psych" in ein Kinderheim gehe. „Er ist ein Riesenerfolg." Misserfolge können Jahre später in der geschlossenen Erwachsenenpsychiatrie enden.

Josy zündet eine Kerze an, das Licht wird weich und warm. Jacqueline schmiegt sich in ihren Schoß, Vanessa legt den Kopf auf ihre Schulter, Anna drückt sich an ihre Seite. Gerald lehnt sich vor und stützt den Kopf in die Hand. Der Kreis wird enger. Die Kinder hören die Geschichte vom „kleinen Vampir". In den Augenpaaren spiegelt sich das Licht. Man müsse einfach daran glauben, sagt Josy, dass ein bisschen Gefühl überspringt. Am Ende bläst sie wie immer die Kerze aus. Solange der Docht glimmt, dürfen die Kinder sich insgeheim etwas wünschen.

FRANZ MECHSNER

Die Suche nach dem Ich

*Menschen sind sich ihrer selbst bewusst.
Und keiner weiß mit Sicherheit, wie es dazu gekommen
ist oder wozu das gut sein soll. Seit jeher suchen Philosophen
das Mysterium zu deuten. Psychologen und Physiker haben sich
hinzugesellt – und Neurobiologen: Kann denn die Biomasse
Hirn, können Zellen und Synapsen tatsächlich etwas so
Komplexes wie das Ich erzeugen? Eine Frage, die zu
brillanten neuen Theorien reizt.*

Gedankenspiel: Ich bin. Ich weiß, dass ich bin. Ich weiß, dass ich weiß, dass ich bin …
Gewöhnlich nehmen wir als selbstverständlich hin, dass wir erlebende, denkende und fühlende Wesen sind. Und dann, gelegentlich, ergreift uns wieder die Rätselhaftigkeit des Ich-Erlebnisses: Man sitzt, vielleicht im Café, träumerisch in der Ecke, betrachtet zerstreut die schwatzenden Leute – und plötzlich überkommt einen dieses abgründige Staunen, „jemand" zu sein und es obendrein zu wissen, hier und jetzt aus diesen Augen auf diese seltsame Welt zu schauen, deren Dasein man ebenfalls nicht begreift.

Schon Kinder können von solch existenziellem Schwindelgefühl erfasst werden, wenn sie etwa herumgrübeln: Warum bin ich nicht jemand anders, meine Schwester zum Beispiel? Würde es mich geben, wenn ich einen anderen Vater hätte? Warum lebe ich gerade jetzt und nicht im Mittelalter oder in der Zukunft? Oder als Fliege?

Bewusstsein. Das innere Erleben, das unsere Existenz als Person bedeutet, scheint im Kern unauflösbar mysteriös zu sein. Die bis in die Neuzeit hinein kaum bezweifelte Überzeugung, ohne die unsere christlich geprägte Kultur gar nicht denkbar ist, lautet: Denken und Fühlen sind die Zentren unserer Person und gehören der unsterblichen Seele an, die, im Hirn angesiedelt, den Körper regiert. Die Seele ist es, die es uns ermöglicht, zu denken, zu empfinden.

Doch diese so einleuchtend erscheinende Konstruktion ist auf beunruhigende Weise fragwürdig geworden. Die Ergebnisse der Neurobiologie, der Psychologie und der Theorie neuronaler Netze lassen es mittlerweile mehr als plausibel erscheinen, dass selbst unsere höchsten Geistesgaben vergängliche Fähigkeiten eines vergänglichen Gehirns sind.

Was also ist das Ich? Was ist das innere Erleben? Immer noch bezeichnen diese Fragen den Mount Everest der Philosophie, das vertrackteste Rätsel der Wissenschaft. Drei Probleme sind es vor allem, die das Bewusstsein so mysteriös machen:

• Wie kann aus materiellen Hirnvorgängen unser geistiger Kosmos von Farben und Düften, Freude und Leid entstehen?

• Wie steht es mit dem Bewusstsein anderer Wesen, etwa von Hunden, Muscheln oder Bienen?

• Wieso haben wir überhaupt innere Erlebnisse? Könnten wir nicht vollkommen unbewusst funktionieren?

Noch bis vor kurzem wirkte die Geheimnishaftigkeit des Bewusstseins derart irritierend, dass es unter Wissenschaftlern als prinzipiell unbegreifbar galt, jedenfalls nicht als seriöses Thema. Doch immer mehr Forscher verlieren ihre Scheu vor dem Rätsel der Rätsel: Eine gelehrte Aufregung um das Bewusstsein hat begonnen, eine Debatte von Neurobiologen und Verhaltensforschern, Philosophen und Psychologen, Robotik-Experten und Physikern. Eine turbulente, brodelnde Szene boomt da, mit neuen Zeitschriften, mit Kongressen, auf denen es wild zugeht – „wie in Woodstock", findet der amerikanische Philosoph Daniel Dennett.

Es sei absurd, meint Gerhard Roth, Professor für Verhaltensphysiologie und Hirnforschung an der Universität Bremen, sich von den angeblich unlösbaren Rätseln des Bewusstseins einschüchtern zu lassen. Auch unbewältigte Grundlagenprobleme – man denke nur an die Physik – seien schließlich kein Hindernis, vernünftige Wissenschaft zu betreiben: „Man kann das Bewusstsein untersuchen und man kann darüber Theorien entwerfen wie über andere natürliche Phänomene auch."

Vor allem das seit Darwin unbestreitbare Wissen um unsere körperliche und geistige Verwandtschaft mit den Tieren zwingt uns, zu akzeptieren, dass Bewusstsein ein „natürliches Phänomen" ist. Die Evolutionslehre war, wie der Philosoph Hans Jonas schreibt, die entscheidende Wende, die die Idee der Sonderstellung des Menschen als „Krone der Schöpfung" ein für allemal zerstört hat: „Die Kontinuität der Abstammung, die den Menschen mit der Tierwelt verband, machte es fürderhin unmöglich, seinen Geist, und geistige Phänomene überhaupt, als den abrupten Einbruch eines ontologisch fremden Prinzips an gerade diesem Punkte des gesamten Lebensstromes zu betrachten."

Hatte der französische Philosoph René Descartes noch gelehrt, dass nur der Mensch eine Seele und damit Bewusstsein habe, so ist die Konsequenz der Evolutionstheorie: Auch Tiere sind „in Graden Träger jener Innerlichkeit", wie Jonas es ausdrückt.

Der höchste Grad von tierischem Bewusstsein wird von jeher den Menschenaffen zugetraut. Diese bestehen auch den einzigen Bewusstseinstest, den viele Verhaltensforscher als aussagekräftig akzeptieren: Im Gegensatz zu allen anderen Tieren können Menschenaffen lernen, sich im Spiegel zu erkennen. Ein Schimpanse, der plötzlich begreift, dass das haarige Wesen hinter der Glasscheibe kein Kumpan, sondern er selbst ist, ändert sein ganzes Gehabe: Fasziniert in den Spiegel schauend, vollführt er etwa seltsame Zeitlupenbewegungen, gibt komische Laute von sich, schneidet Grimassen, inspiziert ihm sonst unsichtbare Körperteile. Eine Orang-Utan-Frau holte ein Salatblatt und legte es sich, eindringlich ihr Konterfei betrachtend, auf den Kopf.

Bisher gehen die meisten Forscher davon aus, dass kleinere Affen wie Makaken, Paviane oder Gibbons dagegen mit ihrem Spiegelbild nichts anzufangen wissen. Als Beweis, dass Menschenaffen sich bei diesen Spielen tatsächlich selbst erkennen, gilt der „Farbtest": Einen unbemerkt ins Gesicht gesetzten Farbfleck versuchen sie wegzuwischen, sobald sie ihn im Spiegel entdecken. Menschenkinder bestehen den Farbtest mit etwa eineinhalb bis zwei Jahren.

„Menschenaffen und Menschen besitzen als einzige Lebewesen ein Selbst-Bewusstsein, ein Ich-Gefühl", vermutet der Primatenforscher und Psychologe Daniel Povinelli als Konsequenz solcher Spiegelexperimente. „Wenn das so ist, dann ist Selbst-Bewusstsein evolutionär entstanden, als die Menschenaffen sich aus kleineren Affen entwickelten." Der 32-jährige Povinelli ist Direktor eines Forschungszentrums im US-Staat Louisiana, wo er das Denken von Affen und Menschen untersucht. Er hat eine frappante Hypothese aufgestellt, eine mögliche Antwort auf die Frage, wie der entscheidende evolutionäre Schritt zum Ich-Gefühl geschehen sein könnte: „Selbst-Bewusstsein hat sich zuerst als Körper-Bewusstheit entwickelt, die den Vorfahren der Menschenaffen ganz neuartige, bis dahin unmögliche Kletterkünste erlaubte."

Die Idee, dass unsere wilden Ahnen im wahrsten Sinne zum Selbst-Bewusstsein geklettert sein könnten, dämmerte Povinelli und seinem Kollegen John Cant, als die beiden im Regenwald Nordsumatras die Bewegungsweisen mehrerer Affenarten studierten und einen unerwarteten Unterschied zwischen kleinen und großen Affen entdeckten: „Langschwanzmakaken und Siamangs klettern und hangeln recht schematisch durchs Geäst, mit Hilfe weniger Bewegungsautomatismen, Orang-Utans jedoch auf äußerst variable Weise, mit Fantasie, Erfindungsreichtum und meisterlicher Bewegungsintelligenz." Die von Povinelli und Cant gefundene Regel scheint ganz allgemein zu gelten: Kleinere Affen bewegen sich stereotyp, Menschenaffen mit unendlicher Freiheit und Flexibilität.

Wie kommt es zu diesem eindrucksvollen Kontrast? Die Idee der beiden Forscher: „Körper-Bewusstsein könnte die besondere Akrobatik der Menschenaffen ermöglichen! Und vielleicht ist solches Körper-Bewusstsein gar der evolutionäre Ursprung des Selbst-Bewusstseins überhaupt." Ohne die Fähigkeit zum bewussten Klettern hätten die Menschenaffen sich gar nicht entwickeln können, argumentiert Povinelli. Denn für diese großen und schweren Tiere sei das Baumleben wesentlich anspruchsvoller und heikler als für ihre kleineren Vettern. Große Affen kommen deshalb mit Bewegungsstereotypen nicht mehr aus. An deren Stelle tritt ein evolutionär neuartiges „psychologisches System", das Freiheit und Flexibilität möglich macht: das Selbst-Bewusstsein.

Die Kletter-Hypothese Povinellis stellt eine noch gar nicht sehr lange existierende, jedoch schon lieb gewordene Schulmeinung infrage: Selbst-Bewusstsein habe sich als Werkzeug sozialer Intelligenz der Menschenaffen entwickelt. Es sei unseren wilden Vorfahren vor allem deshalb nützlich gewesen, weil Wissen um sich selbst die Voraussetzung sei, sich auch das Innenleben anderer vorzustellen, Gefühle und Absichten von Artgenossen durchschauen zu können. Erst solche Fähigkeit mache etwa das komplexe Sozialleben der Schimpansen möglich, das eine erhebliche Gewitztheit im Umgang mit Kumpanen verlangt, listiges Taktieren, Lügen und Betrügen.

Povinelli hält dagegen: „Hoch entwickelte soziale Klugheit findet sich auch bei Affenarten, die überhaupt nichts mit ihrem Spiegelbild anfangen können, etwa bei den Pavianen." Seine Vermutung: Soziale Intelligenz ist nicht an Selbst-Bewusstsein gebunden. Experimente an Povinellis Forschungszentrum deuten darauf hin, dass nicht einmal Schimpansen sich das Innenleben anderer vorstellen: „Das Vermögen, sich die Psyche des Nächsten zu vergegenwärtigen, scheint sich erst bei uns Menschen entwickelt zu haben."

Selbst-Bewusstsein bedeute jedenfalls nicht irgendein kontemplatives Wissen um die eigene Psyche, sondern habe einen biologischen Sinn. Nicht die Innenschau eines meditativen Geistes sei der Kern des

Selbst-Bewusstseins, der bilde sich vielmehr aus Aktivität, Handlung, Bewegung. Povinelli: „Das Wesentliche am Ich-Gefühl ist das Wissen, Akteur in einer Szenerie zu sein, das Wissen, dass man etwas bewirken kann in der Welt."

Der 1979 verstorbene Psychologe James Gibson hat herausgearbeitet, dass schon unsere Wahrnehmung einer Szenerie keineswegs neutral ist, sondern uns direkt mitteilt, wie wir darin wirken könnten. So sehen wir einen Stuhl nicht als ein belangloses Stück Materie, sondern unmittelbar als „Stuhl". Er sagt förmlich „Sitz auf mir!" Und ein Apfel sagt „Iss mich!", ein Kugelschreiber „Nimm mich und schreib mit mir!" Unser gesamtes Erleben ist, wie der Frankfurter Philosoph Thomas Metzinger formuliert, der Inhalt eines vom Gehirn zu unserem Nutzen erzeugten „mentalen Modells" der Welt. Subjektivität, Selbst-Bewusstsein oder ein „Ich" entstehen, wenn in diesem Modell ein Bild unserer selbst, ein „Selbstmodell" enthalten ist.

Wenn Povinelli Recht hat, war das erste in der Evolution entstandene Selbstmodell das Körper-Bewusstsein unserer kletternden Vorfahren. Das menschliche Ich ist unendlich reicher: Das Wissen um unseren Charakter, unsere Geschichte und unsere Pläne, das Wissen um Gedanken, Worte und Werke – all dies gehört dazu. Der Kern auch des höchstentwickelten Selbstmodells ist jedoch, so Metzinger, stets ein urwüchsiges, dunkles Seinsempfinden: Die intuitive Sicherheit, ein „Ich" zu sein, gründet nicht in abstraktem *Wissen* über uns selbst, sondern im *Spüren* des eigenen Körpers, der stets, wenn auch meist diffus, als vertraute Signalquelle präsent ist. Ganz im Einklang mit dieser Vorstellung vermutet der amerikanische Neurologe und Hirnforscher Antonio Damasio aufgrund seiner Studien an hirnverletzten Patienten, dass die Subjektivität in Signalen aus dem Körperinneren und damit in biologischen Basisprozessen verankert sei.

Obwohl die Verhaltensexperimente raffinierter und die Diskussionen differenzierter werden, ist bislang schwer zu sagen, welche nichtmenschlichen Lebewesen außer den Menschenaffen bereits Aspekte eines Ich-Bewusstseins, vielleicht gar verbunden mit einem gewissen Einfühlungsvermögen, entwickelt haben. Weiß eine Katze, die sich spielerisch versteckt, dass sie damit für die Gefährtin unsichtbar wird? Wird ein Hund vom Kummer eines Menschen bewegt, weil er weiß, dass dieser traurig ist? Noch schwieriger wird es, will man etwas über das Innenleben von Tieren erfahren, die vielleicht nur ein rudimentäres oder überhaupt kein Ich-Bewusstsein haben.

„Schon das primitivste Bewusstsein ist nicht nur dumpfes Empfinden, sondern beinhaltet höherstufige Erkenntnis", sagt der Bremer

Neurobiologe Hans Flohr. Einen Schmerz zu spüren bedeutet, um ihn zu wissen. Und dieses Wissen wäre biologisch sinnlos, wenn es nicht eingebettet wäre in eine gewisse Einsicht in die Situation und in Möglichkeiten, sie zu verändern. Es ist also offenbar verfehlt, sich den evolutionären Ursprung des inneren Erlebens nur als eine Art neutrales Seinsgefühl vorzustellen. Von Anfang an war Bewusstsein verbunden mit Empfindungen von „angenehm" und „unangenehm", mit Bedürfnissen und entsprechenden Aktivitäten.

Ist also nicht „ich bin", sondern „ich will" und „ich handle" die Essenz des Bewusstseins? Der Hirnforscher Rodney Cotterill ist gar überzeugt davon, dass das primitivste wie das höchstentwickelte Bewusstsein unmittelbar mit körperlicher Bewegung zu tun hat: „Wir sind nicht passive Beobachter, die auf zufällige Eindrücke reagieren, sondern verschaffen uns genau die Information, die wir für die Planung der nächsten Bewegung brauchen." Bewusstseinsinhalte seien in jedem Augenblick die Folge tatsächlicher oder simulierter Bewegungen und beeinflussten wiederum die Auswahl des nächsten Bewegungsstücks.

Einige Psychologen sind schon länger davon überzeugt, dass nicht einmal scheinbar simple Wahrnehmungen passiv sind: Ein Gesicht müssen wir mit Blicken abtasten, wobei jede Momentwahrnehmung Planungsgrundlage der nächsten Augenbewegung ist. Ein Haus erforschen wir, indem wir darin herumgehen. Auch ein unvermuteter Knall geschieht uns nicht nur: Bevor er uns bewusst wird, drehen wir vielleicht schon reflexartig den Kopf, und wenn wir ihn dann bewusst hören, entscheiden wir uns für eine von vielen möglichen Reaktionen – selbst Nichtbeachtung wäre die Folge einer solchen Entscheidung. Alles, was bewusst ist, meint Cotterill, hat diesen engen Bezug zu Bewegung und Aktivität: „Auch bewusstes Denken schreitet fort durch Simulation von Muskelbewegungen!"

Vielleicht ist es nur noch eine Frage der Zeit, bis Denken und Sprache, Wahrnehmung und Gedächtnis ebenso wie unsere Gefühle zumindest im Prinzip als Hirnaktivität erklärt werden können. Schon heute werden Teile dieser Fähigkeiten mithilfe so genannter neuronaler Netze im Computer simuliert.

Neben der Evolutionslehre lassen vor allem derartige wissenschaftliche Erfolge das Bewusstsein immer deutlicher als biologisches Phänomen erscheinen: Der Informationen verarbeitende Apparat namens Gehirn erzeugt irgendwie das Licht des inneren Erlebens, eingebettet in einen Kosmos dunkler, unbewusst bleibender Aktivität. Bewusstsein scheint ins Spiel zu kommen, wenn automatische Aktionsschemata allein nicht mehr ausreichen, wenn das Verhalten offener und kreativer werden muss. Zwar können wir auch komplexe Tätigkeiten wie Kaffeekochen, Wäscheaufhängen oder gar Autofahren zumindest zeitweise ohne Beteiligung des Bewusstseins betreiben. Sowie jedoch der automatische Ablauf stockt, die Situation knifflig oder brenzlig wird, ist die volle Aufmerksamkeit wieder da.

Wir schauen „bewusster", wenn wir ein Bild nicht nur schematisch und oberflächlich, sondern detailliert und intensiver betrachten wollen, aufgeschlossen für neue Erfahrungen. Bewusstsein könnte, glaubt Gerhard Roth, eine Markierung sein, mit der das Gehirn mentale Inhalte hervorhebt – und zwar genau jene, die nicht automatisiertes, sondern neues, komplexes Verhalten steuern. Hierbei werden Nerven in der Großhirnrinde neu verknüpft.

Doch bei alldem bleibt die hartnäckige Frage offen: Warum *erleben* wir das alles?

Wie entsteht etwa aus der Begegnung von Luftschwingungen mit der Maschinerie des Ohres und Gehirns das Faszinosum Sinfonie? Wie kann aus neuronaler Aktivität Verliebtheit oder Wut entspringen? Geschieht hier nicht etwas Unfassliches, Mysteriöses – die Verwandlung von materiellen Prozessen in Geist?

Die Frage, wieso wir unsere Gedanken, Gefühle und Wahrnehmungen erleben, ist, wie der junge amerikanische Philosoph David Chalmers sagt, das „hard problem" am Forschungsgegenstand Bewusstsein, im Unterschied zu den „easy problems", die im Rahmen normaler Wissenschaft lösbar zu sein scheinen – wie etwa die Frage, welche biologischen Vorteile die Ausbildung eines Ich haben könnte. Forscher wie Chalmers oder der Physiker Roger Penrose proklamieren, eine Lösung des „hard problem", ein Verstehen etwa der Blauheit von Blau oder der Schmerzhaftigkeit von Schmerz, erfordere die Entdeckung fundamentaler Zusammenhänge in der Physik, eine wissenschaftliche Revolution vergleichbar der Entwicklung der Relativitätstheorie oder der Quantenmechanik.

Doch während die einen angesichts der Vertracktheit des Problems intellektuell verzweifeln, verkünden andere wie Gerhard Roth oder der kalifornische Hirnforscher Walter Freeman, es gebe diese Vertracktheit gar nicht. Im Prinzip sei das scheinbare Rätsel längst gelöst und könne mehr oder weniger abgehakt werden. „Bewusstsein gehört zu gewissen Gehirnzuständen wie Gravitation zur Materie", sagt Freeman, „Körper ziehen einander an, und Gehirne sind manchmal bewusst. Beides muss man einfach als gegeben akzeptieren." Mit einer solchen Interpretation des Bewusstseins als physikalischem Zustand wäre, meint auch Gerhard Roth, „der Pfiff aus dem Leib-Seele-Problem".

Der Bremer Neurobiologe Hans Flohr wirft seinen Kollegen allerdings vor, dass deren „so genannte Lösung des harten Problems" nichts anderes sei „als die Entscheidung, das Nachdenken zu beenden". Dagegen erscheint es Walter Freeman „einfach nicht sinnvoll, sich das Hirn darüber zu zermartern, warum es die Gravitation oder das Bewusstsein gibt". Wissenschaftlich sinnvoll sei „nur die Frage, wie beide funktionieren, welche Gesetze die Phänomene verbinden".

Fürs erste können Forscher ohnehin nichts anderes versuchen, als möglichst eindeutig und klar jene Hirnprozesse zu identifizieren und zu charakterisieren, die von Bewusstsein begleitet sind. Zumindest bei den Menschen ist bewusstes Denken an die Aktivität der Hirnrinde gebunden, und zwar besonders an die der „assoziativen Areale". Die Variabilität des Erlebens und die Unterschiedlichkeit der Bewusstseinszustände spiegeln sich in der gewaltigen Dynamik und Flexibilität der Hirnrindentätigkeit wider.

Es könnten Verbände stark miteinander verkoppelter Nervenzellen in der Hirnrinde sein, deren Aktivität unserem Erleben zugrunde liegt. Hans Flohr vermutet, die Wahrscheinlichkeit, dass solche Verbände „gezündet", vielleicht auch spontan neu geschaffen werden, erhöhe sich mit der Aktivierung der Hirnrinde. Je mehr von diesen Zell-Ensembles in einem bestimmten Zeitabschnitt aktiviert werden, desto höher ist die Zahl der gleichzeitig verfügbaren mentalen Inhalte. Und desto komplexer und höherstufiger können geistige Prozesse sein.

Flohr glaubt, einen guten Beleg für seine These zu haben: „Alle Narkosemittel behindern direkt oder indirekt die so genannte NMDA-Synapse, deren Aktivität entscheidend für die Bildungsrate von Zell-Ensembles sein dürfte."

Bewusstsein scheint jedenfalls offenes und kreatives Verhalten jenseits angeborener oder erlernter Schemata zu ermöglichen. Solche Flexibilität verlange dem Gehirn einiges ab, betont Walter Freeman. Denn die Offenheit darf nicht zur Beliebigkeit führen, sondern muss so gebändigt und kontrolliert werden, dass eine „Ganzheit von Ziel und Aktion" erhalten bleibt: „Um Bewegungen frei entwerfen zu können, muss ein Tier auch deren Konsequenzen vorhersagen und bewerten können. Es muss bemerken, ob es sich seinem Ziel genähert hat oder nicht. Das heißt: Das Tier muss Wissen über die Vergangenheit in seine Pläne integrieren."

Und es muss aktiv nach neuen Erfahrungen suchen und aus vergangenem Verhalten lernen können. Ohne all diese Fähigkeiten kann sich

Freeman zufolge Bewusstsein nicht entwickeln. Der Hirnforscher sieht eine solche „Architektur der Intention" schon im Gehirn primitiver Landwirbeltiere wie des Salamanders verwirklicht. Ob das allerdings bedeutet, dass Salamander sich ihrer bewusst sind, wagt er nicht zu beurteilen.

Das große Ziel der Neurobiologie ist letztlich die Deutung unserer gesamten bewussten und unbewussten Geistestätigkeit als Hirnaktivität. Doch wenn die Wissenschaft tatsächlich dieses Ziel erreichen sollte, wird womöglich erst die ganze Verzwicktheit des Bewusstseinsproblems offenbar werden: Angenommen, unser Verhalten ließe sich restlos als Resultat neuronaler Prozesse erklären. Dann bliebe für das Bewusstsein weder Platz noch Aufgabe! Es hätte dann keinen Sinn, dass wir bestimmte neuronale Prozesse als Wahrnehmung, Gedanken und Gefühle *erleben*. Auf die Spitze getrieben würde dieser Gedanke bedeuten: Unser Dasein könnte ebensogut völlig unbewusst ablaufen. Und ein derart unbewusster Mensch ohne innere Erlebnisse – ein „Zombie" – wäre von außen nicht unterscheidbar von einem mit Bewusstsein!

Dieses Gedankenexperiment ist sehr beunruhigend – und unglaublich vertrackt: Denn einerseits sind zumindest viele Naturwissenschaftler davon überzeugt, dass materielle Vorgänge zur Erklärung unseres Verhaltens ausreichen. Andererseits rebelliert schon der Alltagsverstand gegen die Vorstellung, dass unser Bewusstsein für die Deutung unseres Lebens unerheblich sei, dass wir ebensogut unbewusst existieren könnten. Das Gebot „Liebe deinen Nächsten" wäre sinnlos, wenn der Nächste nicht empfinden könnte.

„Das Zombie-Problem ist auch logisch zum Verrücktwerden", meint der Neurobiologe Hans Flohr. „Stellen wir uns einmal vor, so ein Zombie hat Zahnschmerzen. Daraus, dass er seiner nicht bewusst ist, folgt: Er spürt die Schmerzen nicht. Und daraus, dass sein Geistesleben zwar unbewusst, aber ansonsten mit unserem identisch ist, folgt: Er muss überzeugt sein, den Schmerz zu spüren." Die paradoxe Pointe: Ein Zombie ohne Bewusstsein würde sich selbst für ein bewusstes Wesen halten!

Das Zombie-Problem führt direkt in die logischen Abgründe des berühmten Leib-Seele-Problems, das von den Denkern seit Descartes zergrübelt worden ist wie kaum eine andere philosophische Frage. In der ursprünglichen, von dem französischen Philosophen hinterlassenen Form lautet dieses Rätsel: Wie können Seele und Körper aufeinander wirken? Wenn die Seele als geistige Substanz immateriell und damit per definitionem nicht-physikalisch ist, wie kann sie dann die physikalische Energie aufbringen, die erforderlich ist, um etwa einen Arm zu heben?

Die Vorstellung, dass unser Innenleben nicht einer unsterblichen Seele zu verdanken, sondern ein biologisches Phänomen ist, entschärft das Leib-Seele-Problem keineswegs: Wenn das Bewusstsein einen Sinn hat, dann muss es auch etwas bewirken. Schon intuitiv scheint uns unser Innenleben derart unterschiedlich von allen stofflichen Vorgängen zu sein, dass niemand bis heute begreift, mithilfe welcher Mechanismen die Psyche den Körper beeinflussen könnte und umgekehrt.

Vielleicht ist die Frage ja auch falsch gestellt. Vielleicht hat ja der „Innenaspekt" unseres Seelenlebens in Wirklichkeit keine direkte physikalische Wirkung, sondern ist eine „Weise des Wissens", wie die amerikanische Philosophin Valerie Hardcastle sagt. Sie verweist auf das bei Bewusstseinstheoretikern berühmte Gedankenexperiment des australischen Philosophen Frank Jackson. Es erzählt die Geschichte von Mary, die in einer völlig in Schwarzweiß und Grau gehaltenen Wohnung aufwächst. Farben hat sie nie gesehen. Mary ist hochintelligent und interessiert, und so lernt sie alles, wirklich alles über Farben. Sie weiß, wie das Gehirn sie unterscheidet, dass der Himmel zum Beispiel blau sein kann und wie dieser Effekt zustande kommt. Und sie weiß, wie Farben auf Menschen wirken.

Frage: Lernt Mary etwas Neues, wenn sie plötzlich aus ihrer schwarzweißen Klause tritt und den wirklichen Himmel sieht? Die Antwort scheint klar zu sein: Sie lernt, wie der Himmel „aussieht", erfährt zum ersten Mal die Blauheit von Blau. Doch darüber hinaus lernt sie *nichts Zusätzliches* über die Farbe Blau. Neu wäre für sie lediglich das subjektive Erleben. Anders gesagt: Mary lernte nichts, was sie nicht auch schon vor ihrem Erlebnis hätte erzählen oder beschreiben können – sie wusste ja bereits, wie Farben auf Menschen wirken. Die neue Erfahrung beschert ihr also trotz des vielleicht überwältigenden Erlebnisses keinerlei neue Information, sondern lediglich eine neue „Weise des Wissens" um längst Bekanntes, meint Valerie Hardcastle.

Es gibt demnach zwei Weisen des Wissens um innere Erlebnisse: ein „Wissen durch Beschreibung" und ein „Wissen durch Bekanntschaft". Und es könnte sein, dass der Inhalt jenes „Wissens durch Bekanntschaft" im „Wissen durch Beschreibung" vollständig enthalten ist. Der entscheidende Punkt in Hardcastles Argumentation: Wenn man durch Beschreibung alles über das Blau-Erlebnis lernen kann, dann könnte man beispielsweise eine umfassende Theorie des Blau-

Erlebnisses entwickeln, ohne dafür auf das „Wissen durch Bekanntschaft" zurückgreifen zu müssen. Denn es können ja sämtliche Wirkungen dieses Erlebnisses verstanden werden, ohne dass man dessen „Innenaspekt" selber erfährt.

Weitergedacht bedeutet dies: Eine Theorie des Bewusstseins und inneren Erlebens ist möglich. Das Wissen, das dadurch gewonnen wird, kann allerdings nur ein „Wissen durch Beschreibung" sein. Doch ist dies kein Handicap, da das „Wissen durch Bekanntschaft" in dieser Theorie gar nicht gebraucht wird. Auf den ersten Blick erscheint eine solche Behauptung seltsam, und sie ist nicht leicht zu verdauen, gilt doch das subjektive Erleben als Essenz des Bewusstseins, als der Kern des Mysteriums. Verwirrend also, zu hören, dass es gar kein Mysterium gibt und dass das Bewusstsein, das Subjektivste überhaupt, objektiv erklärbar sein soll und obendrein das ganz private Erleben als solches dabei keine Rolle spiele.

Doch wenn Valerie Hardcastle Recht hat, dann ist genau dies der entscheidende Punkt: Unser Geist betrachtet intuitiv nur das unmittelbare subjektive Erleben, das „Wissen durch Bekanntschaft", und fragt sich zugleich, wie es in der objektiven, physikalischen Welt existieren kann. Eine irreführende Fragestellung allerdings – eine Theorie des Bewusstseins kann sich nur auf „Wissen durch Beschreibung" beziehen.

Somit muss eine Theorie des Bewusstseins keineswegs die Verwandlung von Materie in Geist und zurück erklären, da die subjektive Anmutung – als Art und Weise des Wissens, die nur der erlebenden Person zugänglich ist – nicht gebraucht wird, um die Konsequenzen des Bewusstseins zu erklären. Auf der Basis dieser Idee würde das zentrale Rätsel des vertrackten Leib-Seele-Problems sich also gar nicht erst stellen. „Es gibt nichts Gespenstisches am Bewusstsein", sagt Valerie Hardcastle.

Allerdings: Selbst eine vollständige wissenschaftliche Deutung des Bewusstseins würde die Rätselhaftigkeit, die darin liegt, „jemand" zu sein, nicht beseitigen. Der Frankfurter Philosoph Thomas Metzinger hat das Staunen über seine eigene Existenz nicht verlernt: „Dass ich *ich* bin, das ist doch das Seltsamste überhaupt! Wie ist es möglich, dass es unter all den vielen Menschen Thomas Metzinger nicht nur gibt, sondern dass *ich* dieser Typ *selbst* bin? Die seltsame Tatsache, dass ich ich bin, kommt in keiner objektiven Weltbeschreibung vor, und keine denkbare Theorie könnte es mir erklären."

Und das ist das letztlich Verrückte am Problem des Bewusstseins: Von außen gesehen ist es selbstverständlich, dass Thomas Metzinger

Thomas Metzinger ist – von innen gesehen erscheint es als abgründig und geheimnisvoll. „Das Kardinalproblem ist die Subjektivität, die Erste-Person-Perspektive, die mit dem Bewusstsein verbunden ist", sagt Metzinger. Rein physikalisch lassen sich weder im Gehirn noch sonstwo im Kosmos Punkte finden, die sich als Zentren höherer Daseinsart auszeichnen ließen. Wie ist es trotzdem möglich, dass Subjekte existieren, die sich selbst als Zentrum einer perspektivisch erlebten Welt begreifen? In der physikalischen Welt gibt es nichts als naturgesetzliche Dynamik und sich fortspinnende Wirkungsketten. Wie ist es da möglich, dass man sich als selbstbestimmt Handelnden erleben und begreifen kann, als autonomes und freies Ich?

Metzinger: „Die Illusion der Unabhängigkeit beruht darauf, dass mir die Hirnprozesse verborgen bleiben, die in Wahrheit mein Erleben aufbauen und meine Handlungen verursachen." Das scheinbar autonome Ich entstehe, weil das Gehirn Gedanken, Worte und Werke dem Selbstmodell zuschreibe und dabei nicht bemerke, dass dies Selbstmodell seinerseits nur ein geistiges Konstrukt ist, ein gedankliches Modell eben. „Wir verwechseln uns nur mit diesem Ich. Wir glauben fälschlich, wir *seien* der Inhalt dieses Selbstmodells." Durch diesen „Zaubertrick", meint Thomas Metzinger, durch diese Selbsttäuschung des Gehirns erzeugt die Natur Subjekte. Weil das Gehirn, das da verwechselt, selbst kein Ich ist, lassen sich seltsame, schockierende Sätze formulieren: „In Wahrheit bin ich niemand, kein Ich oder Selbst." Oder: „Das Ich ist eine Illusion, die *niemandes* Illusion ist." Oder: „Es gibt Gedanken, aber keinen Denker."

Einst hielt der Philosoph René Descartes die Einsicht „Ich denke, also bin ich" für die „gewisseste aller Erkenntnisse". Seine Argumentation: Wenn es bewusste Wahrnehmungen und Gedanken gibt, dann muss es auch „jemanden" geben, der diese Erlebnisse hat, die „denkende Substanz" namens Seele. Doch diese Erkenntnis des Franzosen ist ein grandioser Fehlschluss: „Das Ich denkt nicht, sondern wird gedacht – es ist selbst nur ein Modell, das vom Gehirn benutzt wird", sagt Metzinger.

Aus dieser Argumentation lässt sich auch ableiten, dass es nicht der subjektiv empfundene Wille ist, der unser Handeln verursacht. Wirken können nur physikalische Prozesse, seien sie nun von einem Gefühl des Willens begleitet oder nicht. Nur: Es entgeht uns ein großer Teil der Selbstorganisationsprozesse des Gehirns, die das Handeln verursachen. Das Gehirn aber versteht es, sich selbst Geschichten zu erzählen, die uns Autonomie und Rationalität unserer Entscheidungen vorgaukeln. Bei Bedarf erfindet es Märchen, die es dann auch glaubt, wie der Neuropsychologe Michael Gazzaniga in den sechziger und siebziger Jahren in höchst eindrucksvoller Weise anhand mittlerweile klassischer Experimente demonstrieren konnte.

Gemeinsam mit seinem damaligen Mentor, dem später mit einem Nobelpreis geehrten Roger Sperry, untersuchte Gazzaniga „Split-Brain"-Patienten, denen aus medizinischen Gründen die Verbindung zwischen den Großhirnhälften durchtrennt worden war. Zeigt man der wenig sprachbegabten rechten Hemisphäre ein obzönes Bild, beginnt der Patient vielleicht zu grinsen. Gefragt, warum er grinse, gibt er jedoch nicht den wahren Grund an, sondern sagt etwas wie: „Ihr Hemd sitzt so komisch."

Die sprachbegabte linke Hemisphäre, die wegen der gekappten Verbindung zur rechten nichts von dem Bild weiß, fabuliert sich einfach eine Geschichte zurecht.

Die Neigung des Gehirns, sich selbst etwas vorzumachen, wenn es die Wahrheit nicht kennt, kann etwa auch Psychoanalyse-Patienten dazu bringen, sich an traumatische Kindheitserlebnisse zu „erinnern", die in Wirklichkeit niemals stattgefunden haben. Wir sind gefangen in unseren Erzählungen, wie Gazzaniga es formuliert: „Mein Ich wohnt in meinem Fabulieren und Fantasieren, in einem Gespinst von Geschichten."

Man könnte daraus schließen, dass wir Menschen letztlich blinde Automaten sind, rettungslos verstrickt in unsere Selbsttäuschungen. Es gibt Denker, die darum den Schluss gezogen haben, unsere Willensfreiheit sei eine bloße Illusion. Wer daran glaubt, könnte einem Menschen nicht widersprechen, der ihm mitteilt, er müsse ihn jetzt ermorden, und daran könne er nichts ändern, da er ja naturgesetzlich determiniert sei.

Es liegt auf der Hand, dass menschliches Leben so nicht funktionieren kann. Wir brauchen die allseitige Akzeptanz, dass wir für unsere Handlungen verantwortlich sind. Es ist ein Missverständnis, zu glauben, Freiheit sei gleichbedeutend mit Unabhängigkeit von den Naturgesetzen, und da jeder von diesen beherrscht werde, könne es Freiheit nicht geben. Tatsächlich ist es kein Widerspruch, dass Bewusstsein ein bloßes biologisches Phänomen sein kann, trotzdem aber die Auflösung starrer Handlungsschemata in Offenheit, Flexibilität und Kreativität ermöglicht.

Unsere Absichten stehen prinzipiell zur Disposition. Handlungsflüsse und Gedanken können in neue Richtungen gelenkt oder abgebrochen und vergangene Handlungen bereut werden. Genau in diesem Sinne sind Entscheidungen frei, ohne dass dazu die Naturgesetze durchbrochen werden müssten. Unsere Überzeugung, frei zu sein, erzeugt wiederum das, was wir Verantwortung nennen.

Bewusstsein. Das Mysterium ist keineswegs gelöst. Immerhin werden Umrisse möglicher Lösungen sichtbar. Kaum noch zu bezweifeln ist, dass es mit unseren Körpern vergeht: Je mehr wir über das Bewusstsein lernen, desto deutlicher müssen wir wohl unsere „radikale Sterblichkeit" erkennen, wie Thomas Metzinger befürchtet. Doch streng bewiesen ist auch die nicht, betont der Philosoph – was ein Türchen für die Idee von der unvergänglichen Seele offen hält.

JOACHIM E. FISCHER

Das kleine Leben des Philippe S.

Ein Kind, ein Jahr alt, leidet seit seiner Geburt an einer schweren, unheilbaren Fehlbildung des Brustkorbs. Monatelang ringen Ärzte und Eltern um sein Leben und um die Entscheidung, wie weit die Intensivmedizin gehen sollte – bei diesem Kind und in anderen Fällen.

Große braune Augen strahlen aus dem Kindergesicht. Philippe greift nach der neuen Rassel, betrachtet sie erst von allen Seiten und untersucht sie dann mit seinen Zähnen. Munter plappert der Junge vor sich hin. Er lächelt vor Freude, als sein Vater nach Hause kommt. Beide spielen auf der bunten Decke im Wohnzimmer miteinander. Eine Szene wie aus dem Alltag eines normalen Einjährigen – wäre da nicht der Schlauch, der quer durch den Raum zu Philippes Nase führt, und das Zischen des Sauerstoffs.

Philippe ist alles andere als ein normales Kind. Während Gleichaltrige meist längst krabbeln, stehen oder gar schon laufen, fehlt ihm selbst die Kraft zu sitzen. Er atmet schnell und flach. Seine Lungen arbeiten so schlecht, dass sein Körper kaum mehr Sauerstoff bekommt als der eines Himalaya-Bergsteigers in der Todeszone. Ohne zusätzlichen Sauerstoff färben sich Philippes Lippen rasch blau. Wenn seine Mutter mit ihm spazieren oder zum Einkaufen gehen will, muss sie stets eine der rucksackgroßen weißen Flaschen mit flüssigem Sauerstoff mitnehmen. An die verwunderten Blicke anderer Kunden und der Kassiererinnen hat sie sich längst gewöhnt.

Wird Philippe zum Baden ausgezogen, erkennen auch Laien, was mit ihm nicht stimmt: Sein Brustkorb ist so schmal wie der eines Neugeborenen. Wie ein Gefängnis aus Knorpel und Knochen umschließt er Philippes zu klein angelegte Lunge. „Jeune-Syndrom" heißt diese seltene Krankheit: Ein bisher unbekannter genetischer Defekt löst das Leiden aus, das Brustkorb, Lunge, Leber und Nieren, nicht aber das

Nervensystem befällt. Betroffene Kinder haben eine normale bis überdurchschnittliche Intelligenz.

Heilbar ist das Leiden nicht. Das Überleben hängt davon ab, wie schwer die inneren Organe befallen sind. Wer das Kindergartenalter erreicht, hat eine Chance. Die Hälfte der Kinder mit Jeune-Syndrom indes ersticken vor dem ersten Geburtstag.

Philippe ist vor zwei Wochen ein Jahr alt geworden. Dass er seinen Geburtstag überhaupt erlebt hat, verdankt er dem wiederholten Einsatz der Intensivmedizin – mit Beatmungsgeräten in der Klinik und dem 50-Liter-Tank mit flüssigem Sauerstoff zu Hause. Jeder neue Tag in Philippes Leben ist für seine Eltern, aber auch für die behandelnden Ärzte von der bangen Frage überschattet: Hat die aufwendige, bisweilen schmerzhafte Behandlung überhaupt einen Sinn? Verhilft sie dem Kind irgendwann in ferner Zukunft zu einer normalen, unbeschwerten Existenz – oder verschafft sie ihm nur unnötige Qualen vor dem unausweichlichen Ende?

Philippes Krankengeschichte beginnt acht Wochen vor der Geburt. Bei einer Ultraschall-Untersuchung fällt dem Frauenarzt der zu kleine Brustkorb des Ungeborenen auf. Er überweist Philippes Mutter zu einer genaueren Untersuchung an die Universitätsklinik Zürich.

Allein der Gedanke an die Klinik weckt bei Philippes Mutter schmerzvolle Erinnerungen. Dort erfuhr sie vor fünf Jahren, dass ihr erster Mann an einem unheilbaren Gehirntumor litt. Vieles an der Klinik ist ihr noch vertraut, allzu vertraut: die langen Gänge, der Geruch von Desinfektionsmittel, die Atmosphäre in den Warteräumen. Sie hat gelernt, in den Gesichtern der Ärzte zu lesen; aus beiläufigen Gesten und Blicken errät sie, dass ein Befund oft schwerer wiegt, als der neutral klingende Vortrag des Arztes vermuten lässt. Sie hat Erfahrung mit dem Sterben und dem Tod: Ihren ersten Mann hat sie während seiner letzten Wochen zu Hause gepflegt. Nach dessen Tod hatte sie sich in ihre Arbeit bei der Swissair gestürzt und ein Haus renoviert. Nachdem der Schmerz schließlich nachgelassen hatte, heiratete sie wieder und wurde bald schwanger.

Bei dem erneuten Besuch in der Klinik fühlt sich Philippes Mutter von den Ärzten besser informiert. Der untersuchende Ultraschall-Experte erklärt ihr im Detail, was er sieht. Er veranlasst zusätzliche Röntgenuntersuchungen und vermittelt Gespräche mit dem Chefarzt der Neugeborenenabteilung und dem Spezialisten für Knochen- und Knorpelkrankheiten an der Kinderklinik. Beide raten, zu warten und darauf zu hoffen, dass Philippe nach der Geburt ausreichend wird atmen können. Zum ersten Mal hört die werdende Mutter den Begriff „Jeune-Syndrom".

Nach sieben Wochen bangen Wartens kündigen in den ersten Januartagen Wehen die nahe Geburt an. Als das Neugeborene seinen ersten Schrei ausstößt, sind Philippes Eltern überglücklich. Denn wer schreit, kann auch atmen. Zwar braucht das Baby während der ersten Wochen zusätzlichen Sauerstoff. Doch es trinkt und nimmt langsam an Gewicht zu. Nach zwei Wochen kann der Sauerstoff abgestellt werden. An einem Wintertag Ende Februar nimmt Philippes Mutter ihr Kind mit nach Hause.

Der Frühling bringt fast normalen Baby-Alltag. Philippe entwickelt sich wie andere Kinder seines Alters, lernt zu greifen, beginnt zu lächeln. Es scheint der Mutter, als wäre er fröhlicher als andere Kinder. Nur seine rasche Atmung fällt ihr auf. Der Kinderarzt registriert bei den regelmäßigen Untersuchungen überdies eine deutliche Muskelschwäche in Rücken und Bauch.

Mitten im Hochsommer, Philippe ist schon über ein halbes Jahr alt, meldet sich die bedrohliche Krankheit erstmals zurück. Philippe muss mit einer Erkältung in die Säuglingsstation des Kinderspitals aufgenommen werden. Die Entzündung weitet sich auf Bronchien und Lunge aus. Das Röntgenbild zeigt über die ganze Lunge hin fleckige Verschattungen, die Tiefdruckwirbeln auf Satellitenfotos gleichen. Philippe braucht wieder zusätzlichen Sauerstoff, bekommt Antibiotika und muss Asthma-Medikamente inhalieren. Nach vier Tagen reicht der zusätzliche Sauerstoff allein nicht mehr aus, Philippe droht zu ersticken. Er wird auf die Intensivstation verlegt und künstlich beatmet.

Die Krise bedeutet nicht nur einen Einbruch in Philippes Gesundheit, sie erschüttert vorübergehend auch das Vertrauen der Eltern in die Klinik. Sie erleben, dass Ärzte ihren Fragen ausweichen, ihren Beobachtungen keinen Glauben schenken oder versuchen, sie zu belehren – kurzum, sie fühlen sich nicht ausreichend ernst genommen. Innerhalb weniger Wochen sind sechs Ärzte für das Kind zuständig, einige davon hören den Begriff Jeune-Syndrom zum ersten Mal. Philippes Eltern beklagen sich nicht, aber sie sind froh, als ihr Sohn Ende Juli wieder entlassen wird. Den August über bleibt er gesund. Allerdings fehlt ihm noch immer die Kraft, sich zu drehen oder gar zu sitzen. Ihn selbst scheint die mangelnde Bewegungsfreiheit wenig zu stören: Begeistert greift er nach allem, was in seine Reichweite kommt, er lächelt gern und gewinnt jeden zum Spiel, der in sein Blickfeld tritt.

Mitte September kündigt sich eine neue Krise an. Philippe atmet wieder schneller und hustet, er mag nicht mehr spielen und lächelt kaum noch. Auch Inhalieren bringt keine Linderung. Wieder wird Philippe zuerst auf die Normalstation aufgenommen, muss aber bald wieder beatmet werden.

Diesmal äußern die Eltern ihren Unmut über die ständig wechselnden Gesprächspartner in der Klinik. Die Ärzte beschließen daraufhin, zwei Kollegen zu benennen, die den Eltern als Ansprechpartner zur Verfügung stehen. Der eine ist der Experte für Knochen- und Gelenkerkrankungen, den die Eltern schon vor Philippes Geburt kennen gelernt haben, der andere bin ich – als zuständiger Oberarzt der Kinder-Intensivstation. Untereinander fragen wir uns, ob die zweite künstliche Beatmung innerhalb weniger Wochen nicht Unheil ahnen lässt.

Im Kollegium der Intensivmediziner beraten wir über mögliche Behandlungen. Dabei steht, wie immer in solchen Fällen, eine Frage im Vordergrund: Wie weit kann, darf oder muss die moderne Medizin hier gehen? Privatdozent Dr. Sergio Fanconi, Chefarzt der Intensivstation, formuliert unsere Aufgabe so: Es geht nicht nur darum, die jeweils besten Methoden, Techniken und Medikamente anzuwenden; es geht auch darum, welche Behandlung menschlich vertretbar ist. Und es gilt, die kleinen Patienten und deren Familien psychologisch so gut wie möglich zu begleiten – und zwar unabhängig vom Ausgang.

Was aber, wenn dieser „Ausgang" Tod heißt? Unter den 850 bis 950 Patienten, die Fanconis Team jährlich auf der Intensivstation behandelt, sterben etwa 50 bis 60. Wie sollen Ärzte und Pflegende mit Patienten umgehen, deren Gesundung zweifelhaft oder gar aussichtslos ist? Besonders dann sind Fähigkeiten gefragt, die nicht zur Routine eines Intensivmediziners zählen: die Kunst, zuhören zu können, die Geduld, sich schwierigen ethischen Fragen zu stellen, der Mut, sich dem Wunsch nach einer intensivmedizinischen Behandlung zu öffnen. Ein solches Verständnis verlangt, auch über das Sterben zu reden und eine ehrliche Einschätzung der Prognose abzugeben. In letzter Konsequenz kann es heißen, Intensivmaßnahmen zu begrenzen, ehe sie für den Patienten und die Familie zur Qual ausarten.

Ehrlich zu sein gegenüber dem Patienten und dessen Angehörigen, wenn ärztliche Kunst den Tod allenfalls hinauszögern kann – das ist für Ärzte eine der schwierigsten Aufgaben überhaupt. Nicht zuletzt, weil auch Patienten und ihre Angehörigen in diesem Punkt ganz unterschiedliche Erwartungen haben.

In die Intensivstation des Zürcher Kinderspitals kommen Patienten vieler Nationalitäten: Deutschschweizer, Tessiner, Italiener, Türken und Kinder aus dem ehemaligen Jugoslawien. Es braucht keine besondere psychologische Schulung, um aus den Gesichtern aller Eltern die Angst um ihr Kind zu lesen, wenn immer mehr Apparate an das Bett gerollt werden. Auch wagt kaum ein Elternteil, von sich aus das Wort Tod auszusprechen – als könnte schon das Wort das Gefürchtete herbeiführen. Die Bereitschaft indes, über das heikle Thema zu sprechen, unterscheidet die Kulturen.

Deutschschweizer und Mitteleuropäer schätzen meist klare, präzise Informationen. Tessiner, Italiener und andere Südeuropäer hingegen reagieren viel eher abwehrend auf einen schlechten Befund, beschwören die Ärzte, alles technisch Mögliche zu unternehmen. Zugleich aber beginnen sie oft insgeheim, sich mit dem Gedanken an den Tod auseinander zu setzen. Wie etwa die Mutter eines kleinen Tessiner Kindes: Am Tag, als ihr Sohn starb, brachte sie, während wir noch mit allen Mitteln um sein Leben rangen, eine Tasche mit einem kleinen Totenkleid in die Klinik. Doch über den Tod selbst sprach sie nie.

Besonders heftig reagieren Südosteuropäer auf ungünstige Prognosen, vor allem, wenn der Stammhalter der Familie mit dem Tod ringt. Zuweilen sieht sich der behandelnde Arzt dem geschlossenen Protest einer ganzen Großfamilie ausgesetzt. Von allen Seiten bestürmt man ihn mit Argumenten gegen seinen Befund: In unserer Familie haben alle ein starkes Herz! Von den Großeltern ist keiner unter 80 gestorben!

Soll man also in allen Fällen wirklich ehrlich sein? Noch vor einer Generation galt in ganz Europa die Devise, dem Patienten auf keinen Fall die Wahrheit zu sagen – allenfalls seiner Familie. Am Zürcher Kinderspital haben wir uns jedoch darauf verständigt, mit allen Patienten und Angehörigen offen zu reden – wenn auch behutsam. So vermeiden wir nach Möglichkeit, Eltern mit schwer verständlichen medizinischen Details zu verwirren. Detailinformation darf nicht zum Wortnebel werden, hinter dem der Arzt seine eigene Furcht verhüllt, über den Tod zu reden. Ohnehin können die meisten Eltern im Stress der Angst nur wenige Details aufnehmen. Vieles lesen sie aus der Körperhaltung, den Gesten und dem Ton der Stimme.

Im Laufe der Jahre hat jeder von uns Ärzten auf der Intensivstation viele solcher Gespräche geführt, manche Kinder und deren Eltern über Tage und Wochen der Ungewissheit hinweg begleitet. Es gibt kein Patentrezept dafür, wie man Unsagbares, etwa den möglichen Tod, zur Sprache bringt – und zur gleichen Zeit die Hoffnung wach hält. Wenn es irgend geht, versuchen wir, in einem ruhigen Raum zu reden, abseits der Alltagshektik der Intensivstation.

So geschieht es auch bei Philippes Eltern. Im Laufe des Gesprächs gehen wir alle Möglichkeiten des Krankheitsverlaufs durch – auch die schlimmste. Gemeinsam versuchen wir, herauszufinden, bis zu welcher Grenze die Behandlung gehen soll, von welchem Stadium an Philippes Krankheit für ihn, aber auch für sie selbst nicht mehr zu ertragen wäre.

Zu Beginn einigen wir uns auf eine einfache „Arbeitsteilung", die in solchen Fällen oft hilfreich ist: Die Eltern sollen für die Hoffnung und die seelische Unterstützung ihres Kindes zuständig sein; wir Ärzte übernehmen, mit der Verantwortung für medizinische Maßnahmen, die Rolle der Experten für den Zweifel. Wir ermuntern die Eltern, nicht allzu gebannt die Zahlen auf den Monitoren zu fixieren, sondern lieber auf ihr Gefühl zu achten und darüber zu berichten. Gleich am Anfang des Gesprächs steht die Frage: „Wie geht es der Hoffnung heute?"

In Philippes Fall geht es ihr gut. Die Eltern berichten von der großen Lebensfreude, die ihr Sohn nach wie vor ausstrahle, von seinem Lächeln, seiner guten Laune. Jeder Tag davon sei ein Geschenk. Solange sie diese Lebensfreude spürten, sei alles Leid der wiederholten Aufenthalte in der Intensivstation zu ertragen. Die Mutter weiß seit dem Tod ihres ersten Mannes, welche Kräfte ihr angesichts einer schwierigen Aufgabe zuwachsen können. Wenn es nur eine Frage der Zeit sei, bis die Lunge nachreife, sei ihnen kein Weg zu lang, keine Mühe zu groß. Zwar ist den Eltern bewusst, wie lebensbedrohlich die Krankheit ihres Kindes ist, doch sie hoffen inständig, es möge zu jenem Teil der Betroffenen gehören, der überlebt.

Wie groß ist die Überlebenschance wirklich? Manuela Albisetti, Oberärztin am Kinderspital, hat allen bisher in der medizinischen Literatur veröffentlichten Fällen von Jeune-Syndrom nachgeforscht. Sie kam auf 63; die wirkliche Zahl ist vermutlich höher, denn nicht alle Fälle werden publiziert. Nach Albisettis Recherche ist beim schwer verlaufenden Jeune-Syndrom nicht nur der Brustkorb zu eng, auch die Lunge ist bereits im Mutterleib unvollständig angelegt. Daher hilft es auch nichts, in einer schon mehrfach versuchten Operation durch Spalten des Brustbeins und Einpflanzen von Knochen-Stützen den Brustkorb zu erweitern. Das zwergwüchsige Atemorgan neigt außerdem zu chronischen Entzündungen mit entsprechender Narbenbildung. Auch Leber und Nieren sind bei Kindern mit ausgeprägtem Jeune-Syndrom nicht richtig ausgereift. In schweren Fällen vernarbt die Leber der betroffenen Kinder zur Zirrhose, ähnlich wie bei einem Alkoholiker nach jahrelangem intensiven Trinken. Hatten wir nicht bei Philippe während der ersten Krise erhöhte Leber- und Nierenwerte gemessen?

Albisetti fasst die Aussichten zusammen: Von den betroffenen Kindern sterben 70 Prozent noch vor dem Kindergartenalter. Todesursache ist in erster Linie Atemversagen, außerdem treten schwere Schäden an Leber und Niere auf. Wird Philippe zu jenem knappen Drittel gehören, das überlebt? Noch können auch wir Ärzte nichts als vermuten.

Wir überlegen, ob wir dem kleinen Patienten mit einem Luftröhrenschnitt helfen können. Dadurch ließe sich unterhalb des Adamsapfels eine Plastikkanüle in seine Luftröhre schieben und seine Lunge dann auch zu Hause Tag und Nacht mit leichtem Überdruck blähen. Solch sanfter Überdruck könnte vielleicht das gesunde Wachstum seiner Lunge fördern. Dagegen spricht, dass Philippe dadurch dauerhaft vom Beatmungsgerät abhängig würde. Die Eltern müssten dann Tag und Nacht die Schleim-Ansammlungen aus der Luftröhre absaugen, die der Junge selbst nicht mehr abhusten könnte. Würde diese Quälerei aufgewogen durch die verbesserten Überlebenschancen des Kindes?

Schon jetzt, gibt einer der Oberärzte zu bedenken, hat Philippe einen deutlichen Entwicklungsrückstand. Wie wird es um seine Lebensfreude bestellt sein, wenn er mit zwei oder drei Jahren selber bemerkt, dass er noch nicht sitzen kann? Kann man seinen Eltern zumuten, ihn jetzt durchzubringen, mit dem Risiko, dass er als Schulkind an Leberversagen stirbt? Wird die Mutter – sie ist jetzt 32 – dann noch einmal ein Kind bekommen können?

Ein anderer Kollege widerspricht. Privatdozent Andrea Superti-Furga, Spezialist für Knochen- und Knorpelerkrankungen, kennt die Familie bereits von den Gesprächen vor der Geburt. „Woher wollen wir wissen", sagt er, „dass Philippe nicht zu jenem Drittel zählt, das überlebt?"

Mit solchen Diskussionen berühren wir eines der schwierigsten Gebiete der modernen Medizin: die Frage, ab wann medizinische Maßnahmen begrenzt oder beendet werden sollten. Im Alltag einer Intensivstation stellt sich diese Frage bei Patienten jeden Lebensalters. So gilt es, beispielsweise, zu entscheiden, ab welchem Geburtsgewicht und ab welcher Schwangerschaftswoche Frühgeborene beatmet werden sollen; ein andermal ist abzuwägen, ob eine Herzoperation bei einem 85-Jährigen noch sinnvoll ist.

Sehr viele Ärzte sind sich heute darin einig, intensivmedizinische Maßnahmen bei aussichtslosen Fällen zu beenden. Dazu gehört, dass

Beatmungsgeräte bei schwersten, irreversiblen Hirnschäden abgeschaltet werden. Schwieriger wird es schon, wenn die Intensivmedizin den Tod noch um eine kurze Frist hinauszögern kann oder wenn sie Patienten nichts weiter als das bloße Überleben sichert. Am schwierigsten sind solche Entscheidungen bei Kindern wie Philippe, wenn die Hoffnungen riesengroß sind – immerhin geht es um ein gerade erst begonnenes Leben –, die Heilungsaussichten aber nach wie vor völlig ungewiss.

Seit November braucht Philippe zu Hause Sauerstoff. Sein Brustkorb ist seit der Geburt nur um einen Zentimeter im Durchmesser gewachsen. Die Röntgenbilder zeigen immer wieder Entzündungsherde auf der Lunge. Kurz vor Weihnachten wird Philippe zum fünften Mal auf die Intensivstation eingewiesen. Noch einmal erörtern die Ärzte alle möglichen Maßnahmen, beraten sich mit Kollegen, die Überlebende behandelt haben.

„Gestern habe ich das Kind lange beobachtet", sagt Dr. Fanconi. „Wenn ich ihm beim Spiel zuschaue, frage ich mich, ob wir nicht doch den Luftröhrenschnitt vornehmen sollen – selbst wenn der Junge nur zehn Prozent Chance hat." Wir beschließen, das Für und Wider dieses Eingriffs mit allen seinen Konsequenzen den Eltern darzulegen.

Deren Antwort ist überraschend klar: Wenn Philippe auch zu Hause beatmet werden müsste, empfänden sie das als unzumutbare Verschlechterung. Eine Intensivstation zu Hause mit der Aussicht, damit eventuell nur das Ende hinauszuzögern – das sei keine lebenswerte Alternative für ihr Kind. Sie spürten genau und schon früh, wann sich Krisen anbahnten. Sie möchten ihr Kind dann jeweils rechtzeitig für schonungsvolle Intubation und Beatmung auf die Intensivstation bringen.

Als Philippe keine zwei Wochen später, kurz vor seinem ersten Geburtstag, wieder eingeliefert wird, schwindet uns endgültig die Hoffnung. Zwar hat der Junge das kritische erste Jahr überlebt. Doch die Fakten weisen auf eine schwere, tödliche Form des Jeune-Syndroms. Zu Hause braucht Philippe mehrere Liter zusätzlichen Sauerstoff pro Minute. Bei jeder Krise mussten wir intensivere Beatmung anwenden. Dr. Fanconi spricht seine bittere Einsicht den Eltern gegenüber aus: „Wir haben alles Vernünftige versucht. Doch wir können, außer kurzfristiger Lebensverlängerung, nichts mehr anbieten. Wir möchten vermeiden, dass Philippe in wenigen Wochen am Beatmungsgerät qualvoll stirbt." Dr. Fanconi schlägt vor, bei der nächsten Krise auf die künstliche Beatmung zu verzichten.

Die Eltern indes können das letzte Fünkchen Hoffnung noch nicht aufgeben. Sie haben kürzlich einen Alternativmediziner konsultiert, der eine homöopathische Behandlung vorschlägt. Sie wissen, dass solche Behandlungen Zeit brauchen. Nach der Lehre Hahnemanns kann gerade die anfängliche Verschlechterung ein Zeichen für eine erfolgreiche Therapie sein. Die Eltern bitten um Zeit und Unterstützung.

Wir erklären uns einverstanden und beschließen, während der nächsten zwei Monate Philippe wie bisher, wenn nötig, zu beatmen. Der Homöopath erhält die nötigen Auskünfte für seine Behandlung. Wir vereinbaren mit den Eltern auch, was als Zeichen einer Besserung zu werten wäre und was als das Gegenteil: Sollte Philippe innerhalb der nächsten drei Monate nur ein- oder zweimal Beatmung brauchen, gälte dies als Besserung. Sollten die Krisen in Abständen von einer Woche eintreten, müssten wir uns eingestehen, dass die Behandlung gescheitert ist. Solche Entscheidungsfindungen sind stets eine Gratwanderung. Zwar sind die Aufgaben theoretisch klar verteilt: Wir Ärzte müssen umfassend über mögliche Behandlungsschritte und deren Folgen informieren, die endgültige Entscheidung liegt rechtlich bei den Eltern. Doch in der Praxis ist diese „freie Entscheidung" eine Fiktion, die Eltern folgen in aller Regel dem, was wir Ärzte ihnen vorschlagen.

Das verführt uns wiederum nur allzu leicht dazu, in Überzeugungsrhetorik zu verfallen, den Eltern unsere Sicht der Dinge mehr oder weniger aufzudrängen. Doch das darf nicht geschehen. Es reicht nicht, dass die Eltern einfach nur ja sagen, sie müssen Zeit haben, sich ihr eigenes Urteil zu bilden – und eventuell zu einem anderen Schluss zu kommen als wir.

Es geht bei solchen Entscheidungen ja nicht nur um das Schicksal des kleinen Patienten, es geht auch darum, die Eltern auf einen möglichen Abschied vorzubereiten – und auf die Zeit danach. Im Rückblick, das haben Befragungen an unserer Intensivstation gezeigt, beschleicht viele Eltern das Gefühl, am Tod ihres Kindes mit schuld zu sein – vor allem, weil sie glauben, unter dem Einfluss der Ärzte zu früh aufgegeben zu haben. Wer aber Abschied nehmen kann im Bewusstsein, alles Mögliche für sein Kind getan, ihm zugleich jedoch unnötige Qualen erspart zu haben, der kann hinterher gelöster trauern, frei von marternden Schuldgefühlen.

Es gibt für Ärzte kein Rezept, in diesem Dilemma zu bestehen – nur Behutsamkeit und Geduld. Nicht selten geschieht es, dass während der gemeinsamen Suche mit den Eltern das Kind selbst ein Zeichen gibt: durch eine plötzliche Besserung seines Zustandes oder aber durch einen unerwarteten Einbruch, der das nahe Ende ankündigt.

Am 7. Februar muss Philippe zum neunten Mal in seinem Leben auf die Intensivstation. Am Abend hatte er immer rascher geatmet, in der Nacht nur noch schnappend. In den frühen Morgenstunden brechen die Eltern nach Zürich auf. Als sie nach 30 Minuten Autofahrt in der Kinderklinik eintreffen, tragen sie ein blasses, lebloses Kind auf die Intensivstation. Philippes Atem steht still, das Herz schlägt nur noch langsam. Routiniert beginnen die Ärzte mit der Wiederbelebung. Unter dem hohen Druck künstlicher Beatmung beginnt sich der schmale Brustkorb wieder zu heben. Langsam wird Philippes Haut rosig. Aus den Bronchien quillt zäher und gelber Schleim, Zeichen einer erneuten Entzündung.

Das Röntgenbild zeigt, wie alle Aufnahmen zuvor, weiße Schleier und Flecken über beiden Lungen. Bange Stunden vergehen mit der Frage, ob Philippes Gehirn unter dem Atemstillstand gelitten hat. Die beinahe tödliche Krise zeigt allen, dass Philippes Weiterleben allein vom immer wiederkehrenden Einsatz künstlicher Beatmung abhängt.

In dieser Nacht bleiben die Eltern lange bei ihrem Kind. Als Philippe am Morgen aufwacht, beginnt er gleich wieder mit seiner Mutter zu spielen, als wären Beatmungsschlauch, Monitore und Intensivstation die selbstverständlichen Bedingungen seines Daseins. Er schäkert charmant wie immer, ergattert neues Spielzeug von Pflegern und Ärzten. Er windet sich aber auch, wenn ihn die Ärzte zur unvermeidlichen Blutentnahme stechen müssen. Und als der Pfleger ihm einen Plastikschlauch tief in die Luftröhre steckt, um den zähen Schleim aus den Atemwegen abzusaugen, da quält er sich unter Hustenkrämpfen, als hätte er ein Pfefferkorn verschluckt.

An diesem Morgen bitten die Eltern um ein dringendes Gespräch. Mit Tränen in den Augen erklären sie, diese erneute Krise, nicht einmal eine Woche nach der letzten Entlassung, habe ihre Hoffnung zerschlagen, mittels Homöopathie Philippes Schicksal noch wenden zu können. Jetzt könnten sie dem vor sechs Wochen geäußerten Vorschlag zustimmen, bei der nächsten Krise auf künstliche Beatmung zu verzichten. Gemeinsam mit uns schmieden sie einen genauen Plan für diesen Fall. Die Eltern möchten nicht, dass Philippe zu Hause stirbt. Später werden sie an das Team von der Intensivstation schreiben: „Es tut gut, wenn man solche Momente nicht allein bewältigen muss. Wir erachten dies nicht als selbstverständlich."

Ärzte und Eltern treffen ein ungewöhnliche Vereinbarung: Wenn sich die Eltern die Autofahrt bis nach Zürich nicht mehr zutrauen, wird sie ein Arzt vom Kinderspital aus abholen. Philippe würde sehr wahrscheinlich wenig leiden. Bei allen Krisen zuvor hatten wir im Blut stark erhöhtes Kohlendioxid gemessen, das Philippe in einen schläfrigen Dämmerzustand versetzte. Würde Philippe leiden, könnte man ihm die letzten Stunden mit Morphium erleichtern.

Zwei Tage später kann Philippe wieder extubiert, am Tag darauf entlassen werden. Es gibt niemanden, der an diesem Donnerstag in das „Auf Wiedersehen" nicht die stille Hoffnung auf ein Wunder einschließt.

Die nächsten Tage zu Hause, in einem Dorf nördlich von Zürich, sind für Philippe Alltag wie immer. Ob beim Baden, Milchkochen, Wickeln oder beim Spiel auf der bunten Decke im Wohnzimmer – immer wieder holt Philippe seine Eltern mit Lächeln und Spielfreude in seine Kleinkindwelt zurück. Für das Wochenende hat sich ein Onkel aus Amerika angesagt. Großeinkauf im Supermarkt, Philippe greift nach den Auslagen, wenn seine Mutter den Einkaufswagen nahe an das Regal schiebt. Er genießt den Trubel auf dem Flughafen. Am Abend sitzt er auf Vaters Schoß und tapst mit ausdauernder Begeisterung auf die Tastatur des Notebook.

Dienstag, 18. Februar, 7.30 Uhr. Der Nachtarzt berichtet bei der Morgenvisite: „Philippe ist im Nebenzimmer. Seine Eltern haben ihn um 22 Uhr gebracht und die Nacht bei ihm geschlafen. Trotz maximaler Sauerstoffgabe bleibt die Blutsättigung unter 90 Prozent." Trauriges Nicken im Kollegenkreis.

Nur eine Injektion und wenige intensivmedizinische Routinehandgriffe – und nach einer Minute wäre Philippe jetzt wieder an das Beatmungsgerät angeschlossen. Doch es gilt von nun an die mit den Eltern getroffene Vereinbarung, im Fall einer erneuten Krise auf Beatmung zu verzichten. Es fällt unendlich schwer, dies zu tun. Es ist wohl keiner im Team, den nicht im stillen die Frage beschliche, ob man nicht doch noch hätte durchhalten sollen. „Philippe hat gelächelt und die Arme nach mir ausgestreckt, als er mich gestern Abend wiedererkannte", erzählt der Pfleger, der ihn schon beim letzten Mal betreut hat.

Dienstag, 18. Februar, 11.30 Uhr. Philippe atmet stoßend und schwer. Er hat keine Kraft mehr zum Lächeln. Schlaff hängen Arme und Beine vom Schoß der Mutter herunter. Über dem Kopfende gibt der Monitor mit regelmäßigen grünen Zacken Philippes Herzschlag wieder. Die Sauerstoffsättigung liegt bei 83 Prozent, deutlich unter dem Soll. Auf Philippes Lippen liegt ein Hauch von Blau. Noch einmal Besprechung im Team. Dann, kurz vor Mittag, stellen wir den zusätzlichen Sauerstoff ab und schalten die Monitore aus. Die Stille wird nur von Philippes keuchendem Atmen unterbrochen. Aus dem Nebenzimmer tönt gedämpft der Geräuschteppich des Intensivstationsbetriebs.

Abwechselnd halten Mutter und Vater den sterbenden Sohn auf dem Arm. Die Schwester, die ihn am Morgen betreut hat, übergibt ihre Routinearbeit einer Kollegin, um bei dem kleinen Patienten sein zu können. Immer wieder seufzt Philippe, es scheint, als verließe ihn der Atem. Dann kehrt der regelmäßige Rhythmus zurück. Kurz nach zwei Uhr wird der Atem flacher. Dr. Fanconi betritt den Raum und bleibt in einiger Entfernung stehen. Um Viertel nach zwei seufzt Philippe ein letztes Mal, dann ist es still.

Drei Monate später, an einem warmen und sonnigen Aprilnachmittag, treffen sich Ärzte und Pathologen im Hörsaal der Kinderklinik. Wie zuvor mit den Eltern besprochen, hat der Pathologe nach Philippes Tod an dessen Körper nur einen Schnitt von der Länge einer Blinddarmnarbe geführt, um die nötigsten Gewebeproben zu entnehmen. Er lässt Fotografien der mikroskopischen Untersuchungen auf die Leinwand projizieren.

Das Lungengewebe, so erklärt der Pathologe, entspricht in seiner Reife dem eines Neugeborenen. Die Lunge zeigt schwerste Vernarbungen, auch die Leber ist vernarbt. Auf unsere Frage hin, ob sich Philippe mit dieser Lunge auf Dauer hätte erholen können, erwidert der Pathologe: „Nein – wenn die ganze Lunge so aussieht wie dieser Gewebsschnitt, gibt es kein Überleben."

Ein Jahr später besuche ich Philippes Grab in dem kleinen Dorf nördlich von Zürich. Schnee liegt auf den Blumen. Im kühlen Nordostwind drehen sich noch immer die bunten Windrädchen, die Schwestern von der Intensivstation nach der Trauerfeier in die Erde gesteckt hatten. Der Schmerz über den Verlust ihres „Sonnenscheins" ist den Eltern geblieben. Aber sie haben einen neuen Frieden gefunden – nicht zuletzt durch die Gewissheit, am Ende eines langen, schwierigen Entscheidungsprozesses das Richtige getan zu haben.

INES POSSEMEYER

Leben von Geistes Hand

Hans-Peter Salzmanns wacher Verstand ist »locked-in« – eingeschlossen im eigenen, total bewegungsunfähigen Körper. Und doch kann er selbstständig Briefe schreiben: Frei von Muskelkraft kommuniziert er durch seine Hirnströme – eine in Tübingen entwickelte »Gedanken-Übersetzungsmaschine« empfängt die mentalen Signale. Einblicke in eine verschlossene Welt.

Die Fähigkeit, sich mitteilen zu können, gehört für mich zu den wichtigsten Bedingungen des Lebens.*

Seit mehr als sechs Jahren kann Hans-Peter Salzmann nicht mehr sprechen. Er kann weder essen noch atmen. Seine Stuttgarter Wohnung hat er noch nie verlassen, seit er im Herbst 1993 eingezogen ist, vier Jahre nach Ausbruch seiner Krankheit. Der 44-Jährige leidet an amyotropher Lateralsklerose. Diese Nervenerkrankung führt zu einer schnell fortschreitenden Lähmung sämtlicher kontrollierbarer Muskeln. Allein Herz und Verdauungsmuskulatur bleiben verschont. Ohne Beatmungsgerät und Magensonde könnten die Betroffenen nicht mehr leben.

Hans-Peter Salzmann sieht, hört und fühlt. Sein Verstand ist hellwach, aber in einem kraftlosen Körper gefangen. Nur durch ein schwaches Augenzwinkern und ein Zucken im linken Nasenflügel kann sich der Jurist seiner Umwelt noch mitteilen. Wissenschaftler nennen diesen Zustand „Locked-in-Syndrom" oder „Eingeschlossen-Sein". Und sie suchen nach Wegen, den Käfig ein Stück zu öffnen.

Zweimal in der Woche nimmt Hans-Peter Salzmann zu Hause an einem Forschungsprojekt der Medizinischen Fakultät Tübingen teil. An seinem Kopf sind sieben Elektroden befestigt, die seine elektrische Hirnaktivität messen. Reglos sitzt er im Rollstuhl. Die wächsernen Hände ruhen im Schoß. Seine Augen beobachten einen Ball auf einem Computermonitor. In der unteren Bildhälfte befindet sich ein recht-

---
* Die Kursiv-Texte stammen von Hans-Peter Salzmann. Sie wurden jedoch nicht mit Hirnströmen geschrieben, sondern durch Augenblinzeln diktiert.

eckiges Feld, ein „Tor", in dem Teile des Alphabets erscheinen. Mit der einzig intakten Kraft, über die er verfügt, bewegt der gelähmte Mann den Ball in das Tor: mit der Kraft seiner Gedanken. So wählt er Buchstaben aus. Und so entstehen Sätze. Hans-Peter Salzmann ist der erste Mensch auf der Welt, der mit seinen Gehirnströmen Briefe schreibt.

Als Patienten für das Projekt gesucht wurden, habe ich mich gemeldet. Ich hatte nichts zu tun und dachte mir, Abwechslung könnte mir ganz guttun. Ich wußte ja nicht, um was es genau geht. Immerhin war die ferne Aussicht, möglicherweise mit den Hirnströmen etwas steuern zu können, sehr reizvoll und stellte für mich eine Herausforderung dar.

Der eingeschlossene Geist kommuniziert mittels einer „Gedanken-Übersetzungsmaschine" – so haben sie ihre Erfinder am Tübinger Institut für Medizinische Psychologie und Verhaltensneurologie genannt. Während konventionelle Computerhilfen einen Rest Muskelkraft voraussetzen, schafft diese Technik eine direkte Verbindung vom Hirn zum Rechner, geknüpft durch einen Elektroenzephalographen (EEG). Das Gerät misst elektrische Schwankungen, die die Hirntätigkeit begleiten, und macht sie als Kurvenbild sichtbar. Mit diesem Verfahren können vollständig Gelähmte nicht nur Gedanken nach außen tragen, sondern auch ein Stück Selbstständigkeit im Alltag wiedererlangen. Eines Tages soll, erhoffen die beteiligten Psychologen, Physiker und Mathematiker, der entfesselte Geist auch in der Lage sein, Rollstühle zu lenken und im Internet zu surfen.

Wie viele Patienten von einem solchen Computeranschluss profitieren könnten, weiß niemand. Denn das Locked-in-Syndrom ist keine Krankheit, sondern ein Zustand, der unterschiedliche Ursachen haben kann. An amyotropher Lateralsklerose (ALS) leiden in Deutschland 5000 bis 6000 Menschen, aber nur wenige erleben das Stadium vollständiger Paralyse. Die meisten sterben vorher an einem Atemstillstand. Auch ein Hirnstamminfarkt kann zu einem Eingeschlossen-Sein führen. Dabei werden die wichtigsten Verbindungen zwischen Gehirn und Muskeln unterbrochen und führen zu Lähmungen. Die Patienten können meist nur noch ihre Augen vertikal bewegen, behalten aber, wie die ALS-Kranken, ihre Fähigkeit zum Denken, Hören und Fühlen.

Sonderfälle bilden eine unbekannte Zahl jener 800 bis 1000 Menschen, die hierzulande jährlich in ein Wachkoma fallen, als Folge eines Unfalls oder Schlaganfalls. Ihr Bewusstsein „schläft", trotz geöffneter Augen. Wie tief dieser „Schlaf" ist, lässt sich nur schwer diagnostizieren: Bis zur Hälfte der Betroffenen, so schätzen internationale Koma-Spezialisten, könnten über ein eingeschlossenes Bewusstsein und damit über Kommunikationsfähigkeiten verfügen.

Die Tübinger Gedanken-Übersetzungsmaschine überträgt keine Gedanken im eigentlichen Sinn. Sie registriert, per EEG, lediglich Spannungsveränderungen in den Hirnströmen. Gefiltert und bis zu zwanzigtausendfach verstärkt, werden diese Veränderungen simultan in Bewegungen des Balls auf dem Bildschirm „übersetzt".

Grundsätzlich produziert das Gehirn mehrere Hirnströme unterschiedlicher Stärke und Frequenz. Die Tübinger Wissenschaftler konzentrieren sich jedoch vorrangig auf die „langsamen Hirnpotenziale". Diese nur wenige Millionstelvolt starken Signale sind auch nach Krankheiten noch zu beobachten: Ihr Entstehungsort – direkt unter der Schädeldecke – garantiert einen relativ guten Empfang, ihr Verlauf lässt sich vom Patienten beeinflussen, ihr Funktionsmechanismus ist weitgehend bekannt.

Dennoch ist es schwer zu erklären, was genau sich im Kopf abspielt, wenn die langsamen Hirnpotenziale sich verändern. Denn diese Hirnwellen sind nicht an eine bestimmte Geistestätigkeit gebunden. Sie spiegeln vielmehr eine Hirnaktivität wider, die Voraussetzung ist für jedes Denken und Handeln.

Was das konkret bedeuten kann, erläutert die Tübinger Psychologin Nicola Neumann: Während ein Autofahrer vor einer roten Ampel steht, steigt seine Erwartung, dass sie gleich grün wird. Indem er sich auf diesen Moment konzentriert, werden jene Nervenzellen mobilisiert, die den Start bei Grün ermöglichen. Genau gesagt: Die „Erregbarkeitsschwellen" dieser Zellen werden gesenkt, sie werden in „Bereitschaft" versetzt. Erst jetzt können sie im entscheidenden Moment „losfeuern". Sobald die Ampel umspringt, geben sie die nötigen bioelektrischen Signale, die den Fahrer zum Gasgeben bewegen.

Hans-Peter Salzmann hat gelernt, die Erregungsschwellen seiner Nervenverbände bewusst zu variieren – so, als würde er einen mentalen Regler bedienen. Damit kann er den Ball auf dem Monitor wie einen Cursor auf- und abwärts steuern. Soll dieser sich nach unten bewegen, muss der Gelähmte seine Nervenaktivität dämpfen, soll der Ball oben bleiben, muss er die Gehirnzellen in „Feuerbereitschaft" versetzen. Der Computer gibt ihm dazu mit abwechselnden Tönen einen Zwei-Sekunden-Rhythmus vor. Richtiges Verhalten belohnt er mit einem Lob.

Wenn ich den Cursor nach unten bewegen will, brauche ich einen Spannungsunterschied, und den versuche ich zunächst durch Ent-

spannung und dann durch Anspannung zu erreichen. Ich denke also an nichts Bestimmtes.

Kein Mensch spürt von Natur aus, was bioelektrisch in seinem Kopf passiert. Er kann es nur durch ein Biofeedback selbst herausfinden: durch die optische Rückmeldung seiner Hirnaktivität. Indem er die Veränderungen seiner Potenziale simultan als Ballbewegungen auf dem Monitor beobachtet, lernt er, diese zu beeinflussen.

Dabei entwickelt jeder eine persönliche Strategie. Der eine stellt sich eine Hand vor, die den Ball hochzieht und wieder herunterdrückt. Institutsleiter Niels Birbaumer wiederum lässt abwechselnd ruhige und chaotische Farbflächen vor seinem inneren Auge erscheinen – eine Methode, die er allerdings nicht weiterempfiehlt. „Das Geheimnis der guten Patienten lautet: nicht viel nachdenken, sondern auf die Belohnung warten. Irgendwann werden sie sensibel für das, was sich im Kopf abspielt, bevor die Belohnung eintritt." Der Psychologe vergleicht das Hirntraining mit dem Erlernen einer sportlichen Technik: „Zunächst strengt es an, die richtige Körperhaltung zu finden, später geschieht das intuitiv."

Doch auch beim Denk-Sport gibt es Leistungsunterschiede. Während einige Versuchspersonen das Prinzip schon nach wenigen Stunden beherrschen, benötigen andere wesentlich mehr Ausdauer. Von fünf Patienten haben bisher drei die höchste Stufe des Hirntrainings erreicht: das freie Schreiben.

Hans-Peter Salzmann begann im Spätsommer 1996. Zunächst übte er, den Ball einfach über eine Ziellinie zu befördern. Dann versuchte er, ihn in bestimmten Momenten zu bewegen – Voraussetzung für sekundengenaue Buchstabentreffer. Außerdem wurde die für eine Ballbewegung erforderliche Signalstärke immer weiter heraufgesetzt: Salzmann sollte lernen, möglichst deutliche Spannungsunterschiede zu erzeugen. Bis zum ersten eigenen Wort vergingen zweieinhalb Jahre.

Um so lange durchzuhalten, reicht nicht allein das Feedback der Maschine. „Jede Kommunikation hat nur Sinn, wenn es auch Kommunikationspartner gibt", sagt Niels Birbaumer. Und erzählt von einem Patienten, der nach familiären Konflikten in ein „Heim für Beatmete" verlegt worden ist. Der 51-jährige Mann kommuniziere trotz Schreibprogramm nur wenig, denn „es ist kaum noch jemand da, der etwas von ihm wissen will".

Hans-Peter Salzmann ist der Musterschüler des Professors, engagiert und lebensbejahend. Dementsprechend ging auch der erste mit Hirnströmen diktierte Text der Welt von Stuttgart nach Tübingen: ein

Dankesbrief an Niels Birbaumer, mit der Einladung, das Ereignis gemeinsam zu feiern.

Vielleicht verschafft mir das Projekt einmal die Möglichkeit, mich leichter als heute mitzuteilen. Schon jetzt kann ich, wenn auch langsam, damit kommunizieren, indem ich Briefe schreibe. Das befriedigt mich sehr. Meine Gedanken selbst niederschreiben zu können bedeutet für mich eine beträchtliche Erweiterung meiner Privatsphäre. Es bringt mir ein Stück Selbständigkeit wieder. Darüber hinaus hoffe ich, daß die Tübinger Forscher Erkenntnisse gewinnen, die für andere Betroffene Anwendung finden können.

Hans-Peter Salzmann ist ledig und lebt allein in seiner Zwei-Zimmer-Wohnung. Aber wirklich „allein" ist er nie. Fünfzehn Paar Hausschuhe stehen im Flur, Arbeitskleidung für die, die von draußen kommen: Mitbewohner in Wechselschicht. Solange Salzmann im Bett liegt – von 19 Uhr abends bis 12 Uhr am nächsten Mittag – steht im Wohnzimmer ein Babyphone auf Empfang. Dort wacht ein Pfleger über die Atemgeräusche des Kranken. Tagsüber saugt er alle 20 Minuten Schleim aus dessen Lunge, während der Nachtruhe zweimal. Salzmann wird dazu geweckt und bei der Gelegenheit auch umgebettet, damit er sich nicht wund liegt. Ist der Pfleger geübt, braucht er 45 Minuten, sonst bis zu zwei Stunden.

In meinen Träumen erlebe ich mich meist gesund. Ich kann gehen und sprechen, oder jedenfalls eins von beiden. Selbst mit Tubus im Hals kann ich im Traum sprechen. Was in der Realität wirklich nicht schlecht wäre.

Der Blick vom Bett reicht bis zur weißen Decke. Den Spielplatz vor dem Fenster erfaßt er nicht, und auch nicht die Urlaubskarten an der Wand. Zwei Kalender neben dem Kopfende zeigen venezianische Brücken und ein Blumenaquarell: Dezemberblätter von 1997 und 1998, unbeschrieben. Pläne bestimmen den Zeitablauf. Der Dienstplan klebt über dem Telefon, der Pflegeplan liegt auf dem Esstisch. Die anderen Termine hat sich Hans-Peter Salzmann im Gedächtnis notiert: montags und donnerstags Kommunikationstraining mit einer Psychologin aus Tübingen, dienstags kommen die Eltern, mittwochs die Krankengymnastin. Die Schwester ist alle paar Tage zu Besuch, der Hausarzt alle zwei Wochen. Manchmal schauen Freunde herein, oder sie schreiben. Ihre Briefe werden Salzmann morgens im Bett vorgehalten.

Wenn ich im Bett liege, langweile ich mich nie. Draußen im Wohnzimmer schon bisweilen. Ich höre Musik, ich sehe fern. Ich denke nach.

Pünktlich um zwölf wird der Kranke aus dem Bett gehoben und gebadet, massiert und gekämmt. Keine Intimität, nur der sachliche Kontakt in der Zweckgemeinschaft von Pfleger und Patient. „Es ist sein Wohlfühlprogramm", sagt Helga Salzer, die Salzmann seit drei Jahren betreut. „Ansonsten berühre ich ihn nicht mehr als erforderlich. Ich glaube, wir sind beide eher distanziert, wenn es um Körperkontakt geht." Wirklich genau weiß sie das nur von sich. Milena Maksič, Pflegerin aus Jugoslawien, drückt manchmal die Hand des Kranken, wenn sie zu ihm spricht. Hans-Peter Salzmann bleibt distanziert. Er kann nicht anders.

An den Verlust der Privatsphäre habe ich mich mit der Zeit gewöhnt. Zu Beginn der Krankheit war das vielleicht mit am schwersten für mich. Ich konnte den allmählichen Verlust meiner körperlichen Möglichkeiten und vor allem der Intimsphäre kaum akzeptieren. Es war mir peinlich und ärgerlich. Doch mir blieb nicht viel anderes übrig. Die Privatsphäre ist aber nie völlig verschwunden. Was geblieben ist, sind meine Gedanken und Träume, die entsprechend wichtig sind.

Bis Salzmann bewegungslos im Wohnzimmer sitzt, ist es fast zwei Uhr. Das ARD-Mittagsmagazin geht gerade zu Ende, danach laufen die tägliche Gesundheitssendung und eine Dokumentation. Die Alternative ist meist ein Buch. Hans-Peter Salzmann liest von einer Art Notenständer. Umblättern müssen die Betreuer.

Im Regal stehen die gesammelten Werke von Tucholsky und Feuchtwanger, viele französische und lateinamerikanische Autoren, Ernst Jünger, Theodor W. Adorno und die „Blätter für deutsche und internationale Politik" ab 1992. Außerdem „Einsteins Traum" von dem ebenfalls an ALS erkrankten Physiker Stephen A. Hawking sowie die Lebensbeschreibung „Schmetterling und Taucherglocke", die der inzwischen verstorbene Journalist Jean-Dominique Bauby nach einem Schlaganfall durch Augenblinzeln diktiert hat.

Die Vorbereitungen zum Kommunikationstraining dauern eine halbe Stunde. Milena und Kai haben Dienst. Mit einem Zentimeterband vermisst Kai Salzmanns Schädel und malt rot die Kontaktpunkte für das EEG auf. Als die Elektroden kleben, lehnt Milena den Kopf des Patienten gegen die Nackenstütze des Rollstuhls. „Ist es gut so?" Prüfend sieht die Pflegerin in seine Augen. Der Sprachlose blickt kurz nach rechts oben – sein Zeichen für „nein". „Nicht ganz gerade?", fragt sie nach. Ein kurzes Zwinkern und Zucken mit dem linken Nasenflügel signalisiert „ja". Milena richtet den Kopf noch einmal. Wieder schnellen die Pupillen nach oben. Wieder wird das Haupt gedreht. Fünf-, sechsmal geht es so weiter, und jedes Mal wird die Haltung um einige Millimeter verändert. Wie in einem extrem verlangsamten Film zerfällt eine sonst so flüchtige Bewegung in einzelne Bilder. Schließlich ist die richtige Position gefunden: Standbild für die nächsten Stunden.

Ich fühle mich nicht eingesperrt, nur manchmal würde ich gerne durch eine verschneite Landschaft streifen und die frische Luft genießen. Eingesperrt würde ich mich dann fühlen, wenn ich körperlich dazu in der Lage wäre und Umstände außerhalb meiner selbst mich daran hindern würden.

Milena wendet sich ab, sieht nicht mehr den letzten kurzen Blick nach oben. Erst ein Geräusch ruft sie zurück, ein Zähneknirschen. Es ist der einzige Laut, den Hans-Peter Salzmann noch erzeugen kann. Er bittet damit um Hilfe, schlägt Alarm oder drückt seinen Unmut aus. Diesmal ist es eine Bitte, und Milena errät sie sofort: Kaffee für den Besuch. Der Hausherr bewirtet Gäste mit großer Aufmerksamkeit. Weil die Küche leer ist, schickt Salzmann den Zivildienstleistenden zum Einkauf. Sein Helfer schlägt Milch und Kuchen vor, und er zwinkert.

Es macht mir nichts aus, wenn andere in meiner Gegenwart essen. Manchmal stelle ich mir vor, wie etwas schmeckt. Ohne Zorn.

Die Psychologin Nicola Neumann begrüßt ihren Biofeedback-Schüler mit einer leichten Berührung seines Handrückens. Sie beugt sich vor bis auf Gesichtshöhe: „Hallo, Hans-Peter. Geht es dir gut?" Der Angesprochene blinzelt ihr zu. Und dann beginnen seine Augen zu leuchten, sein Mund weitet sich um wenige Millimeter zu einem Lächeln, und auf seiner linken Wange erscheint ein Grübchen. Das Mienenspiel stößt zwar schnell an physische Grenzen, und doch ist es stärker als die Krankheit. Die kleinste Regung gewinnt an Ausstrahlung. Allein die Mimik erzählt jetzt aus dem Innern des Körpers und spiegelt die Emotionen.

Nicola Neumann berichtet aus ihrem Alltag am Institut. Lächelt ihr stummer Zuhörer, redet sie weiter. Dann beginnt das Training. Zunächst soll Hans-Peter Salzmann ein vorgegebenes Wort nachschreiben: NICARAGUA. Im Buchstabentor erscheint die erste Hälfte des Alphabets: ENIRSTAHDUGLCBMF. Die ungewohnte Reihenfolge ist gewollt: E kommt im deutschen Sprachgebrauch am häufigsten vor, dann N. Mithilfe dieser Rangordnung kann Salzmann um 30 Prozent schneller schreiben als mit dem „korrekten" ABC.

Hans-Peter Salzmann befördert den Ball in das Tor und verhindert dadurch, dass der Computer ihm – nach einem Vier-Sekunden-Intervall – auch noch den zweiten Teil des Alphabets zeigt. Jetzt bleiben nur noch die ersten 16 Buchstaben weiter im Angebot. Dieses teilt sich erneut in zwei Gruppen: ENIRSTAH und DUGLCBMF. Wieder entscheidet sich Salzmann für die erste Hälfte und selektiert damit automatisch die andere aus. So reduziert er die Zahl der angebotenen Zeichen immer weiter, bis schließlich nur noch E und N übrig bleiben. Ausgerechnet jetzt „vertippt" sich der Hirnschreibende – der Ball trifft das E. Das versteht der Computer als Schreibbefehl: „E" erscheint in einem Textfeld oben im Bild.

Jetzt muss Salzmann den Cursor in Ruheposition halten, bis eine „Zurück"-Funktion aufleuchtet. Kaum hat er diese mit dem Ball aktiviert, verschwindet das „E" – und im Tor steht anerkennend ein „Sehr gut!". Dann beginnt die Auswahl von vorn. Diesmal geht es fehlerlos bis zum N. „Herrlich!", lobt das Programm.

Während Salzmann mit der Gedanken-Übersetzungsmaschine kommuniziert, herrscht im Raum meditative Ruhe. Nur das Pingpong der Signaltöne ist zu hören, begleitet vom tiefen Hauchen des Beatmungsgeräts. Milena und Kai sitzen im toten Winkel des Patienten. Sie lesen und demonstrieren Abwesenheit. Nach hundert Intervallen unterbricht die Trainerin kurz: „Das waren jetzt 77,9 Prozent Treffer, das ist doch nicht schlecht. Möchtest du eine kurze Pause machen?" Ihr Schüler verneint. An guten Tagen schafft er streckenweise 95 Prozent: im Schnitt alle 35 Sekunden einen Buchstaben.

Anfangs ist es immer schwer, die Konzentration aufrechtzuerhalten und den Rhythmus beizubehalten. Wenn es gut läuft, kann ich schon während einer Phase sagen, daß ich treffe. Ich habe ein gewisses Gefühl dafür entwickelt. Allerdings sehe ich bei mir noch erhebliche Verbesserungsmöglichkeiten. Meine Leistungen schwanken noch. Sie hängen unter anderem von meiner seelischen Verfassung, der Konzentration und inneren Ruhe ab.

Heute ist kein guter Tag. Für NICARAGUA braucht Salzmann eine Stunde. Und beim anschließenden freien Formulieren werfen ihn Programm-Mängel immer wieder zurück. Der Computer hat ein Wörterbuch gespeichert und bietet zu Wortanfängen Vervollständigungen an. Keiner der Vorschläge passt, aber mit nur einer falschen Ballbewegung wird die Vokabel versehentlich akzeptiert. Dann müssen alle Buchstaben einzeln gelöscht werden. Bis zum Abend kommen zwei neue Wörter hinzu. Später wird der Text fehlerfrei sein und ohne Abkürzungen – kein Telegramm, sondern ein formvollendeter Brief. 20 Zeilen an eine Freundin. Schreibzeit: rund 50 Stunden.

Um 19 Uhr wird Salzmann wieder ins Schlafzimmer gebracht. Milena hängt eine neue Flasche Flüssignahrung an den elektronisch geregelten Tropf. Der kraftlose Körper braucht 1250 Kalorien täglich – halb so viel Energie wie ein gesunder.

Irgendetwas stimmt nicht. Hans-Peter Salzmann knirscht mit den Zähnen. Milena fragt mögliche Störquellen ab: „Kleidung, Hände, Füße, Hüfte, Schulter, Kopf, Heizung, Beatmung?" Immer noch kein Zwinkern. Dann sieht die Pflegerin, dass der Tropf nicht richtig funktioniert. Nur ganz langsam sickert Flüssigkeit in den Schlauch zur Magensonde. Milena vermutet einen Defekt im Regler. „Wir lassen ihn morgen reparieren, es kommt ja immer noch genug Nahrung durch", sagt sie zu ihrem Patienten, der jeden ihrer Handgriffe genau mit den Augen verfolgt. Das Zähneknirschen ist laut geworden.

Wenn ich unbedingt etwas loswerden will, macht es mich krank, nicht sprechen zu können.

„Wollen Sie etwas sagen?", fragt Milena. Ein Zwinkern. „Moment." Sie eilt ins Wohnzimmer zurück, um einen Notizblock zu holen. Dann nimmt sie eine kleine Buchstabentafel von der Wand, mit dem normalen ABC, unterteilt in durchnummerierte Fünfergruppen. Erst muss Salzmann eine Gruppe auswählen, daraus dann das Schriftzeichen. Milena beginnt aufzusagen: „Erste-zweite-dritte-" Blinzeln. „K-" Blinzeln. Milena schreibt das K auf. „Erste-zweite-dritte-" Blinzeln. „K-L-M-" Blinzeln. „M?" Die Pflegerin zögert, als ihr Gegenüber nach oben blickt und leicht die Stirn runzelt: Das signalisiert „vor" oder „zurück". Sie geht einen Buchstaben zurück. „M war falsch? Ist es L?" Blinzeln. „Gut, also K-L. Dann weiter. Erste-" Blinzeln. „A-" Blinzeln. Auf dem Block steht jetzt K-L-A-.

Milena vervollständigt das Wort:

„K-L-A-M-M-E-R? Sie meinen die Klammer an der Bauchdecke?" Hans-Peter Salzmann zwinkert zustimmend. Beim Transport ins Bett war der Anschluss zwischen Schlauch und Magensonde verrutscht und hatte die Nahrungszufuhr abgeklemmt. Die Suche hat fast eine Viertelstunde gedauert.

Ich bin sehr froh, daß ich mich über das Augenzwinkern äußern kann, auch wenn es auf Dauer anstrengend ist. Denn das Auge funktioniert nicht mehr so selbstverständlich wie vor der Krankheit: Seine Kontrolle ist unwillkürlicher geworden. Die Form ist für mich einfach, ich muß lediglich beim richtigen Buchstaben zwinkern; und ich weiß in der Regel auch, wie man das Wort schreibt – nach der alten Rechtschreibung. Mein Gegenüber hat es viel schwerer. Nicht nur, daß es mein Zwinkern entziffern muß, es muß sich auch Buchstaben merken und zu einem ihm noch unbekannten Wort zusammenfügen. Das führt mitunter zu kuriosen Ergebnissen.

Die Unsicheren unter den Adressaten dechiffrieren den Blinzelcode schriftlich. Auf Notizblöcken oder Pflegeplänen hinterlassen sie ihre Spuren: Buchstabenkolonnen ohne Leerstellen und Satzzeichen. Manche Reihen brechen unvermittelt ab, die Lösung wird nicht mehr protokolliert. Zwei Drittel der Pfleger haben eine andere Muttersprache als Hans-Peter Salzmann, was die Sinnsuche in den Wortanfängen zusätzlich erschwert.

Die Verständigung erfordert Konzentration und Geduld von allen. „Herr Salzmann hat schlechte Tage, und ich habe sie auch. Das schlägt sich sofort auf die Kommunikation nieder, dann läuft nicht mehr viel", sagt Kai, der seit neun Monaten Zivildienst leistet. „Wenn er dann mit den Zähnen knirscht, macht mich das ziemlich nervös. Ich weiß ja nicht, ob ihm etwas Ernstes fehlt oder ich nur ein Fenster schließen soll." Andere empfinden das Knirschen als Waffe, die sich gegen sie richtet.

Ich habe den Eindruck, daß die Affekte labiler werden. Ich weiß nicht, ob das mit der Lähmung zusammenhängt. Ich freue mich schneller und ärgere mich schneller, wobei ich Letzteres kaum noch unterdrücken kann.

Vor seiner Entscheidung, Hans-Peter Salzmann zu betreuen, hat Kai den Schwerstbehinderten besucht. Der 19-Jährige, zwei Meter groß, fand den Mann im Rollstuhl gleich sympathisch. „Ich kenne keine schlimmere Krankheit", sagt Kai – „und wenn ich täglich erlebe, dass er einen Sinn in seinem Leben findet, gibt mir das selber Kraft." Aber er hat inzwischen auch Pfleger erlebt, die überfordert waren. Ein Neuling hat drei Tage zur Einarbeitung, dann ist er mit Hans-Peter Salzmann allein. Einige gehen gleich wieder, wenige bleiben länger als ein Jahr. Manche werden auch vom Patienten weggeschickt: nach durchwachten Nächten voller Angst, sein Betreuer könnte einschlafen.

In einem Heim, glaubt der Hausarzt, wäre der ALS-Kranke längst gestorben. Die intensive Pflege zu Hause ist nur mit Hilfe seiner Familie möglich. Der 73-jährige Vater, früher Vermessungsingenieur, ersetzt einmal in der Woche den Zivildienstleistenden, macht alle Abrechnungen und bestellt die Arzneimittel. Die 72-jährige Mutter wäscht, und die Schwester kümmert sich um den Pflegedienst. Die Entscheidungen aber trifft Hans-Peter.

„Nachdem wir von seiner Diagnose erfuhren", erklären die Eltern, „war für uns klar, dass es irgendwie weitergehen muss. Und wir haben uns darauf eingestellt, ihm so gut wie möglich zu helfen." Machtlos gegen die Krankheit, wollten sie für ihr Kind alles tun. Dabei kam es auch zu Konflikten mit dem erwachsenen Sohn.

Sowohl ich als auch meine Familie mußten lernen, mit den durch die Krankheit verursachten Veränderungen umzugehen. In der ersten Zeit, als ich zunehmend hilfsbedürftig wurde und damit auch verzweifelter, gab es erhebliche Spannungen vor allem mit meinen Eltern. So wollte ich z.B. so lange wie möglich selbst gehen oder essen, was Außenstehenden mitunter angesichts der Schwierigkeiten befremdlich erschienen sein mag. Andererseits stellt meine Erkrankung auch für meine Eltern und meine Schwester eine beträchtliche seelische und auch zeitliche Belastung dar. In der ganzen Zeit waren und sind sie meine wichtigste Stütze. Sie helfen mir, wo sie können.

„Durch das Tübinger Projekt hat sich Hans-Peter verändert", beobachtet die Mutter. „Er ist gelassener geworden, auch kommunikativer. Er kann endlich wieder etwas für sich und andere tun." Seine Schwester Karin fühlt sich durch die neue Aufgabe ihres Bruders entlastet: „Er braucht mich jetzt weniger." Die 47-jährige Rechtsanwältin ist die engste Vertraute des Kranken. Lange Zeit war sie fast täglich bei ihm – zu häufig für Beruf, Ehemann und zwei Kinder. Heute kommt sie seltener, aber Abstand findet sie nicht: „Den Gedanken, dass das jetzt sein ganzes Leben ist, ertrage ich kaum." Zukunft und Vergangenheit bleiben in den Gesprächen meist ausgespart, die Geschwister helfen sich bei den alltäglichen Sorgen. „Wenn ich Probleme habe, gehe ich auch zu ihm", sagt Karin Rominger-Salzmann. „Ich erlebe ihn viel zugewandter als früher."

Das heutige Leben Hans-Peter Salzmanns gibt von seinem früheren nichts preis. Die Bilder an den Wänden erzählen nur von Verwandten und Freunden, von seiner Vorliebe für Goya, Miró und Picasso. „Er war ein Energiebündel", erzählt die Mutter. „Er ist nie krank gewesen." Sie zieht ein Foto hervor, auf dem ein junger Mann mit wehenden Haaren über eine Skischanze springt.

An einem Tag im Herbst 1989 verstaucht sich Hans-Peter Salzmann beim Volleyballspiel das Handgelenk. Er ist 34 und Jurist am Stuttgarter Sozialministerium. Das Handgelenk bleibt unbeweglich. Wenig später kann er die Kaffeetasse nicht mehr halten. Salzmann geht zum Neurologen. Nach drei Tagen bekommt er die Diagnose: ALS. Da ist die Hälfte seiner peripheren Bewegungsnerven schon zerstört. Mit einem Freund fährt er noch einmal in die Pyrenäen zum Wandern.

Der Arzt gibt Salzmann zwei bis sieben Jahre zu leben. Sagt, er werde nach und nach seine Muskelkraft verlieren, aber nicht seine Persönlichkeit. Chronische Schmerzen seien nicht zu erwarten, wahrscheinlich werde er eines Nachts aufgrund von Sauerstoffmangel entschlafen. Keine Erklärung des Arztes, weshalb es bei einem Krankheitsfall pro 15 000 Menschen ausgerechnet ihn getroffen hat, keine Therapie.

Eine meiner ersten Reaktionen auf die Diagnose war ein Gefühl der Leere. Meine beruflichen und privaten Pläne lösten sich in Luft auf. Schwerwiegender war im Verlauf der Krankheit der schleichende Verlust grundlegender Fähigkeiten wie Gehen, Essen und Sprechen. Natürlich vermisse ich noch hier und da Möglichkeiten meines früheren Lebens, aber ich denke nicht so oft daran, das würde mich deprimieren. Um mich auf meine Situation einzustellen und sie anzunehmen, hat mir sehr geholfen, daß ich irgendwann nicht mehr geglaubt habe, gesund zu werden.

Vor 130 Jahren hat Jean-Martin Charcot, Mitbegründer der modernen Neurologie, das Leiden erstmals benannt. Bis heute können die Mediziner nur Symptome lindern: Speichelfluss und Muskelkrämpfe mit Medikamenten, Atemnot mit einer Maske.

ALS bewirkt eine unaufhaltsame Degeneration jener Nervenzellen, die vom Gehirn über das Rückenmark bis zu den Muskeln die Bewegungen steuern. Chinas Diktator Mao Zedong ist daran gestorben, auch der britische Schauspieler David Niven. Dennoch war die Krankheit bis vor wenigen Jahren in der Öffentlichkeit und selbst unter Ärzten relativ unbekannt. Aufgrund ihrer vielfältigen Symptome wurde sie oft mit Multipler Sklerose und Alzheimer verwechselt.

Hans-Peter Salzmann erkrankte mehr als 20 Jahre früher als der statistische Durchschnitt. Und er erreichte schneller das Endstadium: Dreieinhalb Jahre nach dem ersten Befund trat in der Nacht zum 10. Juni 1993 der Atemnotstand ein.

Nachdem ich in Erfahrung gebracht hatte, daß am Ende die künstliche Beatmung stehen würde, habe ich sie für mich abgelehnt. So zu leben stellte ich mir entsetzlich und völlig sinnlos vor. Im übrigen war mir der Gedanke so unangenehm, daß ich ihn weitgehend verdrängte und nur mit meiner Familie darüber gesprochen habe und auch das nur sehr ungern.

Da schriftliche Anweisungen für den Ernstfall fehlten, rettete ein Notarzt Hans-Peter Salzmann. Der wachte auf einer Intensivstation wieder auf, künstlich beatmet über einen Nasenschlauch. Zunächst hoffte er, wieder vom Beatmungsgerät loszukommen. Als aber drei Monate später immer noch keine Besserung eintrat, entschloss er sich zur Langzeitbeatmung durch einen Luftröhrenschnitt.

Eine Rettung mit Folgen: Der Locked-in-Zustand vollendet sich, der künstlich beatmete und ernährte Patient lebt weiter. Gefahr droht ihm nun vor allem von einer Lungenentzündung.

Diese Perspektive erscheint vielen Ärzten und Kranken als qualvolle Verlängerung des Leidens. „Meine Patienten wollen nicht invasiv beatmet werden", sagt der ALS-Spezialist Albert C. Ludolph. Der Leiter der Neurologischen Klinik in Ulm drängt deshalb darauf, ALS-Patienten möglichst früh über den Verlauf der Krankheit aufzuklären, um so eine unerwünschte Notfallintubation zu vermeiden. Dazu müssen die Kranken schriftlich verfügen, dass sie bei akutem Atemnotstand keine lebensverlängernden Maßnahmen wünschen. Das entsprechende Formular ist im Patientenrundbrief der Gesellschaft für Muskelkranke enthalten.

Entscheidungsdruck entsteht nicht nur aus der Angst vor weiteren Qualen. Hinzu kommt die Gewissheit, dass er, der Patient, im fortgeschrittenen Stadium seiner Krankheit nicht mehr in der Lage sei, seinen Todeswunsch glaubhaft mitzuteilen. Und selbst wenn er das noch könnte: Ist der Luftröhrenschnitt erst einmal vollzogen, lehnen viele Ärzte das Ausschalten der Beatmungsmaschine aus berufsethischen Gründen ab. Dabei sind sie nach der jüngeren Rechtsprechung des Bundesgerichtshofes eigentlich verpflichtet, dem Wunsch des Patienten zu folgen.

Nur wenige der Langzeitbeatmeten in Deutschland haben sich bewusst für eine maschinelle Beatmung entschieden. Die meisten wurden, wie Hans-Peter Salzmann, von der Notsituation überrascht. Und von ihrem Weiterleben.

Ich hätte es mir nie träumen lassen, dass ich mit künstlicher Beatmung so relativ gut klarkommen würde, wie das der Fall ist. Jetzt lebe ich sehr gut damit. Natürlich besteht eine latente Angst, das Beatmungssystem könnte versagen; sie wird aber durch die Pfleger erheblich gemildert. Zwar fehlt durch die künstliche Beatmung ein wichtiges Lebensgefühl, gleichwohl fühle ich mich seelisch intakt und komplett.

In einer amerikanischen Studie wurden dauerbeatmete ALS-Kranke nach ihrer derzeitigen Lebensqualität befragt: Fast alle äußerten sich zufrieden, 84 Prozent hatten die Dauerbeatmung gewünscht, und 80 Prozent würden sich rückblickend wieder dafür entscheiden. ALS-Kranke leiden kaum häufiger an Depressionen als gesunde, sie sind auch weniger niedergeschlagen als Epileptiker und an Multipler Sklerose leidende Menschen.

Diese Akzeptanz der eigenen Situation ist so auffällig, daß Niels Birbaumer sie zu einem weiteren Forschungsthema in Tübingen gemacht hat. Er glaubt, dass es im Gehirn zu Lern- und Kompensationsprozessen kommt: „Das Gehirn wird sensibler im taktilen, akustischen und optischen Bereich. Durch diesen Prozess gewinnen die Kranken so viel Neues hinzu, dass sie damit das Verlorene kompensieren können."

Meine Welt ist klein geworden, auch innerhalb der Wohnung. Da ich nicht unmittelbar nachfragen, nachschauen oder etwas aufschreiben kann, bin ich gezwungen, genauer hinzuhören, besser hinzusehen oder zu versuchen, mir etwas einzuprägen. Insofern nehme ich die Dinge intensiver wahr als früher. Auch glaube ich, daß ich mich besser kennen gelernt habe. Verdeckte Ängste sind deutlicher geworden, und ich behalte Träume besser in Erinnerung.

Dank der Forschungsarbeit der Tübinger öffnet sich der Körperkäfig der ALS-Patienten langsam weiter. Eine Versuchsperson ging bereits drei Tage lang online und konnte so den Computer jederzeit über einen Stand-by-Modus aktivieren. Hans-Peter Salzmann ist für dieses Experiment vorläufig nicht eingeplant – er soll Ruhe zum Schreiben haben. Seine Pfleger haben gelernt, ihn alleine zu verkabeln, und er kann selbst über einen Buchstabencode Dokumente speichern und ausdrucken. Brief Nr. 3 ist in Arbeit.

Die seelische Vollständigkeit hat vielleicht entscheidend dazu geführt, daß ich gerne lebe. Ich beneide manchmal Menschen, die ihre Lebenskraft aus einer bestimmten Aufgabe schöpfen. Bei mir ist das anders. Ich habe den Eindruck, das Leben selbst drängt zum Gelingen des Lebens, wobei bei mir die Unterstützung meiner Familie und meine gute Lebenssituation die Grundlage bilden. Zum Gelingen gehört sicherlich auch ein Minimum an Tätigkeiten, und da wird das Tübinger Projekt für mich immer wichtiger.

ERWIN KOCH

Ich bin ich, und ich bin viele

Am Anfang ist das Unerträgliche, das Trauma.
Dann kann es passieren, dass ein Mensch die seelische Last
auf mehrere imaginierte Personen verteilt, dass sein »Ich« sich
aufspaltet und zum »Wir« zerfällt. Dieses Phänomen der »Multiplen
Persönlichkeit« stellt Fachleute vor Rätsel und lässt Betroffene
von Therapeut zu Therapeut irren. Doch manche schaffen es,
die vielen Ichs zu einem Ich zu integrieren.

Selten geht Johanna K. ins Restaurant. Dieses Gezanke hält sie nicht aus. Kaum sitzt sie an einem Tisch, ist Caroline, der Zwölfjährigen, alles zu bieder, Melina alles zu laut, Iris ekelt das Tischtuch, Diana langweilt sich sofort, und Laura, kokett, sucht den freien Blick in die Männerwelt. Ich esse kein Fleisch, sagt Caroline. Ich will Himbeereis, zetert Iris. Immer Himbeereis!, wehrt sich Diana. Und so werben sie alle für ihre Diäten. Auch Hanni, vier Jahre alt und vom Leben ernüchtert. Auch Andrea, die so gern am Meer spazieren ginge. Auch der Junge, der weder Namen noch Haare hat. Und die Mutter. Lange hält Johanna K. dem Hader nicht stand, sie rennt auf die Straße, flieht die Schlacht in ihrem Kopf.

Johanna K. ist viele.

Viele in einem einzigen Körper, den die Welt als Johanna K. begreift, 28 Jahre alt, hübsch, zerbrechlich. Sie ist Hanni und Diana und Laura und Iris und der Junge, der keine Haare hat, und die Mutter und Melina und Andrea. Johanna K. ist multipel. 40 000 ihresgleichen gibt es schätzungsweise in Deutschland, 300 000 in den USA.

Multiple Persönlichkeiten. Der Begriff ist jung und vom Zweifel derer, die darin nur ein neues Mäntelchen für Altbekanntes entdecken, nicht befreit. Vor 15 Jahren erst widerfuhr ihm die Aufnahme ins einschlägige diagnostische und statistische Manual psychischer Störungen, DSM-III, und eine Abkürzung, Vorstufe zum Volksgut, war auch gefunden: MPS – Multiple Persönlichkeitsstörung. Multipel ist demnach ein Mensch, in dem mindestens zwei unterschiedliche Persönlichkeiten vorkommen, jede mit einem eigenen Muster, die Welt und sich selbst wahrzunehmen. Wobei mindestens zwei der vorhandenen Persönlichkeitszustände wiederholt und abwechselnd die vollständige Kontrolle über das Individuum gewinnen.

Kaffee dampft unter einem deutschen Dach. Johanna K. knipst Beethoven aus. Parkett knarrt. Es ist früher Morgen. Die Kinder sind weg, in Schule und Kindergarten. Johanna K. wird ihre Geschichte los. Im Grunde geschieht das gegen ihre Natur. Denn nichts fürchten Multiple mehr als die Offenbarung ihrer Welt. Ihrer Welten. Da ist nicht allein die Angst, die allen Personen einer multiplen Persönlichkeit gemein ist: entdeckt, als Irre überführt zu werden. Da wehren sich einzelne Figuren mit all ihrer Kraft gegen jede Mitteilung. Warte nur, bis wir zu Hause sind, pflegte Iris der Johanna K. zu drohen, wenn die ihrem Psychotherapeuten verraten hat, wer alle sie ist. Dann wachte Johanna K. am anderen Morgen auf, hatte wieder die Wundmale brennender Zigaretten an Armen und Bauch. Das war die Strafe jener im Gehäuse der Johanna K., die nicht wollten, dass endlich herauskäme, was nicht herauskommen durfte. Bürgerkrieg im Innern.

Wer ist Iris?

Iris ist die Verletzte. Sie hat den totalen Ekel vor Joghurt und Quark. Iris liebt Himbeereis. Sie hat das Gefühl, Blut laufe ständig aus ihrem Unterleib, und Schlangen und Käfer kämen da heraus. Dass immer alles herausfließt, sobald sie aufrecht steht.

Wie alt ist Iris?

Fünfzehn.

Und Hanni?

Vier. Hanni ist meist traurig.

Am Anfang der multiplen Persönlichkeit ist das Unerträgliche. Die große Verwundung der Seele und des Körpers. Das Trauma. Eine Untersuchung des US-amerikanischen National Institute of Mental Health behauptet, 97 Prozent der erkannten Multiplen seien in ihrer Kindheit misshandelt, meist auch sexuell missbraucht worden.

Der Mensch, mit einem Bewusstsein ausgestattet, hat zwei Möglichkeiten parat, eine Welt, die unerträglich ist, zu bewältigen: Er verkleinert diese Welt, indem er das Unerträgliche verdrängt. Oder er vergrößert sie, indem er sich aus dem Infernalen wegfantasiert, so unbedingt, bis er sein Bewusstsein spaltet, sich neue Identitäten schafft.

Hanni war die erste Abspaltung im Leben der vierjährigen Johanna K. Schlich sich der Stiefvater ans Bett, verwandelte sie sich in Hanni. Hanni kauerte dann irgendwo oben an der Decke, spürte keinen Schmerz, keine Abscheu, nichts mehr. Scheintot die Hülle, über die der Mann sich hermachte.

Mit seltsam hoher Stimme sagt Johanna K., die Arme vor der Brust verschränkt, den Körper ins Polster gekrümmt: Hanni entstand, als mein Bruder geboren wurde. Die Mutter war im Krankenhaus, und ich hatte eine Kinderkrankheit. Nachts fuhr mein Stiefvater mit mir zum Arzt, und als der mich anfasste, schrie ich um mein Leben. Dann fuhren wir wieder nach Hause. Dort schlug mich mein Stiefvater. Er schlug mich grün und blau. Einmal schlug er mir die Zähne aus. So kam Hanni hinzu.

Die Fähigkeit, sich aufzuspalten, außer sich zu sein, sich in eine andere Person im selben Körper auszutauschen, ist eine schöpferische Leistung des menschlichen Bewusstseins. Sie ist eine von vielen seelischen Ausweichmanövern, die Menschen in großer Not dazu bringen können, gar Nahrung, Flüssigkeit oder Sprache zu verweigern. Andere errichten ein Wahnsystem, das in die geschlossene Abteilung einer psychiatrischen Klinik führt, lebenslänglich. Multipliziert sich angesichts des Unerträglichen das Bewusstsein, schützt es sich. So die Theorie. Der Münchner Psychosen-Therapeut Peter K. Schneider, Verfasser des ersten deutschsprachigen Buches über multiple Persönlichkeiten, „Ich bin wir", prägte den Satz: „Das entlastende ‚Tun als ob' wird zur wirklichen Welt."

Im Ansatz ist jeder multipel. Die Grenze zwischen so genannter Normalität und Multipler Persönlichkeitsstörung ist durchlässig und kaum sichtbar. Allein die Tatsache, dass der Mensch sich reflektiert, sein eigenes Tun oft nicht begreift, zwischen Verstand und Gefühl einen Unterschied macht, zeigt, dass menschliches Bewusstsein in Wahrheit zumindest ein Doppelbewusstsein ist. Je früher das Unerträgliche ins Leben tritt, desto größer ist die Wahrscheinlichkeit, dass ein Mensch multipel wird. Denn die Gabe, sich wegzudenken, also die Fähigkeit zur unbewussten Selbsthypnose, schwindet mit zunehmendem Alter. Wer erst als Erwachsener das Scheitern der Welt brutal erfährt, wird nicht mehr multipel. Wer es aber schon ist, bestellt bei jedem Trauma neue Personen in sein Innenreich – nicht nur in Momenten aktueller Trostlosigkeit, auch zum Zeitvertreib, über Jahrzehnte weiter.

Manchmal, ein kindlicher Spaß, verwandelte sich Johanna K. in Bären oder Löwen oder Leoparden, wehrfähiges Vieh mit Krallen und Zähnen, manchmal tauchte sie ins Muster der Tapete weg. Und manchmal mahnte Johannas Mutter ihren Mann: Schlag mir bloß das Mädchen nicht tot! Mehr tat sie nicht. Dann erschien Caroline. Caroline, haucht Johanna K. in den Raum, ist das Burgfräulein. Sie lebt mit ihrem Stiefvater in einer edlen Burg. Da darf keiner rein, sagt der

Stiefvater. Alles ist schön, Musik spielt, und Caroline und der Mann tafeln an einem langen Tisch.
Wie alt ist Caroline?
Zwölf.
Wann entstand sie?
Ich weiß es nicht, sagt Johanna K.
Wer könnte es wissen?
Vielleicht Melina.
Melina?
Die Intellektuelle von uns.
Vor anderthalb Jahren, als die Therapeuten Johanna K. so weit aus ihren Unmöglichkeiten befreit hatten, dass sie das Wort „Stiefvater" aussprechen konnte, stand Melina nachts auf, schrieb Gedicht um Gedicht, fehlerlos tippte sie den Rausch in die Maschine:
in der hand des jägers zuckt mein
gläsernes herz.
nimmt meine knochen.
und schlägt mich entzwei.
züchtet höllenhunde in meinem Bauch.
zersägt meine flügel.
Man hielt auf Manieren im Hause K. Also befahl der Stiefvater: Nimm deine Puppe vom Tisch! Johanna K., komisches Kind, spießte sie auf ihre Gabel. Der Großvater sagte eines Tages: Ich kann die traurigen Augen dieses Kindes nicht mehr sehen. Die Mutter sagte nichts. War zu Hause und weit weg. Als Johanna K. zehn Jahre alt wurde, hörte sie auf zu sprechen. Die Eltern brachten sie in eine psychiatrische Klinik. Dort blieb das Mädchen lange Monate. Redete nichts.

Traumatisch wirkt nicht allein der Akt der Misshandlung, der Demütigung. Verheerender noch ist das Unverständnis der Erwachsenen, wohl zuerst der Mutter, welche das Kind in seiner Not um Hilfe bittet. Leugnet die Mutter das Vorgefallene oder verdünnt sie die Wirklichkeit, stürzt sie das Kind in Unauflösbares: Denn Eltern sind doch lieb und sagen nur die Wahrheit, also lüge ich, das Kind, wenn ich von meiner Erfahrung rede! Aber diese Erfahrung ist so schrecklich und wirklich, also lügen die Eltern doch! Nein, Eltern lügen nicht!

Grausame Konfusion, die zur Aufspaltung des Bewusstseins führt.

Der Grund dafür, dass nicht jedes Kind, das Traumatisches erleidet, multipel wird, ist nicht geklärt. Wird er vielleicht auch nie. Die unterschiedliche Verletzlichkeit der menschlichen Seele ist kein Ding für den Rechenschieber. Die moderne Forschung über MPS, erst 20 Jahre alt, entwirft und verwirft Erklärungen. Eine amerikanische Untersuchung brachte immerhin heraus, dass 40 Prozent der Multiplen zuvor als schizophren diagnostiziert worden waren.

Die kleine Johanna K. war allen unheimlich. Sie weinte nicht, wenn der Vater mit dem Stock ausholte. In der Schule sprachen die Kinder sie auf die Striemen und Wunden an. Sie behauptete, sie sei an ein Möbel gestoßen, sei vom Bruder unglücklich getroffen worden. So schuf sich Johanna K. die Grundausstattung aller Multiplen: ein Arsenal von Ausreden, um ihren Zustand zu verhüllen. Mein ganzes Leben wurde zu einer Lüge, sagt Johanna K., den Kragen des Pullovers über das Kinn gezogen, die Arme an den Körper gepresst, als wollte sie ihre Statur auf ein Nichts verringern. Ich hatte keine Freundin, ich war immer einsam, aber nie allein. Denn Hanni und Caroline waren ja da. Und später Iris.

Wussten Ihre Personen voneinander?

Nein.

Kennen sie sich heute?

Ja. In der Therapie haben sie sich kennen gelernt.

Multiple sind in der Regel intelligent. Auf welche Weise sie ihren Alltag ordnen, welche Person zur Pünktlichkeit mahnt, Termine einhält, ist von Mensch zu Mensch verschieden. Eine eigentliche Primärpersönlichkeit ist nicht mehr vorhanden, der Körper die gemeinsame Schale mehrerer. Wahrscheinlich aber ziehen die Personen einen Teil ihres Wissens aus einer zentralen Instanz irgendwo im Gehirn. Denn treten neue Personen ins Leben, besitzen die, obwohl soeben erst geboren, bereits alltagsweltliche Fähigkeiten, eine Sprache, örtliche Orientierung.

Multiple verlieren Zeit. Das Erleben der einen Person ist den anderen, zumindest vordergründig, unbekannt. Ein Zeitloch. Ist ein Multipler gerade ein Kind, wissen die anderen Personen in ihm, die abgetaucht sind, nicht, was das Kind tut, wen es kennen lernt, wozu es Lust hat. Allenfalls verwandelt sich das Kind plötzlich in den Erwachsenen, der dann nicht weiß, weshalb er im Kasperletheater sitzt. Vielleicht läutet jemand an der Tür, und der multiple Mensch, der sie öffnet, weiß nicht, wer das ist, der da steht und behauptet, er sei zum Abendessen eingeladen.

Der amerikanische Psychiater Frank Putnam, ein Pionier in der Erforschung multipler Persönlichkeiten, maß vielen seiner Patienten die Hirnströme. Wechselte ein Patient von einer Person in die andere, veränderten sich die Hirnströme, so eindeutig, als gehörte das Gehirn zu einem anderen Menschen. Ähnliches behaupten amerikanische Forscher von zuckerkranken Multiplen, die, je nach Person, das notwendige Insulin nicht mehr brauchen. Und von unterschiedlichen Blutbildern, Herzfrequenzen, Hautwiderständen, Hormonhaushalten.

Die Kasseler Psychologin Michaela Huber, Autorin eines Handbuchs zum Phänomen der Multiplen Persönlichkeitsstörung, stellt fest, dass selbst die Ausdünstung von Multiplen wechseln kann. Da mutet es bereits selbstverständlich an, dass jede Person einer Multiplen eine eigene Handschrift besitzt, ein eigenes Gebaren in Gestik und Sprache, eine veränderte Stimme.

Als Johanna K. zwölf Jahre alt war, bekam sie ihre erste Periode. Die Mutter sagte: Jetzt bist du eine richtige Frau. Aber Johanna K. wollte keine Frau werden. Immer hatte sie das Gefühl, an ihrem Leib baumelten die Beine eines Mannes. Zog sie sich um, geschah es innerhalb von Sekunden im Dunkeln. Es gab nichts, vor dem sie sich mehr geekelt hätte als vor diesem Körper, der der ihre war. Johanna K. wurde drogenkrank. Das war Diana, bereit für alles, was Spaß macht. Johanna K. verkaufte ihren Körper für Drogen. Das war Laura. In den USA gab jede fünfte Multiple an, in ihrem Leben irgendwann als Prostituierte gearbeitet zu haben. Und schließlich kam Iris. Die Verletzte. Die mit den Schlangen im Bauch.

Wie entstand Iris?

Johanna K. krallt die schmalen Finger ineinander: Als ich 15 war, fragte mich eines Tages ein Lehrer, ob ich schwanger sei. Ich war es, und ich wusste nicht, wieso. Ich war im sechsten Monat, heroinsüchtig, und das Kind starb. Man brachte mich ins Krankenhaus. Ein Arzt leitete eine normale Geburt ein. Ich gebar das Tote. Es war alles furchtbar ... Und da war auch eine Frau im Zimmer, die hatte eine Puppe dabei, und ich wollte die ganze Zeit diese Puppe.

Johanna K. redet nicht mehr. Schritte gehen im Treppenhaus. Erinnerung ist Schmerz. Endlich sagt sie: Ich sah immer diese Puppe und mein totes Kind, und ich glaubte, es sei ein Monster. So kam Iris zu uns, die immer ausflippte, wenn sie Himbeereis sah.

Wie kamen Sie auf den Namen Iris?

Einfach so. Ich weiß es nicht.

Johanna K., zwei Wörter im Taufregister, war nur noch der äußere Rahmen für eine Ein-Körper-Familie. Johanna hieß niemand mehr in diesem Verband.

Die meisten Multiplen sind Frauen. MPS beginnt in der Kindheit, wahrscheinlich vor dem fünften Lebensjahr. Sichtbar aber, mit allen Komplikationen bis zu Selbstverstümmlung und Suizid, wird die Multiple Persönlichkeitsstörung im frühen Erwachsenenalter. In den USA suchen fünf- bis zehnmal mehr Frauen als Männer eine Therapie. Das erklärt sich nicht allein dadurch, dass überwiegend Mädchen sexuell missbraucht werden. Und auch nicht allein dadurch, dass multiple Männer seltener zum Arzt gehen oder ihre Sozialisation sie mitunter in kriminelle Karrieren treibt. Wahrscheinlich ist selbst dreijährigen Mädchen schon jene soziokulturelle Tendenz eigen, eher zu dulden, als sich aggressiv zu wehren.

Im Alter von 15 Jahren war Johanna K. wieder in einer psychiatrischen Klinik, blieb ein Jahr, stolz darauf, dass kein Arzt ihr auf den Schlich kam, viele zu sein, und glücklich darüber, nicht mehr zu Hause zu wohnen. Einmal hielten die Ärzte sie für schizophren, ein andermal nannten sie Johanna K. depressiv. In der Tat ist MPS eine so genannte Metadiagnose: Sie ist anderen psychischen Störungen gleichsam übergeordnet. So kann ein multiples Bewusstsein auch mit Depressionen oder Angstneurosen gekoppelt sein oder schizoide Züge haben.

Jemand klopft an die Tür, Johanna K. steht auf, streckt sich, wird groß und anders, dreht den Schlüssel, sagt glockenhaft, fast fröhlich: Hallo, wie geht's? Der Nachbar mit dem Waschraumschlüssel. Sie lacht, redet laut. Dann sinkt sie wieder ins Polster, und als ahnte sie die Frage, fistelt sie: Das war meine Stimme für die Außenwelt.

Das Phänomen der multiplen Persönlichkeit wurde nicht erst im 20. Jahrhundert untersucht. Der französische Seelenforscher Pierre Janet gilt als der eigentliche Theoretiker der MPS. An seinen berühmten Versuchspersonen Lucie, Leonie und Rose lernte er im Jahre 1888 die Aufspaltung menschlichen Bewusstseins kennen. Aber erst in den siebziger Jahren des vergangenen Jahrhunderts gewann in den USA die Vorstellung wieder an Gehalt, jemand könne, vom Unerträglichen umzingelt, seine Identität multiplizieren. 1984 gründeten Therapeuten eine Gesellschaft, die heute mehr als 3000 Mitglieder zählt.

In den Vereinigten Staaten ist das Wissen um MPS mittlerweile so verbreitet, dass, Ironie der Entwicklung, sechs- bis achtmal im Jahr ein Verdächtiger vor dem Richter sein Heil sucht, indem er sich zum Multiplen ausruft. Sichere Kriterien, ob er einer ist, gibt es nicht. Letztendlich entscheiden die Sachverständigen nach Wissen und Gewissen. Im deutsch sprechenden Teil der Welt existieren zwei einsame Sachschriften zum Thema. Doch keines der führenden psychiatrischen Lehrbücher lässt sich bis heute über die Multiple Persönlichkeitsstörung aus. MPS, findet die Masse der deutschen Fachkundigen, sei eine Modediagnose, ein unpräziser Befund. Bei den Patienten handele es sich wohl um besonders halluziniertüchtige Schizophrene, und wer könne ausschließen, dass die Ritter des neuen Begriffs ihre Klientel derart massiv beeinflussten, dass dazu geneigte Patienten nicht umhin kämen, schmerzhafte Stimmungen in Charaktere umzuformen?

Tatsächlich sind die Symptome der Multiplen von den Symptomen der Schizophrenen kaum zu unterscheiden. Beide Krankheitsbilder entsprechen den so genannten Psychosen. Bis heute ist die Entstehung von Psychosen weitgehend ein Rätsel. So könnten Stoffwechselstörungen, aber auch erbliche oder psychologische Faktoren eine Rolle spielen. MPS aber, behaupten deren Vertreter, sei keineswegs physisch verursacht, sondern allein durch eine Verletzung der Seele. Durch soziale Traumatisierung. So mächtig der Unwille in Deutschland, den Begriff aus Übersee anzuwenden, so groß die Bereitschaft in den Niederlanden, in Kanada, Israel, Schweden, Großbritannien. In den Niederlanden gibt es seit Jahren eine Klinik für Multiple und eine Hundertschaft ausgebildeter Therapeuten.

Wer ist Andrea?

Andrea, sagt Johanna K., ist das Naturkind. Die mochte ihren Körper sehr, hatte langes offenes Haar. War immer guter Laune. Sie liebte es, in Kalifornien am Meer zu spazieren.

Andrea entstand in Amerika?

Ja. Aber ich habe sie sterben lassen.

Wie?

An einer Überdosis.

Und die anderen?

Die haben überlebt.

Johanna K. war 16 Jahre alt, als sie mit ihrem Stiefvater, der in den USA zu tun hatte, nach San Diego reiste. Dort bot er sie seinem Freund an. Andrea entstand. Andrea reiste allein nach Deutschland zurück, kaufte sich Drogen, stahl, Hanni, Iris und Caroline schrien ständig nach der Mutter, sehnten sich krank nach einem Zuhause.

Das ist das Schlimmste, sagt Johanna K., dass ich bis heute manchmal glaube, ich hätte all die Gräuel nur erfunden. Als meine Therapeuten über den Stiefvater zu sprechen begannen, sträubte sich in mir jede Faser. Unerträglich, über den Stiefvater zu reden. Und doch gelang es mir mit der Zeit, und dann sah ich Caroline. Sie liegt auf dem Boden, er über ihr, die Hose offen. Er sagt: Schluck es! Da kotzt Caroline, und er schlägt sie fürchterlich. Das sah ich während der Therapie ganz klar. Aber kaum war ich wieder zu Hause, rief ich die Therapeuten an, sagte, Laura und Diana hätten die Geschichte erfunden. Diese ewigen Zweifel. Mein Stiefvater konnte manchmal auch sehr, sehr lieb sein.

Vor acht Jahren lernte Johanna K. einen Mann kennen. Sie heirateten. Der Mann merkte nicht, dass sie Iris war, die diesen naiven Blick draufhatte, als braves Mädchen in den Keller stieg und als Diana wieder hochkam, Leder am Leib, die klaute und fixte und dealte. Schlief Johanna K. mit ihrem Mann, war sie Laura. Malte oder dichtete sie, war sie Melina. Dem Mann fiel allein die kindliche Stimme auf, die Johanna K. bei Gelegenheit hatte. Ab und zu sagte er: Heute siehst du anders aus als gestern. Manchmal nannte er sie Chamäleon. Die Tarnung der Johanna K. gelang vollkommen. Überall hatte sie Zettel stecken, damit die eine in ihr erfahre, was die andere bereits wusste: Ich war schon einkaufen! Der Milchmann hat graue Haare!

Wie viele waren Sie damals?

Sechs, vielleicht sieben. Oder mehr.

Je zahlreicher die Personen in einem Multiplen, umso schwerer die Störung. Die Kasseler Psychologin Michaela Huber beobachtete eine Kranke, die sich in Hunderte von Splittern aufgelöst hatte, was den Zerfall jeder Identität bedeutete. Der Therapeut Peter Schneider und andere Fachleute verkürzen die Zahl der Persönlichkeitszustände allerdings auf fünf Typen, jeder mit einer besonderen Funktion: auf eine Erwachsenenpersönlichkeit, die den Alltag der Innenschar mehr oder weniger leitet; auf eine Kindpersönlichkeit, die in sich die Erinnerung an das Trauma bewahrt; auf eine Betreuer- und Beschützerpersönlichkeit, deren erstes Ziel ist, die Multiple vor der Erinnerung zu bewahren; auf eine Verfolgerpersönlichkeit, die straft und hasst, wenn die Erinnerung doch obsiegt; auf eine gegengeschlechtliche Persönlichkeit. Jeder Funktionstyp beschäftigt mehrere. Mehrere Erwachsene mit eigenen Namen, mehrere Kinder, Hanni, Caroline, Iris, nehmen gemeinsam wahr, was im geteilten Bewusstsein ihre Aufgabe ist.

Johanna K., junge Ehefrau, wurde schwanger. Die Schwangerschaft war eine Zeit der Ruhe, acht Monate lang. Sie fühlte sich beschützt in ihrem Körper. Der Körper, sichtbar für jeden Mann, war besetzt. Sie zog sich nicht mehr täglich zehnmal um, weil jede von ihr andere Kleider vorzog, wechselte nicht mehr ständig die Frisur. Es war, als hätten ihre Personen und Stimmen Frieden gefunden. Jenseits der Angst. Im neunten Monat überkam sie das Gefühl, sie müsste sich den Bauch aufschneiden. Diese Furcht, es könnte ein Junge sein, was da in ihr wuchs. Die Hölle im Kopf. Es war ein Mädchen.

Wer hat es geboren?

Johanna K. zieht die Knie zum Kinn, sagt lange nichts. Sie schließt die Augen. Die Geburt, wispert sie, ist auch eines der großen Zeitlöcher, die ich habe. Ich weiß nicht, wer geboren hat. Die, die ich heute bin, war nicht dabei.

Zwei Monate nach der Geburt war ihr das Kind nur noch fremd.

Johanna K., 22-jährig, zog wieder in eine Klinik, zum vierten Mal in ihrem Leben. Diagnose: Schizophrenie. Behandlung: Psychopharmaka.

Eine Multiple Persönlichkeitsstörung ist im Gegensatz zur Schizophrenie relativ gut therapierbar. Doch nicht durch Psychopharmaka, sondern durch psychotherapeutische Gespräche über Jahre. Ziel einer solchen Behandlung ist die so genannte Integration: Sämtliche Personen in einer Multiplen sollen voneinander wissen, sie sollen einander kennen lernen, die eine soll erfahren, was die andere tut, denkt, fühlt. Die Großen sollen die Kleinen trösten. Die Kleinen sollen die Großen nicht fürchten. Daraus wächst, nach Jahren, das Gefühl für eine neue Identität. Für ein Ich, das den Alltag erträgt. Alle Personen haben darin ihren Platz.

Der Weg dorthin ist schmerzhaft. Er ist mit Erinnerung ausgelegt. Erinnerung bedeutet die Wiederholung des Unerträglichen.

Zu Melina, Iris, Caroline und den anderen war nach der Geburt noch die Person der Mutter gestoßen. Die kleine Hanni im Körper der Johanna K. spielte oft mit der Tochter, und manchmal legte sich auch der Junge dazu, der keine Haare hat. Wieder war Johanna K. schwanger, gebar ein zweites Kind. Wieder suchte sie den Trost bei Fachleuten. Dann, im Februar 1990, hörte sie zum ersten Mal das seltsame Wort: multiple Persönlichkeit. Seither steht sie in Therapie, irgendwo in Deutschland, Woche für Woche, ist Hausfrau und Mutter, versucht die Personen in sich zu versöhnen, hangelt sich von Krise zu Weltuntergang. Das Leben als Zitterpartie. Und niemand merkt etwas.

Jetzt bin ich integriert, sagt Johanna K.

Sie sagt es ohne Stolz. Es ist ein Wimmern fast. Seit drei Jahren hat sie dieses kraftlose Gefühl für ein Ich, das Johanna heißt. Das Ich ist Jungfrau, hat weder Geschichte noch Vergangenheit. In einem Körper, der bereits 25 war, ist es vor drei Jahren auf die Welt gekommen.

Was erzähl ich bloß den Kindern, wenn die mich mal fragen, wie es früher war? Sie verstummt. Den traurigen schönen Kopf aufs Kissen gelegt. Ein Wasserhahn tropft. Melina, die Intellektuelle, hat in einer langen Nacht geschrieben:

wie gerne hätte ich eine krankheit: krebs.

krebse gehen seitlich.

die Menschen hätten erbarmen.

ich glaube mir meine geschichte nicht.

sie ist so ungeheuerlich.

KLAUS BACHMANN

Wenn ich Worte höre, dann sehe ich sie farbig geschrieben vor mir

Wie wäre das, wenn man mit den Ohren nicht nur hören, sondern auch sehen, mit den Händen nicht nur spüren, sondern auch schmecken könnte? Verwirrend? Störend? Krankhaft? Es gibt Menschen, die in einer derart angereicherten Sinnenwelt leben – und sie unter keinen Umständen missen möchten.

Wenn Insa Schulz* sich in Mozart und Mendelssohn versenkt, ziehen die Stimmen von Klavier und Violine im Takt der Musik als farbige Wellenlinien vor ihrem inneren Auge vorüber. Die schmalen Bänder schwingen auf und ab, gegen- und miteinander, sie verteilen sich über den dunklen Raum und erhellen ihn mal intensiver, mal ganz sanft. Spannungsreiche Passagen scheinen in Pastelltönen auf, in Rosa, Lila, Hellblau. Löst sich die Musik wieder in wohliger Harmonie, wird es um die junge Frau herum gelb, dunkelrot und dunkelgrün. Störgeräusche – das Knistern der Schallplatte oder das Knacken im Radio – überziehen die Farben mit einem Schleier, wie Eisblumen.

Nicht dass Insa Schulz unter Halluzinationen litte. Die Psychologiestudentin mit den blonden, knapp schulterlangen Haaren steht auch nicht unter Drogen. Sie ist kerngesund und bei klarem Verstand. Sie lebt nur in einer etwas anderen Welt, einer Welt mit einem Extra-Tupfer Farbe: Insa Schulz ist Synästhetikerin. In ihrem Kopf vermischen sich die Signale zweier Sinne. Als spränge ein Funke über, ruft ein Impuls in dem einen Wahrnehmungssystem unweigerlich ein Echo in dem anderen hervor.

---

* Der Name wurde geändert.

Das Phänomen ist seit 300 Jahren bekannt, doch bis heute ein Rätsel. Schon darüber, wie oft diese Begabung vorkommt, gehen die Schätzungen auseinander. Sicher ist immerhin: Mehr Frauen als Männer nehmen auf diese Weise „übersinnlich" wahr. Und in manchen Familien häuft sich die verwirrende Sinnes-Vernetzung derart, dass Wissenschaftler dahinter eine genetische Veranlagung vermuten.

Die meisten Synästhetiker empfinden wie Insa Schulz – sie hören Farben. Manche schmecken auch Formen, wie jener Mann, der ein intensives Aroma die Arme hinunterfließend empfindet, bis in die Fingerspitzen, und dem bei Pfefferminzgeschmack ist, als striche er um eine kühle, glatte Säule.

Bei wieder anderen Menschen schlägt das Gehirn eine Brücke zwischen Geruch und Farbe: Einer Frau zum Beispiel erscheint der würzige Duft von Gras violett und das schmeichelnde Parfüm einer Rose grau. Ganz selten haben sich die Synapsen fast aller Sinneskanäle miteinander verschaltet – wie bei einem russischen Gedächtniskünstler, für den jeder Laut eine eigene Farbe, eine eigene Form und einen eigenen Geschmack hatte. Einen Ton von 2000 Hertz zum Beispiel beschrieb dieser Synästhetiker als „ein Feuerwerk, das rosarot gefärbt ist, ein rauer, unangenehmer Streifen, ein unangenehmer Geschmack so wie Salzlake. Man kann sich daran die Hand verletzen."

„Meine Güte", denkt Insa Schulz, wenn jemand sie bittet, sie in ihre bunte Welt der Töne begleiten zu dürfen, „das kennt doch jeder; wieso soll ich davon erzählen." Dann merkt sie ihre Selbstvergessenheit, amüsiert sich darüber und versucht, das eigentlich Unbeschreibbare in Sprache zu fassen. „Wenn ich Worte höre", erzählt sie, „dann sehe ich sie farbig geschrieben vor mir. Und ... spreche ... ich ... ganz ... langsam, dann kann ich die bunten Worte einzeln erkennen. Der Klang allein löst keine Farbe aus. Es muss auch das Schriftbild des Wortes sein."

Bestimmend seien die Vokale: „Die meisten Konsonanten haben zwar auch eine eigene Farbe, aber die wird von den klangreichen Vokalen ganz leicht überstrahlt." Im persönlichen Farblexikon der jungen Frau – jeder Synästhetiker hat seine ureigene Variante – leuchtet das A knallrot, das E hellblau, das I gelb. Insa Schulz' M, N, L und K sind grün, die Fünf ist aralblau, die Sechs eher preußischblau, die Sieben gelb.

Eine Zeitlang glaubte Insa Schulz, sie schmecke auch farbig. Irgendwann malte sie auf, was sie bei süßen Speisen sah. Heraus kam so etwas wie ein Fruchtbonbon, glatt, bohnenförmig, mit einem kräftig hellgelben Kern und einem dünnen roten Rand. „Da bin ich darauf gekommen, dass es mit dem Wort süß zusammenhängt." Das Ü in der Mitte ist hellgelb, S und Eszett vorn und hinten sind knallrot. Wie bei „salzig" und „bitter" taucht die Farbe nur auf, wenn Insa Schulz den Begriff für den Geschmack denkt, sich das Wort innerlich vorspricht.

Synästhetiker berichten, sie sähen die Farben wie auf einem Monitor vor dem Auge. „Aber die Projektionsfläche ist nicht scharf abgegrenzt", sagt Insa Schulz; es sei vielmehr ein dunkles Areal, das zu den Seiten hin auslaufe. Darin würden die Wortblöcke und Farben aufscheinen. Mit den anderen Sinneseindrücken störe sich diese Wahrnehmung überhaupt nicht. „Wenn ich zum wirklichen Fernseher hinüberschaue", sagt sie und deutet in die Zimmerecke neben der Tür, „dann sehe ich dort nirgendwo etwas Blaues, obwohl ‚Fernseher' ein blaues Wort ist."

Viele Menschen assoziieren Töne oder Laute mit Farben und Formen; sie empfinden einen hohen Klang als gelb, einen hellen Vokal als weiß, einen Akkord als weich und rund. Doch um uns solche Zusatz-Impressionen zu erschließen, müssen wir uns intellektuell anstrengen, darüber nachdenken. Bei Synästhetikern kommen die Mehrfach-Empfindungen von allein, sie können sich gar nicht dagegen wehren.

Für Insa Schulz waren ihre Sinneseindrücke lange Zeit so selbstverständlich, dass sie dachte, alle Menschen hörten die Welt auf ihre Weise. Erst vor zwei Jahren, im Alter von 22, hat sie ihre Besonderheit erkannt. Nach einer Prüfung über die Themen Wahrnehmung, Bewusstsein und Gedächtnis war die Studentin in einem Urlaubssemester zum Arbeiten auf einen Bauernhof nach Frankreich gefahren. Als sie zurückkam, hatte ihre Mutter ihr einige Zeitungsausschnitte zum Prüfungsthema aufgehoben, erinnert sie sich, „darunter auch einen Artikel über blau schmeckenden Wein und Synästhesie. In diesem Moment muss ich realisiert haben, dass ich das auch habe".

Im nachhinein wurde ihr bewusst, dass sie schon als Kind so empfunden hat. Zum Beispiel, als ihre Familie in eine neue Reihenhaussiedlung umzog. Als die Bewohner die Garagen untereinander aufteilten, war Insa Schulz vier Jahre alt, „also knallgrün". Doch „ihre", die „grüne" Garage mit der Nummer vier, bekamen die Nachbarn, die einen fünfjährigen, mithin „blauen" Jungen hatten. „Ich fand das gemein", erinnert sich die junge Frau und schmunzelt über ihren Ärger von damals.

Zeit ihres Lebens hat Insa Schulz ein besonderes Verhältnis zur Farbe gehabt. Wegen seines Kolorits findet sie ihren Vornamen wunderschön: „Kräftig leuchtendes Gelb, Knallrot, ein bisschen Grün." Vor Jahren, noch bevor sie ihr außergewöhnliches Talent erkannt hatte, strickte sie einen Pullover unbewusst in diesen Tönen. Sonst aber bevorzugt sie modisch eher uni: grüne Hose, blauer Pullover. „Zu viele Farben zusammen machen mich kribbelig."

Neben Farbe ist Musik eine wichtige Konstante im Leben von Insa Schulz. Sie singt gern und viel, spielt Geige und Bratsche, und als sie eine Weile kein Klavier hatte, war sie kreuzunglücklich. Jetzt habe sie wenigstens einen „alten Klapperkasten" in der Wohnung, der sei immer noch besser als kein Klavier.

Lange Zeit hielt sich die Überzeugung, synästhetische und musische Begabung gingen Hand in Hand. Vor allem im 19. Jahrhundert war das farbige Hören – die Audition colorée – ein verbreitetes Thema in Künstlerkreisen. Viele Musiker, Maler und Literaten hatten sich damals der Kunstrichtung des Symbolismus verschrieben: Sie betonten die subjektive Wahrnehmung, pflegten mystische Tendenzen und ihre Schwäche für verrätselte Metaphern. Aus der Überschreitung der Sinnesgrenzen wollten sie Kreativität gewinnen und hofften, überwältigend Neues zu schaffen, indem sie sonst Getrenntes verknüpften.

Manchen trieb auch ein romantisches Ganzheitsgefühl, die Idee, dass Zahl, Farbe und Musik einem gemeinsamen kosmischen Urgrund entsprängen. Die Synästhesie erschien als biologische Realisation des künstlerischen Programms. Ganz Große hatten sich die Einheit der Sinne auf die Fahne geschrieben: E. T. A. Hoffmann, Novalis, Charles Baudelaire und Arthur Rimbaud, dessen Gedicht „Vokale" von 1871 sich wie eine Offenbarung synästhetischer Wahrnehmung liest:

> A schwarz, E weiß, I rot, Ü grün, O blau, Vokale,
> Einst künd ich den verborgnen Grund, dem ihr entstiegen.
> A, schwarzbehaartes Mieder glanzvoll prächtiger Fliegen,
> Die summend schwärmen über stinkend grausem Mahle.
>
> Der Schatten Golf. E, Weiß von Dämpfen und von Zelten,
> Speer stolzer, weißer Gletscherkönige, Rausch von Dolden;
> I, Purpur, Blutsturz, Lachen, wie's von Lippen, holden,
> In trunkner Reue strömt und in des Zornes Schelten ...

Musik und Farbe ließ der russische Komponist Alexander Skrjabin 1911 in seiner Symphonie „Prometheus" verschmelzen. In deren Orchestrierung war ein „Lichtklavier" vorgesehen: Das Instrument, das Farbenspiele auf einer Leinwand über dem Orchester steuerte, wurde für die Uraufführung in der New Yorker Carnegie Hall im März 1915 eigens gebaut. Für Skrjabins Landsmann Wassily Kandinsky war Synästhesie eine kreative Triebfeder auf dem Weg zur abstrakten Malerei. Er war davon überzeugt, dass Farben und freie Formen im Kopf des Betrachters Musik anklingen lassen. Und darum gab er seinen Bildern Titel wie „Komposition" oder „Improvisation".

Ob aber Rimbaud und Baudelaire, Skrjabin und Kandinsky sowie Franz Liszt und Nikolai Rimski-Korsakow, denen ebenfalls Synästhesie nachgesagt wird, tatsächlich „übersinnlich" wahrnahmen, ist ungewiss. Zu verschwommen ist die Grenze zwischen dem biologisch verwurzelten Farbhören und den flüchtigen Assoziationen eines fantasievollen Künstlerhirns. Rimbaud zum Beispiel beschrieb die Zuordnungen seines Gedichts später als pure Metaphorik.

Als Wissenschaftler etwa 1980 begannen, der Begabung von Menschen wie Insa Schulz vermehrt Aufmerksamkeit zu widmen, versicherten sie sich zunächst des Phänomens. Sie befragten Frauen und Männer mit gekreuzten Sinnen mehrfach in großem zeitlichen Abstand. Die Farbzuordnungen erwiesen sich als verblüffend haltbar: Noch nach mehr als anderthalb Jahren stimmten sie zu 92 Prozent überein. Probanden ohne Synästhesie verknüpften schon nach einer Woche nur noch 38 Prozent der Test-Wörter mit den gleichen Farben.

Das Rätsel der Mehrfachempfindung hoffen Neurologen heute auch mithilfe der neuen High-Tech-Maschinen zu lösen, mit denen sie dem Gehirn beim Denken zuschauen können. Bei dem Projekt soll noch mehr herauskommen: Die Forscher wollen am Modell der Synästhesie grundlegende Funktionsweisen unseres Denkorgans enthüllen, etwa, wie es Myriaden einzelner Sinneseindrücke zu einem einheitlichen, in sich stimmigen Bild der Realität zusammensetzt.

Eine Zeitlang hatte auch Insa Schulz überlegt, sich ihrem Talent wissenschaftlich zu nähern, indem sie ihre Diplomarbeit darüber schriebe. Aber sie entschied sich dagegen. Den Ausschlag gaben schon die ersten Forschungsschritte, Interviews mit anderen Synästhetikern über deren Musikwahrnehmung: „Das hat mir nicht gutgetan." Denn je mehr sie darüber nachdachte, je mehr sie die Empfindungen der anderen mit ihren verglich, desto mehr verblassten ihre eigenen Musikfarben. „Ich darf mir das nicht kaputtmachen", sagt sie.

Doch ohne Bedenken hat sich die angehende Psychologin als Forschungsobjekt zur Verfügung gestellt. In Labors der Medizinischen Hochschule Hannover zeichneten Forscher ihre Hirnströme während des Farbhörens auf. Als er die Daten der jungen Frau und 16 weiterer begabter Probanden mit denen „normaler" Personen verglich, fand der Neurologe und Psychiater Hinderk Emrich, dass „im frontalen – also im vorderen – Hirn von Synästhetikern völlig andere Wellen laufen".

Eine biochemische Grundlage der subjektiven Farb- und Formempfindungen belegen auch Studien des amerikanischen Neurologen Richard Cytowic, der eine private Klinik in Washington betreibt. Cytowic untersuchte einen Synästhetiker, der Aromen fühlte. Zitronensaft spürte der Mann als Spitzen am ganzen Körper. Aß er Süßes, hatte er den Eindruck, Kugeln in Händen zu halten. Er konnte die imaginären Formen von allen Seiten betasten, die Beschaffenheit der Oberflächen genau erfühlen. Angostura Bitter zum Beispiel schmeckte für ihn wie eine „organische Form ..., von einer federnden Konsistenz wie ein Pilz, beinahe rund", mit Beulen und Löchern, aus denen blättrige Ranken sprießen.

Dieses Fühl-Genie ließ Cytowic unschädliches leicht radioaktives Xenongas einatmen und verfolgte dessen Weg im Gehirn. Je reger ein Hirnareal, desto mehr Blut fließt dorthin – und mit ihm auch mehr Radioaktivität. Während des Schmeckens und Fühlens fuhren, so registrierte der Neurologe überrascht, weite Regionen der Großhirnrinde, für ihn der Sitz der Rationalität, ihre Aktivität dramatisch herunter.

Auf das genaue Gegenteil stieß eine Forschergruppe um Simon Baron-Cohen und John Harrison von der englischen Universität Cambridge bei Personen mit farbigem Gehör, die sie mit der präziseren Positronen-Emissions-Tomographie (PET) untersuchten: Teile der Großhirnrinde arbeiteten bei ihren Probanden verstärkt, darunter – wie bei Emrichs Experiment – Areale im frontalen Hirn, aber auch Regionen, die für die komplexere Verarbeitung visueller Reize zuständig sind und in der Nähe von Sprachzentren liegen.

Erstaunlicherweise blieb die primäre Sehrinde, in der die Informationen aus dem Auge einlaufen, stumm. Noch erstaunlicher indes: Genau diese Cortex-Region leuchtete sehr wohl bei Probanden auf, die von der Gruppe um Emrich per Magnetresonanz-Tomographie durchleuchtet wurden. Ganz schön verwirrend und widersprüchlich. So sehr gehen auch die Erklärungen für die Synästhesie auseinander: Die englische Denkschule zum Beispiel vertritt die radikale These, dass wir alle Synästheten seien – bis zum Alter von etwa vier Monaten.

Dafür spricht, dass die Sinne bei Neugeborenen noch zusammenzufließen scheinen. Babys reagieren auf die Stimme der Mutter in weiten Bereichen der Großhirnrinde und nicht allein in den beim Erwachsenen auf Sprache spezialisierten Zentren. Auch bei anderen Säugetierjungen sind die unterschiedlichen Wahrnehmungskanäle zunächst kurzgeschlossen. Bei Hamstern ziehen sich Nervenstränge zeitweise von der Netzhaut zum Hörkern, einer Struktur des Hörsystems. Bei Katzen sind jene Zentren der Großhirnrinde zusammengeschaltet, die Seh-, Hör- und Bewegungsreize verarbeiten.

„Erst im Verlauf der Gehirnreifung gehen die meisten der Informationspfade verloren", erläutert John Harrison. „Höreindrücke werden dann zu exklusiven Höreindrücken. Aber bei Synästhetikern bleiben Querverbindungen, vielleicht durch einen genetischen Mechanismus, intakt."

Richard Cytowic geht noch weiter: Er glaubt, dass wir alle auch im Erwachsenenalter noch Synästhetiker seien. In seiner Theorie spielt das limbische System eine Schlüsselrolle, dessen Strukturen im Innern des Gehirns verborgen sind und bei der Entstehung von Gefühl und Motivation maßgeblich mitwirken. Hier laufe all die hochverdichtete Information zusammen, schreibt der Neurologe, die die Sinnesorgane über die Welt gesammelt haben. Hier werde bewertet und entschieden, was Aufmerksamkeit erlange und was nicht. Normalerweise bleibt, argumentiert der Synästhesie-Pionier, diese Multimedia-Sicht der Welt unterhalb der Bewusstseinsschwelle. Doch manche Menschen könnten einen flüchtigen Blick auf die Prozesse werfen, bei ihnen werde der Vorhang ein Stück beiseite gezogen.

Cytowic hat seine Ideen über die Synästhesie zu einem neuen, umstrittenen Modell der Hirnfunktion ausgeweitet. Aus seiner Beobachtung, dass die Großhirnrinde eine geringere Aktivität aufweist, folgert er, dass unsere Wahrnehmung viel stärker emotional gefärbt ist, als wir wahrhaben wollen. Das sollten wir uns eingestehen, fordert er, und der Emotion die Vorrangstellung zubilligen, die ihr zukomme.

Hinderk Emrich sieht das ähnlich: Unsere Kultur sei viel zu stark an Wörter, abstrakte Begriffe und Konzepte geknüpft, darüber gehe der Körperbezug verloren. In der Synästhesie sieht er – der Psychiater – ein potenzielles Gegenmittel, ein Modell für eine gesündere Lebensweise. Zwar sei das Farbenhören und Formenschmecken im engeren Sinne nicht erlernbar. Aber Synästhesie im weiteren Sinne – als „verstärkte innere Wachheit oder als Fähigkeit, die eigenen Gefühlszustände bildhaft wahrzunehmen" – könne man sich durchaus aneignen, zum Beispiel durch Meditation zu Musik.

Sein Rezept hat Hinderk Emrich aus seiner Arbeit mit Synästhetikern abgeleitet, bei denen ihm „eine eigentümliche Form von Angstfreiheit, psychischer Stabilität und innerer Geborgenheit" aufgefallen sei.

Wer Insa Schulz gegenübersitzt, der gewinnt genau diesen Eindruck. Sie strahlt eine für ihr Alter ungewöhnliche Gelassenheit und

Selbstsicherheit aus. Aus ihrer besonderen Wahrnehmung bezöge sie viel Kraft. Wenn sie fahrig oder frustriert sei, lege sie eine CD auf und lasse sich von der Musik und den bunten Linien davontragen. „Wenn ich mir auf diese Weise Ruhe verschaffe, läuft sehr viel über die Farben." Durch sie werde die Welt da draußen nicht bunter, wohl aber die innere.

Die junge Frau profitiert von ihrer Begabung auf mancherlei Weise. Die Farben dienen ihr zum Beispiel als Gedächtnisstütze, wenn sie Musik auswendig lernen oder Telefonnummern behalten möchte. Und: Sie präsentieren ihr sehr ungewöhnliche Geburtstagsgeschenke.

Dank ihnen stört sie das Älterwerden, über das auch sie sich schon ihre Gedanken macht, überhaupt nicht. „Ich wechsle von einer schönen Farbe in die nächste." 23 war eine Komposition aus Gelb und Knallrot. Und ins neue Lebensjahr begleitet sie ein zart ineinander verschlungenes Band aus Gelb und Dunkelgrün.

OLIVER SACKS

Vom Es besessen

*Der Mann ist angesehener Chirurg und Hobbyflieger.
Der Mann ist aber auch: nicht normal. Er zuckt plötzlich,
tippt Menschen an, wiederholt wirre Laute – alles exakt nach
stets gleichen Regeln. Die Ärzte sprechen vom »Tourette-Syndrom«,
der Betroffene nennt es eine »Störung«. Seit der Kindheit
hört sein Körper auf Kommandos, deren Sinn der Mann
vergebens zu deuten sucht.*

Jede Krankheit führt eine zweite Ebene in das Leben eines Menschen ein – ein „Es", das seine eigenen Forderungen und Bedürfnisse hat, eigene Grenzen setzt. Beim Tourette-Syndrom, einem kaum bekannten Nervenleiden, äußert sich das „Es" durch starke innere Zwänge. Urplötzlich übernimmt „Tourette" die Kontrolle über Menschen und lässt sie gegen den eigenen Willen handeln. Für jemanden mit schwerer Tourette ist es daher keine bloße Redewendung, „beherrscht" zu werden oder „besessen" zu sein.

Dieses „Es" und das „Ich" – Krankheit und Persönlichkeit – können bei Tourette eine außerordentlich komplexe Verbindung eingehen, vor allem, wenn „Es" schon in früher Kindheit aufgetreten und mit dem Menschen „erwachsen" geworden ist. Das Tourette-Syndrom und der Mensch formen sich wechselseitig, ergänzen einander, bis sie schließlich – wie ein altes Ehepaar – untrennbar zusammengehören. Oft ist diese Beziehung destruktiv. Sie kann aber durchaus auch positive Züge tragen, kann jemandem Schwung und Spontaneität verleihen oder eine Begabung für ungewöhnliche Auftritte.

Es gibt kaum einen Beruf, in dem nicht auch Menschen mit Tourette, benannt nach dem Pariser Neurologen Gilles Georges de la Tourette, arbeiten. Selbst unter Chirurgen, bei denen es ja auf höchste Präzision und Zuverlässigkeit ankommt, kenne ich fünf Tourette-Patienten.

Einen von ihnen hatte ich in Boston auf einem wissenschaftlichen Kongress über das Tourette-Syndrom kennen gelernt. Dr. Mortan Doran war mir zunächst nicht weiter aufgefallen – er war um die fünfzig, mittelgroß, mit braunem Bart, in einem unauffälligen, dunklen Anzug. Doch plötzlich machte er einen Satz nach vorn, bückte sich, hüpfte und zuckte. Diese bizarren Anfälle faszinierten mich, denn sie waren mit ungewöhnlicher Würde und Ruhe gepaart. Ein wenig später kamen wir ins Gespräch, und als ich ihm sagte, wie sehr es mich wundere, dass jemand mit diesem Syndrom als Chirurg praktiziere, lud er mich zu einem Besuch nach British Columbia ein. Dort könne ich ihn als Mensch und Arzt in Aktion erleben.

Vier Monate später fliege ich zu Dr. Doran. Er erwartet mich bereits am Flugplatz. Er begrüßt mich (eine eigenartig Tourette-hafte Willkommensgeste: halb Hüpfen, halb Zucken), schnappt sich meinen Koffer und führt mich zu seinem Auto, in einem eiligen, seltsamen Gang – alle fünf Schritte ein Hüpfer, dann ein rasches Bücken, als wollte er etwas vom Boden aufheben.

Doran interessiert sich leidenschaftlich für Geologie und Geographie und erklärt mir während der Fahrt das Entstehen von Moränen, Gesteinsschichten und anderen geologischen Formationen. Er besitzt offensichtlich auch diesen unwiderstehlichen Drang, alles und jedes zu untersuchen und zu analysieren, diesen bohrenden Blick unter die Oberfläche, der für den ruhelosen, fragenden Geist von Tourette-Kranken charakteristisch ist. Als wollte ihre Besessenheit sich selbst korrigieren, ergänzt eine extrem scharfe, sehr kontrollierte Aufmerksamkeit für jedes Detail ihren beharrlichen Drang, Bewegungen oder Handlungen scheinbar sinnlos zu wiederholen, etwas wieder und wieder zu berühren.

Wann immer Dorans Aufmerksamkeit und Interesse abreißen, machen sich seine Zuckungen und Wiederholungsschübe sofort bemerkbar. Besonders Schnurrbart und Brille befingert er dann wie unter Zwang. Ein ums andere Mal glättet er den Schnäuzer, bringt ihn „exakt" in Form, dann wieder rückt er mit abrupten Bewegungen und zuckenden Fingern seine Brille „gerade" – rauf und runter, nach links und nach rechts, verschiebt sie schräg oder setzt sie ab und gleich wieder auf –, bis sie endlich genau „mittig" sitzt. Von Zeit zu Zeit streckt er seinen rechten Arm aus oder schlägt damit nach etwas Imaginärem. Einen Tick später reißt er plötzlich die Hände vom Lenkrad und tippt mit beiden Zeigefingern an die Windschutzscheibe („Die Berührungen müssen symmetrisch sein", erläutert er).

Seine Knie justiert er ständig neu („Meine Knie müssen immer symmetrisch zum Lenkrad stehen. Es muss immer genau in der Mitte meiner Knie sein"), oder er stößt jähe, schrille Laute aus, mit einer Stimme, die mit seiner normalen nichts zu tun hat; es klingt wie „Hi,

Patty!", gelegentlich auch wie „Hideous!" – „Grässlich!". (Später fand ich heraus, dass Patty eine frühere Freundin war, deren Name nun in einem seiner Ticks mumifiziert ist.)

Schließlich erreichen wir Cranbrook, das sich an die Bergfalten der Rocky Mountains schmiegt. Sein Haus mit einem verwilderten Garten liegt auf einem Hügel über der Stadt. Dorans wolfsähnliche Hunde springen bellend und schwanzwedelnd herbei. Er begrüßt sie mit „Hi, puppies!", mit der gleichen merkwürdig hohen, gequetschten Stimme, mit der er zuvor „Hi, Patty!" gesagt hat, und tätschelt ihre Köpfe, wobei seine Hände in einer krampfartigen Fünfer-Salve auf beide Köpfe herabzucken, exakt symmetrisch, exakt synchron. Auch Dorans beide Söhne kommen herausgerannt. Ich warte darauf, dass Doran in seiner Tourette-Stimme „Hi, kiddies!" ruft und dann synchron und gleichmäßig ihre Köpfe tätschelt. Doch er stellt mir Eric und Jeff einzeln vor. Als wir das Haus betreten, begrüßt uns seine Frau Elaine, die schon Tee für uns bereitet hat.

Während wir am Tisch sitzen, wird Doran immer wieder von dem nervösen Zucken befallen. Zwanghaft berührt er den gläsernen Lampenschirm über sich, trommelt mit den Nägeln beider Zeigefinger leicht auf das Glas. Es gibt ein hohes, fast schon melodisches Klicken, dann wieder nur kurze Salven. Ein Drittel der Zeit beim Tee vergeht mit Zucken und Klicken, und er scheint unfähig zu sein, das zu verhindern. Kann er wirklich nicht anders?

„Wenn Sie die Lampe nicht erreichen könnten, hätten Sie trotzdem den Drang, dagegen zu ticken?", frage ich ihn. „Nein", antwortet er, „es hängt davon ab, wie nah ein Gegenstand ist. Ich habe jetzt zum Beispiel keinen Impuls, die Wand zu berühren; wenn sie aber in Reichweite wäre, müsste ich sie vielleicht hundertmal anfassen." Mein Blick folgt seinem zur Wand; sie ist über und über von pockigen Narben bedeckt, wie der Mond von Kratern, nur von seinen Tick- und Stoßsalven. Die Kühlschranktür ist verbeult, als wären Diskusscheiben darin eingeschlagen. „Tja", sagt Doran, der nun meinem Blick gefolgt ist, „wenn ich mich plötzlich über etwas aufrege, schmeiße ich alles Mögliche gegen den Kühlschrank, das Bügeleisen, das Nudelholz, Kochtöpfe, was ich gerade in der Hand habe oder mal so eben greifen kann." Diese Information überrascht mich. Mein Bild von ihm erhält eine neue – eine beunruhigende, gewalttätige – Dimension, die nicht so recht zu diesem freundlichen, ruhigen Mann passen will.

„Warum setzen Sie sich denn in die Nähe der Lampe, wenn sie Sie derart stört?", frage ich ihn. „Naja, es ist eine ‚Störung'", gibt Doran zurück, „aber ebenso stimuliert sie mich auch. Ich mag das Gefühl und das Geräusch dieses ‚Klicks'. Allerdings kann das eine starke Ablenkung sein. Hier im Esszimmer kann ich nicht arbeiten, dazu muss ich in mein Arbeitszimmer gehen – weg von der Lampe."

Für Doran ist das Tourette-Syndrom eine „Krankheit, die enthemmt". Sie setze primitive, instinktive Verhaltensweisen frei, die aus einem längst vergangenen, unzivilisierten Zeitalter stammten. Es gebe Emotionen, die möglicherweise jeder habe, normalerweise aber unterdrücke. „Vielleicht geht es allen Menschen so, ohne dass sie es wissen." Dann wiederum äußere sich das Tourette-Syndrom auch in übersteigerten Zwangsvorstellungen und Ängsten. „Sagen wir mal, ich höre von einem Kind, das sich verletzt hat", erzählt Doran, „dann befallen mich sofort heftige Sorgen, und ich muss rauf in mein Zimmer. Da trommele ich dann gegen die Wand und sage: ‚Hoffentlich passiert das meinen nicht.'"

Einige Tage später kann ich diese Reaktion selber verfolgen. Das Fernsehen strahlt eine Reportage aus über ein vermisstes Kind. Doran befingert aufgewühlt seine Brille (oben, unten, links, rechts; oben, unten, links, rechts) und schiebt sie hin und her, bis sie „richtig" sitzt. Dazu stößt er komische Töne aus und murmelt leise: „Jeff, Jeff – geht es dir gut?"

Bei einem Spaziergang erzählt Doran vom Ausbruch seiner Krankheit. Sieben Jahre alt war er damals. Ob sonst noch jemand in seiner Familie am Tourette-Syndrom litt oder leidet, weiß er nicht – er ist ein Adoptivkind. „Ich bin in Toronto aufgewachsen. Ich trug eine Brille und Zahnspangen und hatte Zuckungen. Das gab mir den Rest", erinnert sich Doran. „Ich wurde zum Einzelgänger. Wenn ich wandern ging, dann immer allein. Bei mir riefen nicht ständig irgendwelche Freunde an, wie jetzt bei meinem Sohn Eric – das ist ein Riesenunterschied." Sein Absondern und die langen, einsamen Wanderungen förderten in ihm jedoch ein Gefühl von Unabhängigkeit und Selbstständigkeit. Mit den Händen war er schon als Kind sehr geschickt, ständig tastete er irgendwelche Gegenstände ab, deren Formen ihn faszinierten, in die Beobachtung von Bewegungsabläufen konnte er sich stundenlang vertiefen. Doran ging noch zur Schule, als sein Entschluss feststand: Er wollte Chirurg werden.

Anatomie fiel ihm relativ leicht, mit dem Medizinstudium insgesamt hatte er allerdings große Probleme. Weniger wegen seiner Zuckungen und des Dranges, Dinge zu berühren (der mit den Jahren immer stärker wurde), sondern vielmehr wegen der merkwürdigen Obsessionen, die ihn beim Lesen befielen. „Ich musste jede einzelne Zeile x-mal lesen. Jeden Absatz musste ich vor mir so ausrichten, dass dessen vier Ecken genau symmetrisch in meinem Blickfeld lagen", erzählt er. Er war regelrecht besessen vom Verlangen, die Silben und Wörter im Text aufeinander „auszurichten", es drängte ihn, eine Symmetrie in der Abfolge der Interpunktion zu finden, die Häufigkeit eines x-beliebigen Wortes zu überprüfen. Dazu gab es noch den Zwang, einzelne Wörter, Sätze oder Zeilen immer wieder vor sich hin zu sagen. Er konnte keinen Absatz flüssig an einem Stück lesen.

Bis heute kann er keinen Text einfach überfliegen, um das Wesentliche zu erfassen. Damals zwang ihn diese Schwäche dazu, besonders akribisch zu lesen und seine Medizinbücher regelrecht auswendig zu lernen. Nach zwölf Jahren als praktischer Arzt in einer kleinen kanadischen Stadt verschlug es Doran und Familie nach Cranbrook. Er mag den Ort, auch wenn der Start nicht leicht war. Zunächst war ihm ein beträchtliches Misstrauen entgegengeschlagen: „Ein Chirurg, der ständig zuckt? Was sollen wir damit?" Anfangs gewann er kaum Patienten, doch allmählich lief die Praxis besser, und seine Kollegen, die zunächst skeptisch abgewartet hatten, akzeptierten ihn schließlich und nahmen ihn in die Mediziner-Gemeinde auf.

Für die Nacht hat mich die Familie im Gästezimmer im Keller einquartiert. In aller Herrgottsfrühe weckt mich ein eigenartig surrendes Geräusch. Schlaftrunken öffne ich die Tür des Hobbykellers einen Spalt weit: Da sitzt Doran mit blankem Oberkörper auf einem Heimtrainer, wild trampelnd und Pfeife paffend. So startet Doran routinemäßig in den Tag: eine halbe Stunde radeln, die Lieblingspfeife im Mund, vor ihm ein Fachbuch, mit dem er sich auf die Arbeit vorbereitet. Die Pfeife und die rhythmische Bewegung beruhigen ihn so, dass er weder zuckt noch sich zwanghaft bewegt. Er kann dann ohne seine üblichen Obsessionen und ohne Ablenkung lesen.

Doch kaum beendet Doran das rhythmische Trampeln, befällt ihn wieder eine ganze Serie von Zuckungen. Er kratzt sich am wohltrainierten Bauch und murmelt dabei vor sich hin: „Fett, Fett, Fett ... Fett, Fett, Fett ..." Dorans Söhne kennen des Vaters Vorliebe für bestimmte merkwürdige Wörter und Klänge. Sie fahnden in Zeitungen und Büchern, im Radio oder Fernsehen danach. Wenn sie auf einen neuen „Leckerbissen" stoßen, kommt der Name auf eine spezielle Liste. Für Doran ist diese Liste „das Wertvollste im ganzen Haus", und die Wörter sind „Süßigkeiten für den Geist". Die Liste existiert seit sechs Jahren, seit Doran der Name „Oginga Odinga" anregte; mittlerweile enthält sie mehr als 200 Einträge. Davon sind momentan 22 „aktuelle", das heißt, sie sind dauernd in Gebrauch, bis sie irgendwann wieder deaktiviert werden. „Slavek J. Hurka" – der Name eines Professors für

Wirtschaftsgeschichte, bei dem Elaine studiert hatte – hallt schon seit 17 Jahren ohne größere Unterbrechungen aus Doran heraus. Manche Namen haben einen eher rhythmischen Reiz, wie „Boris Blank", „Floyd Flake" oder „Lubor J. Zink", andere besondere Klangqualitäten, etwa „Yelberton A. Tittle" oder „Babaloo Mandel". Die Wörter verankern sich durch ihre „Melodie", wie Doran es nennt, in seinem Hirn. Woher sie stammen, welche Assoziationen sie hervorrufen, ist unerheblich.

Kurz vor halb acht machen wir uns auf den Weg zum Krankenhaus. Doran versteht sich gut mit seinen Kollegen. Ein Indiz dafür ist, dass er seine Besonderheit nicht versteckt. Freundlich tippt er sie mit den Fingerspitzen an, lässt sich auch mal auf dem Sofa zur Seite kippen und stößt den Kollegen, der neben ihm sitzt, leicht mit den Zehen, was ich auch schon bei anderen Tourette-Fällen beobachtet hatte. Neuen Bekannten gegenüber ist Doran mit seinen Tourette-Symptomen zurückhaltender. Er kontrolliert sich so gut wie möglich, bis er mehr von den Leuten weiß. Als er seine Stelle im Krankenhaus antrat, hüpfte er im Flur nur, wenn er sicher war, dass ihn niemand beobachten konnte. Wenn er jetzt hüpft oder springt, achtet er auf niemanden mehr – und niemand mehr auf ihn.

Nach Kaffee und Gebäck fahren wir in die Chirurgische Ambulanz, in der ein halbes Dutzend Patienten auf Doran warten. Als Erster ist ein Wanderführer aus Banff an der Reihe, mit Karohemd, engen Jeans und Cowboyhut. Sein Pferd war im Fallen über ihn hinweggerollt, nun ist seine Bauchspeicheldrüse stark angeschwollen. Im Gespräch stellt sich heraus, dass die Schwellung schon zurückgeht, dennoch tastet Doran vorsichtig und ausführlich den Unterleib ab. Dann schaut er sich Ultraschall-Aufnahmen an, die das Abschwellen bestätigen, und beruhigt den Patienten: „Das geht von selbst wieder weg. Eine Operation ist nicht nötig. Steigen Sie wieder aufs Pferd, und kommen Sie in einem Monat noch mal vorbei." Erleichtert stiefelt der Cowboy aus der Ambulanz. „Doran", erklärt mir der Radiologe später, „ist nicht nur ein Diagnose-Ass, er ist auch ein überaus einfühlsamer Chirurg."

Die nächste Patientin ist eine füllige Frau, der ein Melanom aus dem Gesäßfleisch herausgeschnitten werden muss. Doran wäscht sich die Hände und streift sterile Handschuhe über. Irgendetwas scheint dabei sein Tourette zu stimulieren. Die rechte Hand im sterilen Handschuh zuckt immer wieder zum ungewaschenen, „schmutzigen" Teil seines linken Arms hinüber. Die Patientin nimmt es ungerührt zur Kenntnis. Es scheint, als hätte ihr Hausarzt sie vorsichtshalber schon eingeweiht.

Die Vorbereitungen sind abgeschlossen, Doran macht sich an die Arbeit. Zuerst desinfiziert er die Stelle, dann setzt er mit absolut ruhiger Hand eine Spritze zur lokalen Betäubung. Kaum aber ist die Arbeit für einen Moment unterbrochen, tauchen auch die schnellen Beinahe-Berührungen wieder auf. Die Schwester zuckt mit keiner Wimper. Doran schneidet mit sicherer Hand im Zentimeterabstand rings um das Melanom, und keine 40 Sekunden später hat er es entfernt, mitsamt einem paranussgroßen Fett- und Hautklumpen. „Raus ist es!", freut er sich. Dann näht er schnell und geschickt die Wundränder zusammen und sichert jeden Stich mit fünf Knoten.

Die Patientin, die sich das Ergebnis im Spiegel betrachtet, zieht ihn auf: „Müssen Sie zu Hause etwa auch alles nähen?" – „Klar", lacht er, „nur Socken muss ich nicht stopfen." Sie schaut noch einmal genauer hin: „Also, da haben Sie ja ein perfektes Muster hingekriegt." Das Ganze hat keine drei Minuten gedauert. „Fertig. Da – das habe ich rausgeschnitten." Doran zeigt ihr die Gewebemasse. „Bääh", ekelt sie sich, verzieht das Gesicht, bedankt sich und geht.

Vom ersten bis zum letzten Augenblick hat alles absolut professionell gewirkt, keine Spur von Tourette, von den ruckartigen Bewegungen zwischendurch einmal abgesehen. Nur bei einem bin ich mir nicht sicher: bei der Art, wie er ihr die Gewebemasse gezeigt hat („Da!"). Man kann einem Patienten vielleicht dessen Gallensteine zeigen, aber einen blutigen, missratenen Klumpen Fleisch und Fett? Sie wollte ihn offensichtlich nicht sehen, er aber wollte ihn ihr zeigen. Ich frage mich, ob dieser Vorgang sich auch aus dem Tourette-Syndrom erklärt, aus dem Bedürfnis, alles genau anzuschauen, zu erklären und zu verstehen. Ist das nun der Tourette-Doran, der Besessene, oder ist es Professor Doran, der einmal in der Woche an der University of Calgary Anatomievorlesungen hält? Ist es ein Zeichen seiner besonderen Sorgfalt? Geht er davon aus, dass alle Patienten genauso neugierig und detailversessen sind wie er?

Doran hat eine lange Liste von Ambulanzpatienten vor sich. Als Chirurg ist er offensichtlich sehr beliebt, und ob er seine Patienten nur untersucht oder operiert, er tut es immer schnell und präzise, mit absoluter, ausschließlicher Konzentration auf den Fall – jeder merkt, dass er Dorans volle Aufmerksamkeit besitzt, dass es außer ihm für Doran in diesem Moment keinen anderen Menschen auf der Welt gibt. Sein Draht zu den Menschen ist direkt und freundschaftlich. Das ist besonders bei Ambulanzpatienten zu spüren. Die Hinwendung, die Erläuterung seiner Arbeit und deren Resultate erscheinen mir unmittelbarer als bei einem normalen Arzt oder gar einem Neurologen wie mir.

Meine Mutter fällt mir ein, die ihre Arbeit als Chirurgin sehr geliebt hatte. Bei ihren Hausbesuchen hatte ich sie oft und gern begleitet. Ich selbst bin wegen ausgeprägter Ungeschicklichkeit als Chirurg nicht geeignet, doch seit meiner Kindheit fasziniert mich dieser Beruf. Diese halb vergessenen Gefühle leben wieder auf, während ich Doran an seinen Patienten beobachte. Am liebsten hätte ich mit zugegriffen, Wundränder auseinander gezogen oder sonst wie mitgewirkt.

An jedem Freitag operiert Doran. Diesmal steht eine Brustamputation auf dem Plan. Ich bin gespannt darauf, ihn in Aktion zu erleben. Wie wird er sich während einer solch schwierigen Operation verhalten, die intensive, nicht nachlassende Konzentration erfordert und dies nicht für Sekunden oder Minuten, sondern über Stunden?

Dorans Operationsvorbereitung ist ein echtes Spektakel. Sein Verhalten, wie ich es in der Ambulanz erlebt habe, ist hier noch wesentlich ausgeprägter. Er fuchtelt mit den Armen, greift nach seinen – natürlich unsterilen – Schultern, nach seinen Assistenten oder dem Spiegel, berührt aber nie etwas dabei; zwischendurch macht er plötzlich Sätze nach vorn und stößt seine Kollegen mit den Füßen an, dazu gibt er eine ganze Serie von Tönen von sich, die an eine große Eule erinnern.

Die Patientin liegt bereits voll anästhesiert auf dem Operationstisch. Doran wirft einen kurzen Blick auf die Mammographie, dann greift er zum Skalpell und setzt zum Schnitt an – kühn und sauber, ohne das leiseste Zittern. 20 Minuten vergehen, 50, 70, 100 Minuten. Die Operation ist außerordentlich kompliziert (Gefäße müssen abgebunden, Nervenstränge gefunden werden), doch all seine Bewegungen sind von äußerster Präzision und Selbstverständlichkeit, geschmeidig und in einem ganz eigenen, gleichmäßigen Tempo. Nach zweieinhalb Stunden hat Doran die schwierige und strapaziöse chirurgische Arbeit beendet. Er bedankt sich beim Team, gähnt und streckt sich ausgiebig.

Da habe ich doch gerade eine komplette Operation ohne das geringste Anzeichen von Tourette miterlebt. Und nicht etwa, weil er das Syndrom unterdrückte (ich hatte keinen Hinweis auf besondere Selbstkontrolle oder Verkrampfung entdeckt), sondern schlicht und einfach, weil es keinen Impuls gab, der einen Tick hätte auslösen können. „Während ich operiere, kommt mir nicht einmal der Hauch eines Gedankens, dass ich Tourette habe", sagt Doran. Offensichtlich hat er dann nur eine Identität: die des Chirurgen bei der Arbeit. Seine gesamte Psyche, jeder Nerv sind auf die Arbeit ausgerichtet, werden ausschließlich dafür aktiviert, darauf konzentriert, sind dadurch beruhigt, funktionieren somit ohne Tourette-Symptome.

Lediglich wenn die Operation für ein paar Minuten unterbrochen wird – um etwa eine spezielle Röntgenaufnahme anzuschauen, die zwischendurch gemacht wurde – und Doran nichts zu tun hat, fällt ihm wieder ein, dass er Tourette hat, und schon kehren die Symptome zurück. Sobald ihn die Operation wieder gleichmäßig beschäftigt, verschwindet seine „Tourette-Identität" und damit jedes Tourette-Symptom. Dorans Assistenten erstaunt das bis heute, obwohl sie schon seit Jahren mit ihm zusammenarbeiten. „Dass und wie diese Ticks plötzlich verschwinden", erzählt einer, „grenzt schlicht an ein Wunder."

Früher waren Operationen nicht immer so reibungslos verlaufen, erzählt Doran mir später. Gab es etwas, das ihn von der Operation ablenkte („In der Aufnahme warten drei Patienten" – „Ihre Frau lässt Ihnen ausrichten, Sie möchten drei Dosen Hundefutter mitbringen"), raubte ihm das die Konzentration und unterbrach den gleichmäßigen Arbeitsrhythmus. Vor ein paar Jahren hatte er deshalb Anweisung gegeben, ihn unter keinen Umständen bei einer Operation zu stören. Seit diesem Tag ist der Operationssaal eine „Tick-freie Zone".

Freitags nachmittags hat Doran frei. Wir fahren raus aufs Land, um uns ein wenig zu entspannen. Doran hat etwas auf dem Herzen: Bisher hätte ich bei ihm nur äußerliche Tourette-Symptome erlebt, und diese machten – so bizarr sie gelegentlich auch wirkten – ihm bei weitem nicht die größten Sorgen. Die wirklichen Probleme spielten sich im Inneren ab, erzählt er: Panik- und Wutgefühle, die so übermächtig seien, dass er manchmal fürchte, sie könnten ihn überwältigen, Anfälle, die urplötzlich, ohne die geringste Vorwarnung, auftreten. Manchmal genügt es, dass er ein Polizeiauto sieht, schon schießen ihm Gewaltfantasien durch den Kopf: Verfolgungsjagden, Schießereien, brennende Häuser, grässliche Verstümmelungen und tödliche Verletzungen – Fantasien, die unglaublich viele Details aufweisen und in wahnwitziger Geschwindigkeit durch sein Hirn rasen.

Als sei er in zwei Teile aufgespalten, kann der eine davon die Szenen aus der Distanz betrachten, über den anderen Teil aber bekommen die Bilder eine Macht, die ihn zu Taten drängt. Doran kann sich so weit kontrollieren, dass es nicht zu öffentlichen Ausbrüchen kommt, doch die Selbstkontrolle ist außerordentlich anstrengend und fordert ihn bis zur Erschöpfung. Zu Hause, in privater Umgebung, kann er sich gehen lassen – zwar nicht gegenüber anderen Menschen, aber an allen möglichen Gegenständen. Mir fällt die Wand ein, auf die er eingeschlagen hat, oder der Kühlschrank, auf den er praktisch mit allem geschmissen hatte, was die Küche hergab. In seinem Büro hat er ein Loch in die Wand getreten, das er nun mit einer Topfpflanze tarnt, und die Holzverkleidung seines Arbeitszimmers ist von Messerstichen übersät.

„Das hat nichts Sanftmütiges mehr", sagt er. „Sie können solche Ausbrüche als wunderlich ansehen, als lustig, Sie könnten versucht sein, sie zu verniedlichen, doch die Tourette-Anfälle kommen aus den tiefsten Tiefen des Nervensystems, direkt aus dem Unbewussten. Das ist der Sitz der ältesten und stärksten Gefühle, die wir haben. Tourette ist wie ein epileptischer Anfall im Subkortex, im Nervengeflecht unter der Hirnrinde. Wenn es mich überwältigt, bleibt mir nur noch ein winziger Rest an Selbstkontrolle, eine dünne Schicht Hirnrinde zwischen mir und ‚ihm', zwischen mir und einem wütenden Orkan – der blinden Gewalt des Subkortex. Sicher, man kann die charmanten Seiten, die lustigen Seiten und die kreativen Seiten von Tourette sehen, doch es hat auch eine dunkle Seite. Und gegen die kämpfe ich mein Leben lang an."

Dorans ausgeprägter Drang zu schauen wird mitunter ergänzt durch das heftige Verlangen, angeschaut zu werden. Kaum sind wir wieder bei ihm zu Hause, greift er sich plötzlich seinen Sohn Eric, stellt sich vor ihm auf, streicht wütend seinen Schnurrbart glatt und sagt zu ihm: „Schau mich an! Schau mich an!" Eric rührt sich zwar nicht von der Stelle, hält aber seine Augen nicht ruhig. Doran packt Erics Kopf, fixiert ihn genau vor seinem Gesicht und zischt: „Los! Schau mich an! Los!" Eric steht so still, als wäre er hypnotisiert.

Diese Situation hat etwas Beunruhigendes. Andere Familienszenen dagegen rühren mich eher: wenn etwa Doran Elaines Kopf mit gestreckten Fingern und in perfekter Symmetrie tätschelt und dazu ein sanftes „Huuh, huuh" ausstößt. Sie nimmt die Geste ganz entspannt an – eine bewegende, zärtliche, absurde Szene. „Ich liebe ihn, wie er ist", sagt Elaine. „Ich möchte ihn gar nicht anders haben." Doran geht es genauso: „Es ist eine komische Krankheit – eigentlich kommt es mir so vor, als wäre es überhaupt keine Krankheit, sondern eben die Art, wie ich bin. Ich benutze zwar das Wort ‚Krankheit', aber es erscheint mir irgendwie unpassend."

Doran meint, Tourette sei ein neuro-chemisches oder neuro-physiologisches Leiden. Nach seiner Theorie laufen bei ihm bestimmte körpereigene chemische Prozesse nicht normal ab. Das sei der Grund, weshalb die „primitiven", normalerweise unterdrückten Verhaltensmuster aktiviert und wieder deaktiviert würden. Da er Tourette als einen Teil von sich akzeptiert hat, lehnt er Psychopharmaka, etwa Haloperidol, für seine Behandlung ab – sie mildern zwar die Symptome, lassen aber auch weniger von ihm selbst übrig; er fühlt sich so nicht mehr „ganz".

Bei Doran tauchten die Ticks zwar schon im Alter von sieben Jahren auf, doch erst 30 Jahre später identifizierte er sie als Tourette-Syndrom. „Als wir gerade frisch verheiratet waren, haben wir über diese Ticks Witze gemacht", erzählt mir Elaine in einer ruhigen Minute. „Manchmal sagte ich zu ihm: ‚Wenn ich das Rauchen aufgebe, gibst du das Zucken auf.' Wir dachten, er könnte damit aufhören, wenn er nur wirklich gewollt hätte. So ging das bis 1977, Eric war noch ein Baby, da hörte Mortan eine Wissenschaftssendung im Radio. Plötzlich geriet er schier aus dem Häuschen und rief: ‚Elaine, komm her und hör dir das an! Die reden hier über das, was ich ständig mache.' Es war aufregend für ihn, dass andere Menschen das Gleiche erleben. Und ich war erleichtert. Ich hatte ja immer das Gefühl gehabt, etwas Grundlegendes sei nicht in Ordnung. Nun hatten wir endlich einen Namen dafür, konnten es uns vertraut machen. Und auch den Leuten, die eine Erklärung wollten, konnten wir nun etwas sagen. Seit ein paar Jahren trifft Mortan andere Tourette-Kranke und nimmt an Veranstaltungen der ‚Tourette-Syndrom-Gesellschaft' teil." Tags darauf muss ich frühmorgens zurück nach New York. Doran hatte mir das zweifelhafte Angebot gemacht, mich bei gutem Wetter selbst nach Calgary zu fliegen: „Es ist eine einmalige Gelegenheit, ich bin nämlich der Welt einziger fliegender Chirurg mit Tourette-Syndrom."

Als ich im Morgengrauen aufwache und sehe, dass bestes Flugwetter ist, wird mir ganz mulmig zumute. Auf dem Weg zum Flugfeld von Cranbrook fährt Doran vor lauter Zuckungen im Zickzack. Der Gedanke ans Fliegen macht mich noch nervöser. „In der Luft ist alles viel einfacher, da muss ich mich nicht genau auf einer Straße halten und kann auch mal die Hände vom Steuerknüppel lassen", sagt Doran. Er öffnet einen Hangar und zeigt mir stolz sein Flugzeug – eine rotweiße, einmotorige Cessna Cardinal. Er schleppt sie auf das Rollfeld und checkt sie ein ums andere Mal durch, bevor er den Motor vorwärmt. Die vielen Checks geben mir ein Gefühl von Sicherheit. Wenn Doran wegen seines Wiederholungszwangs alle Checks gleich drei- oder fünfmal machen muss, umso besser.

Endlich springt Doran mit einem Satz ins Cockpit. Während ich hineinklettere, lässt er den Motor an, und schon heben wir ab. Wir nehmen Kurs auf eine Dreitausender-Kette der Rocky Mountains – und Doran zuckt, flattert mit den Armen, greift nach allem Möglichen, befingert seine Brille, seinen Schnurrbart und das Dach der Kabine. Nur kleine Ticks, beruhige ich mich, völlig harmlos. Was aber, wenn er einen Wutanfall bekommt? Was, wenn er die Maschine trudeln lässt oder einen kleinen Looping einlegt? Was, wenn er aus der Kabine herauslangt, um den Propeller zu berühren? (Tourette-Kranke sind oft von sich drehenden Objekten fasziniert. Ich sehe ihn vor meinem geistigen Auge halb aus dem Fenster ragen und wie besessen nach dem Propeller greifen.) Doch die Ticks bleiben während des ganzen Fluges barmherzigerweise harmlos.

Doran ist geschickt, der ideale Pilot. Für ihn scheint das Fliegen reines Spiel zu sein, der ganze Himmel ein einziger Spielplatz. Die Freiheit in der Luft, die grenzenlose Weite bereiten ihm offensichtlich großen Spaß; er wirkt sorglos und jungenhaft, wie selten am Boden. Die ganze Zeit aber rutscht er auf dem Sitz hin und her, um seine Knie exakt symmetrisch zu den Kontrollinstrumenten auszurichten. Nach knapp einer Stunde beginnen wir mit dem Landeanflug auf Calgary, das genau nördlich vor uns liegt, unter uns noch die letzten Ausläufer der Rockies.

Plötzlich wird es im Äther lebendig, eine riesige russische Frachtmaschine meldet über Funk ihren Landeanflug auf Calgary an. Doran lässt sich durch den hektischen Funkverkehr nicht aus der Ruhe bringen, gibt stattdessen unsere Position und unsere Flugdaten durch (eine 15 Fuß lange Cessna Cardinal mit einem Tourette-Kranken und dessen Neurologen an Bord), woraufhin man ihm augenblicklich antwortet – so vollständig und hilfsbereit, als flöge er eine Boeing 747. Der Fluglotse kennt den Tourette-Piloten und begrüßt ihn, als wir einschweben, ausgiebig im Funkkanal.

Ich bin überrascht, wie schnell Doran aus dem Cockpit springt, und folge langsam, im „normalen" Tempo. Er plaudert auf dem Rollfeld mit zwei hünenhaften jungen Kerlen, Kevin und Chuck, zwei Brüdern, die schon in der vierten Generation als Berufspiloten in den Rockies fliegen. Gute Bekannte von Doran. „Mortan ist einer von uns", sagt Chuck, „er ist in Ordnung. Tourette? Was soll's. Er ist ein feiner Kerl und ein verdammt guter Pilot dazu."

Doran und seine Freunde fachsimpeln noch etwas über die Fliegerei, während er den Zeitplan für den Rückflug aufstellt. Er muss gleich wieder los, um elf Uhr soll er einen Vortrag halten. Über das Tourette-Syndrom. Wir umarmen uns zum Abschied, dann überquere ich das Rollfeld, um meinen Flug nach New York zu erreichen. Unterwegs drehe ich mich noch einmal um. Ich sehe, wie Doran in die Cessna steigt, die Startbahn hinunterjagt und die Maschine schließlich hochzieht. Ich starre ihm eine Weile hinterher, dann ist er verschwunden.

JOHANNA ROMBERG

Sprich, damit ich dich sehe

Sie kann säuseln und donnern, flöten und schmettern, sie kann schneiden wie Metall, klirren wie Glas und streicheln wie eine warme Hand. Die menschliche Stimme ist das stärkste, vielfältigste und wundersamste Instrument, das die Natur hervorgebracht hat. Und die Erkenntnisse der Stimmforscher zeigen: Wir alle sind im Grunde geborene Virtuosen – auch wenn nicht jeder singen kann.

Mit Buchstaben Gesang wiederzugeben ist schwierig, um nicht zu sagen aussichtslos. Noten wären geeigneter. Mit Noten kann man immerhin Tonhöhe, Rhythmus und Lautstärke eines Gesangsstücks exakt festhalten. Aber weder Noten noch irgendwelche anderen Zeichen können vermitteln, worauf es beim Singen eigentlich ankommt: den Klang der Stimme, ihr „Timbre", ihre Ausdruckskraft, ihre Beweglichkeit.

Darin liegt auch das Dilemma dieser Geschichte. Sie handelt von etwas, das, im Wortsinne, nicht zu fassen ist, nicht in Worten, nicht in Bildern. Wie beschreibt man den Klang einer Stimme?

„Flüssiges Gold". „Funkelnder Diamant". „Silberne Trompete". „Bronzene Säule". „Metallisches Gebelle". „Eis im Glas". „Sonne über Hochnebel". „Klangliches Hackfleisch". „Sinken in einen Sessel aus Samt". Musikkritiker haben im Laufe der Jahrzehnte ein ganzes Arsenal an starken, zum Teil extravaganten Metaphern erfunden, um Singstimmen – schöne und weniger schöne – zu charakterisieren. Aber selbst die stärksten Ausdrücke erzeugen keinen Klang im Ohr. Oder vermögen den Eindruck zu erklären, den außergewöhnliche Stimmen bei den Zuhörern hinterlassen.

„Als er das Lied beendete – das letzte war sein teuflisches Lachen –, saß das Publikum im Theater wie vor den Kopf geschlagen. Minutenlang – ich übertreibe nicht – saßen alle stumm und unbeweglich da, als hätte man eine zähe, feste, schwere Flüssigkeit über sie gegossen, die auf ihnen lastete und sie erstickte. Die Kleinbürger hatten bleiche, angstverzerrte Gesichter bekommen."

So schreibt Maxim Gorki um 1900 über einen Vortrag des russischen Bassbaritons Fjodor Schaljapin.

„Die schwangere Frau eines prominenten Magazin-Verlegers [wurde] ohnmächtig angesichts des emotionellen Anschlags durch die Aufführung, die sie erlebte. Ein römisch-katholischer Bischof [musste] von Kritikern davon überzeugt werden, dass das, was er auf der Bühne erlebt habe, Kunst war und keine Orgie." Ein Bericht in den „Opera News" von 1949 über das Debüt der bulgarischen Sopranistin Ljuba Welitsch an der New Yorker Met.

Anschlag. Orgie. Seismischer Schock. Es ist fast schon unheimlich, was ein einzelner Mensch mit ein paar Tönen auszulösen vermag. Wenn ein wirklich großer Sänger seine Stimme erhebt, dann ist es manchmal, als versetzte er seine Zuhörer für Momente in die Zeit vor der Entstehung der Sprache zurück – jene Zeit, als die menschliche Stimme noch kein Medium zur Mitteilung von Gedanken und Ideen war, sondern allein Gefühle ausdrückte. Lange bevor unsere Vorfahren das erste Wort über die Lippen brachten, konnten sie singen – im weitesten Sinne. Sie konnten Töne und Laute hervorbringen, die elementare innere Zustände widerspiegelten: Angst, Lust, Schmerz, Behagen, Triumph, Unterwürfigkeit oder Trauer.

Wenn wir singen oder Gesang vernehmen, dann sind noch heute weniger jene Teile unseres Gehirns aktiv, in denen logisches Denken und abstraktes Vorstellungsvermögen zu Hause sind, sondern jene, in denen sich unser Gefühlsleben abspielt. Doch auch wenn wir sprechen, lässt unsere Stimme oft mehr durchklingen, als unsere Worte aussagen. Und manchmal lässt der Klang einer Stimme den Inhalt des Gesagten völlig vergessen.

An einem Tag im Februar 1987 begannen beim Südwestfunk die Telefone Sturm zu klingeln. Der Anlass war eher geringfügig: Eine neue Sprecherin hatte die täglichen Programmtipps für den Abend verlesen. Die 24-jährige Redaktionsassistentin Susanne Müller war selbst überrascht, welche kollektiven Gefühlsausbrüche ihr dunkles, hauchiges, leicht atemloses Organ auslöste. In den folgenden Wochen wurde der Südwestfunk in „Süßvoicefunk" umgetauft, legten ganze Belegschaften im Sendegebiet minutenlang die Arbeit nieder, nur um den von Müller gesprochenen Verkehrshinweisen lauschen zu können. Selbst Wasserstandsmeldungen verlieh die „erotischste Stimme Deutschlands", wie sie von den Medien genannt wurde, den Charakter verschlüsselter Liebesbotschaften.

Ist die Stimme Ausdruck der Persönlichkeit? Das Wort selbst legt es nahe. „Person" kommt wahrscheinlich von „personare", was auf

Latein so viel heißt wie „durchklingen". „Durchs Auge Liebe? Nichts ist abgeschmackter. Der Kehlkopf nur verrät uns den Charakter." Da war sich auch Theodor Fontane sicher.

Man sollte sich diesen Kehlkopf genauer ansehen.

Manchmal hat es sein Gutes, dass Buchstaben keinen Klangeindruck vermitteln. Denn die Stimme, die sich hier fortissimo in die Regionen ums zweigestrichene A aufschwingt, gehört keinem Opernstar, sondern einer Gelegenheitssängerin, die sonst allenfalls unter der Dusche oder hinter fest verschlossenen Autofenstern losschmettert. Den beiden Zuhörern macht das zum Glück nichts aus: Sie sind es gewohnt, menschliche Lautäußerungen nicht nach ästhetischen, sondern nach medizinischen Kriterien zu beurteilen. Ilse Funke, Logopädin, und Dr. Markus Hess arbeiten am Berliner Uni-Klinikum Benjamin Franklin, Abteilung für Phoniatrie (Stimmheilkunde) und Pädaudiologie (Behandlung von Hörstörungen bei Kindern).

Die Abteilung, untergebracht im dritten Stock eines ehemaligen US-Militärkrankenhauses, ist so etwas wie eine zentrale Anlaufstelle für die Fußkranken der Kommunikationsgesellschaft. Hierher kommen Telefonisten und Mitarbeiter von „Call Centern", die am Ende eines Achtstundentages oft nur noch flüstern können, Versicherungsvertreter, die wegen chronischer Heiserkeit kaum noch neue Kunden gewinnen, Manager, die bei jeder Pressekonferenz gegen chronischen Räusperzwang kämpfen. Es kommen Lehrer, denen nach jahrelangem akustischen Nahkampf gegen phonstarke Schülermassen fast täglich die Stimme versagt, aber auch Schüler und sogar Kindergartenkinder, die beim Versuch, sich in einer immer lauteren Umwelt Gehör zu verschaffen, Schreiknötchen auf den Stimmbändern entwickeln. Und es kommen Sänger aller Stilrichtungen und Berühmtheitsgrade – Musicalstars, denen nach der 80. Aufführung von „Miss Saigon" die Spitzentöne abhanden gekommen sind, ebenso wie Gelegenheitsrocksänger, die nach ein paar Dutzend „Gigs" in verräucherten Musikkneipen nur noch Raspelgeräusche hervorbringen.

Sie alle müssen als erstes die „Stimmrunde" absolvieren – eine Art großen Lauschangriff mit dem Ziel einer umfassenden Diagnose. Dabei müssen die Patienten ihr Organ in allen Lebenslagen vorführen: Konversation machen, laut und leise vorlesen, aus Leibeskräften rufen, Töne aushalten, Dreiklänge schmettern. Währenddessen hält Frau Funke oder eine ihrer Kolleginnen fest, was die Eigenart der Stimme ausmacht. Klang, Resonanz, Stimmeinsatz und -absatz, Umfang, Modulationsbreite, Atemgeräusche, Registerübergänge, Kieferöffnungsweite, Lippenspannung – die Liste der messbaren Stimm-Merkmale umfasst mehrere Dutzend Positionen. Was die Ohren nicht genau genug wahrnehmen, misst der Computer: Dezibel, Obertöne, Ein- und Ausatemvolumen, Unregelmäßigkeiten der Stimmbandschwingungen, die das Ohr als Heiserkeit wahrnimmt.

Der „Lauschangriff" liefert oft eindeutige Hinweise darauf, wie es in der Kehle des Patienten aussieht – etwa, ob er Knötchen oder Polypen auf den Stimmbändern hat, ob er an einem Tumor leidet oder ob es ihm aufgrund einer Muskelverspannung die Stimme verschlagen hat. Eines müssen fast alle Patienten im Laufe der Diagnose erfahren: dass sie über Monate, oft über Jahre falsch mit ihrer Stimme umgegangen sind. Zu lautes Reden in zu hoher oder zu tiefer Lage, zu starkes Pressen und Forcieren, um mangelndes Volumen auszugleichen, falsche Atemführung, häufiges Sprechen in klimatisierten Räumen, Rauchen, übermäßiger Alkoholkonsum oder ständig überwürztes Essen – es gibt viele Methoden, eine Stimme zu ruinieren.

Besonders Sängern beschert die phoniatrische Analyse oft die bittere Erkenntnis, dass sie ihre Stimme nicht nur überfordert, sondern durch falschen Gesangsunterricht systematisch fehlentwickelt haben. Es ist erstaunlich, sagt Manfred Gross, Leiter der Phoniatrie-Abteilung, wie wenig selbst ausgebildete Sänger und renommierte Gesangspädagogen oft von der Physiologie des Stimmapparats wissen.

Für diese hat die Diagnose aber oft etwas Erleichterndes: Sie erfahren zum ersten Mal, dass die Stimme kein unveränderliches körperliches Merkmal ist, sondern dass man sie formen und trainieren, auf ihr „spielen" kann wie auf einem Musikinstrument. Die meisten Patienten werden denn auch gleich nach der Behandlung im Klinikum an einen Logopäden, einen Stimm- und Sprechlehrer, überwiesen.

Vorher aber bekommt jeder seine Stimme zu sehen – und zwar in Aktion. Denn wie, fragen die Phoniater, soll man lernen, ein Instrument zu beherrschen, wenn man überhaupt nicht weiß, wie es funktioniert?

Zwei Gardinen im Wind, vor einem erleuchteten Fenster. Sie wölben sich vor, fliegen auseinander, schlagen wieder zusammen, fliegen auseinander – in einer gleichmäßigen, geschmeidigen, leicht rollenden Bewegung. Was auf den ersten Blick wie eine surreale Computeranimation aussieht, ist die Einsicht in einen Vorgang, der normalerweise unsichtbar ist: die Entstehung eines Tons im menschlichen Kehlkopf. Die „Gardinen" sind zwei Stimmbänder in Bewegung, 10- bis 15fach vergrößert, aufgenommen mit einem speziellen Beleuchtungsverfahren, das zwei Untersuchungsmethoden kombiniert: die „Video-Stroboskopie" und die „Transillumination".

Bei der ersten wird ein Stab mit einem Linsensystem an der Spitze in den Hals gesenkt. Dieses „Stroboskop" nimmt die schwingenden Stimmbänder mit einem speziellen Verfahren so auf, dass deren Bewegung um den Faktor 100 verlangsamt erscheint, immer so, dass pro Sekunde eine Schwingung sichtbar wird. In „Echtzeit" schwingen Stimmbänder zwischen etwa 100- bis 1000-mal pro Sekunde gegeneinander. Je schneller die Schwingung, desto höher der Ton: Die normale Sprechstimme eines Mannes liegt um 100–130 Hertz, wenn eine „Königin der Nacht" ihr dreigestrichenes F jubiliert, dann schwingen ihre Stimmbänder mit einer Frequenz von rund 1400 Hertz.

Während das Stroboskop über dem singenden Kehlkopf hängt, wird eine Lichtquelle von außen an den Hals gehalten – so, dass sie die Luftröhre in ein rötliches Licht taucht. Durch die „Transillumination" wird auch die Unterseite der schwingenden Stimmbänder sichtbar, bis hin zu Details der Oberflächenstruktur.

Beim Wort „Schwingen" und „Stimmbänder" denken die meisten an eine Art Saitenspiel, das durch vorbeiströmende Luft in Bewegung gerät. Aber es ist anders, versichert Dr. Hess, und komplizierter. Was genau die Stimmbänder – oder „Stimmlippen", wie die präzisere Beschreibung lautet – zum Schwingen bringt, zeigt ein simples Experiment. Man hält zwei Blatt Papier nebeneinander und bläst hindurch. Es ereignet sich, was Physiker das „aerodynamische Paradoxon" nennen: Entgegen der Erwartung fliegen die Blätter nicht auseinander, sondern bewegen sich aufeinander zu, berühren sich, werden wieder auseinander geblasen, berühren sich wieder: Eine Vibration entsteht. Derselbe Effekt ist zu beobachten, wenn Wasserdampf einen Kochtopfdeckel zum Tanzen bringt.

Was beim Kochtopf der Dampf, ist bei der Stimme die aus den Lungen strömende Luft. Sie bringt die Stimmlippen dazu, sich im Wechsel zu öffnen und zu schließen. Im Idealfall wird fast der gesamte Atem in Schwingung, in Klang umgewandelt. „Fast" heißt: Es sollten pro Sekunde höchstens um die 100 Milliliter Luft aus dem Mund entweichen. Die alten Belcanto-Lehrer, die natürlich noch nicht über computergestützte Atemmessgeräte verfügten, hielten ihren Schülern eine brennende Kerze direkt vor den Mund: Sie durfte auch bei Spitzentönen nicht flackern.

Bei weniger geübten Stimmbenutzern würde die Flamme oft zucken. Die Stroboskop-Aufnahme zeigt, weshalb: Treffen die vibrierenden Stimmlippen – ob beim Sprechen oder beim Singen – nicht ganz zusammen, so dringt zusätzliche Luft durch die Stimmritze, der Klang wird entsprechend hauchig. Auch die Ursachen chronischer

Heiserkeit werden auf dem Video sichtbar – etwa Polypen, Ödeme oder die bei Sängern gefürchteten Knötchen auf den Stimmlippen. Die ließen sich früher, wenn überhaupt, nur in Vollnarkose entfernen. Heute geschieht das ambulant – mit Hilfe der Stroboskop-Kamera, die selbst sandkorngroße Verdickungen bis auf Kirschformat vergrößert.

Wichtiger aber noch ist ein anderes Hilfsmittel: das Ohr. Manfred Gross lässt seine Patienten während der Operation in regelmäßigen Abständen singen. Nach jeder hauchfeinen Schälbewegung auf den – örtlich betäubten – Stimmlippen heißt es: „Bitte einmal hiiiii!" Ist der Ton klar, ist die Operation zu Ende. Und nach drei Tagen eisernen Schweigens (die OP-Wunde muss abheilen) hat der Patient seine gesunde Stimme wieder.

Manchmal allerdings wollen die Patienten mehr: dass nämlich die Phoniater ihre Stimme nicht nur heilen, sondern auch verbessern, sie strahlender, kraftvoller, klangschöner machen. Aber da muss der Professor passen. „Denn", sagt Manfred Gross, „wie sollen wir entscheiden, was ‚schön' ist? Wir können mit unseren Untersuchungsmethoden lediglich feststellen, ob eine Stimme funktionstüchtig ist. Ob einem der Klang dann gefällt oder nicht – das ist Geschmackssache." Und der Geschmack ist etwas ganz Eigenes, selbst bei Professoren. Manfred Gross hört zum Beispiel gern Joe Cocker. Dessen raue, vom Leben gegerbte Stimme findet er auf ihre Art schön. Warum? Unmöglich zu sagen. Rein medizinisch gesehen, sagt Gross, wäre der Sänger längst ein Fall für die Phoniatrie.

Kann man denn der Video-Innenansicht eines Kehlkopfs entnehmen, was für eine Stimme er hervorbringt? Kann man den Stimmlippen ansehen, ob deren Besitzer ein großer Sänger ist – oder das Zeug dazu hätte, einer zu werden? Kann man auch nicht, sagt Dr. Hess. Im Prinzip sieht der Kehlkopf von Placido Domingo nicht wesentlich anders aus als der eines knödelnden Männerchor-Tenors. Denn der Gesamtklang einer Stimme ist nicht nur das Produkt der Stimmlippen-Vibration, sondern vielmehr ein Gesamtkunstwerk, an dem fast der gesamte Körper beteiligt ist: das „Ansatzrohr" aus Rachen- und Mundhöhle, das, wie der Schalltrichter eines Blasinstruments, bestimmte Obertöne verstärkt und andere dämpft (im Unterschied zum Instrumententrichter aber beweglich ist), die Muskeln des Brust- und Bauchraums, des Kehlkopfes und die des Artikulationsapparats, die alle in kompliziertem Miteinander den Atemdruck, die Länge, Spannung, Elastizität und Stellung der Stimmlippen regeln und damit wiederum die Tonhöhe, Lautstärke und Klangfarbe der Stimme.

Irgendwie hatte Fontane schon Recht. Dass der Kehlkopf den Charakter verrät – das ist sicher übertrieben. Aber die Stimme sagt viel aus über einen Menschen. Man muss nur genau hinhören.

„Hier ist Tristans Mörder."
„*Was* sind Sie?"
„Tristans Mörder ist hier!"
„Von wo aus rufen Sie an?"
„Aus Frankfurt-Höchst!"

Es ist die Stimme eines Mannes. Wer er ist, weiß niemand, schon gar nicht, ob er den 13-jährigen Tristan Brübach ermordet hat, dessen Leiche am 26. März 1998 entdeckt wurde. Am Tag nach der Beerdigung des Jungen ging der mysteriöse Anruf bei der Polizei-Notrufzentrale in Frankfurt ein. Jetzt ertönt der Tonbandmitschnitt des Anrufs im Arbeitszimmer von Prof. Dr. Hermann Künzel, Leiter der Abteilung Sprechererkennung, Tonbandauswertung und linguistische Textanalyse im Bundeskriminalamt Wiesbaden.

„Hier", sagt Hermann Künzel, „sehen Sie das ‚s'. Und hier das ‚ö' aus ‚Höchst'. Er spricht es als Doppelvokal aus, wie ‚öi'. Hier erkennen Sie deutlich die Formantenverteilung im Übergang von ‚ö' zu ‚i'. Vermutlich kommt der Mann aus dem Frankfurter Raum." Während der Professor erklärt, deutet er auf einen Bildschirm, auf dem ein 16-farbiges Sonagramm zu sehen ist, ein Spektralbild der Stimme des anonymen Anrufers.

Für einen Laien bleibt das Muster aus farbigen Flecken, Wellen und Linien völlig abstrakt. Für den Stimm-Experten dagegen ist es so aussagekräftig wie ein in Lautschrift gedruckter Satz. Die unterste Linie des Spektrums zeigt die „Grundfrequenz" der Stimme an, die niedrigste regelmäßige Schwingung, die der Kehlkopf erzeugt. Die Flecken und Linien deuten an, auf welcher Frequenz die „Formanten", liegen, jene Resonanzen, die jedem Sprachlaut den individuellen Klang geben; die Farben lassen Rückschlüsse auf die Lautstärke der Formanten zu. Jeder Vokal, jeder Konsonant hat im Prinzip sein charakteristisches Frequenzmuster, unabhängig davon, welcher Mensch ihn ausspricht. Im Prinzip. An kleinen Abweichungen des Musters kann der Experte Eigenarten des Sprechers erkennen – zum Beispiel ein gelispeltes ‚S' oder ein nach ‚O' hin abgedunkeltes ‚A'.

Das Sonagramm kann auch einzelne Wörter in „Großaufnahme" zeigen, sogar Stimmbandschwingungen sichtbar machen. „Ich kann jeden Laut in dessen ‚Atome' zerlegen", sagt der BKA-Experte.

Und doch wird der Anrufer, sollte es einen Verdachtsfall geben, womöglich nicht einmal zweifelsfrei identifiziert werden. Denn ein Sonagramm taugt nur selten zum „akustischen Fingerabdruck", es zeigt nur eine begrenzte Zahl von Stimm-Eigenschaften.

Manchmal ist es jedoch schon die Höhe seiner Stimme, die einen Täter entlarvt. So geschehen im Fall des Polizistenmörders Dietmar Jüschke, der 1991 durch einen fingierten Anruf in einer Notrufzentrale zwei Beamte in einen Hinterhalt lockte und erschoss. Das Sonagramm seiner Stimme verzeichnete eine Grundfrequenz von 179 Hertz – ein Wert, der nur bei weniger als einem Prozent aller deutschen Männerstimmen vorkommt. Zusammen mit Charakteristika des ostfälischen Dialekts identifizierte diese Frequenz den Anrufer einwandfrei.

Manchmal wird einem Erpresser seine Mundart zum Verhängnis. Ein Anrufer, der das Berliner „Kaufhaus des Westens" mit Bombendrohungen erpressen wollte, stammte nach Auskunft der Wiesbadener Experten eindeutig aus der Gegend nordwestlich von Saarbrücken. Der Fahndungscomputer der Berliner Polizei meldete nur zwei einschlägig als Erpresser bekannte Personen, auf die dieses zutraf. Der eine hatte ein Alibi. Der zweite legte umgehend ein Geständnis ab.

Manchmal ist es ein einziger Laut, der eine Stimme unverwechselbar macht. Der Ex-Terrorist Peter Jürgen Boock wurde 1983 als einer der Bewacher des entführten und später ermordeten Arbeitgeberpräsidenten Schleyer identifiziert – aufgrund seines ‚S'. Boock sprach diesen Laut mit einem Pfeifton aus, der sich auf dem Sonagramm als charakteristisches Fleckenmuster niederschlug. Ursache: eine Zahnlücke. Es gibt keine zwei Zahnlücken, die exakt dasselbe Pfeifgeräusch erzeugen, versichert Hermann Künzel.

Der BKA-Experte ist stets auf der Suche nach neuen Techniken, mit denen man Stimmen noch feinere Nuancen ablauschen kann. Nur eines haben die Computer bis heute nicht gelernt: selbstständig eine Stimme zu analysieren. Selbst die ausgefuchsteste Software versagt, wenn sie nicht zuvor von einem einschlägig geschulten Sprachwissenschaftler auf die richtige Spur gebracht wird.

Das Ohr, sagt Künzel, ist der fantastischste Schallanalyse-Computer überhaupt. Schon ein paar beiläufig dahingesagten Wörtern entnehmen wir, ob der Sprecher ein Mann oder eine Frau ist, ziehen blitzschnelle Rückschlüsse auf Alter, Herkunft, Bildungsgrad und sozialen Hintergrund. Mit geschulten Ohren kann man sogar zuverlässig erkennen, ob die Stimme das „natürliche" Alter durchklingen lässt oder durch jahrelangen Alkohol- oder Zigarettenkonsum vorzeitig gealtert ist. Und was besonders faszinierend ist: Die meisten Menschen, nicht nur Phonetiker und Linguisten, sind imstande, eine Stimme mit großer Sicherheit wiederzuerkennen. Auch dann, wenn sie sie verzerrt und durch Störgeräusche entstellt durchs Telefon vernehmen. Auch dann, wenn sie gar nicht sagen können, welche konkreten Merkmale sie besitzt. Und oft auch dann, wenn sie sie nur einmal im Leben gehört haben – und das unter grauenhaften Umständen.

Vor einigen Jahren bat die Abteilung Sprechererkennung des BKA acht Frauen zu einem „Voice line-up", einer akustischen Gegenüberstellung. Alle acht Frauen waren Opfer eines Triebtäters geworden, der sie im Dunkeln überfallen und anschließend vergewaltigt hatte. Keine der Frauen hatte den maskierten Mann erkennen können. Aber alle hatten ihn reden hören – gebrochenes Deutsch mit osteuropäischem Akzent.

Kurz zuvor hatte die Kripo einen Rumänen festgenommen, auf dessen Stimme diese Beschreibung zutraf. Die Experten des BKA hatten daraufhin sechs weitere Männer ausfindig gemacht, deren Sprachverhalten in puncto Akzent, Artikulation, Klangfarbe und Grundfrequenz ähnliche Charakteristika aufwies. Verdächtiger und Vergleichspersonen wurden aufgefordert, eine Anzahl von Sätzen neutralen Inhalts nachzusprechen, die in zufällig wirkender Reihenfolge auf einem Tonband zusammengestellt und den Ohren-Zeuginnen vorgespielt wurden.

Fünf Frauen identifizierten den Vergewaltiger einwandfrei – was, so Künzel, ohne Beurteilungsmaßstab nur mit einer Wahrscheinlichkeit möglich gewesen wäre, die etwa einem Sechser im Lotto entspricht. Die anderen konnten keine gerichtsverwertbaren Angaben machen. Beim Klang der Täterstimme brachen sie zusammen und mussten aus dem Raum geführt werden.

Es ist unheimlich, was eine Stimme anrichten kann.

„Guten Abend, meine Damen und Herren. Hier ist das Erste Deutsche Fernsehen mit der Tagesschau."

„Come to Marlboro Country!"

„Mama, wo sind meine Socken?"

„Deutschland braucht Bayern! Bayern braucht die CSU!"

„Dubslav von Stechlin, Major a.D. und schon ein gut Stück über 60 hinaus, war der Typus eines Märkischen von Adel ..."

„Bitte legen Sie nicht auf, der nächste freie Platz wird Sie bedienen."

„Wat is, kommste noch mit auf'n Bier?"

Die Stimmen eines Tages. Manchmal sind es nur eine Handvoll, manchmal Dutzende, die zwischen Aufwachen und Einschlafen an unser Ohr dringen. Stimmen, mit oder ohne Gesicht, vertraute und fremde, neutrale und erregte. Manche überhören wir, vergessen wir, mitsamt dem, was sie mitgeteilt haben; andere lassen aufhorchen, prägen sich ein. Manche strahlen Autorität aus, Sinnlichkeit oder gar Erotik, wie der suggestiv-samtige Bass am Ende eines Werbespots, andere sind absichtsvoll ausdruckslos, wie die Tonbandstimme der Telekom. Manchen möchte man stundenlang zuhören, wie dem Schauspieler Gerd Westphal bei der morgendlichen Radiolesung von Fontanes „Stechlin", andere erzeugen schon nach einer Minute akuten Räusperzwang, wie der brüllende Theo Waigel auf dem Wahlkampfparteitag der CSU. Und wieder andere lösen spontane Lachanfälle aus.

„Beim Fußball können Sportfreunde davon ausgehen, dass die besten Spiele und interessantesten Spielzüge abends um 22.30 Uhr in der Sportschau übertragen werden."

Das ist die Stimme von Professor Eckert, genau gesagt, eine der Stimmen von Professor Eckert. Hier demonstriert er, an einem belanglosen Beispielsatz, einen Knarrbass mit Nasalität und Flüsterkomponente.

Hartwig Eckert lehrt Anglistik an der Universität Flensburg. Nebenbei erforscht er Stimmen. Tausende menschlicher Lautäußerungen hat er im Laufe der Jahre zusammengetragen – aus Rundfunk, Hörsaal, vom Nebentisch im Café und von Pennern unter der Brücke. Mindestens ebenso viele vermag er selber zu produzieren. Knödeltenor oder Brummbass, näselnder Oberlehrer oder bellender Sportreporter, ostholsteinischer Milchbauer oder indischer Gelehrter mit Hindi-Akzent – aus dem Munde des Professors klingt jeder Tonfall authentisch. Und alle sind, wie er versichert, ohne großen Hokuspokus zu erzeugen: nur mit gezielten, aber minimalen Änderungen in Zungen-, Lippen- und Kehlkopfstellung.

Hinter dieser Verwandlungskunst steckt weniger kabarettistischer Ehrgeiz als vielmehr wissenschaftliches Interesse, vor allem an zwei Fragen: Wie entstehen Stimmeigenschaften – veränderliche und unveränderliche? Und wie wirken sie auf die Zuhörer?

Um Antworten zu finden, hat Eckert eine Auswahl aus seiner Stimmen-Sammlung jeweils einigen Dutzend Probanden vorgeführt und deren Reaktionen getestet. Ergebnis unter anderem: Charakteristische Stimm-Merkmale haben eine ganz eindeutige Wirkung – und zwar bei verschiedensten Zuhörern.

Tiefe Stimmen vermitteln fast immer den Eindruck von Kompetenz und Autorität. Nicht zufällig wird die „Botschaft" am Ende eines Werbespots oft von einer dunklen Männerstimme gesprochen, werden weise alte Männer in Opern meist von Bässen verkörpert. Rein akustisch gesehen, sagt Eckert, war Helmut Kohl im Bundestagswahlkampf 1994 Oskar Lafontaine überlegen: Der Stimme des SPD-Kandidaten, obwohl klar, gut artikuliert und engagiert klingend, fehlte die landesväterliche Sonorität.

Ist eine Stimme nicht nur tief, sondern auch noch leicht behaucht, wird sie oft als sinnlich, erotisch oder gar sexy empfunden – egal, ob sie männlich oder weiblich ist. Das würden die vielen Fans der Radio-Moderatorin Susi Müller bestätigen, aber auch jeder beliebige Telefonsex-Kunde.

Es gibt Stimmeigenschaften, die bei vielen Zuhörern automatisch Nervosität auslösen. Zum Beispiel jenes chronische Zittern, das die Reden mancher Politikerinnen durchzieht, oder das schrille Register, in das viele Frauen verfallen, die sich mit ihrer zu leisen oder zu hohen Normalstimme nicht durchsetzen können. Zu leise, zu hoch, zu schnell, zu monoton – die Kombination aus diesen Merkmalen kann dazu führen, dass sich Sprecher oder Sprecherin ein Leben lang überhört fühlen.

Vor allem Monotonie, das Fehlen von Variationen in Tonhöhe und Lautstärke, empfinden viele Zuhörer nicht nur als unangenehm, sondern regelrecht als unheimlich. Für geschulte Ohren ist es sogar ein Alarmsignal: Völlig monotones Sprechen gehört zu den Symptomen einer schweren Depression. Erfahrene Psychiater können an den zu- oder abnehmenden Tonhöhenschwankungen in den Stimmen ihrer Patienten ablesen, in welchem Stadium der Krankheit diese sich gerade befinden.

Es ist verblüffend, sagt Hartwig Eckert, mit wie viel Überzeugung und Spontaneität wir über Stimmen und damit über deren Sprecher urteilen. Und ein wenig erschreckend ist es auch. Denn die Urteile, die wir ja meist unbewusst fällen, sind alles andere als objektiv, oft sogar regelrecht falsch.

Dass wir, zum Beispiel, männliche Tiefe mit Altersweisheit assoziieren, ist widersinnig. Unsere tägliche Hörerfahrung müsste uns lehren, dass typische Greisenstimmen hoch und brüchig sind: Durch die abnehmende Beweglichkeit des Kehlkopfknorpels verliert die Stimme zunehmend an Tiefe (bei Frauen verliert sie eher an Höhe). Und welche Logik steckt darin, dass in Filmen und Bühnenwerken nicht nur die weisen Männer, sondern auch die Schurken tiefe Stimmen haben?

Dass Frauen mit hohen, zarten Stimmen häufig wie dumme kleine Mädchen behandelt werden, ist ungerecht. Es müsste sich herumgesprochen haben, dass eine hohe Stimme schließlich nichts mit mangelnder Kompetenz oder Autorität zu tun hat. Schließlich haben Generäle, Staatslenker und Despoten oft auffällig hohe Stimmen. Siehe Karl den Großen, Bismarck und Ulbricht. Äthiopiens Kaiser Haile

Selassie soll so genuschelt haben, dass sich Untergebene beständig zu ihm herüberbeugen mussten. Auch eine Art, Autorität auszuüben. Funktioniert aber nur bei Männern.

Jede Kultur hat ihren charakteristischen Tonfall und jede Epoche auch. Wenn wir Filmdialoge oder Rundfunkreportagen aus den dreißiger Jahren hören, staunen wir, wie hoch die Menschen damals gesprochen haben. In den letzten Jahrzehnten sind die Stimmen kontinuierlich „abgesackt", vor allem Frauen sprechen heute deutlich tiefer. Was zum einen an der Zunahme der durchschnittlichen Körpergröße liegt, zum anderen aber daran, dass die hohe, oft künstlich hochgepresste Kleinmädchenstimme einfach aus der Mode gekommen ist. Mit wachsendem Selbstbewusstsein sprechen Frauen entspannter, natürlicher – und damit auch tiefer.

Was „verrät" der Klang einer Stimme überhaupt? Ist das Urteil unserer Ohren am Ende doch bloß Geschmackssache, geprägt von Zeitgeist, Hörgewohnheiten und ein bisschen Küchenpsychologie?

Nicht nur, sagt Hartwig Eckert. Wenn wir uns beim Einschätzen einer Person gelegentlich „verhören", so ist das nur natürlich. Denn unendlich viel schwingt in einer Stimme mit – nicht allein die Biografie eines Menschen, dessen Kultur, soziale Herkunft, Temperament, Anatomie, sondern auch dessen gegenwärtige Stimmung. Und das alles müssen wir in Sekundenbruchteilen registrieren – und richtig interpretieren. Eine unglaubliche intellektuelle Leistung.

Im Grunde, sagt der Professor, sind wir alle Virtuosen. Meister in der Kunst des Zuhörens, Meister in der Kunst des Mitteilens von Emotionen. Wir können, über das bloße Gesagte hinaus, unendlich vielfältige Nuancen von Irritation, Ironie, Zärtlichkeit, Verachtung, Resignation oder Spott wahrnehmen oder auch vermitteln – allein durch Variationen in Klangfarbe, Artikulation, Intonation, Sprechtempo und Lautstärke unserer Stimme. Wir können sogar ein und demselben Satz zwei völlig unterschiedliche Bedeutungen geben. „Würdest du bitte das Fenster öffnen" – nur der Klang der Stimme lässt erkennen, ob dies eine höfliche Bitte oder aber die Ankündigung eines bevorstehenden Wutausbruchs ist.

Es gibt Forscher, die versucht haben, diese „Grammatik der Emotionen" zu entschlüsseln. Anhand einer festgelegten Wortfolge, die von geschulten Sprechern in acht „Stimmungen" vorgetragen worden war, ermittelten sie, welche Stimm-Nuancen in welcher Kombination welche Emotionen bei den Zuhörern auslösen. Die Ergebnisse der Untersuchung lesen sich wie eine Habilitationsschrift über chinesische Syntax oder das Benutzerhandbuch für ein 100-Gigabyte-Computerprogramm. Doch so kompliziert das Regelwerk dieser geheimen Gefühls-Grammatik ist – wir beherrschen es offenbar so selbstverständlich wie unsere Muttersprache.

Wir sind eben alle Virtuosen. Das Tragische ist nur: Wir wissen es meist nicht. Wir könnten unsere Mitmenschen viel genauer durchschauen – wenn wir ihnen bloß sorgfältiger zuhören würden. Und wir könnten mit unserer eigenen Stimme oft Welten bewegen – wenn wir uns ihrer Wirkung stärker bewusst wären.

Hier ist sie wieder, die große Klage, in die alle Experten einstimmen – egal, ob Phoniater, Logopäden, Kommunikationsforscher, Anatomen oder Gesangspädagogen. Die Menschen gehen schlecht mit ihrer Stimme um. Sie pflegen ihren Körper, ihr Gesicht mit Hingabe – und lassen ihr wichtigstes Ausdrucksorgan zum Reibeisen verkommen. Sie kämpfen gegen Speckpolster, lassen sich liften – und halten chronische Heiserkeit oder notorisches Überhörtwerden für Schicksal. Sie stylen ihr Äußeres bis zum letzten Fingernagel, sie feilen an jedem ihrer Wörter – und ahnen nicht, dass eine ungelenke, schlecht „sitzende" Stimme selbst den besten äußeren Eindruck zunichte machen, die gewandteste Formulierung vergessen lassen kann.

Aber die Stimme ist kein Schicksal. Die Stimme ist ein Instrument! Man muss bloß lernen, darauf zu spielen.

Versuch, ein hohes „A" zu singen – unter Anleitung einer Expertin. Sussan Djanbakhsch, Sopranistin und Schülerin der renommierten Hamburger Gesangsprofessorin Judith Beckmann, hat schon viele verborgene, verbogene oder verrostete Stimmen zum Klingen gebracht.

Frau Djanbakhsch verliert kein Wort über Kehlkopf-Anatomie, Stimmband-Schwingungsmuster, Muskel-Mechanik oder Oberton-Spektren. Nicht, dass sie von alldem keine Ahnung hätte. Im Gegenteil: Allein über die Atemstütze könnte sie stundenlang referieren. Aber beim Singen, sagt sie, hilft es einem nicht viel weiter. Stimmbildung hat viel mit Instinkt, Körpergefühl und Selbstwahrnehmung zu tun, auch mit Autosuggestion.

Stellen Sie sich vor, Sie seien ein Klangkörper. So eine Art Cello, ein großes, rundes, von oben bis unten schwingendes Gebilde, von einer senkrechten Achse gestützt. In Ihrem Bauch ist ein Reservoir, ein Blasebalg, der unablässig für Luftnachschub sorgt. Ganz tief unten ist dieser Blasebalg. Der Kontakt zu ihm darf nie abreißen, sonst hat das, was oben rauskommt, keinen Halt.

Und jetzt singen Sie. Nein – Sie sprechen, und zwar auf eine Art, die Ihnen normalerweise peinlich wäre: affektiert, emotionsgeladen, mit völlig übersteigertem Ausdruck.

„Ich bin **MÜÜÜ**DE! Ich bin **SO**OO **MÜÜÜ**DE!"

Übertreiben Sie. Vergessen Sie sich. Vergessen Sie alle Regeln und Konventionen, die für gesprochene Sprache gelten. Irgendwann geht die Übertreibung ganz zwanglos in Klang über, in Gesang.

„M**AAAS**SLOS **MÜÜÜ**DE! **MAAAS**SLOS!"

Tun Sie ruhig so, als ob Sie gähnten. Dehnen Sie den Hals, ziehen Sie den Mund in die Länge, stellen Sie sich vor, Ihr Gaumen sei eine gotische Kathedrale. Spüren Sie, wie Ihre Nase vibriert?

„Wir **SEEEHNEN** uns nach **SOOONNE**!"

Noch mehr Affektion. Noch mehr Übertreibung. Vergessen Sie Ihre gute Erziehung, vergessen Sie Ihren Verstand. Singen ist Emotion pur.

„SO**HOHO**HO**HO**HONNE!"

Halt! Der oberste Ton ist Ihnen weggerutscht. Kontakt zum Blasebalg verloren. Bei aller Emotion und Übertreibung: Sie dürfen die Kontrolle über Ihren Körper nicht verlieren!

Das sagt sich so leicht. Wenn eine wenig trainierte Durchschnittsstimme plötzlich ungewohnte Höhenflüge unternimmt, dann ist die Balance zwischen Emotion und Körperkontrolle weitgehend Glückssache.

Aber man kann ja auch mal Glück haben.

„SOHOHO**HOHO**HOHOHOOOO!

SOHOHO**HOHO**HOHOHOOOO!

SOHOHO**HOHO**HOHOHOOOO!"

Da ist er! Ein Ton, wie ich ihn noch nie aus meinem Mund vernommen habe. Er flutscht heraus, rund und glatt wie ein Pingpongball, segelt in hohem Bogen durch den Raum und prallt sachte gegen die gegenüberliegende Wand. Meine Nase vibriert, und fast ist es mir, als vibrierten sogar die Fensterscheiben.

Es ist unglaublich, was man mit einer Stimme alles anstellen kann. Schade nur, dass Buchstaben nicht klingen können.

HELGE SIEGER

Seid verschlungen, Millionen

*Eine etwas andere Art der Höhlenforschung
erkundet die Regionen auf der Mundschleimhaut und auf den
Zähnen. Wissenschaftler haben Verblüffendes über Abermillionen
dort siedelnde Mikroorganismen herausgefunden, deren
Existenzkampf auch ihrem Wirt, dem Menschen,
viel zu schaffen macht.*

Kleine kugelige Organismen hängen an steilen, weißglänzenden Gebirgswänden, drängen sich in abgrundtiefen Schluchten und Spalten. Auf und zwischen ihnen siedeln zahllose Stäbchen und Fäden, die alle Hänge der mächtigen Zentralmassive in wogende Felder und Wiesen verwandeln.

Das abwechslungsreiche Terrain ist ein kleiner Ausschnitt der menschlichen Mundhöhle, betrachtet unter einem Mikroskop. Mehr als 300 Bakterien-Arten leben in diesem einzigartigen Biotop: auf dem Zahnschmelz, in den Zahnzwischenräumen und auf den Schleimhäuten, die fast vier Fünftel der Besiedlungsfläche ausmachen. Ein Schlaraffenland, in dem winzige Spezialisten mehrmals täglich wahre Fressorgien feiern – pünktlich zu den Mahlzeiten ihres Wirtes. Und sich vermehren: Etwa 100 Milliarden Bakterien wachsen täglich zwischen Lippen und Rachen heran.

„Sie können die Lebewesen der Mundhöhle mit niederen Pflanzen eines Flusses vergleichen", erklärt Bernhard Guggenheim, Professor für „orale Mikrobiologie" an der Universität Zürich. „Die brauchen Steine, die sie kolonisieren, und vorbeischwimmende Nahrung, die sie aufnehmen können." Einige vermögen es, sich direkt auf den Zahnoberflächen oder der Schleimhaut festzuheften, andere klammern sich an solche, die sich dort schon niedergelassen haben. Auf den rund 215 Quadratzentimetern Siedlungsraum in der Mundhöhle eines Erwachsenen entsteht so ein weit verzweigtes Beziehungsgeflecht mit genau bestimmten Abhängigkeiten.

Am Anfang jedoch herrscht Leere: Der Mundraum eines Neugeborenen gleicht einer unbewohnten, feuchtwarmen Höhle. Von der

Zunge ragen so genannte Wallpapillen mit Geschmacksrezeptoren empor, umringt von zahlreichen pilz- oder fadenförmigen Warzen. Sie alle verwandeln die Zunge in eine zerklüftete Berg-und-Tal-Landschaft. Bei so viel ungenutztem Lebensraum lassen die ersten Organismen nicht lange auf sich warten. Schon mit dem ersten Atemzug strömt eine vielgestaltige Mikrobenschar durch den Mund, die wichtigste Eintrittspforte des menschlichen Körpers. Der Wettstreit um die „Grundstücke" beginnt.

„In den schluchtartigen Krypten der Zunge finden wir die meisten Keime", erläutert Guggenheim. Die Vertiefungen des Zungenrückens garantieren Schutz und gesicherte Nahrungsversorgung. So drängeln sich hier statt der 20 Bakterienarten, die normalerweise eine Schleimhautzelle an Gaumen oder Wange bevölkern, mitunter an die hundert. Mikroben, die in den Schluchten nicht unterkommen, weichen auf die Papillen aus. Dort bilden sie, vermischt mit abgestorbenen Schleimhautzellen, mit Speichel und weißen Blutkörperchen den weißen pelzigen Belag, der manchmal die Zunge überzieht.

Allerdings: Längst nicht jeder Keim, der in die Mundhöhle eindringt, wird dort auch heimisch. Denn egal, ob Bakterium, Virus oder Pilz – wer hier verweilen will, muss rasch sein Plätzchen finden. Dabei helfen diesen Mikroorganismen vor allem bestimmte Proteine, die Lectine. Diese „erkennen" die Zuckerreste der Glykoproteine auf der Oberfläche von Schleimhautzellen und von Bakterien sowie im Speichelfilm über den Zähnen. Die Lectine und die Zuckerbestandteile, die wie ein bizarrer Antennenwald charakteristisch aus jenen Eiweiß/Kohlenhydratverbindungen ragen, passen zueinander wie ein Schlüssel zu seinem Schloss. Neuankömmlinge, denen der richtige Schlüssel zum Andocken an diese Ankerplätze fehlt, werden mit dem Speichel in den Schlund gespült – rund hundert Millionen mit jedem Milliliter Spucke.

Mehr noch: Selbst die Organismen, die dank der richtigen Verbindung einen freien Platz besetzen können, sind keineswegs auf Dauer sicher. Streptokokken etwa, die perlenkettenähnlich den flachen Platten der Epithelzellen an der Oberfläche der Mundschleimhäute aufsitzen, leben sehr riskant: Ihre Wirtszellen werden regelmäßig abgestoßen, um durch neue ersetzt zu werden.

Streptokokken gehören zu den bevorzugten Forschungsobjekten Bernhard Guggenheims, der seit drei Jahrzehnten alle Facetten der Mundhöhlen-Ökologie studiert. Mit speziellen mikroskopischen Verfahren untersucht er Mikrobenkulturen in Schleimhautabstrichen, Gewebe- und Zahnproben – und dokumentiert Veränderungen in Dia-Serien. Vor den Augen des Betrachters läuft die Regeneration der

Schleimhautzellen wie ein Film ab: Feine Risse in der je nach Standort teils verhornten, teils unverhornten Schleimhaut-Oberfläche künden vom nahenden Unheil.

Bald darauf kommt Bewegung in das Obergeschoss des mehrstöckigen Epithels. Widerstandslos beugt es sich dem Druck der von unten nachwachsenden Zellgeneration. Teile der brüchig gewordenen Deckschicht schieben sich dachziegelartig übereinander, bilden Zwischenräume, in die Mundflüssigkeit dringt. Hier und da lösen sich einzelne abgestorbene Zellen, gleiten hinab mitsamt der ihnen aufsitzenden Mikrobenfracht, tauchen ein in die oralen Fluten.

Im großen Strom des Speichels mischen sich die nunmehr haltlosen Mikroben: Kettenbakterien wie *Streptococcus salivarius* und *Streptococcus mitis*, zusammen mehr als 70 Prozent der Zungen- und Schleimhautflora, treffen auf Artverwandte aus der Mutans-Gruppe, die ausschließlich die Zähne bewohnen: abgeschuppte Schleimhautzellen treiben neben seltenen Hefepilzen. Für sie alle beginnt ein Überlebenskampf. Alle zwei bis drei Minuten zwingt der auflaufende Speichel im Mund einen Menschen zum Schlucken. Nur die Zwischenzeit bleibt den abgestoßenen Organismen, die freigelegten Schleimhautschichten erneut zu besiedeln.

Was die Oberflächen der Mundhöhle erobern will, muss sich auch an einer anderen Gefahr vorbeimogeln, mit der Speichel körperfremde Organismen bedroht. Eine Vielzahl von Substanzen machen die Spucke zu einem natürlichen Desinfektionsmittel. Da gibt es Enzyme wie das Lysozym, das die Zellwände einiger Keimarten zerschneidet; oder das Lactoferrin, das eisenabhängigen Bakterien das lebensnotwendige Metall entzieht; oder die Speichelperoxidase, die Mikroben „verhungern" lässt, indem sie deren Kohlenhydratabbau lahm legt. Oder eine Gruppe von Antikörpern, deren Moleküle wie ein Y geformt sind, so dass die beiden kurzen Arme die als Enterhaken dienenden Rezeptoren der Mikroben blockieren können; kein funktionstüchtiger Rezeptor, keine Haftung – das Todesurteil für Virus, Bakterium & Co.

Unspezifischer, doch ähnlich effektiv operieren die im Speichel allgegenwärtigen Glykoproteine. Sie überziehen die Mundschleimhaut mit einer Schutzschicht. Wasser und gelöste Mineralien können diese Schicht passieren, größere Teilchen wie Schmutzpartikel und viele Schadstoffe nicht. Als „Salivation army", etwa „Speichel-Armee", rühmen Wissenschaftler deren heilsame Wirkung für den Organismus – in Anlehnung an die Salvation Army, die Heilsarmee.

Etwa sechs Monate nach der Geburt vollzieht sich ein tief greifender Wandel im Landschaftsbild der Mundhöhle. Weiße Spitzen kratzen von unten an der Oberfläche der Schleimhaut, reißen Lücken, bohren sich durch das Fleisch über Unter- und Oberkiefer: Die Zähne beginnen durchzubrechen. Sie komplettieren das Inventar der Mundhöhle und gliedern das ehedem einheitliche Tiefstromland in ein abwechslungsreiches Panorama mit Senken und Höhen. In die Täler ergießt sich Speichel – beim Erwachsenen täglich mehr als ein halber Liter. Er entspringt vornehmlich drei paarigen Quellen, den großen Speicheldrüsen. Angeregt von Geruchs-, Kau- und Geschmacksreizen produzieren sie beim Essen einen mächtigen Strom, der alle Oberflächen umspült. Angeschwemmtes organisches Material reichert sich zu einem „Biofilm" an, der den Zahnschmelz überzieht und ihn für mikrobielle Besetzer attraktiv macht.

An den noch unbewohnten Glattflächen der Zähne stranden erste Bakterien – „Schiffbrüchige", die das Abschuppen vorher von ihnen besiedelter Schleimhautschollen überlebt haben, zuweilen aber auch Übersiedler, die aus fremden Mundhöhlen eingeschleust worden sind: mit einem Kuss, mit dem Löffel, von dem schon die Mutter gekostet hat. Manche Mikroben reißt bereits die nächste Speichelwelle hinunter in den Magen, anderen wird der Zusammenprall mit Nahrungsbrocken zum Verhängnis.

Angeschmiegt an die Furchen und Lamellen des Zahnschmelzes, gelingt es dennoch einzelnen Mikroorganismen, etwa *Streptococcus sanguis* und dem Stäbchenbakterium *Actinomyces naeslundii*, sich rechtzeitig an einen passenden Rezeptor zu heften. Sie profitieren von den Nährstoffen, die sich in den strömungsgeschützten Räumen ihrer Schlupfwinkel anhäufen. Wohlgenährt vermehren sie sich konkurrenzlos rasch. Wachsen, Erbsubstanz kopieren, teilen – das alles dauert je nach Art und äußeren Bedingungen meist kaum länger als 30 Minuten. Innerhalb weniger Stunden entwickelt sich so aus inselhaften Kolonien ein geschlossener Bakterienrasen, die Plaque.

Das Wachstum dieser Pionierflora schafft ökologische Nischen: sauerstoffarme Parzellen, saure Lagunen, Stoffwechselprodukte, die neue Nahrungsquellen bieten. Davon angelockt, lassen sich weitere Siedler in der Mundhöhle nieder. Sie klammern sich an die Pioniere, neben-, über-, durcheinander.

Für ihr Gedeihen ist das Mundhöhlen-Klima mit einer Dauertemperatur zwischen 32 und 40 Grad Celsius ideal. Überhaupt ist alles vorhanden, was Bakterien zum Leben brauchen – mit einer wichtigen Ausnahme: Zucker. Um wenigstens ihren Grundbedarf an Kohlenhydraten decken zu können, „nagen" hungernde Bakterien sogar die kohlenhydratreichen Seitenketten der Speichelmoleküle an. Doch schon der nächste Schluck Obstsaft kann eine wahre Sturzflut an Glucose und Fructose mit sich bringen und die Zuckerkonzentration der Mundflüssigkeit ums 50000-fache steigern.

Diese plötzliche Schwemme aber birgt die Gefahr einer Zuckervergiftung. Viele Plaque bildende Bakterien sperren deshalb einen Teil des Zuckers aus: Sie geben Enzyme ab und verknüpfen damit einzelne Zuckermoleküle rasch zu langkettigen Polysacchariden, die ihre Zellwand nicht durchdringen können. Diese „Vielfachzucker" verfestigen die Plaque – und bilden ein Nahrungsdepot: Versiegt der Zuckerstrom, können die Streptokokken darauf zurückgreifen und sich ein wenig länger vermehren als die Konkurrenz. Für den Menschen allerdings ist die flexible Anpassung der Bakterien an den Zuckerüberschuss gefährlich: Karies droht.

Aber wieso toleriert das menschliche Immunsystem überhaupt Organismen, die den Kauapparat ruinieren können? „Wahrscheinlich ist die Besiedlung dieser sensiblen Eintrittspforte einfach die beste Verteidigungsstrategie", mutmaßt Bernhard Guggenheim. Er betrachtet sogar Kariesbakterien als „Amphibionten": mal nützlich, mal schädlich. Auch sie tragen zur Selbstregulierung des Systems Mundhöhle bei. In einer intakten Mikroflora stiften selbst kariogene Keime keinen Schaden – im Gegenteil: Sie hemmen das Wachstum mancher Erreger, etwa von Diphtherie oder Scharlach. „Die potenziell pathogene Flora steckt in jedem von uns", folgert Guggenheim, „aber letztlich ist die schädliche Wirkung immer eine Frage der Quantität, der Vermehrung gewisser Arten unter bestimmten Umweltbedingungen."

Zum Beispiel der Hefepilz *Candida albicans*. Obwohl in mehr als der Hälfte aller menschlichen Mundhöhlen vertreten, führt er in Gegenwart „ortsansässiger" Bakterien nur ein Schattendasein. Erst wenn diese verschwinden, etwa infolge einer Antibiotika-Therapie, kann der Pilz die Gunst der Stunde nutzen. Er vermehrt sich und kann den Betroffenen schwere Infektionen, die Schleimhautmykosen, bescheren.

Per Rasterelektronenmikroskop (REM) haben die Zürcher Mundhöhlenforscher ein neues Areal ins Visier genommen: die Innenseite der unteren Frontzähne. Wieder suggeriert die Dia-Serie einen Zeitrafferfilm. Eben noch wogende, undurchdringliche Streptokokken-Felder sterben ab, mineralisieren Schicht für Schicht zu Zahnstein, bis sie schließlich von einer neuen Bakterien-Generation überwuchert werden. „Hier wiederholt sich auf mikroskopischem Niveau ein Kapitel der Erdgeschichte", kommentiert Bernhard Guggenheim, „die Entstehung der Sedimentgesteine." Tatsächlich erinnert die Szenerie an den Schweizer Jura. Nicht einmal die fossilen Einschlüsse fehlen.

„Zahnstein", erklärt der Wissenschaftler, „entsteht nur, wo Plaque liegen bleibt und gleichzeitig hohe Konzentrationen von Kalzium und Phosphat vorhanden sind." Die Neigung zur Zahnsteinbildung ist individuell sehr unterschiedlich und noch nicht gänzlich verstanden. Immerhin weiß man, dass Silicium in hoher Konzentration, so in hartem Trinkwasser, Zahnsteinbildung fördert.

Erst kürzlich gelang es Guggenheims Team, dem Zahnstein mit hochauflösenden Mikroskopen ein weiteres Geheimnis zu entlocken. Was nach gängiger Lehrmeinung als kompaktes Felsmassiv galt, zeigt sich in extremer Vergrößerung als zerklüftete Karstlandschaft. Große Gewölbe öffnen sich, von denen zahlreiche Gänge abzweigen: ein verwirrendes Labyrinth von Höhlen, den Katakomben Roms vergleichbar. Dann die Sensation: Selbst in den abgelegensten Bezirken des Zahnsteins herrscht noch pralles Leben. Unmengen faserartiger Bakterien tummeln sich hier, kleben an den Höhlenwänden, überziehen sie wie ein verfilztes, zottiges Fell.

Für Mikrobiologen sind Zahnfleischentzündungen ein jahrzehntelanger Krieg zwischen Bakterien und Abwehrzellen, bei dem heftige Attacken mit Episoden trügerischen Friedens wechseln: Am Zahnhals verseuchen bakterieller Stoffwechselmüll und Überreste von Mikroben die Umgebung. Toxine, insbesondere Lipopolysaccharide, dringen ins Bindegewebe ein und reizen das Zahnfleisch. Auf die mikrobielle Provokation antwortet das Immunsystem mit Gegenoffensiven. In jeder Minute quellen bis zu 100 000 polymorphkernige Leukozyten aus den Zellritzen des Zahnfleisches. Ziel dieser Fresszellen ist die flache, unmittelbar an den Schmelz grenzende Gewebesenke. Dort bilden sie einen dicht gestaffelten Wall, der sich der anrückenden Plaque geschlossen entgegenstemmt.

Die Bekämpfung von Entzündungen ist Routine für die ungemein beweglichen weißen Blutkörperchen. An ihrer Seite kämpfen Bataillone von Antikörpern. Als Hauptwaffen der spezifischen Immunantwort haben sie ein genau definiertes Feindbild. Hoch spezialisiert heften sie sich wie Erkennungswimpel an attackierende Moleküle, Bakterien oder Viren. Derartig markierte Strukturen werden zur leichten Beute jener Leukozyten. Sie sind die Elitetruppe der unsichtbaren Leibwache, die sich mit unersättlichem Appetit durch die feindlichen Reihen frisst. Gemeinsam gelingt es den Verteidigern, den Vormarsch der Mikroben zu stoppen und somit größeren Schaden für den Wirt abzuwenden – vorläufig.

Denn ohne Unterstützung einer höheren Macht, die mit Zahnbürste und Zahnseide agiert, hat die Abwehr wenig Chancen gegen die unablässig wachsende Zahl von Bakterien. Allerorten wuchern am Zahnfleischrand neue Mikrobenkolonien. Der andauernde Belagerungszustand bleibt nicht ohne Folgen: Aus der anfangs leichten Zahnfleisch-Entzündung wird eine chronische. „Wenn Sie beim Zähneputzen Blut spucken, haben Sie eine Gingivitis", beschreibt Bernhard Guggenheim das eindeutige Alarmsignal.

Heikel wird die Lage, wenn die Plaque ungebremst in Richtung Wurzelzement weiterwachsen kann. Bakterien, vornehmlich Streptokokken und Actinomyceten, erobern das angrenzende Gewebe, schlüpfen in den Spalt, der zwischen Zahn und geschwollenem Zahnfleisch entstanden ist. Im Schutz dieser Nische vermehren sie sich rasch. Ihre Aktivitäten verändern die örtliche Atmosphäre, zehren am Sauerstoff, der mehr und mehr schwindet.

Fresszellen, die den Bakterien in Massen entgegenströmen, lockern den Verband der Epithelzellen, verursachen Löcher in der Gewebebarriere. Aus ihnen ergießt sich in die jetzt etwa drei Millimeter tiefe Zahnfleischtasche Entzündungsflüssigkeit, eine dicke, mit Plasmaproteinen angereicherte Brühe. Von dieser neuen, hochwertigen Nahrungsquelle zehrt eine aggressive Bakterien-Gang – anaerobe Mikroorganismen, für die jedes Sauerstoffmolekül reinstes Gift ist. Diese bunte Mischung von spindelförmigen Stäbchen, haarähnlichen Filamenten und beweglichen Spiralen verdrängt alsbald Kugel- und Kettenbakterien, die das Biotop vorbereitet haben, unter den geänderten Umweltbedingungen aber nicht mehr konkurrenzfähig sind.

Auch die Auseinandersetzung mit der körpereigenen Abwehr gerät in ein neues Stadium. So produzieren die Neulinge ihr eigenes Arsenal wirksamer Waffen: Proteasen zerlegen die Antikörper, Leukotoxine schädigen Fresszellen; Kollagenasen nagen an der Grundsubstanz des Gewebes. Die anaeroben Bakterien vermehren sich und sind jederzeit zum Angriff bereit. Sie lauern in der Zahnfleischtasche auf eine lokale Immunschwäche: Grippe, Fieber, psychischen Stress. Ist eine solche günstige Stunde gekommen, beginnt der Vorstoß ins Gewebe. Die Abwehrzellen werfen sich den Aggressoren entgegen. Ständig rekrutieren sie Verstärkung. Doch die Allianz der Immunzellen ist chancenlos, wird einfach überrannt. Überall säumen Zellreste die vorrückende Frontlinie.

Ist die Zahnfleischtasche vielleicht fünf bis sieben Millimeter tief, kann das Blatt sich wenden. Auf dem Grund des Entzündungsherdes haben sich genügend Abwehrzellen gesammelt, um das Gleichgewicht der Kräfte wiederherzustellen. Der Raum ist zu eng für eine weitere Vermehrung der Keime, deren Vormarsch vorerst gestoppt.

Die gegnerischen Fronten erstarren in einem Stellungskrieg, manchmal über zehn oder 15 Jahre. „Früher glaubte man, dass Zahnverlust eine natürliche Alterserscheinung sei. Eine nicht beeinflussbare, chronisch fortschreitende Gewebeveränderung", erklärt Bernhard Guggenheim den alten Begriff Parodontose. „Heute wissen wir, dass es ein Prozess ist, der auf einer langwierigen, unbehandelten Entzündung, der Parodontitis, beruht und in Schüben verläuft – ausgelöst von einer lokalen Störung des Gleichgewichts." Und: Es ist ein Prozess, der umkehrbar bleibt, solange die Ligamente nicht vernichtet sind – jene kräftigen Fasern, die die Zahnwurzel im Zahnfach federnd verankern.

Dann aber, im letzten Stadium der Parodontitis, eskaliert die Schlacht. Bakterien infiltrieren das hochgradig entzündete Zahnfleisch. Mit einem noch nicht verstandenen Trick gelingt es den Angreifern, die zielgerichtete Erkennung der Abwehr außer Kraft zu setzen und sich mitten im Gewebe in Nestern zu sammeln, ohne dass ihnen die Abwehr auf die Spur kommt.

Angesichts der Übermacht geben die Immunzellen ihre Frontstellungen auf. Tod und Zerstörung begleiten ihren Rückzug. Das Schlachtfeld gerät zum millionenfachen Massengrab. Zellplasma fließt aus den „Körpern" der Krieger – und aus den ebenfalls beschädigten zellulären Enzymsäcken strömen Fermente mit genau definiertem Auftrag: Verdaut Eiweiß! Sie sind das eigentliche Unglück für den Zahnhalteapparat. Gemeinsam mit den eiweißzersetzenden Enzymen der Keime verwüsten sie die Umgebung, indem sie das Gewebe zerschneiden.

Um der drohenden Kapitulation zu entgehen, spielt die überforderte Abwehr ihren letzten Trumpf aus und geht sozusagen zur „Strategie der verbrannten Erde" über: Über Botenstoffe weist sie knochenabbauende Zellen an, das Zahnfach in einen Steinbruch zu verwandeln, der mehr und mehr abgetragen wird. „Im Prinzip", sagt Guggenheim, „kämpft der Körper so lange, bis es ihm zu viel wird und er den Zahn einfach rauswirft. Dann haben die Abwehrzellen wieder eine stabile Verteidigungslinie."

RAFAELA VON BREDOW

Urstrom des Lebens

Solange der rote Strom durch den Körper pulst, wärmt und nährt, kühlt und beschützt er; er spendet Energie und spült Gifte fort. Das alles kann das Blut, weil es so viel mehr ist als Wasser mit ein paar roten oder weißlichen Zellen und Molekülen darin. Mit ihm fließt das Leben selbst.

Warum sollte das Leben selbst nicht von einem zum anderen wechseln können? Wie eine Münze, nur dass die Währung dann hieße: Blut. Die Idee ergriff Besitz vom Leibarzt des Papstes – und er wagte einen Versuch: Drei zehnjährige Jungen sollten etwas spenden von ihrem überbordenden Vorrat an Lebendigkeit. So öffnete er die Knabenkörper, erntete das junge Blut und flößte es Papst Innozenz VIII. in die welken Venen. Der Kirchenfürst starb kurz nach den Kindern.

Im Juli 1492 soll sich der Legende zufolge jene erste Bluttransfusion der Geschichte zugetragen haben. Noch Jahrhunderte später leiteten Ärzte etwa Lämmerblut in einen 16-Jährigen oder füllten Schafsblut in einen Schwachsinnigen. Man versuchte gar, den Adersaft zu ersetzen durch Rotwein oder gelöste Gelatine. Gesund wurde keiner der frühen Probanden der Wissenschaft, eher noch erlitten sie das Schicksal der drei Knaben des Papstes.

Zwei im Sinne der Transfusionspioniere unpraktische Eigenschaften der roten Leibesflüssigkeit machten es ihnen schwer, sie Kranken in den Leib zu pumpen: Zum einen klumpt sie außerhalb des Körpers – und zum anderen kann sie den Empfänger töten. Erst zu Beginn des vorigen Jahrhunderts konnten diese Probleme gelöst werden; erst seit kurzem verstehen wir, welche Vielzahl an lebenswichtigen Aufgaben das Blut bewältigt und in welch ausgefeilter Vielfalt diese biologischen Prozesse sich gegenseitig blockieren, anschieben oder sonstwie verschachteln, um die Maschinerie des Leibes am Laufen zu halten.

Das Blut erledigt beinahe die gesamte Logistik des Körpers: Rohstoffe zur Energiegewinnung fließen darin, und es temperiert den Leib vom Kern bis zur Schale wie eine Klimaanlage das Haus. Boten flitzen ständig umher – sie überbringen lebenswichtige Nachrichten –, mit ihnen patrouillieren Einheiten von Wachschutz, Zoll und Polizei; ein Speisen-Bringedienst besorgt und verteilt die Nahrung. Wie in der Kanalisation spült das Blut den Abfall und die Gifte weg – und es zirkuliert in dem einzigen aller bekannten Rohrsysteme, in dem pausenlos Klempner mitschwimmen, die sofort jedes Leck zu stopfen versuchen; schließlich erneuert das System sich sogar ständig von selbst.

All diese Fähigkeiten des Blutes sind verknüpft mit dieser einen, uns so selbstverständlich erscheinenden Ur-Eigenschaft, die es nur im lebenden Organismus besitzt: Es fließt.

Der stete Schlag des Herzens erst macht das Blut zum Urstrom des Leibes, zu dessen Lebensquell. Stillstand ist tödlich – schon vier Sekunden später beginnt das Gehirn zu sterben. Noch einmal schnellt dann der Puls in die Höhe, rast im verzweifelten Bemühen, das Drama abzuwenden; Herz und Lunge, Leber und Niere atmen ein letztes Mal, kraftlos, dann stellen sie den Dienst ein für immer.

Verständlich also, dass manche Menschen schon in Ohnmacht sinken, wenn sie sich nur zart beim Zwiebelschneiden den Finger schlitzen: Denn was da aus ihrem Körper quillt, in warmen, zähen Tropfen von sattem Amaryllisrot, ist das Leben selbst. Und jeder Milliliter, der aus dem Leibe fließt, ein kleiner Schritt in Richtung Tod.

Beinahe fünf Liter des roten Gebrodels strömen in einem 60 Kilo schweren Menschen; in Ruhe wälzt das Herz diese Menge in einer Minute um. Beim Step-Aerobic im Fitness-Center oder einer Bergauf-Tour mit dem Mountainbike jagt die Lebenspumpe in derselben Zeit die fünffache Menge in die Umlaufbahn – je nach Trainingszustand. Bis zu den Haarwurzeln und zum Nagelbett des kleinen Zehs strömt das Blut durch Arterien, Arteriolen und über die winzigen Kapillaren zurück in die Venen – ein perfektes Bett, muskulös und elastisch. Diese Bauweise soll Staus verhindern und vermeiden, dass sich Sediment ablagert. Wärme und alle möglichen Substanzen – ob Nährstoffe, Gifte oder Hormone – werden in diesem endlosen Kreisgefließe transportiert.

Jede Aktion und Reaktion im lebendigen Körper gründet auf der vordringlichsten Funktion, zu der das Blut beiträgt: atmen. Die Luft zum Atmen ist der Stoff des Lebens; wie Feuer den Sauerstoff braucht, um Holz zu verbrennen, benötigen ihn die Zellen, um Zucker zu spalten und daraus Energie zu gewinnen. Irgendwie muss der Sauerstoff also von der Lunge zu den Muskeln ventiliert werden – als Pipeline zu den Zellkraftwerken dient das Blutgefäßsystem. Den Transport besorgt eine der erfolgreichsten Kombinationen der Evolution: die der Erythrozyten mit dem Hämoglobin.

Ein einziges dieser flachen, runden, beidseitig eingedellten roten Blutkörperchen trägt bis zu 300 Millionen Hämoglobin-Moleküle mit sich herum. Dieser Stoff ist so raffiniert gebaut, dass er Sauerstoff nicht nur binden, sondern auch rechtzeitig wieder loslassen kann. Zum Beispiel, wenn ein Erythrozyt an einem schwer arbeitenden Muskel vorbeigleitet, in dem das O_2 gerade dringend gebraucht wird. Im Tausch gegen den Sauerstoff erhält die Blutzelle Kohlendioxid, das Abgas aus der Zuckerverbrennung. Das trägt sie zur Lunge, lädt ab und tankt wieder Sauerstoff.

Ein schlichtes Prinzip reguliert die Gasabgabe und -aufnahme: Die Sauerstoffmoleküle wandern genau dahin, wo Mangel an ihnen herrscht, also vom Lungenbläschen, das gerade durch einen tiefen Atemzug prall gefüllt ist mit frischer Luft, zu den Erythrozyten jenseits der hauchdünnen Bläschenwand, die ihren Sauerstoff unterwegs an das Gewebe abgegeben haben und daher neue Ladung begehren. Diese Mechanismen sind lange schon bekannt; daher waren die Physiologen überrascht, als sie 1996 entdeckten, dass die Hämoglobin-Moleküle auf den roten Blutkörperchen außer den Atemgasen ein weiteres lebensnotwendiges Molekül durch die Adern tragen: Stickstoffmonoxid. Ohne diesen Botenstoff würde der Blutdruck schwanken wie sommers der Wasserdruck in alten Mietskasernen.

Die Erythrozyten sind, gemessen an der Menge anderer Blutzellen, in der Überzahl: 30 Billionen davon schwimmen einem erwachsenen Mann durch die Adern – damit könnte man fast einen halben Fußballplatz pflastern. Sie sind es, die dem Blut dessen unvergleichliche Farbe verleihen und dadurch unserer Haut den rosigen Teint. Ihr helles Rot verlieren die Zellen jedoch, sobald sie den Sauerstoff abladen – daher schimmert das kohlendioxidreiche, dunkle Blut in den Venen – auf dem Rückweg zur Lunge – bläulich durch die trübe Haut.

Nicht immer gleicht ein Erythrozyt einem eingedellten Diskus: Um auch noch durch die engste Kapillare und die kleinste Pore gleiten zu können, verschlankt sich die Zelle zur Pantoffel- oder Fallschirmform oder rollt sich zu einer Art Zigarre. Mit ihrem durchschnittlichen Durchmesser von 7,5 Mikrometern bliebe sie sonst hängen. Denn nur vier bis fünf Mikrometer dünn sind die Kapillaren, zehnmal feiner als ein menschliches Haar. Die Blutkörperchen von Diabetikern zum Beispiel können unelastisch werden, die zarten Gefäße im Auge verstopfen – und den Menschen erblinden lassen.

Auf der Membran der Erythrozyten sitzen jene Moleküle, die Spenderblut in schieres Gift verwandeln können: die Blutgruppen. Insgesamt kennen die Transfusionsmediziner heute mehr als 200 unterschiedliche Blutgruppen, die sie in 16 Systeme unterteilt haben. Aber nicht alle sind so wichtig bei einer Transfusion wie die Moleküle des seit hundert Jahrzehnten bekannten AB0-Systems: Rote Blutkörperchen tragen entweder Moleküle des Typs A (42 Prozent der Mitteleuropäer) oder des Typs B (13 Prozent), manchmal auch beide zugleich (7 Prozent). Oder keines von beiden: Blutgruppe 0 (38 Prozent).

Ein Mensch etwa, dem Gruppe-A-Moleküle auf den Erythrozyten sitzen, hat in seinem Blut gleichzeitig Antikörper gegen B. Erhält dieser Mensch B-Spenderblut, wird dies in Sekundenschnelle sein Immunsystem aktivieren und in eine Todesmaschinerie verwandeln: Blutkörperchen platzen, der Lebenssaft verklumpt, Nieren und Lunge versagen, und Blut quillt aus Nase, Mund und Ohren. Sterben ist dann Minutensache.

Aber das geschieht selten. Wie selten, weiß niemand genau, da Fehltransfusionen keiner offiziellen Meldepflicht unterliegen. Optimistische Schätzungen gehen davon aus, dass nur in einem von 300 000 Fällen der Saft aus dem falschen Beutel einen Patienten tötet. Manche Transfusionsmediziner rechnen eine Dunkelziffer hinzu und kommen so auf 1:100 000. Das hieße, dass in Deutschland pro Jahr rund 40 Menschen davon betroffen wären.

Auch der Rhesusfaktor wird zu den Blutgruppen gezählt – ein ebenfalls auf den roten Blutkörperchen verankertes Molekül. Es spielt nur in bestimmten Fällen eine Rolle. Zum Beispiel, wenn eine Schwangere, auf deren Erythrozyten ein solches Molekül nicht vorhanden ist (die also als Rhesus-negativ gilt), kurz vor der Geburt Antikörper bildet gegen das Blut eines Rhesus-positiven Fetus. Gefährlich werden die aber erst, wenn diese Frau ein zweites Mal schwanger ist mit Rhesus-positivem Nachwuchs: Dann richten sich die Antikörper gegen den Babykörper, vernichten die fetalen Erythrozyten. Die Folgen für das Kind: Blutarmut, Herzprobleme. Selbst wenn es die Geburt überlebt, ist es noch nicht gerettet. Denn in jedem Fall wird sich in seinem kleinen Körper Bilirubin anhäufen, ein Produkt aus dem Abbau seiner roten Blutkörperchen. Dieser Giftstoff schädigt das Gehirn bis zu schweren motorischen Störungen oder sogar bis zum Tod.

Rund 120 Tage lang kreist ein Erythrozyt durch den Leib, dann hat er ausgedient und wird gefressen von einem seiner Brüder aus dem Stamm der weißen Blutkörperchen: einem Makrophagen. Der Verlust wird ausgeglichen durch stete Nachproduktion, die bei Bedarf von einem Hormon kräftig angekurbelt werden kann – etwa nach einem Unfall, durch Nasenbluten oder starke Menstruation, und bei plötzlich geringerem Sauerstoffgehalt in der Atemluft, also zum Beispiel, wenn ein Ostfriese im Himalaya wandern geht. Unter normalen Bedingungen werden pro Sekunde etwa zweieinhalb Millionen rote Blutkörperchen hergestellt.

Die Wiege aller Blutzellen ist das rote Knochenmark. Ob rote oder weiße Blutkörperchen oder Thrombozyten – sie alle stammen ab von wenigen Stammzellen, vermuten Wissenschaftler. Im Prinzip könnten sie sogar sämtlich von einer einzigen Stammzelle produziert werden, die sich immer wieder teilt und so die Vorfahren für die diversen Zellsorten hervorbringt. Je nachdem, welche Wachstumsfaktoren auf diese Mutterzellen wirken, entwickeln sie sich im Verlauf weiterer Teilungen zu ihrer endgültigen, spezialisierten Form.

Die winzigsten Vertreter aller Knochenmarkssprösslinge, die Blutplättchen oder Thrombozyten, besitzen eine unverzichtbare Fähigkeit: Sie helfen bei der Blutgerinnung. Wird eine Arterie verletzt, gerät das Blut in Kontakt mit Bindegewebe, genauer: mit Kollagen, dem Glykoprotein, das alles Weiche im Körper zusammenhält. Es wirkt wie Sekundenkleber auf die Blutplättchen, und der so genannte von-Willebrand-Faktor, ein weiterer Eiweißstoff, bremst die Thrombozyten ab, damit sie nicht einfach vorbeirauschen an der Unfallstelle. Sie bleiben hängen und schütten prompt eine Substanz aus, die wie eine Alarmsirene weitere Blutplättchen herbeizitiert. Gemeinsam stopfen die Winzlinge dann das Leck im System. Am Ende sterben sie – die Plättchen sind eine Art Harakiri-Klempner.

Ihre Opferung ist nur ein Teil des genialen Systems der Blutgerinnung. Bis ins letzte Detail muss sie perfekt funktionieren, denn einerseits retten uns die Dämme aus Geronnenem davor, dass der rote Lebenssaft haltlos aus den Adern strömt, andererseits können sie seinen Weg zum Herzen, zur Lunge oder zum Gehirn blockieren.

Gerinnung ist gut, Thrombose oft tödlich. Der Zauberstoff der Blutgerinnung heißt Thrombin. Den gilt es am Unfallort herzustellen, und zwar nur dort, weder im Übermaß noch zu wenig. Und die Produktion muss rechtzeitig stoppen. Bisher sind 16 Enzyme bekannt, die in einer aberwitzig verschachtelten Reaktionskaskade mitspielen bei diesem Balanceakt. Sie können ihre eigene Herstellung anhalten oder anschieben; Rückkopplungsschleifen kontrollieren den gesamten Prozess, sodass Thrombin wirklich nur dann entsteht, wenn sämtliche Bedingungen einer Gefäßverletzung erfüllt sind. Sobald dieses Enzym in ausreichender Menge vorhanden ist, bringt es einen Eiweißstoff dazu, lange Fäden zu spinnen, und häkelt daraus ein Netz, das zusammen mit den Blutplättchen das Leck in der Leitung verstopft.

Normalerweise löst das Blut diesen Pfropf sachgemäß auf, sobald die Gefäßwand wiederhergestellt ist und ordentlich schließt. Misslingt dies, lagert sich kalkartige Substanz im Pfropf ab, er wird immer dicker und dichter und verschließt zum Schluss das Blutgefäß. Das geschieht recht häufig – in den westlichen Ländern stirbt jeder Zweite an den Folgen einer Thrombose: an Herzinfarkt, Schlaganfall und Embolie.

Der wahre Grund für solchen Stau im Blut liegt immer noch im Dunkeln; unklar ist auch, wie es überhaupt dazu kommt, dass Gefäßwände verletzt werden. Wissenschaftler diskutieren, ob ein Bakterium dahinter steckt: *Chlamydia pneumoniae*, ein Erreger, der sich bei mindestens 60 Prozent der Bevölkerung in Lunge oder Blut verbirgt. Seine Entlarvung als Hauptverursacher der Arterienverkalkung wäre eine Sensation, denn es würde bedeuten, dass dieser Defekt so ansteckend ist wie Grippe. Und dass Ärzte ihn schlicht mit Antibiotika bekämpfen und so wenigstens eindämmen könnten.

Ebenfalls tödlich kann die entgegengesetzte, allerdings weniger verbreitete Störung im System sein: Die Blutgerinnung funktioniert nicht. Zwei bis drei Millionen Deutschen fehlt irgendeiner der Gerinnungsfaktoren, etwa der von-Willebrand-Faktor, die Bremse für die Blutplättchen. Oft wird das erst bemerkt, wenn solche Menschen größere Verletzungen erleiden und das Blut nicht mehr aufhört, aus ihnen herauszulaufen. Bis dahin äußert sich der Mangel in häufigem, nicht endendem Nasenbluten und darin, dass schon der leichteste Stoß an der Bettkante einen großen blauen Fleck unter die Haut pflanzt.

Eher selten ist die vererbte Hämophilie; einer von 10 000 Männern in Deutschland ist davon betroffen. Doch ist diese so genannte Bluterkrankheit ein gutes Beispiel dafür, wie eng verwoben die verschiedenen Funktionen des Blutes sind: Bereits ein winziger Fehler in einem der vielen Regulationssysteme kann für den gesamten Körper zum GAU führen. So sind Hämophile der älteren Generation, die noch nicht von den modernen Medikamenten profitieren konnten, oft an den Rollstuhl gefesselt – dabei fehlt ihnen nur ein einziges Enzym aus der Gerinnungskaskade. Spontane innere Blutungen schädigen Gelenke und Knorpel aufs schwerste. Denn wenn Blut ungehindert dort durchs Gewebe strömt, wo es niemals hätte hinfließen dürfen, dann wird der Lebenssaft zu purem Gift.

Die Akteure einer solchen Zerstörung, die Leukozyten, entstammen wie die roten Blutkörperchen und die Blutplättchen dem Knochenmark. So verschieden voneinander wie etwa Paddelboot und Kriegsschiff, reisen die einzelnen Typen weißer Blutkörperchen durch den roten Fluss und heißen nur deshalb allesamt Leukozyten, weil eine große Mission sie eint: Elegant aufeinander abgestimmt in ihren Aktionen, sucht, entdeckt, verfolgt und tötet die weiße Armada Bakterien, Viren und überhaupt alles, was dem Leib gefährlich werden könnte.

So wird der Blutstrom zum Wehrgraben des Körpers, hält die Dauerbelagerer aus Luft und Nahrung Tag und Nacht in Schach. Nimmt man dem Blut diese Eigenschaft – was bei Blutkrebskranken geschieht, wenn deren Knochenmark bestrahlt und damit die Leukozyten-Nachfuhr gestoppt wird –, dann können im Prinzip selbst Schnupfenerreger einen Patienten umbringen.

Neben den Leukozyten, die ihre Abwehrstrategien allmählich perfektionieren, verfügt das Blut über einen uralten Hau-drauf-Mechanismus, der sich von der Geburt bis zum Tod nicht verändert: über das Komplementsystem. Dieser Schlägertrupp besteht aus bestimmten Eiweißmolekülen, die durch den Blutstrom vagabundieren und sich, wenn sie gereizt werden, an alle möglichen Zellen, Bakterien oder Viren heften, denen sie unterwegs begegnen. Wahllos binden sie auch an körpereigene Zellen an – zwischen Freund und Feind können die kleinen Vernichter nicht unterscheiden.

Die Körperzellen aber kennen das Komplement, und sobald es ihnen auf die Membranen rückt, schalten sie es aus. Fremde Organismen dagegen werden von den Eiweißmolekülen regelrecht leckgeschlagen, Wasser dringt ein, sie platzen. Oder: Das Komplement überzieht den Feind wie Glasur einen Kuchen und markiert ihn so für Fresszellen, die ihn dann verschlingen und verdauen. Erreger wie die der Lungenentzündung allerdings, die Pneumokokken, entgehen diesem direkten Angriff – sie haben sich eine glitschige Hülle zugelegt, die sie für das Komplement unsichtbar macht. So kommen die Makrophagen ins Spiel, eine weitere Sorte Abwehrzellen aus dem Knochenmark. Diese hungrigen Riesen erkennen die glatte Hülle, fischen mit ihren langen Armen den Erreger aus dem Blut und fressen ihn. Oder sie geben eine Substanz ab, die ihn wie mit Signalfähnchen beflaggt, sodass Komplement und somit andere Fresszellen ihn identifizieren können.

Diese schlichte Form der Immunabwehr reicht allerdings nicht aus. Denn die Truppe fürs Grobe schlägt stereotyp mit der Keule zu, blindwütig sozusagen auf alles, was sich bewegt. Viren und andere Eindringlinge aber halten Schritt mit der Evolution des Immunsystems, sind ihm im Zweifel sogar immer einen voraus. In dem schon zahllose Generationen dauernden Rüstungswettstreit mit der Körperabwehr haben die Mikroben gelernt, sich immer raffinierter an den Wächtern vorbeizuschleichen – das HI-Virus ist eines der besten Beispiele dafür: Es setzt genau jene Zellen schachmatt, die eigentlich dafür da sind, es zu bekämpfen.

Um den geschickten Manövern seiner Feinde Einhalt zu gebieten, braucht der Körper folglich eine anpassungsfähige Ausrüstung und eine schlauere Strategie als die des Komplementsystems. So hat er die adaptive Immunabwehr entwickelt. Deren Prinzip: Blutzellen erkennen, was nicht in den Körper gehört, unterscheiden genauestens zwischen Freund und Feind. Oder zwischen gefährlich und ungefährlich, wie die amerikanische Immunologin Polly Matzinger im Gegensatz zu den meisten ihrer Kollegen glaubt.

Dabei identifizieren die Immunzellen nicht den Erreger als Ganzes, vielmehr reagieren sie auf einzelne Moleküle, auf jene Proteinknäuel nämlich, aus denen jedes lebende Wesen, jede Zelle aufgebaut ist. Irgendein Detail der Bakterien- oder Vireneiweiße unterscheidet sich garantiert vom Proteinarsenal des Menschen – und schon kommt es den Immunzellen fremd vor. Etwa so, wie die Zunge sofort selbst einen mikrometerfeinen Riß im Zahn oder den winzigsten Pickel am Gaumen ertasten kann.

Am sensibelsten erspüren zwei Blutzelltypen die Gefahr: die B- und die T-Lymphozyten. Die B-Zellen basteln einen y-förmigen Rezeptor, den Antikörper, und pflanzen ihn sich tausendfach auf den runden Leib, bis sie damit überzogen sind wie ein Tennisball mit Filz. Die Gene für jene Rezeptoren sind zu derart vielfältigen Kombinationen fähig, dass jede einzelne der Milliarden Zellen daraus ihren individuellen Antikörper zusammenstellt und auf sich herumträgt. Damit patrouilliert der B-Lymphozyt jahrelang wie ein Detektiv durch den Körper und späht nach einem passenden Antigen.

Sobald er auf solch einen Fremdstoff stößt, schnappt der Antikörper ein wie der Bügel im Vorhängeschloss. Die Zelle verfrachtet dann das Antigen, etwa ein Virusprotein, in ihr Inneres, zerlegt es und transportiert diese Teile wieder an die Oberfläche. Wie auf dem Präsentierteller liegt dann solch ein Stück Virus auf der B-Zelle.

Von jetzt an braucht sie Unterstützung: Die so genannte T-Helferzelle erkennt den Komplex aus Präsentierteller und Antigen. Sie dockt an und schüttet eine Substanz aus, die dem B-Lymphozyten mitteilt, was nun zu tun sei. Es ist, als wäre die B-Zelle eine Streifenpolizistin, die ihrem Chef ein soeben verhaftetes Bandenmitglied vorführt, und der Kommissar ordnet nun an, die Bande in einem Großeinsatz zu zerschlagen.

Sobald die T-Helferzelle beim B-Lymphozyten angekommen ist, startet dieser mit der Vermehrung: Er teilt sich tausendfach in dicke, schwer arbeitende Plasmazellen – Fabriken, die den perfekt passenden Antikörper nun wie am Fließband produzieren. Diesmal aber nicht als Rezeptoren für ihre Zellmembran, sondern als frei bewegliche, winzige Spürhunde, die ausschwärmen in den ganzen Körper und ihn durchstöbern nach jenem passenden Antigen. Auf das pflanzen sie sich und aktivieren damit das Komplementsystem – oder eine andere Blutzelle, deren unmissverständlicher Name gut zu einem Sylvester-Stallone-Film passen würde: den „Natural Killer".

Etwa fünf Tage dauert es, bis der B-Lymphozyt seine Antikörperfabriken errichtet und die Produktion gestartet hat. Während dieser Zeit übernimmt die angeborene Immunabwehr, das Komplementsystem, notdürftig die Verteidigung – so lange fühlt der Mensch sich schlapp und fiebrig. Bei erneuter Infektion mit demselben Grippe-, Masern- oder Schnupfen-Erreger wird er deswegen nicht krank, weil die B-Zellen beim ersten Mal außer den Plasmazellen auch so genannte Gedächtniszellen produziert haben, die unverzüglich reagieren. Künstlich erzeugen Ärzte diese Immunisierung, indem sie den Patienten mit toten oder abgeschwächten Erregern impfen oder ihm gleich die fertigen Antikörper in den Blutstrom spritzen.

Es herrscht reger Verkehr im Blut, denn dauernd jagen die Abwehrzellen irgendwelche Erreger, unentwegt rotieren die roten Blutkörperchen, pausenlos spähen die Plättchen nach neuen Rissen in den Adern – sie alle nutzen den zuverlässig strömenden Fluss, um sich im Leib zu verteilen. Und: Da die Gewebszellen fortwährend ihre Inhaltsstoffe mit der Flüssigkeit um sie herum tauschen und die wiederum mit dem Blut, wirbeln nicht nur Zellen, sondern sämtliche Substanzen, die den Körper passieren, irgendwann auch einmal durch die Blutgefäße.

Ihr Medium ist das Plasma, der flüssige Teil des Blutes. Befreit von den Blutzellen, ist diese Flüssigkeit quittengelb und klar. Nach dem Genuss etwa eines Gänsebratens oder sonstigen Fetts im Überfluss trübt sie sich milchig ein. Plasma macht fünf Prozent des Körpergewichts aus. Es besteht zu mehr als 90 Prozent aus Wasser, darin schwimmen Salze, Mineralien, Kohlenhydrate, Fette und rund hundert unterschiedliche Proteine, darunter auch die Antikörper. So kann ein Arzt in der Plasmaprobe des Patienten überprüfen, ob die Zahl der Antikörper gegen Hepatitis oder Diphtherie darin eine Impfung vor der Tropenreise überhaupt notwendig macht.

Ebenfalls nachweisbar sind die Transportproteine: Sie binden zum Beispiel Fette und tragen sie durch den Körper. Fette sind nicht wasserlöslich und würden deshalb sonst zusammenklumpen und unkontrolliert im Blut schwimmen wie Fettaugen auf der Suppe. Als spezielle Sendboten des Körpers treiben Hormone durch das Plasma. Sie halten die Telekommunikation aufrecht und machen so die Blutgefäße zum Daten-Highway.

Das häufigste Plasmaprotein ist Albumin, eine Art Laufbursche des Körpers. Es transportiert nicht nur Fette wie das Cholesterin, Hormone und Gallenfarbstoffe wie das gelbe, giftige Bilirubin, sondern bindet auch körperfremde Stoffe wie Quecksilber oder Penicillin und andere Medikamente. Gifte lädt es in der Leber ab, Nährstoffe und Hormone bringt es dahin, wo sie gebraucht werden.

Um von den Arterien aus ins bedürftige Gewebe zu gelangen, müssen die Nährstoffe die Gefäßwand überwinden. Obwohl durchlöchert von winzigen Poren, geht von allein nichts durch sie hindurch. Der Blutdruck erst presst Flüssigkeit und kleinste Moleküle aus dem Blut durch die Wand wie durch einen feinmaschigen Filter. Zu viel davon darf aber nicht ins Gewebe sickern, sonst entstünden Ödeme im Fleisch.

Daher braucht der Blutdruck einen Gegenspieler, der Flüssigkeit zurück in den Körpersaft zieht – auch diese Aufgabe übernimmt das Albumin. Durch seine hohe Konzentration im Blut saugt es Wasser an wie ein Schwamm, ist aber zu groß, um seinerseits durch die winzigen Poren in den Gefäßwänden gepresst zu werden. Ohne Albumin würde der Körper aufquellen wie eine Erbse im Wasser.

Im Gehirn dürfen die Substanzen aus dem Blut allerdings nicht unkontrolliert durch die Kapillarwände schlüpfen. Ein unwillkommener Stoff könnte dramatische Schäden an den Neuronen anrichten. Also wird das Gehirn abgeschirmt wie ein Hochsicherheitstrakt. Dichte Zellschichten umschließen die Kapillaren, Poren gibt es nicht. Jeder Stoff muss wie bei einer Passkontrolle erst einmal durch diese Zellen hindurch, statt einfach an ihnen vorbei ins Gewebe zu sickern.

Auch hinter dieser Barriere darf der Stoff nicht etwa ziellos umherwabern, wie er das in den Zwischenräumen der Körperzellen tut: Bestimmte Gehirnzellen drücken die Enden ihrer langen Fortsätze dicht an dicht auf die Kapillarwände, stemmen sich geradezu zwischen Blutgefäße und Neuronen. Erst wenn der Stoff auch diese Blut-Zollschranke passiert, kann er bis zur Nervenzelle vordringen. Auf diese Weise hält der Körper ein konstantes Milieu aufrecht für sein sensibelstes Organ.

Ob Gifte, Gase, Leukozyten oder Vitamine – neben diesen alltäglichen und den gelegentlichen Sonder-Transportgütern befördert das Blut noch etwas, das weder Molekül ist noch Zelle, aber nicht minder unverzichtbar: Wärme, die als Nebenprodukt der Energiegewinnung in den Zellen anfällt. Sie zu verteilen und entsprechend der Außentemperatur zu regulieren ist lebenswichtig. Denn würde der Körper auskühlen, läge der Stoffwechsel brach, die Enzyme würden reaktionslos neben den Stoffen verharren, die sie eigentlich umsetzen sollten, kein Stück Erbsubstanz könnte mehr abgelesen werden. Hitze dagegen würde die Proteine zerstören.

Also benutzt der Körper das verzweigte Röhrensystem und den Strom der Leibesflüssigkeit als Heizung und Kühlsystem: Wird der Körper zu heiß, bei schwerer Arbeit, beim Sport oder in der Sauna, so öffnen sich die Kapillaren in der Haut. Das Blut strömt hindurch und gibt die Wärme, die es im Inneren gespeichert hat, wie ein Radiator an die Außenluft ab. Die Haut glüht, der Mensch wird krebsrot. Und umgekehrt: Ist es draußen knackig kalt, macht er die Kapillaren dicht – im Winter sind wir Menschen außen eher kühl. Vor allem die Extremitäten mit ihrer großen Hautfläche eignen sich gut für diese Regulation: Wenn es draußen heiß ist, fließt durch die Hände 30-mal mehr Blut als bei Kälte.

Komplex und unüberschaubar verästelt ist alles, was im Blut geschieht, raffiniert reguliert bis ins letzte Detail. Und so perfektioniert, dass die kleinste Störung maßlose Folgen zeitigen kann. Kein Wunder, dass es bis heute nicht gelungen ist, einen Ersatzstoff zu finden für die Flüssigkeit, die das Herz durch unsere Adern treibt.

Lange schon haben die Forscher sich verabschiedet von den Gelatine- und Rotwein-Ideen der Transfusionspioniere, von dem gesamten Konzept eigentlich, das rote Wunderwasser komplett kopieren zu können. Bescheiden versuchen sie sich daran, einen Ersatz zu finden, der wenigstens Sauerstoff transportieren kann. Solch ein synthetischer Saft wäre durchaus sinnvoll: Verletzte wären schon am Unfallort zu versorgen, in Kriegsgebieten könnten Engpässe in der Versorgung mit Blutkonserven überbrückt werden. Außerdem wäre Kunstblut haltbarer als das echte, das schneller verdirbt als ein Glas Joghurt im Kühlschrank: Nach 35 Tagen muss es auf den Müll. Und schließlich könnte man den Blutersatz leichter freihalten von Krankheitserregern wie dem HI-Virus, das Blutkonserven in Massenvernichtungswaffen verwandeln kann.

Die bisherigen Erfolge der Kunstblut-Köche: In Frankreich ist es gelungen, in Tabakpflanzen ein Gen einzuschleusen, das Hämoglobin wie am Fließband baut. Und die bisher raffiniertesten High-Tech-Fluids werden aus Rinder- oder altem Menschenblut synthetisiert. Sie sehen weiß aus wie Milch oder rosa wie ein Erdbeershake und bereiten immer noch Probleme: Zwar binden sie den Sauerstoff schon recht gut, nur lassen sie ihn im Gewebe nicht mehr los. Um Eigenschaften des menschlichen Blutes exakt zu kopieren, müssten die Wissenschaftler wahrscheinlich noch viel mehr darüber herausfinden, wie dessen Regulationssysteme und Reaktionen funktionieren.

Doch sobald die Forscher den Saft aus der Ader lassen, um ihn überhaupt als Ganzes untersuchen zu können – gerinnt er. Er entzieht sich der Betrachtung. Weder im Plastikschlauch noch im Glasgefäß bleibt Blut als Ganzes lebendig, nur Teile, einzelne Zellen, können isoliert und betrachtet werden. Das zellfreie Plasma ist zwar zu konservieren, muss dazu jedoch chemisch verändert werden. Und es gibt keine Garantie, dass die Blutzellen das, was sie in der Petrischale tun, auch im menschlichen Körper besorgen. Was die Wissenschaft außerhalb des Körpers kennt, ist nur sterbendes Blut.

ALBERT ROSENFELD

Viel mehr als eine Hülle

Gut soll sie aussehen, jugendlich und straff und sonnengebräunt. Darüber hinaus macht man sich meist wenig Gedanken über die Haut. Dabei ist sie ein wahres Wunderwerk und leistet viel mehr, als nur den Körper zu umhüllen.

Sie stehen am Rand des Wassers. Die Sonne brennt auf Stirn und Schultern, das Meer umspült Ihre Füße. Ein Kitzeln am linken Arm setzt – beinahe automatisch – die rechte Hand in Bewegung: Sie schlägt nach einem Insekt. Unter den Fußsohlen spüren Sie rauen Sand und glatte, vom Wasser gerundete Kiesel. Ein Schritt, und Sie zucken zurück – Sie sind auf den scharfen Rand einer zerbrochenen Muschelschale getreten. Sie heben den Fuß, und weil Sie keine Wunde sehen, gehen Sie weiter und werfen sich ins Wasser. Augenblicklich verschmelzen die Wärme an den Schultern und die Kühle an den Füßen zu einer angenehmen Temperatur für den ganzen Körper.

Im Mittelpunkt dieser kleinen Geschichte stehen weniger Sie als vielmehr Ihre Haut – Ihre Haut mit den direkten Verbindungen zu Gehirn und Rückenmark, die über Wärme und Kälte, Rauheit und Glätte, das Kitzeln, das Wohlbefinden, den Schmerz berichtet; Ihre Haut, die beim Tritt auf die Muschelschale die Fußsohle zurückzucken lässt und sie so davor bewahrt, verletzt zu werden; Ihre Haut, die auch die Hand auf den Arm klatschen und Ihre Handfläche den Arm fühlen lässt; Ihre Haut, die den Thermostaten Ihres Körpers einzuregeln hilft, wenn Sie ins Wasser tauchen. Und außerdem hat Ihre Haut für das gesorgt, was der britische Anatom John Zachary Young als deren Hauptaufgabe herausstellte: „zu verhindern, dass Sie sich in Ihrer Umgebung auflösen".

Der Griechengott Apollo wusste, was er tat, als er – einem Mythos zufolge – Marsayas zur Strafe die Haut abziehen ließ, weil der Jüngling ihn zu einem musikalischen Duell herausgefordert hatte. Auch die Assyrer enthäuteten hochrangige Gefangene, um sie zu töten.

Wir aber neigen dazu, die Haut lediglich als etwas Passives anzusehen, als die Hülle, die uns vor der Umwelt abschirmt. Dabei erleben wir unablässig die bemerkenswerte Fülle solcher Funktionen, wie sie die Haut in jener erdachten Minute am Meeresstrand ausgeübt hat. „Das Seltsamste am menschlichen Äußeren", so schrieb Alan E. Nourse in seinem Buch „The Body", „ist die Neigung der meisten Menschen, die Haut von der körperlichen Gesundheit zu trennen, sie als bloße Fassade anzusehen, hinter der schon für das Wohlbefinden gesorgt werde."

Ärzte kennen und schätzen natürlich seit langem die vielfältigen Talente der Haut. Wenn man bedenkt, dass sie für Untersuchungen so leicht zugänglich ist, wie man es sich nur wünschen kann, sollte man meinen, dass die medizinische Forschung mittlerweile alles Wissenswerte darüber in Erfahrung gebracht hat. Entdeckungen in den letzten Jahren zwingen uns jedoch, zuzugeben, dass wir bislang erstaunlich wenig von unserer Körperhülle verstehen, die wir so beiläufig tragen.

Auf einmal stellt die Haut sich als ein dynamisches, vielseitiges Organ dar, ausgestattet mit ungeahnten Kräften und Aufgaben. Ganze Wissenszweige haben sich um sie herum entwickelt, mit neuen Namen wie „Pharmakologie der Haut" und „Immunodermatologie". Die Haut entpuppt sich als eine leistungsfähige chemische Fabrik, die Arzneimittel und Giftstoffe auf eine Weise verarbeiten kann, wie wir es bis vor kurzem nur der Leber zutrauten, und andererseits hormonartige Substanzen erzeugt. Gleichwohl enthält die Landschaft, die uns umhüllt, noch immer viele unbekannte Regionen.

Die gesamte Oberfläche der Haut misst bei den meisten Erwachsenen eineinhalb bis zwei Quadratmeter. An manchen Stellen eng und fest anliegend – so am Schädel, an den Ohren, an den Handflächen und Fußsohlen –, gibt sie andernorts großzügig nach, etwa am Bauch, oder hat zur nötigen Flexibilität Falten eingebaut, wie an Ellbogen und Knien. So trifft der Ausdruck „hauteng" keineswegs auf die Haut als Ganzes zu.

Der Aufbau der Haut ist nicht einfach. Obwohl sie grundsätzlich aus drei Schichten besteht, ähnelt sie weniger einem übersichtlichen dreistöckigen Miethaus als einem Mehrzweck-Gebäude, das in die Gegend wuchert und das sich wandelt, während Sie darin umhergehen. Von den drei Hauptschichten liegt die Unterhaut mit dem darin eingebetteten Fettgewebe am tiefsten. Die Schicht darüber, die bei weitem stärkste, ist die Lederhaut mit Geflechten zugfester Kollagen-Fasern und elastischer Fasernetze, die der Haut Halt geben.

Die Lederhaut versorgt nicht nur sich selbst, sondern auch die oberste Schicht, die Oberhaut, mit Nährstoffen und allem Lebensnotwendigen. Sie enthält reichlich Blutgefäße und Nervenenden. Tief in die Lederhaut eingesenkt liegen Haarwurzeln, Talg- und Schweißdrüsen, die eigentlich zur Oberhaut gehören – sie gehen aus der untersten Schicht der Oberhaut, der Basalschicht, hervor. Überhaupt liegen Ober- und Lederhaut nicht flach aufeinander, sondern sind durch Einstülpungen innig miteinander verzahnt. Das erlaubt schnellere Reaktionen zwischen den Schichten, etwa wenn beim Erschauern die glatte Muskulatur der Lederhaut die Haare aufrichtet.

Die Oberhaut kann – auf den Augenlidern – nur ein Zwanzigstelmillimeter oder aber – an den Fußsohlen – eineinhalb Millimeter und dicker sein. Wiederum aus mehreren Zellschichten aufgebaut, besitzt sie bemerkenswerte Eigenschaften. Sie ist schuppig, hornig und voller abgestorbener Zellen, von denen bei jedem Abtrocknen nach dem Bad enorme Mengen abgerubbelt werden. Trotzdem fühlt sich die Haut weich und geschmeidig an. Sie bewahrt ihre Zartheit, weil sie hauchdünn mit Fett überzogen ist, das von den Talgdrüsen abgesondert wird. Diese Drüsen, die mit den Haaren verbunden sind, liegen in manchen Regionen dichter als in anderen – vor allem im Gesicht, auf dem Schädel, an der Brust und am oberen Teil des Rückens. Das ist der Grund, weshalb Akne, eine Erkrankung der Talgdrüsen, besonders dort auftritt.

Jedes Mal, wenn sich ein Haar bewegt, wird eine winzige Portion Fett aus der Haut gepresst, und Haare besitzen wir nahezu am ganzen Körper. Auf der Kopfhaut wachsen sie in größter Fülle – mehr als 100000 auf einem jungen gesunden Durchschnittskopf, wobei Blonde mehr Haare haben als Brünette. Auf dem übrigen Körper sind, abgesehen von Achseln und Schamgegend sowie bei Männern von Gesicht und Brust, die Haare eher dünn und kurz und oft leicht zu übersehen.

Im Sinne der Evolution sind sie ein Überrest aus unserer behaarten Vergangenheit. Dennoch sind sie keineswegs nutzlos geworden. Da der Haarbalg, der die Haarwurzel umschließt, von Nervenenden umgeben ist, eignen sie sich hervorragend als Tastfühler. Streift zum Beispiel ein Insekt ein paar Haare am Unterarm, löst es Signale zum Gehirn schon aus, bevor es auf der Haut selbst landet.

Haare haben eine unterschiedlich lange Lebenserwartung. Das durchschnittliche Körperhaar überdauert vielleicht vier Monate, während das Haar auf dem Kopf bis sechs Jahre lang wächst, bevor es ausfällt und ein neues zu sprießen beginnt. In dieser Zeit erreicht es, sofern es nicht geschnitten wird, eine Länge von 60 bis 75 Zentimetern. Haare, Finger- und Zehennägel bestehen aus den gleichen Substanzen wie Hörner, Hufe und Klauen der Tiere und sind Gebilde der Oberhaut. Aber es wachsen nicht nur diese „Anhangsgebilde" der Haut ständig nach, die ganze Oberhaut erneuert sich ebenfalls fortwährend. Die meisten Zellen im Organismus, einschließlich der Zellen im Gehirn und im Muskelgewebe, teilen sich nicht mehr, sobald der Körper voll entwickelt ist, Hautzellen jedoch behalten diese Fähigkeit das ganze Leben lang.

In durchschnittlich 27 Tagen sind alle Zellen der Oberhaut ausgetauscht. Die toten werden ständig abgestreift, während neue durch Zellteilung gebildet werden und aus den tieferen Schichten nach oben vorstoßen. Etwa 14 Tage brauchen die neugeborenen Zellen, bis sie die Hornschicht erreicht haben, die äußerste Schicht der Oberhaut. Inzwischen selbst verhornt durch die von ihnen produzierte Hornsubstanz Keratin, bleiben ihnen noch einmal rund 13 Tage, bis sie ganz oben angekommen sind und bald in Schuppen abfallen. So ist die Haut, die wir sehen, wie zart sie auch Poeten erscheinen mag, in Wirklichkeit eine schuppende Kruste aus toten und sterbenden Zellen.

Bedenkt man den unaufhörlichen Umschlag dieser Zellen, kann man über die Beständigkeit der Haut nur staunen. Besonders auffällig ist dies an den Fingerspitzen ausgeprägt. Dort ist die Haut mit einem Furchenmuster versehen, das vermutlich – ähnlich dem Profil der Autoreifen – Haftung und Griffigkeit verbessern soll. Diese komplizierten Windungen und Wirbel sind für jeden einzelnen Menschen derart charakteristisch, dass unter Millionen Sätzen von Fingerabdrücken noch immer keine zwei identischen gefunden worden sind. Das individuelle Muster bleibt konstant, obwohl die Zellen an der Oberfläche unablässig durch neue ersetzt werden.

Die Haut kann unterschiedlich farbig sein. Einen gelblichen Ton bekommt sie durch Arotin, einen auch in Pflanzen verbreiteten Farbstoff, und rötlich wird sie durch Hämoglobin, den roten Blutfarbstoff. Das wichtigste Hautpigment ist jedoch das dunkle Melanin. Es wird von den Melanozyten, spezialisierten Zellen am Grunde der Oberhaut, produziert und wirkt sich nicht zuletzt auch in Sonnenbräune und Sommersprossen aus.

Dabei hängt die Farbintensität nicht so sehr davon ab, wie dicht die Melanozyten in der Haut liegen – Menschen mit heller Haut besitzen kaum weniger Melanozyten als dunkelhäutige –, sondern davon, wie viel Melanin sie produzieren. Albinos besitzen zwar Pigmentzellen, doch diese sind aufgrund eines genetischen Defekts nicht imstande, Melanin zu erzeugen.

Melanozyten sind auch keineswegs gleichmäßig am Körper verteilt. Besonders reichlich kommen sie an der Stirn vor, und da kann selbst eine hellhäutige Stirn doppelt so viele Melanozyten aufweisen wie ein dunkelhäutiger Arm. Überdies neigen die einzelnen Farbstoffzellen im selben Organismus dazu, Melanin mit unterschiedlicher Intensität zu produzieren. Beides zusammen, ungleichmäßige Verteilung der Melanozyten und unterschiedlich intensive Produktion des Farbstoffs, führt zu Sommersprossen und braunen „Altersflecken", die von der Sonne verstärkt werden.

Keine Haut bleibt von der Sonne unbeeindruckt, und da muten viele Zeitgenossen ihrer Körperhülle im Streben nach „gesunder" Bräune eine Menge zu. „Trotz aller Warnungen", klagte etwa der Dermatologe Martin Carter von der Rockefeller University in New York, „nehmen die Leute den Sonnenbrand nicht ernst. Dabei bedeutet jede Rötung eine Verletzung, und solche Schäden summieren sich im Laufe der Jahre. Deshalb ist Hautkrebs so häufig."

Beim Bräunungsprozess regt die Sonne zwar die Melanozyten an, mehr Melanin herzustellen und freizusetzen. Aber bis das Melanin an die Oberfläche gelangt ist und Schutz bietet, kann die Haut schon ordentlich verbrannt sein. Wer sich häufig in die Sonne legt, kann sich zwar mit Bräune brüsten, doch dafür altert die Haut vorzeitig, wird trocken, zäh und ledrig.

Sonnenlicht, hauptsächlich seine ultraviolette Komponente, die durch Infrarot-Strahlung unterstützt wird, ist ein notorischer Feind der Haut, warnen Dermatologen. Praktisch alle Anzeichen eines „alten" Gesichts werden durch Sonnenschein gefördert: scheckige und fleckige, schlaffe und unelastische, raue und runzlige Haut. Gewiss, viele dieser Veränderungen stellen sich ohnehin mit dem Alter ein, aber die Sonne verstärkt und beschleunigt diese Prozesse, die schon früh beginnen.

Anfangs glättet sich die Haut schnell wieder, wenn sich Fältchen durch Lachen und Weinen bilden, durch Stirnrunzeln und Grimassenschneiden, Kauen und Gurgeln. Doch nach und nach verliert die Haut ihre Elastizität, die Linien brauchen immer mehr Zeit zu verschwinden. Schließlich bleiben sie für immer. Ein bisschen Kollagen wird steif und brüchig, etwas Bindegewebe verschwindet, etwas stützendes Fett wird abgebaut – ein allmählicher struktureller Zusammenbruch.

Mit den Jahren büßen die Schweißdrüsen in der Lederhaut, die ihre Flüssigkeit durch dünne Kanäle nach außen befördern, an Leistungsfähigkeit ein – ältere Menschen schwitzen weniger. Das mag in bestimmten Situationen als Vorteil empfunden werden, tatsächlich ist es ein Defizit: Schwitzen ist für den Körper eine wichtige Möglichkeit, Abfallprodukte auszuscheiden und die Temperatur zu regulieren. Ein gesunder Erwachsener dunstet an einem durchschnittlichen Tag einen halben Liter Schweiß aus, größtenteils Wasser, mit geringen Mengen von Salz und anderen Substanzen wie Harnstoff und Eiweiß. Bei schwerer körperlicher Anstrengung und warmem Wetter können es bis zu zehn Liter sein. Deshalb besitzen wir Millionen von Schweißdrüsen, besonders reichlich an Handflächen und Fußsohlen.

Eine besondere Art von Schweißdrüsen, Duftdrüsen genannt, wird erst in der Pubertät aktiv. Auf deren Tätigkeit geht der Körpergeruch zurück, der heute in unserer Gesellschaft als unfein gilt. Duftdrüsen konzentrieren sich hauptsächlich in den Achselhöhlen und in der Nähe der Geschlechtsorgane. Was sie ausscheiden, ist an sich geruchlos, zu duften beginnt es erst durch Einwirken von Bakterien, die in dem warmen und feuchten Milieu gut gedeihen.

Mikroorganismen siedeln auf der Haut in Massen. Auf der gesunden Oberhaut leben viele Arten von Bakterien, gelegentlich Hefe- und Schimmelpilze und sogar echte Tiere mit dem Namen *Demodex folliculorum*. Diese Milben bevorzugen als Wohnstätte bestimmte Haarbälge im Gesicht, besonders von Wimpern und Haaren in den Nasenlöchern. Obgleich einige hundert Mal größer als Bakterien, sind diese Spinnentiere so winzig, dass man sie kaum mit bloßem Auge sehen kann.

Auch auf „sauberer" Haut wimmelt es von Leben. „Wir können die Haut mit Wasser und Seife schrubben, bis wir vor Schmerz damit aufhören", schrieb der Bakteriologe Theodor Rosebury, „und doch: Der Bakterien werden wir nicht Herr." Wenn Sie jemandes samtene Haut küssen, bringen Sie sich also in engen Kontakt mit unzähligen toten Zellen und lebenden Bakterien. Aber: Auch Sie hatten zweifellos zuvor schon ebenso viele Bakterien auf den Lippen.

Solche Mikroben sind unter normalen Umständen meist harmlos. Sie sind eher „Kommensalen" – Tischgenossen, die uns nichts zuleide tun – im Gegensatz zu Parasiten oder Krankheitserregern. Manche können sogar nützlich sein, etwa der hautbewohnende Hefepilz *Pityrosporum ovale*: Er hält andere Pilze unter Kontrolle, die Hautflechten auslösen können.

Jede Art von Mikroben sucht sich die Umgebung aus, die ihren Ansprüchen am besten genügt. Manche Arten beherrschen bestimmte Gebiete auf der Haut und erobern sie hartnäckig zurück, sooft sie auch vertrieben werden. Deodorants verschlechtern die Lebensbedingungen für in der Achselhöhle dominante Arten. An deren Stelle rücken dort Bakterien ein, die aus den Absonderungen der Schweißdrüsen keine Riechstoffe erzeugen. Sobald die Wirkung des Deodorants nachlässt, übernehmen die anrüchigen Ureinwohner jedoch wieder das Territorium.

Weil beim Verdunsten der ausgeschiedenen Feuchtigkeit viel Wärme verbraucht wird, spielen die Schweißdrüsen eine erhebliche Rolle bei der Kontrolle der Körpertemperatur – die Haut ist der Kühler des Körpers. Als warmblütige Säuger müssen wir unsere Innentemperatur innerhalb sehr enger Grenzen halten, einerlei, wie das Wetter draußen ist. Deshalb durchzieht ein dichtes Geflecht von Blutgefäßen die Lederhaut, in der die Schweißdrüsen liegen – viel dichter, als zur Versorgung der Haut mit Nährstoffen und Sauerstoff allein erforderlich wäre.

Damit allerdings die Temperaturregelung auch gut abgestimmt funktionieren kann, bedarf es guter Nachrichtenverbindungen zum Gehirn. „Heiße Drähte" verbinden die Haut mit dem Regulationszentrum im Hypothalamus, einem Teil des Zwischenhirns. Wenn Sie beispielsweise körperliche Arbeit verrichten, verbraucht der Körper mehr Energie als beim Nichtstun, und dabei fällt mehr Wärme an. Der Thermostat im Hypothalamus aktiviert eine Kette von Signalen, die veranlassen, dass die Haut stärker durchblutet wird und mehr Schweiß austritt. Während der Schweiß verdunstet, kühlt sich die Haut ab, die ihrerseits das Blut kühlt – ähnlich wie der Kühler im Auto das durchlaufende Wasser. Sobald die Temperatur sich normalisiert hat, schaltet der Hypothalamus die Kühlung ab. Fällt andererseits die Temperatur zu weit ab, vermindert der Hypothalamus den Blutstrom zur Haut und schränkt auch den normalen Schweißaustritt noch weiter ein, um die Organe im Körper warm zu halten. Notfalls werden eher Schädigungen der Haut – etwa Frostbeulen – in Kauf genommen.

Unablässig liefert – zumindest wenn wir wach sind – die Haut einen Strom von Nachrichten über die Umgebung ins Gehirn. Sie lässt uns nicht nur wissen, was heiß oder kalt, sondern auch, was hart oder weich, rau oder glatt, verletzend oder wohltuend ist. Um alle diese Aufgaben zu verrichten, verfügt sie über ein ganzes Sortiment von Einrichtungen zum Empfangen und Übermitteln von Nachrichten.

Da gibt es zum einen überall freie Nervenenden – wiederum in manchen Regionen mehr als in anderen. Die empfindlichen Teile der Hand enthalten davon mehr als 1000 pro Quadratzentimeter. Dazu kommen – in unterschiedlicher Verteilung – spezielle Sensoren, Rezeptoren und verschiedene Arten von Tastkörperchen, die auf Berührung, Druck und Schmerz reagieren. Tastkörperchen finden sich besonders reichlich auf der Zunge, den Lippen und an den Fingerspitzen. Kältesensoren sitzen auf der Nase dicht gedrängt. Hingegen sind Schmerzrezeptoren ziemlich gleichmäßig verteilt.

Bei der Auswertung der Signale arbeiten verschiedene Regionen des Gehirns und des Rückenmarks zusammen, und das geschieht nach unterschiedlichen Mustern. So erfordert manchmal ein SOS der Haut so dringend eine Reaktion, dass keine Zeit bleibt, abzuwarten, bis das Bewusstsein das Problem erkannt und eine Entscheidung getroffen hat. Wenn Sie Ihre Hand blitzartig von einem heißen Ofen zurückziehen, geschieht dies reflexartig im Zusammenspiel mit dem Rückenmark, ohne dass erst die für Überlegungen zuständige Großhirnrinde einen Befehl dazu geben muss.

Ein Stückchen Haut, fachmännisch angefärbt und unters Mikroskop gelegt, ist ein faszinierender Anblick. Biochemie und Molekularbiologie haben darüber hinaus vieles enthüllt, das durch bloßes Ansehen nicht zu entdecken war. Zu den eindrucksvollsten Resultaten gehören Beobachtungen darüber, wie chemische Substanzen in der Haut verändert werden. Fachleute sprechen geradezu von einer „Pharmakologie der Haut". Schon seit längerem ist bekannt, dass in der Haut mit Hilfe von UV-Licht einfache chemische Reaktionen ablaufen. Beispielsweise wird so das Anti-Rachitis-Vitamin D3 gebildet, das für die Regulierung des Calcium-Haushalts unentbehrlich ist. Dabei spielt die Haut mehr die Rolle eines Mittlers als eines aktiven Partners im Stoffwechsel.

Dass die Haut chemische Substanzen, so auch bestimmte Arzneimittel, mit Hilfe von Enzymen selbst aktiv umwandeln kann, wie es in größerem Maßstab die Leber tut, ist hingegen eine relativ neue Erkenntnis. Streicht man etwa Cortison, ein Hormon der Nebennierenrinde, auf entzündete Haut, wird die Entzündung gehemmt, weil Enzyme der Haut das Hormon in Hydrocortison verwandeln. Ohne diese Reaktion bliebe die Besserung aus.

Die Fähigkeit der Haut, auch mit körperfremden Substanzen wie Arzneimitteln zu reagieren, kann sich aber auch nachteilig auswirken. Manche Antibiotika machen die Haut besonders anfällig für ultraviolette Strahlung, und dieser „phototoxische Effekt" kann zu bösen Sonnenbränden führen. Zum Guten gewendet wird der phototoxische Effekt wiederum bei der Behandlung der Schuppenflechte mit speziellen Arzneimitteln, den Psoralenen. Ultraviolettes Licht verstärkt deren Wirkung. Besonders erstaunlich ist, dass sich mit den Hauterscheinungen auch die Gelenkentzündungen bessern, an denen viele Opfer der Schuppenflechte leiden.

Verschiedene Chemikalien, organische wie anorganische, die von innen oder außen auf die Haut einwirken, werden durch Enzyme verändert. Das kann sehr nützlich sein. So werden bestimmte krebserzeugende Substanzen, die auf die Haut gelangen und in sie eindringen, durch Enzyme in der Oberhaut in harmlose Stoffe zerlegt. Leider jedoch besitzt nicht jeder Mensch diese Fähigkeit zur Entgiftung. Umgekehrt machen Enzyme der Haut sich an unverfängliche Substanzen heran und verwandeln sie in Krebsauslöser. Benzpyren, ein berüchtigtes Karzinogen, wäre harmlos, gäbe es in der Oberhaut nicht das Enzym AHH. Dieses lässt aus Benzpyren ein unheilvolles Nebenprodukt entstehen, das in die Zellen eindringt, sich mit Eiweißstoffen verbindet und sogar die Erbsubstanz DNS angreift.

Die Erkenntnis, dass die Haut ein Labor ist, in dem eine Menge passiert, bietet Medizinern faszinierende Aussichten. Denn was dazu gebracht werden kann, die Oberhaut zu durchdringen und, in gewünschter Weise chemisch verwandelt, die Lederhaut mit ihren vielen Blutgefäßen zu erreichen, ist damit praktisch auf direktem Wege und gut dosiert in den Blutstrom eingeschleust. Freilich wird die Zahl der Medikamente, die durch die Haut eingenommen werden können, durch die Größe der Moleküle ihrer Wirksubstanzen begrenzt.

Dass die Haut auch für die Immunität eine wichtige Rolle spielt – für die Fähigkeit des Körpers, sich gegen Krankheitserreger und Gifte zur Wehr zu setzen –, ist eine Erkenntnis neueren Datums. Diese Perspektive erscheint derart verheißungsvoll, dass an der University of Texas in Dallas bereits ein Forschungszentrum für „Immunodermatologie" gegründet worden ist. Paul Bergstresser, der Direktor dieses Zentrums, untersuchte gemeinsam mit Craig A. Elmets, der heute in Cleveland arbeitet, wie Ultraviolett B, der kurzwellige Anteil der Sonnenstrahlung, Hautkrebs auslöst. Dabei entdeckten die Forscher, dass beim Sonnenbrand die UV-Strahlung nicht nur die Haut direkt schädigt, sondern auch Immunzellen in der Haut beeinträchtigt, deren Aufgabe es ist, Krebszellen zu entdecken und zu zerstören. Elmet versucht nun herauszufinden, was die UV-Strahlung im einzelnen bewirkt und wie die Abwehrzellen wieder in Kampfbereitschaft versetzt werden können.

In der Haut wurden nicht nur Zellen nachgewiesen, die als Makrophagen, als „Fresszellen", am Abwehrkampf beteiligt sind, sondern auch beachtliche Bestände an jenen weißen Blutkörperchen, die T-Lymphozyten oder einfach T-Zellen genannt werden. T-Zellen sind im Immunsystem, unter anderem, die wichtigsten Kämpfer gegen Krebszellen. „Früher", erläutert Richard Edelson von der Yale University, „wurde den verstreuten T-Zellen in der Haut nicht viel Beachtung geschenkt. Inzwischen aber wissen wir, dass sie nicht durch Zufall dorthin kommen. Nachdem sie im Knochenmark entstanden sind und die Thymusdrüse durchlaufen haben, streben diese Lymphozyten auch zur Haut hin. Auf die ganze Oberfläche des Körpers berechnet, ist die Zahl der T-Zellen in der Haut enorm – vielleicht sind es ebenso viele wie im Blutstrom."

Noch überraschender ist die Entdeckung, dass die Zellen der Oberhaut, denen lange Zeit eine rein passive Rolle zugeschrieben wurde, ebenfalls aktiv zur Immunität beitragen. So produzieren sie große Mengen eines Hormons, das mit einem Hormon der Thymusdrüse identisch und imstande ist, T-Zellen den letzten Schliff zu geben. Mehr noch: Die Zellen der Oberhaut bilden – was früher nur bestimmten weißen Blutkörperchen zugetraut wurde – eine Substanz namens Interleukin 1. Sie veranlasst T-Zellen, einen ihr nahe verwandten Stoff, das Interleukin 2, zu erzeugen. Dadurch wird die Massenproduktion einer besonderen Art von T-Lymphozyten, von „Helfer-Zellen", provoziert, zu deren Aufgaben es gehört, andere Immunzellen zur Herstellung von Antikörpern anzuregen. Die Hautzellen setzen also, bevor sie zur Oberfläche vorstoßen, wo wir sie mit dem Handtuch abrubbeln, eine Serie von Ereignissen in Gang, die zur Antikörper-Produktion führen.

Viele der Experten, denen wir solche überraschenden Entdeckungen verdanken, sind überzeugt, dass uns noch weitere bevorstehen, die den Respekt vor unserer Körperhülle noch erheblich steigern werden.

„Bedenken Sie", sagt Richard Edelson von der Yale University, „dass in der gesunden Haut zu jeder Zeit rund 25 Prozent des Körperblutes zirkulieren. Das ist mehr, als das Gehirn bekommt. Die Haut ist offensichtlich ein außerordentlich aktives Gewebe, und der Körper erkennt dessen Bedeutung an, indem er es gut ernährt. Während unsere größte Sorge ist, dass die Haut gut aussieht, nehmen wir es als selbstverständlich hin, dass sie als Barriere gegen eine Fülle von Gefahren dient. Dabei erneuert sie sich ungefähr alle 27 Tage und koordiniert und orchestriert gleichzeitig eine Reihe hochkomplexer Aktivitäten. Ein wahrer Jongleur-Akt, eine unglaubliche Leistung!"

HANIA LUCZAK

Der Stoff, aus dem die Pfunde sind

Fett – eine verkannte Substanz.
Einst Lebensgarant, heute ein Stoff, der Millionen
leiden lässt. Wissenschaftler haben sich darangemacht, das
»Universum des Fetts« zu ergründen, und jüngst herausgefunden:
Die Speichersubstanz ist weit mehr als ein träges Energielager. Sie
spricht zum Gehirn, nimmt Einfluss auf Körper und Psyche. Und
beherrscht ein Menschenleben mitunter so sehr, dass mancher
extrem Übergewichtige den Ausweg nur noch im
Skalpell des Chirurgen sieht.

Dominikus-Krankenhaus in Düsseldorf. Vor der Treppe, die zum Hauptportal führt, steht breitbeinig eine menschliche Gestalt, mehr Klotz als Mensch und in ihrer übergroßen Männerkleidung von hinten erst auf den zweiten Blick als Frau erkennbar. Unschlüssig wirkt sie, als überlegte sie noch, ob sie diese Hürde nehmen solle. Dann setzt sie sich langsam in Bewegung und steigt empor, Stufe für Stufe, schwer atmende Masse und schwankender Turm, bis sie ankommt am Ende, das für sie ein neuer Anfang sein soll.

„Ich bin 35 Jahre alt, seit 13 Jahren verheiratet und habe zwei Kinder im Alter von elf und sieben Jahren. Ich bin gelernte Landschaftsgärtnerin, jetzt habe ich eine Teilzeitstelle als Altenpflegerin. Zur Zeit wiege ich 160 Kilo." Das hat Ursula Groß vor ein paar Monaten Bernhard Husemann geschrieben, dem hiesigen Chefarzt für Chirurgie, als sie um eine Operation nachsuchte. Husemann gilt als erfahrenster Chirurg in Deutschland auf dem Gebiet der „operativen Therapie der extremen Adipositas", der schweren Fettleibigkeit.

Messer gegen Masse: Wer sich an ihn wendet, um sich den Bauch aufschneiden, den Magen zusammenstanzen und verzurren zu lassen, wer alle Risiken und Folgen solcher Eingriffe in Kauf nimmt, weiß mit seinen Pfunden in der Regel keinen anderen Ausweg mehr. Am

Ende des Briefes war zu lesen: „Hoffentlich können Sie mir helfen, weil ich so nicht weiterleben kann."

„Wir sind die letzte Instanz", warnte der Arzt sie in seinem Antwortschreiben. Gleichwohl sagte er zu, ihr Anliegen zu prüfen, und bat sie, nachzuweisen, was sie im Kampf gegen ihr Gewicht schon alles versucht habe. Ihre Biografie, die einer Berg-und-Tal-Fahrt mit aufsteigender Tendenz gleicht, hat ihn dann überzeugt: schon als Jugendliche leichte Gewichtsprobleme (80 Kilogramm); erste medizinisch assistierte Diät 1985 (95); vier Jahre bei den „Weight Watchers" (100); danach wieder Diät mit Tabletten (120); Ernährungsberatung (110); psychotherapeutische Behandlung (130); erneut Diät mit Medikamenten (140) ...

„Hochgradige Adipositas über viele Jahre", lautete das Urteil des Fachmanns und: „erfolglose konservative Therapien". Seine Patientin sagt: „Ich ertrinke in einem Ozean von Fett."

Und mit ihr tun es Abermillionen, ganz besonders in den entwickelten Ländern. Eine Viertelmilliarde Menschen weltweit sind extrem adipös, weitere 500 Millionen so übergewichtig, dass auch ihr Gewicht völlig aus dem Ruder zu laufen droht. In den Industriestaaten sind krankhafte Fettleibigkeit und Übergewichtigkeit so häufig geworden, dass Experten von „Epidemie" sprechen und eine „Volksseuche" diagnostizieren. Deutschland gehört zu den Ländern mit den höchsten Adipositas-Raten: Rund 20 Prozent der Erwachsenen gelten als dick bis extrem dick, weitere 40 Prozent als übergewichtig.

Und die Kurven zeigen weiter nach oben: Jüngsten Erhebungen zufolge wiegen beispielsweise Amerikaner – Männer, Frauen, Alte, Kinder – durchschnittlich zehn Prozent mehr als noch vor zwölf Jahren. Schon seit langem schlägt die Weltgesundheitsorganisation Alarm; nun haben Wissenschaftler eine „International Obesity Task Force" ins Leben gerufen. Deren Aussichten, des Übels Herr zu werden, stehen allerdings schlecht. Denn selbst in manchen Entwicklungsländern schnellen die Zahlen in die Höhe. Trotz Hungersnöten und anderer Katastrophen – die Welt wird immer fetter.

Ein Massenphänomen im Zug des Zivilisationsprozesses, dessen Ursachen vielfältig sind, gesellschaftlich und genetisch, ökonomisch und evolutionär, physiologisch und psychologisch, dessen Auswirkungen jedoch alle in die gleiche Richtung zielen: Hinter der allgemeinen Verfettung verbirgt sich millionenfach psychische und physische Not.

Als Ursula Groß ihren Körper die Stufen zum Eingang der Klinik hinaufstemmt, muss sie nichts mehr sagen. Sobald sie sich in der Öffentlichkeit zeigt, redet ihr Fett. Es spricht über das, was ihr Leben beherrscht und sie wie eine Aura des Versagens umgibt. Sie spürt die Blicke im Rücken, die stummen Vorwürfe, das Unverständnis der anderen. „Ja", sagt sie, „ich weiß, es ist schwer zu verstehen, weshalb jemand so dick werden kann."

Ist es Schicksal oder Schuld? Forscher in aller Welt wühlen geradezu im Fett, um zu ergründen, was da vor sich geht – im einzelnen Menschen wie in der Bevölkerung. Sie testen ganze Volksgruppen auf genetische Besonderheiten, mästen die einen, setzen andere auf Diät. Sie entnehmen Fülligen Proben aus deren Bäuchen, denn gerade an den Extremdicken lassen sich der Fettstoffwechsel und dessen Entgleisungen ideal untersuchen. So steht der Speck der Adipösen beispielhaft für alle mit kleineren und größeren Gewichtsproblemen.

Und dabei geht es den Forschern vor allem um jene Zellen, die so effektiv die Moleküle speichern, aus denen Fett besteht: die Triglyceride. Sie sind es, die Fett zum besten Energiespeichermedium machen, das die Evolution hervorgebracht hat: Neun Kilokalorien stecken in einem Gramm. Kohlenhydrate wie Zucker und Stärke bringen es dagegen auf nur vier. Fett ist ein universaler Stoff des Lebens – er wirkt bereits beim ersten Nahrungsschluck von der Mutterbrust. Im Laufe der Menschheitsgeschichte galt er als Unterpfand für die Existenz, das aus der Natur gewonnen, gehortet und gehegt wurde. Denn es waren Winter zu überbrücken und Hungersnöte zu überwinden. Olivenölfässer, Kokosfettkrüge und Schmalztöpfe wurden zu Symbolen des Überflusses, der Sicherheit, der Freudenfeste. Ohne Fettreserven im Körper gibt es in Notzeiten kein Überleben. So ist auch die erstaunliche Robustheit vieler Säuglinge dem „braunem Fett" zu verdanken, mit dem jedes Kind auf die Welt kommt und das nach ein paar Lebensmonaten wieder verschwindet. Wie eine kleine Weste hält braunes Fett Neugeborene warm – genauso wie die Winterschläfer in der Tierwelt.

Ursula Groß könnte theoretisch fast ein Jahr lang ohne Nahrung auskommen, da sie einen gigantischen Energiespeicher angelegt hat: 80 Kilogramm ihrer Körpersubstanz bedeuten eine Reserve von über 700000 Kilokalorien, die für 320 Tage ohne Nahrungszufuhr reichen würden. Die 35-Jährige repräsentiert damit eigentlich einen Erfolgstyp der Entwicklungsgeschichte. Denn evolutionär sind Dicke nicht nur „fitter" als jene, die zum Dünnsein neigen und somit Gefahr laufen, schneller zu verhungern. Sie stellen sogar eine positive Auslese der Natur dar. Denn sie haben sich den uralten „Drive" der Überlebenskünstler bewahrt, sind durch ihre Fähigkeit, so gut Fett anzusetzen, geschützt gegen Mangelzeiten.

Seit Nahrung in den Industrienationen allgegenwärtig ist und nicht mehr mühsam erzeugt, beschafft und gelagert werden muss, hat sich dieser Überlebensvorteil jedoch in sein Gegenteil verkehrt. Die sich heftig ausbreitende Adipositas ist vor allem eine Folge der realisierten uralten Wunschvorstellungen der Menschheit: Wohlstand, Nahrungsüberfluss, Reduzierung körperlicher Anstrengungen. Mit immer weniger Geld lässt sich immer mehr Nahrung kaufen. Selbst nicht allzu gut Verdienende können sich Essen satt leisten – und zwar je billiger, desto fetter und kalorienhaltiger. Ob Kartoffelchips oder Currywurst, Pizza, Hamburger oder Schokoriegel – die Aufnahme überflüssiger Kalorien ist heute buchstäblich ein Kinderspiel. Was aber mindestens ebenso schwer wiegt: Gegenwärtig verbraucht der menschliche Organismus in den Industrienationen als Folge des veränderten Lebensstils durchschnittlich rund 300 Kilokalorien weniger pro Tag als noch vor wenigen Jahrzehnten.

„Essen gut, alles gut", heißt es in einer Werbung für Sahnesoßen. Diese – naturhistorisch gesehen richtige – Formel ist zu einem Prinzip geworden, das Millionen in „Phänotypen mit Gesundheitsrisiko" verwandelt. So ist der natürliche Vorgang des Essens für Ursula Groß zum unablässigen Dilemma geworden. Ein guter Braten auf dem Teller, schon erkennt die Biologie in ihr dessen Wert und Qualitäten, und unbewusst entwickelt sich in ihr das Vorgefühl eines sinnlichen Vergnügens. „Wie ein Sog, der mich in einen Strudel der Genüsse zieht", beschreibt sie ihren „Drive".

„Um diesem Diktat der Natur entgegenzusteuern", meint Bernhard Husemann, „müssen Dicke eine weitaus größere Willensanstrengung aufbringen." Vor allem gelte das für Frauen, die grundsätzlich im Durchschnitt zwölf Prozent mehr Fett speichern als Männer und stärker zu Adipositas neigen. Das beruht vor allem auf ihrer Rolle bei der Fortpflanzung: Sie müssen Reserven für Schwangerschaften und die Ernährung des Nachwuchses anlegen.

Ursula Groß erlebte während ihrer Schwangerschaften dramatische Gewichtszunahmen. „Es war, als würden in dieser Zeit alle Schleusen geöffnet", erzählt sie, als sie am Vorabend ihrer Operation im Aufenthaltsraum der Station 7 auf ihre Untersuchung wartet. Und wie immer ist ihre Sprache beherrscht von Scham und Schuld – und vom Essen: „Häppchenweise" sei die Entscheidung für den „Einschnitt" in ihr Leben gefallen. Der „letzte große Brocken", der ihr dann endgültig „im Halse stecken blieb", sei der Blick auf die Waage beim Amtsarzt gewesen. Deren Skala reichte nicht mehr aus für ihr Gewicht. „Das tat weh", sagt sie.

In diesem Moment habe sie den Willen entwickelt, sich gegen das, was sie ihr „wucherndes Existenzproblem" nennt, einer „Gastroplastik" zu unterziehen. Diese chirurgische Verkleinerung des Magens zählt heute zu den gängigsten Eingriffen bei extremer Adipositas. Auch andere chirurgische Verfahren, etwa die Absaugung und Fettschürzenentfernung, werden immer häufiger angewendet. So sehr das Fett wächst, so sehr wird es bis zur Selbstverstümmelung gehasst. Der Leib wird zum Feind der Seele.

Ursula Groß schaut nicht mehr in Spiegel. Und wenn, dann nur in ihr Gesicht. „Aber das ist ja nicht mehr mein Gesicht", stellt sie dann oft entsetzt fest. „Und das ist auch nicht mein Körper." Längst kann sie kaum noch Treppen erklimmen, längst keine Kleider mehr tragen, und selbst in Herren-Übergrößen muss sie sich zwängen. Die Schuhe kann sie nicht mehr binden. Sie steht auf und „fühlt, wie es runtersackt, das Faltengewebe, das im Sommer immer so wund wird". Sie geht mit gespreizten Beinen auf und ab, „die Oberschenkel reiben schmerzhaft aneinander". Sie setzt sich hin, „kann die Beine nicht übereinander schlagen". Sie packt eine Wulst am Oberbauch mit ihren Händen. Als „krebsartige Wucherung" empfinde sie das, als etwas, das ihr Fleisch korrumpiert. Sie träumt davon, dass es von ihr genommen wird und sie nach dem Eingriff wieder sie selbst sein kann. „Ich bin doch mehr als nur mein Fett."

Auf der Straße zu gehen sei grausam. Sie duckt sich, wenn fotografiert wird. „Alle setzen sich nur mit meinem Gewicht auseinander, nicht mit mir." Das Schlimmste aber seien die wohlmeinenden Ratschläge: „Reiß dich doch zusammen", „Iss doch einfach weniger, dann wirst du schon normal." Ursula Groß ist überzeugt, die Leute meinten zu Recht, sie trage mit ihrem Fett ein Zeichen für Zügellosigkeit, Dekadenz und bittere Schande mit sich herum. Dabei ist sie ein personifiziertes Mahnmal gegen die Auswüchse unserer Zivilisation, die sich überfrisst und zugleich einen fanatischen Kampf gegen das Fett führt – den sie zunehmend verliert.

Eine bizarre Situation: Während eine gigantische Industrie die Menschen regelrecht ins Fett treibt, mit saftigem Fleisch lockt, butterschwerem Gebäck und käsetriefender Pizza, schürt eine andere eifrig die Fettphobie. Diäten, Pillen und Ratgeber stehen am höchsten im Kurs. „Fettarm", „Null Fett" und „Du darfst" schreit es uns in Supermärkten entgegen – als wären wir gefangen im Fett. Nach dem stolz getragenen Wohlstandsspeck der Nachkriegszeit hat sich seit Ende der sechziger Jahre ein extremes Schlankheitsideal durchgesetzt. Zugleich ist das Image der Dicken erheblich gesunken. Heute sind laut

Umfragen nur wenige Deutsche bereit, einen Adipösen als Freund zu akzeptieren. Wie lange werden ihre feingliedrigen Kinder Ursula Groß noch schmeicheln: „Du bist die weichste Mama der Welt", wenn sie in ihr Bett schlüpfen? In der Pubertät, wenn das Äußere so wichtig wird, „dann werden sie sich vielleicht vor mir ekeln", sagt die Mutter.

Noch einmal bricht ihr Selbsthass durch, als sie kurz vor dem Eingriff vom Vorbereitungsraum aus einen Blick in den Operationssaal wirft. Dort sieht sie einen frisch operierten Leidensgenossen, einen gewaltigen Mann von über 220 Kilo. „Gleich liege ich genauso da", sagt sie, schon tranig vom Beruhigungsmittel, „ein feistes Schwein auf der Schlachtbank."

„Wir können extrem Dicke nicht neutral sehen", sagt Bernhard Husemann, der in seiner Laufbahn 2500 Adipöse operiert hat. Und nicht nur das: Die meisten von ihnen können das nicht einmal selber. Viele lehnen sich und ihren Körper bis zur Selbstverleugnung ab. Es gebe zwar Menschen, die sich als Korpulente wohl fühlen und die sogar etwas Charismatisches an sich haben, Leute wie Helmut Kohl, Marlon Brando, Luciano Pavarotti oder Marianne Sägebrecht. Und natürlich gebe es Clubs, in denen Schwergewichtige „Dick ist Schön" propagieren und gegen das gängige Ideal des Super-Schlankseins protestieren. Meistens allerdings handele es sich bei denen, so Husemann, um moderat Adipöse, die ohnehin niemand operieren würde.

Bei Extremdicken dagegen stecke hinter der Oberfläche von „demonstrativer Fettakzeptanz" häufig „ungeheures Leid". Auch Ursula Groß hat versucht, sich so zu akzeptieren, wie sie ist. Aber sie hat es nicht geschafft, obwohl sogar ihr Mann, ein drahtiger graumelierter Herr, ihr immer wieder versichert habe, von ihm aus könne sie so bleiben, wie sie ist. „Glückliche Dicke?", fragt sie beinahe aggressiv und winkt ab. „Nein, mir kann keiner vormachen, dass er mit so einem Körper glücklich ist."

Fachleute zitieren immer wieder eine schwedische Studie, bei der Ex-Adipöse nach einer Operation befragt worden sind, was für sie schlimmer sei: blind, amputiert oder wieder dick sein. 90 Prozent wollten lieber ihr Augenlicht oder eine Gliedmaße verlieren, als wieder so zu werden, wie sie einmal waren. „Die Lebensqualität ist einfach miserabel", sagt Bernhard Husemann. „Glauben Sie wirklich, dass einer freiwillig super-adipös wird?" Neben dem seelischen Druck birgt Fettleibigkeit erhebliche Risiken für das physische Befinden. Adipositas gilt als „Mutter" vieler chronischer Krankheiten, welche die Lebenszeit verkürzen: Atemnot, erhöhter Blutdruck, rasche Ermüdbarkeit, Schlafstörungen, Lungenembolien, Herz-Kreislauf-Erkrankungen, Gallen- und Venenleiden, degenerative Gelenkerkrankungen und vor allem Diabetes. Fettleibigkeit wird zudem mit Darmkrebs in Zusammenhang gebracht. Nicht von ungefähr lautet also eine der häufigsten ärztlichen Empfehlungen: abspecken.

Ursula Groß liegt nun in der Einsamkeit des menschenerfüllten Operationssaales. Arme von sich gestreckt, auf Stützen gelagert. Achselhöhlen wie Kathedralen, Schenkel wie gedrungene Säulen. Die Hüften quellen über den Rand des Operationstisches. Der musste auf „Zwergenhöhe" heruntergelassen werden, um den Chirurgen angesichts der Bauchhöhe die Arbeit zu erleichtern. Für die Kanülen sind extralange Nadeln erforderlich. Die Narkose ist verabreicht, der Körper noch nicht für die Operation abgedeckt.

Im Kaltlicht der Lampen muss sie dahindämmernd nun ihre Blöße offenbaren, die sie immer so verzweifelt wie vergebens zu verbergen suchte. Eine ruhende Masse, erschreckend in ihrer Wucht von Weichfleisch. Doch da ist noch etwas anderes, das eine Schwester so umschreibt: „Monströs und trotzdem voller Pracht."

Mit zartem Schnitt durchtrennt das Skalpell die Haut. Schweigsam arbeitet sich das Team des Dominikus-Krankenhauses in das Innere des massigen Körpers vor. Hunderte solcher ungeheuren Leiber sind hier bereits geöffnet worden. Durchschnittlich 90 Minuten währt der Eingriff. Die OP-Schwester hat das stahlglänzende Spezialgerät am Nebentisch bereitgelegt, überdimensionale Schaufeln etwa oder verstärkte Bauchdeckenspreizer, sämtlich Sonderanfertigungen zum Wegdrücken der Fettschichten. Metallene Rundrahmen gehören dazu, in die Riesenhaken eingeklinkt werden und mit deren Hilfe die Wunde offengehalten wird. „Sie ersetzen den vierten Mann", erklärt der Oberarzt, der heute den Eingriff vornimmt. Sich allein mit Muskelkraft gegen das schlüpfrige Fett zu stemmen sei zu anstrengend.

Mit kleinen scharfen Haken, die an Rechen erinnern, ziehen die Ärzte an der gelben Masse direkt unter der Haut. Schimmerndkäsig weicht die Substanz auseinander und zieht Fäden. Durch das „stumpfe Aufreißen" blute es weniger, erklärt der Chirurg, und hält ein Maßband an die Fettschicht: neun Zentimeter dick. „Fühlt sich an wie ein nasser Schwamm, Konsistenz zwischen weich und zäh", beschreibt er den Stoff. Eine nach der anderen veröden die Chirurgen die Adern im Fett. Jedes Mal ist ein scharfes Zischen zu hören, feine Rauchfähnchen steigen auf, und ein Geruch wie von verbranntem Speck liegt in der Luft. „Wie bei einer Grillparty", sagt einer der Assistenzärzte. In seiner Ausbildung habe er noch gelernt, Fett sei schlecht versorgt und lediglich ein ruhender Speicher. „Aber hier, sehen Sie her", er zeigt mit seinem Latexfinger, an dem ein Stück Menschenfett klebt, auf die roten Straßen in der Schicht, „überall Blutgefäße und Nervenbahnen."

Fett lebt. Polstermaterial, Schutzschicht, Schock-Absorber für Organe, Wärmespender. Erst in den letzten Jahren hat sich, wie Bernhard Husemann es ausdrückt, „ein kleines Fett-Universum aufgetan, von dem wir keine Ahnung hatten". Der Oberarzt lässt ein gelbes Stückchen aus dem Unterhautfett der Patientin in ein Reagenzgläschen mit Sterillösung fallen. Solche Gewebeproben dienen Fettforschern als Rohmaterial für ihre Experimente. Denn in den Fettzellen, den „Adipozyten", aus denen das Gewebe besteht, „liegt das Geheimnis der Macht des Fetts begründet", erklärt Husemann.

Etwa 600 Milliarden solcher Adipozyten finden sich in einem ausgewachsenen Menschenkörper. Sie sind der Zielort der Nahrungsfette, die verdaut und mehrfach umgebaut über den Blutstrom ihren Weg zu ihnen finden. Programmiert auf Speicherung, füllen sie sich mit den Triglyceriden an und blähen sich auf, bis sie unter dem Mikroskop aussehen wie pralle Ballons kurz vor dem Platzen. So wachsen sie zu den größten Zellen des Körpers aus. Wenn ein Mensch so viel isst, wie er verbraucht, dann schwillt die Zelle an und schrumpft wieder zusammen. Bei denen, die mehr essen, als sie verbrauchen, vergrößert sich die Zelle allmählich. Beträgt der Fettgehalt des Körpers etwa 30 Kilogramm, beginnt der Organismus, neue Zellen zu produzieren, um den Über-Überschuss ebenfalls speichern zu können.

Weshalb aber beim einen die Fettschicht immer voluminöser anschwillt und beim andern nicht, das gehört zu den spannendsten Fragen der Fettforschung. Zu den üblichen Verdächtigen zählen auch hier die Gene. Ursula Groß zum Beispiel kommt, evolutionsbiologisch gesehen, aus einem guten Stall: „Zu Hause", sagt sie, „war ich unter meinesgleichen." Ihre Tanten kämen beinahe an ihr Gewicht heran, ihr Cousin könne sich ein Tablett auf den Bauch stellen, ohne dass es abrutscht. Alle hätten gern geschlemmt. Essen stand immer im Mittelpunkt, es war der Inbegriff von Gemütlichkeit. Gibt es demnach ein genetisches Familienerbe, das Menschen zu „fettspeichernden Maschinen" mit „fettsaugenden Zellen" macht?

Adoptions- und Zwillingsstudien legen eine genetische Disposition der Gewichtsregulation nahe. Eine Untersuchung von 673 ein- und zweieiigen, gemeinsam oder in getrennten Familien aufgewachsenen Zwillingspaaren hat gezeigt, dass der Einfluss des gemeinsamen Aufwachsens geringer ist als der erblicher Komponenten.

Eine kanadische Arbeitsgruppe hat zwölf eineiige Zwillingspaare regelrecht „gemästet". Hundert Tage lang mussten sie zusätzlich zum normalen Speiseplan 1000 Kilokalorien verzehren. Nach der bis dahin gültigen Bilanzgleichung hätte dieses Experiment zu 12,3 Kilogramm Gewichtszunahme führen müssen. Tatsächlich nahmen die Probanden individuell zwischen vier und 14 Kilogramm zu. Die erbidentischen Zwillinge legten relativ gleichartig zu, was für eine genetische Veranlagung spricht. Die erheblichen Unterschiede zwischen den Paaren aber weisen darauf hin, dass es schlechte und gute Futterverwerter wirklich gibt. Wegen dieser biologischen Komponenten haben Forscher den Begriff „Fettsucht" aus den Lehrbüchern gestrichen und sich international auf den eher neutralen Begriff Adipositas geeinigt.

Die Fahndung nach Übergewichts-Genen war bislang allerdings nicht sehr erfolgreich. Etwa 50 Erbanlagen sind in der Diskussion, in komplizierter Weise zu interagieren und Menschen mehr oder weniger anfällig für Korpulenz oder Magerkeit zu machen. Doch einhellig betonen alle beteiligten Wissenschaftler, der Einfluss der Gene mache nur etwa 30 Prozent aus. Vererbung sei somit lediglich „fördernd", ohne entsprechende Umwelt erzwänge sie kein Übergewicht.

Gegen einen allzu starken Einfluss des Erbguts spricht auch, dass die Menschen in den letzten Jahrzehnten dicker geworden sind, obwohl sich ihre genetische Ausstattung nicht verändert hat. Studien an indianischen Völkern in den USA haben zudem deutlich gemacht, wie allein die Umstellung auf westliche Lebens- und Ernährungsart zu explosionsartigen Gewichtszunahmen führen kann. In Kriegs- oder Notzeiten kommt, so ein weiteres Indiz für den starken Effekt der Umwelteinflüsse, Adipositas praktisch nicht vor. Deren hauptsächliche Ursache, so die Botschaft aus den Fettlabors, sei folglich unsere Lebensweise in der Industriegesellschaft.

Fragt sich nur, weshalb es so vielen fast unmöglich ist, das lästige Handicap zu überwinden. Wieso Millionen selbst wenige Kilo Übergewicht nicht in den Griff bekommen, obwohl sie sich jahrzehntelang darum bemühen. Warum enden Patienten wie Ursula Groß fast zwangsläufig auf dem Operationstisch und unterwerfen sich einer Tortur, die selbst Bernhard Husemann „eine Vergewaltigung der Natur" nennt?

Die Chirurgen haben das weißliche Bauchfell durchtrennt. Jetzt, da sie ihrem Ziel, dem Magen, nahe sind, erfüllt Betriebsamkeit den Raum. Der Tanz der Instrumente wird hektischer. Klammern vibrieren, Scheren packen zu, Metall klingt auf Metall, das Schlürfen des Absaugers wird penetrant. Auf einmal verschwindet der Arm des Chirurgen bis zum Anschlag in der Bauchhöhle der Patientin. „Orientierende Exploration des Bauchraumes" nennt er das kraftvolle Wühlen in den Eingeweiden. Kleine Schauer, ein sich wellenartig verbreiterndes Beben, durchlaufen die stille Fülle. „Kann nichts Unnormales feststellen", brummt der Arzt und zieht einen tellergroßen Fettlappen aus den Tiefen des Bauches. „Omentum maius", sagt er und legt das „Große Netz" wie eine Decke auf den Unterbauch der Patientin.

Blaue Adern durchziehen das netzartige Gewebe, das durchsetzt ist mit gelben Fettkörnern. Es ist fest verbunden mit Magen und Darm und fungiert als Schutzhülle für die inneren Organe. Die Aufgabe dieses Netzes ist noch nicht völlig erforscht. Es scheint weitaus mehr Funktionen zu haben, als bis vor kurzem angenommen – vor allem für das Immunsystem.

„Wichtig ist, wo das Fett sitzt", sagt der Chirurg, wischt sich die schmierige Hand am Kittel ab und legt sie auf den mit grünen Tüchern abgedeckten Oberschenkel der Patientin. Sie sei ein „Birnentyp", ihr Fettdepot gut verteilt direkt unter der Haut, vor allem an den Hüften. Ihr „Großes Netz" sei nicht „monströs vergrößert" wie bei manchen ihrer Leidensgenossen. Ein „fraulicher Typ" wie sie sei im allgemeinen gesünder. Denn nicht nur das Ausmaß des Übergewichts, sondern auch die Verteilung der Fettdepots bestimmen das Gesundheitsrisiko – ein erst kürzlich entdecktes Phänomen. Der eher männliche „Apfeltyp" mit dem „Leitaffenspeck in der Wampe" weist häufig schlechtere Blutwerte und andere negative Befunde auf.

Die Erklärung: Fett ist nicht gleich Fett. Die meist männlichen „Bauchmenschen" neigen zu einem Depot im Inneren des Körpers, unter den Muskeln, zwischen den Organen. Dieses innere, „viszerale Fett" – es sitzt auch im Großen Netz – ist „gefährlicher" als der gut verteilte Speicher unter der Haut. Selbst kleine, harte Bäuche bei relativ schlanken Kerlen bergen jenes Hochrisikofett. Einer von vier Männern trägt es, ohne es zu wissen, mit sich herum und damit auch ein erhöhtes Risiko für Herzerkrankungen.

„Überschreitet der Taillenumfang einen Meter", raten Spezialisten, „dann Vorsicht!" Nicht die Kilo allein zählten, sondern auch die Zentimeter. Stress scheint ein Faktor zu sein, der die Entstehung des Hochrisikofetts begünstigt. Jüngst haben Forscher entdeckt, dass Fettzellen im Bauch beladen sind mit Rezeptoren für Stresshormone. Die gute Nachricht: Nimmt ein Mensch ab, geht zuerst das innere Bauchfett zurück. Schon vier bis fünf Kilo weniger können es verschwinden lassen. Vor allem Männer sollten sehen, dass sie ihre Bäuche loswerden. Denn „Fettzellen, und vor allem viszerale, sind keine passiven Öltanks", erläutert Husemann neueste wissenschaftliche Erkenntnisse.

Noch vor nicht allzu langer Zeit sei Fett als „langweilige Masse" eingestuft worden. Heute erlebten Forscher eine „ungeheuer spannende Zeit" bei der Erkundung des Stoffes und dessen beinahe „unheimlichen Einflusses" auf die westliche Gesellschaft. Und immer wieder fragen sie: Warum werden wir – trotz aller Diäten und Kuren – so dick?

Mittlerweile ist bekannt, dass Fettgewebe wie mächtige endokrine Drüsen Wirkstoffe absondern, etwa Hormone. Diese beeinflussen den Organismus dahingehend, dass sie ihr Hauptziel erreichen: speichern, wachsen und immer weiter speichern und wachsen. In diesem Mechanismus liegt vermutlich das Scheitern unzähliger Diäten und Verhaltenstherapien begründet, das Experten wie Patienten so ratlos werden lässt: Fettzellen manipulieren uns, sie kommunizieren mit dem Gehirn.

Ein Mitspieler in diesem verhängnisvollen Regelkreis scheint unter anderem ein Hormon namens Leptin zu sein – ein im Fettgewebe produziertes Eiweiß, das erst vor wenigen Jahren entdeckt worden ist. In Versuchstieren regt Leptin das Gehirn an, den Appetit zurückzuschrauben und gelagertes Fett abzubauen. Es wird nun angenommen, dass ein ähnlicher Mechanismus auch beim Menschen wirkt: Wer sich gelegentlich überisst, dessen Fettzellen produzieren mehr Leptin, so dass der Körper alles versucht, zum ursprünglichen Gewicht zurückzukommen. Denn, ob dick oder dünn, der gesunde Körper hat einen „set-point", seinen stabilen Gewichtspunkt. Er widerstrebt jeder Veränderung. Deshalb ist es für viele relativ einfach, nach festlichen Gelagen wieder ein wenig abzunehmen.

Wer aber längerfristig zu wenig isst, etwa während einer Diät, setzt einen gegenläufigen Mechanismus in Gang: Der Leptin-Ausstoß wird geringer, der Körper beginnt Energie zu sparen, der Stoffwechsel verlangsamt sich, weniger Kalorien werden verbrannt. Die Fettzellen schreien dann Alarm wie bei einer Hungerkatastrophe und stemmen sich jedem weiteren Gewichtsverlust entgegen. Ihr Trick: Sie bringen durch biochemische Produkte wie Leptin den Menschen dazu, sein Verhalten zu verändern. Sogar die Psyche wird in Mitleidenschaft gezogen: Der „Diäter" fühlt sich schlecht, kalt, schwach, unbehaglich. Nur eines kann ihn wieder versöhnen: Essen. Deshalb schlagen so viele Diäten fehl. Beim Einzelnen wie in der Bevölkerung: Die millionenfach durchgeführten Reduktions- und Schlankheitsdiäten haben die Adipositas in Deutschland nicht im geringsten gemindert.

Fett fungiert in seiner Gesamtheit wie ein verstecktes Organ. Es schüttet eine ganze Palette von Substanzen aus, von denen Leptin bisher am besten untersucht ist. Nicht lange nach der Entdeckung des Hormons haben Forscher getestet, ob in dicken Menschen womöglich grundsätzlich weniger Leptin zu finden ist und sie deshalb zunehmen. Zu ihrer Überraschung fanden sie das Gegenteil heraus: Übergewichtige verfügen über viel Leptin. Eine mögliche Erklärung für das scheinbare Paradox: Wird jemand fetter und fetter, nimmt die Sensitivität für das Hormon im Gehirn ab. Aus Fettspeichern gelangt zwar weiterhin das Bremssignal zum Gehirn, das jedoch immer schwächer reagiert – bis sich der Körper an die eigene Droge gewöhnt hat und der biochemische Befehl „Iss weniger" nicht mehr ankommt.

Ursula Groß und Millionen andere Menschen stecken in diesem Teufelskreis. Aus Sicht der neuen Forschung hat sie ihren Körper durch unzählige Diäten regelrecht misshandelt. Sie hat schlecht und ohne Genuss gegessen, sie hat sich selbst kasteit und unglücklich gemacht, für ihre Mitmenschen war sie oft unerträglich und hat damit doch nur erreicht, dass sie am Ende noch fetter wurde. Denn irgendwann ist es immer passiert, dass sie dem Ruf ihrer Fettzellen nicht mehr widerstehen konnte. Und weil das Gefühl, wieder einmal versagt zu haben, so zermürbend war – musste sie sich gleich wieder „etwas Gutes" tun. So hat sie allmählich gelernt, ihren Hunger zu kultivieren, und dabei eine Art von nie erfolgter Sättigung erfahren. Diäten erzeugen somit die Krankheit, gegen die sie gerichtet sind. Ursula Groß wurde mit der Zeit „therapieresistent".

Schon seit den siebziger Jahren beschäftigen sich Psychologen mit Essverhalten unter Überflussbedingungen. Nach ihren Erkenntnissen leben die meisten Menschen heute mit dem unbewussten Konzept des „gezügelten Essverhaltens". Sie stellen sich Gebote und Verbote auf: Vom FdH – „Friss die Hälfte" – gegen die Wohlstandspolster bis hin zum heroischen Verzicht: „Nie wieder Schokolade" oder „Speisen nur noch nach strengem Diätplan".

Vor allem das Alles-oder-nichts-Prinzip ist jedoch bei der allgegenwärtigen Versuchung in der Regel zum Scheitern verurteilt. Schon ein Stückchen Schokolade kann das Kontrollsystem außer Kraft setzen. Anders als etwa beim Alkohol oder Nikotin ist der völlige Verzicht der Nahrungsaufnahme nicht möglich: Essen muss jeder.

„Ich nahm mir fest vor, heute esse ich nichts", erklärt Ursula Groß. Und dann lagen die Reste des Frühstücks ihrer Kinder auf dem Teller. Nur ein Biss genügt, um den „Klick im Kopf" zu spüren, der so viel bedeute wie: Nun ist es auch egal. Dann beginnt es, „mein zügelloses Hineinschaufeln". „Binge eating" nennen Psychologen die verheerenden „Heißhungerattacken ohne anschließendes Erbrechen".

Dabei löst eine kleine Überschreitung schlagartig den Zusammenbruch der kognitiven Kontrolle aus. Die innere Schranke fällt. Deshalb raten Therapeuten: Keine Verbote aufstellen, sondern sich kleinste Schritte vornehmen, die weniger Verzicht bedeuten, und wenn es statt sechs Tafeln Schokolade in der Woche erst einmal nur noch fünf sind.

Ein weiterer Ansatz der Verhaltenstherapie: Fett auf dem Teller reduzieren, Kohlenhydrate aufhäufen. Über „Verzehrstudien" konnten Forscher feststellen, dass vor allem mit der Menge aufgenommenen Fetts sich das Körpergewicht erhöht. Weshalb Adipöse spontan mehr Nahrungsfett aufnehmen, ist bisher ungeklärt. Eines ist allerdings gesichert: Kohlenhydratreiche Kost wie Brot, Nudeln oder Kartoffeln sättigt besser als fettreiche. Die „Sättigungsbeilagen", die in mehr Volumen weniger Energie bergen, sollten neben Gemüse und Salaten den Hauptteil aller Gerichte ausmachen. Auf der anderen Seite empfehlen Ernährungspsychologen im Fall von Bulette oder Schlachtplatte: keine Verbote, sondern „flexible Kontrolle".

Seit Jahrzehnten bemühen sich Wissenschaftler neben den biologischen auch lebensgeschichtliche Ursachen der Adipositas zu ergründen. Letztlich bildet die Frage, ob Fettleibigkeit selbstverschuldet ist oder nicht, ein Hauptthema dieser Forschung. Das Ergebnis geht hin zum Freispruch: Es gibt keine klassischen Adipositas-Typen, vielmehr führen viele Wege zur Dickleibigkeit.

Ob Familie, Mutterschaft, Pubertätsprobleme, Missbrauch, Schwangerschaft, Ärger, Frust oder Schicksal, alles kann es sein. Die in der Fachliteratur beschriebenen Ursachen sind ebenso vielfältig: Dicksein als unbewusste Lebensstrategie, als Schutzpanzer, als Grenzenlosigkeit und Grenzziehung, gekoppelt mit „schwachen Ich-Grenzen" und „Identitätsverwirrung". Einmal ist der dicke Bauch Ausdruck des Naturverfalls, zum anderen Indiz des Kapitalismus, zum dritten eine Revolte gegen das Patriarchat, ein Protest gegen das Kunstprodukt Frau.

Ursula Groß ist sich sicher, dass zu ihrem Dilemma auch biografische Begebenheiten beigetragen haben. Zum Beispiel die Art, wie der von den Geschwistern heiß umworbene Vater am Familientisch das Essen verteilt hat: Die besten Happen bekam das Kind, das bei ihm in höchster Gunst stand. Die ältere Schwester, „das Schneewittchen", war immer seine Nummer eins. „Liebe geht durch den Magen", sagte er immer, und die kleine Ursula fühlte die Wut des abgespeisten Kindes.

Was als Gefühlsfixierung auf das Essen begann, wurde im Laufe der Jahre zur Dauer-Begegnung mit „meiner treuesten Freundin" der

Gier. Essen sei kein befriedigendes Vergnügen mehr, erklärt Frau Groß, als wenn sie aus einem Lehrbuch zitierte, sondern nur noch „ein trügerisches, kurzfristiges Mittel zur Bewältigung problematischer Gefühle". Denn Fett polstert immerhin. Es hüllt ein, schützt und schenkt Weichheit. Es absorbiert die Schläge der Welt wie Watte. Unzählige Male hat sie in ihrem Leben die Gabel zum Mund geführt, die mit viel mehr beladen war als mit Nahrung.

„Sicher ist immer irgendwie Flucht mit im Spiel", glaubt Bernhard Husemann. Aber eines sei auch gewiss, wie internationale Studien belegen: Mehr als 50 Prozent der Schwergewichtigen leiden an psychischen Störungen wie Angstattacken oder Depressionen. Diese Erkrankungen seien jedoch, wie sich feststellen ließ, keineswegs Ursache der Adipositas, sondern im Gegenteil eine Folge des Übergewichts und dessen Diskriminierung.

„Wehret den Anfängen", empfiehlt daher der Chirurg. „Ist der Zug einmal abgefahren, lässt er sich kaum mehr stoppen." Zunehmen sei so viel leichter als abnehmen. Gerade fünf Prozent aller extrem Übergewichtigen schaffen selbst mit verhaltenstherapeutischer Hilfe eine dauerhafte Reduktion ihres Gewichts. Auch neue Medikamente, stets mit großer medialer Begleitmusik auf den Markt geworfen, haben sich bisher als langfristig nutzlos oder sogar gefährlich entpuppt. Schließlich bleibe für die extremen Fälle nur die Chirurgie – das dicke Ende. Und selbst die hat ihre Grenzen. „Wir können Adipositas nicht heilen, wir können nur helfen, das Gewicht zu verringern und zu halten."

Der Operateur hält den Magen von Ursula Groß umfasst, um den Bereich für das Stanzen zu ertasten. Er sei froh, überhaupt ein Stück vom Magen zu sehen, denn „meistens besteht diese Operation nur aus Fühlen". Mit aller Kraft stemmt der Assistent das Fett zur Seite – eine Plackerei. Aus der Operationswunde quellen Darmschlingen und winden sich wie Tiere.

Feucht schimmern die Eingeweide. Das Bauchleben mit den Organen der Verdauung und der Verwertung von Fett erscheint wie ein Kunstwerk in allen Schattierungen von Rot. Lilablau die Galle, die Bauchspeicheldrüse graurot, bräunlich violett eine Spitze der Leber, blassrosa die Därme und rosablau der Magen – und das alles eingebettet in das satte Rot des Blutes und in das Orangegelb des Fetts.

Ziel der Ärzte ist es, nahe am Speiseröhreneingang des Magens eine „Klammernaht" zu platzieren und auf diese Weise einen Vormagen mit einem Fassungsvermögen von nur 30 Millilitern zu bilden, von etwa der Größe eines kleinen Weinglases. Zum Restmagen hin soll ein enger Verbindungskanal entstehen, das „Outlet". Es wird zusätzlich „wie die enge Passage einer Sanduhr" mit einem Kunststoffband stabilisiert, um Dehnungen zu verhindern.

Die Schwester bringt dem Operateur ein Treppchen, damit er einen besseren Arbeitswinkel hat. Alles glitscht. Immer wieder muss sie die Instrumente, um sie vom Fett zu befreien, in eine Schüssel mit steriler Lösung tauchen. Der Chirurg lässt sich ein Stanzgerät reichen, mit dem er gleichzeitig Magenvorder- und -hinterwand markstückgroß durchstoßen, jenes zusätzliche Kunststoffband einsetzen und dessen Halterung verklammern kann.

„Hier passt kein großer Speisebrocken mehr hindurch", stellt der Arzt zufrieden fest. Ein weißer Tupfer pulsiert in der Wunde. Bernhard Husemann nennt das Ganze eine „operative Zwangsmaßnahme". Der Eingriff zwinge die Patienten, die Nahrungszufuhr drastisch einzuschränken und ihr Essverhalten zu verändern. Sie müssten aber nicht nur weniger zu sich nehmen, sondern auch länger und besser kauen. Größere Speisestücke können den engen Kanal nicht passieren. Doch die Eingriffe am Magen üben nicht nur einen Zwang aus, sondern haben einen wichtigen Nebeneffekt: Selbst bei geringer Nahrungsaufnahme tritt bald ein Sättigungsgefühl ein. Denn Dehnungsrezeptoren in der Wand des oberen Magens senden über Nervenbahnen Reize zum Gehirn und melden den Füllungszustand.

Das Schwierige bei dieser Operation, erklärt der Chirurg, sei die Positionierung des Klammergeräts, das die endgültige Naht legt für den neuen verkleinerten Vormagen. „Es ist eben alles sehr, sehr eng", sagt er und schließt die Augen, um sich besser auf seinen Tastsinn zu konzentrieren. Die Hände gleiten an den Organen entlang. Ruhig und gleichmäßig senden die Überwachungsgeräte ihre Töne in den Raum. Alle schweigen. Der Operateur schiebt ein Gerät mit zwei überlangen Griffen, an dem ein überdimensionaler „Tacker" angebracht ist, in die Wunde und nimmt den Magen damit in die Zange. Mit voller Kraft drückt er auf die Griffe. Ein Geräusch ist zu vernehmen, wie wenn im Büro etwas mit Klammern zusammengeheftet wird. Der Chirurg beschaut aufmerksam die vierfache „hübsche Klammernaht" aus Metall im Magen von Ursula Groß, die diese von jetzt an für immer in sich haben wird.

„Vertikale Gastroplastik" – das ist zwar eine handwerkliche Meisterleistung, aber auch einer der am schärfsten kritisierten Eingriffe der Chirurgie. Vorwürfe wie „kriminelles Verfahren" oder „unverantwortliche Körperverletzung" waren noch vor wenigen Jahren auch aus Medizinerkreisen zu hören. Wie ihren Patienten schlägt Adipositas-

Chirurgen massive Ablehnung entgegen, fast so, als übertrüge sich das gesellschaftliche Stigma auch auf die Helfer.

Bernhard Husemann steht heute den Anfeindungen gelassener gegenüber – denn der Erfolg gibt ihm Recht: Etwa 30 Prozent der Patienten schaffen es nach dem Eingriff, auf „Normalgewicht" zu kommen. Weitere 50 Prozent werden zwar nicht wirklich schlank, „was auch nicht unser Bestreben ist, da wir keine Normwerte erfüllen wollen, sondern positive Lebensgestaltung". Aber sie erreichen eine deutliche Gewichtsreduktion und verringern ihr Gesundheitsrisiko damit erheblich. Ob in den USA, in England oder Deutschland: Die „Vergewaltigung der Natur" durch das Skalpell hat sich als erfolgreichste Methode zur Behandlung extremer Adipositas bewährt.

„Ja, es ist ein massiver Eingriff", räumt Husemann ein. „Aber sollen auch wir Ärzte Menschen wie Frau Groß entgegnen: Reiß dich doch zusammen?" Oder den 220 Kilo schweren Bauarbeiter einfach abweisen, der 15 Brötchen zum Frühstück braucht und seine Familie arm gegessen hat? Die Lehrerin ignorieren, die Nachbarskinder für sie einkaufen ließ, weil sie sich schämte, dass sie im Supermarkt nicht mehr durch die Kasse passt? Oder den Fischhändler nach Hause schicken, der vor lauter Körpermasse seine Körperhygiene nicht mehr allein bewerkstelligen konnte und den schließlich die Feuerwehr aus dem Haus bugsieren musste?

„Wir dürfen die Dicken nicht im Stich lassen", sagt Husemann, und es ist zu spüren, dass er sich schon oft hat verteidigen müssen. Andererseits „haben wir keinen Grund zur Euphorie", erklärt der Chirurg, während er den Bauch der Patientin „schichtgerecht" wieder zunäht und die Schwester nachzählt, ob Tücher und Instrumente vollzählig vorhanden sind. „Wir verändern nur den Magen, nicht den Menschen."

Es gebe Leute, die selbst nach einer Gastroplastik ihr Gewicht behalten. Denn manchmal ist das Fett stärker als die Chirurgen. Zwar können die verhindern, dass feste Nahrung den Magen passiert. Führen sich die Operierten in kurzer Zeit mehr Speisen zu, als in den kleinen Vormagen passen, müssen sie sich übergeben. Meist lernen die Betroffenen innerhalb von zwei bis drei Monaten, die Nahrungszufuhr den Kapazitäten des verkleinerten Organs anzupassen, und die Häufigkeit des Erbrechens sinkt kontinuierlich ab. Aber bei einigen Adipösen ist das Essverlangen so groß, daß sie „tricksen". Sie geben trotz Klammernaht dem Alarmsignal ihrer gierenden Fettzellen nach und verleiben sich flüssige kalorienreiche Speisen ein. Alles, was durch die enge Passage passe, sei beliebt, sagt Husemann, „jede Matsche und Schmiere" – im Topf geschmolzene Schokolade, Sahnetorten, Cremespeisen, Süßgetränke. Denn Dicke – selbst auf Zwangsdiät gesetzt – bleiben im Kopf weiter übergewichtig.

„Frau Groß", ruft der Narkosearzt und schaut der Frau ins Gesicht. „Frau Groß?" Die Patientin hustet. „Ist es vorbei?", lallt sie. „Ja, Sie haben es überstanden." Mit speziellen Rollbrettern, die nach dem Prinzip von Kettenfahrzeugen funktionieren, hieven und schieben acht Personen die Patientin vom Operationstisch auf ein Bett, das unter ihrem Gewicht schwer ächzt. „Sie muss jetzt gut liegen", sagt eine Schwester, „auf der Station kann später niemand sie mehr bewegen."

Während der Operationssaal für den nächsten Patienten vorbereitet wird und das Team im Aufenthaltsraum der Chirurgie einen Imbiss zu sich nimmt, geht Bernhard Husemann in den siebten Stock des Klinikgebäudes. Der weißhaarige, schlanke Mann, nach eigenem Bekunden den Künsten wie den Genüssen des Lebens zugeneigt, versetzt sich beim Blick auf den Rhein in die neue Lage seiner Patientin, die fortan auf „Festmähler" verzichten muss und darauf, „einmal richtig zuzulangen". Vor kurzem habe er selber abspecken müssen, nur einige wenige Kilo um den Bauch herum, und er wisse, wie das ist: „Verdammt schwer."

Frau Groß sei in dieser Welt, in der eine „Beschleunigung des Genusses" herrsche, jetzt mit ihren 160 Kilogramm auf sich allein gestellt. Sie müsse eine neue Art von Lustgewinn finden. Behagliches Lesen etwa, Wohlgefühl und positive Lebenseinstellung am besten durch etwas Sport.

Fünf Wochen nach der Operation sitzt Ursula Groß in ihrem Wohnzimmer, trinkt Mineralwasser und sagt mit einem Anflug von Ungeduld: „Jetzt habe ich das alles hinter mich gebracht, doch irgendwie passiert nichts." Sie hat zwar 20 Kilogramm abgenommen, „aber niemand sieht das". Hunger hat sie keinen, doch die Gier ist noch da. Manchmal – „allein sein ist fatal" – durchstreift sie die Wohnung mit nur einem Gedanken: „Was könnte ich jetzt essen?" Und dann findet sie das „Tiramisu, lecker" der Kinder oder den „sahnigen Vanillepudding" ihres Mannes. Am schlimmsten sei der Duft frischer Brötchen. Den rieche sie überall. Auch im Traum.

„Aber ich will nicht tricksen", sagt sie, „ich will wieder einen Körper haben." Und gehörten Körper und Geist denn nicht zusammen, fragt sie. Sie liest viel, hat angefangen zu malen. Hat sich fest vorgenommen, „wenn ich mich meinem Fahrrad wieder zumuten kann", Sport zu treiben. Die Zeit arbeitet für sie, davon ist sie überzeugt. „Das Jahr des Abnehmens hängst du jetzt noch dran", mahnt sie sich immer wieder zur Geduld. Ganz schlank möchte sie gar nicht sein, da sonst „die Haut in Lappen herunterhängt". Sie zeigt ein Foto von 1984. Eine lachende junge Frau ist zu sehen mit einem kurzen Rock, 85 Kilo, ihr Traumgewicht, so will sie wieder sein: frecher, freier, offener.

Da kommt ihre Tochter ins Zimmer, einen Teller mit appetitlichen Schnittchen in der Hand. Die Mutter schaut sie an und sagt, eines mache ihr Sorgen: Wenn sie ihre Kleine beobachtet, wie sie so überaus genüsslich ihr Essen zu sich nimmt, erkennt sie sich selber wieder.

ANDREAS WEBER

Und immer ist die Nacht zu kurz

Mit den Hühnern zu Bett und beim ersten Morgenrot aus den Federn: Von solch erholsamem präindustriellem Schlummer ist nichts geblieben; fast nach Belieben macht der Mensch die Nacht zum Tag, den Abend zum Morgen. Dabei unterschätzt er den hinhaltenden Widerstand, den sein »Biorhythmus« der modernen Zeitlosigkeit entgegensetzt – die archaischen Zeitgeber des Körpers lassen sich nicht so leicht umstellen wie ein Reisewecker.

Mitternacht auf dem Intercontinental Airport von Houston, Texas. Die Boeing 747 rollt zur Startbahn. In der Kabine dösen die Fluggäste. Die Cockpit-Crew blinzelt mit schweren Augen auf die Instrumente. Nachtstarts sind Schwerarbeit: Die Piloten haben häufig viele Stunden Flugzeit hinter sich und hatten davor oft nur einen kurzen unruhigen Schlaf am hellen Mittag in einer entfernten Zeitzone.

Endlich auf Reiseflughöhe, bittet der Erste Offizier, der die Augen kaum noch offen halten kann, einige Minuten dösen zu dürfen. Das Nächste, an das er sich erinnern kann, ist ein dumpfes Rumpeln. Entsetzt merkt er, dass die Maschine zu trudeln beginnt und die Kollegen fest schlafen. Nach einem Sturzflug von 2000 Fuß gelingt es ihm, die Boeing abzufangen.

Die dramatische Situation ist kein Einzelfall. Mehr als 10 000 solcher Beinahe-Katastrophen werden allein dem amerikanischen Aviation Safety Reporting System jedes Jahr anonym gemeldet, und oft ist Übermüdung die Ursache: Piloten berechnen den Treibstoffbedarf falsch und tanken zu wenig, Maschinen verlieren plötzlich rapide an Höhe oder setzen auf der falschen Rollbahn auf. Bis hin zum fatalen Crash: 1993 zerschellte eine DC 8 der American International Airways beim Landeanflug, weil die Piloten im Cockpit weggedämmert waren.

Im Maschinentakt der High-Tech-Welt ist der Mensch zum Risikofaktor Nummer eins geworden. Produktionsstätten und Kraftwerke laufen rund um die Uhr, Tag und Nacht verteilen Züge, Lastwagen, Schiffe und Flugzeuge Waren und Manager „just in time" rund um den Globus. Der menschliche Organismus kann mit dem Tempo nicht mithalten – und so nimmt er sich einfach seine Pause.

Unsere Nonstop-Gesellschaft liegt auf Kollisionskurs mit unserer „inneren Uhr". Denn bei allen Kreaturen bis hinab zum Einzeller hat jede Körperfunktion – Leistung, Stimmung, Müdigkeit – Hochphasen und Tiefs, die sich beim Menschen innerhalb von 24 Stunden, aber auch in Monaten oder Jahren wiederholen. Von der Schwingung der Gehirnwellen über den pochenden Herzschlag und das Auf und Ab des Atems bis zum Wechsel von Schlaf und Wachen, der monatlichen Regelblutung, ja sogar den Frühlingsgefühlen: „Alles Leben unterliegt einem Zyklus von Ruhe und Aktivität", sagt der Chronobiologe Scott Campbell von der Cornell University im US-Bundesstaat New York.

Wie eine Uhr haben auch wir Zeiger, die zu bestimmten Zeiten auf Wachheit und Leistung stehen, zu anderen auf Passivität und unüberwindbarer Müdigkeit. Chronobiologen, die Erforscher der vitalen Zeitrhythmen, warnen daher: Je mehr wir diese innere Uhr missachten, umso häufiger werden Krankheiten und soziale Konflikte sein, und umso öfter wird es zu Katastrophen kommen.

Der Regensburger Schlafforscher Jürgen Zulley schätzt die Folgekosten des fatalen Schlummers am Arbeitsplatz bereits heute weltweit auf 400 Milliarden Dollar. Die meisten großen technischen Desaster der letzten Jahre gehen auf das Konto übermüdeten Personals: Der Tschernobyl-Block 4 explodierte, als eine ermattete Mannschaft nach stundenlangem nächtlichen Warten einen komplizierten Versuch steuern musste. Der Beinahe-Gau 1979 im amerikanischen Kernkraftwerk „Three Mile Island" bei Harrisburg, die Havarie der „Exxon Valdez", die Explosion der „Challenger", das Kentern der „Herald of Free Enterprise" – immer waren die Verantwortlichen erschöpft oder sogar eingeschlafen. Unachtsames Personal hat in den Vereinigten Staaten offiziell mehr als zwei Drittel aller Flugzeugunglücke und ebenso viele Störfälle in Kernkraftwerken verschuldet.

„Übermüdung als Unfallursache wird unterschätzt", mahnt Jürgen Zulley. Seine alarmierende Untersuchung von Unfällen auf bayerischen Autobahnen zeigt: Müdigkeit verursacht zwei Drittel aller Karambolagen. Zu zwei Zeiten ist es auf den Straßen besonders gefährlich: in den frühen Morgenstunden und am Nachmittag gegen zwei

Uhr. Dann kracht es fast sechsmal so oft wie sonst. Denn zu diesen Zeiten überfällt uns mit Macht das Ruhebedürfnis des Körpers.

Wie dessen innere Uhr tickt, beginnen die Zeitforscher erst in jüngster Zeit zu entschlüsseln. Zwar war dem französischen Astronomen Jean Jacques d'Ortous de Mairan im Jahre 1729 aufgefallen, dass Mimosen ihre Blätter unabhängig vom Sonnenlicht öffnen und schließen. Doch erst als in den sechziger Jahren Forscher am Max-Planck-Institut für Verhaltensphysiologie im bayerischen Andechs Freiwillige wochenlang in einem „Bunker" isolierten, kam heraus, dass auch der Mensch in einem konstanten Rhythmus lebt. Die Periode seiner wichtigsten inneren Uhr ist zirkadian – etwa einen Tag lang.

Dieser Rhythmus bestimmt menschliches Verhalten auch dann, wenn keine äußeren Zeitgeber vorhanden sind. Auch ohne zu wissen, wie spät es ist, standen die Andechser Versuchspersonen auf, nahmen ihre Mahlzeiten ein und legten sich – freilich ohne Mittagsnickerchen – schlafen. Zunächst überraschte, dass die Probanden immer etwas länger aufblieben und immer später das Licht einschalteten – eine Schlaf-Wach-Periode dauerte im Schnitt 25 Stunden. Jürgen Zulley und Martin Moore-Ede, einer der Spezialisten der Chronobiologie an der Harvard University in Boston, erinnern sich: „Manche Kandidaten glitten sogar in 50-Stunden-Tage hinein, in denen sie 16 Stunden hintereinander schliefen – wir dachten schon, sie lägen im Koma. Sie hatten am Ende des Versuchs ganze Wochen verloren."

Erst als die Forscher ihren Versuchspersonen nicht nur den „Nachtschlaf", sondern auch Schlafpausen zwischendurch erlaubten, stellte sich ein 24-Stunden-Rhythmus ein. Dieser ist in zwei Zwölf-Stunden-Perioden aufgeteilt, mit jeweils einer „Ruhephase", in der es den Körper machtvoll nach Schlaf verlangt: in der Nacht und am frühen Nachmittag. „Das Nickerchen", so Jürgen Zulley, „gehört offenkundig zu unserer biologischen Ausstattung."

Studien, bei denen Freiwillige nichts tun mussten, als 60 Stunden hintereinander im Bett zu liegen, enthüllten einen zweiten Rhythmus: Alle vier Stunden überfiel die Probanden ein herrisches Schlafbedürfnis – „ein Zyklus wie bei Babys oder Tieren", sagt Zulley. Die Einnickzeiten fallen genau mit den gefürchteten Tagestiefs zusammen: mittags um zwei, abends um sechs und morgens um zehn, zur Zeit der ersten Kaffeepause.

Daneben pendeln wir noch um einen dritten, einen 90-Minuten-Zyklus: So lange hält man es am Schreibtisch maximal aus, ohne aufzustehen, so lange dauert es, bis alle Schlafphasen eines Zyklus durchlaufen sind.

Fast jede Körperfunktion pulsiert im eigenen Rhythmus. Frühmorgens etwa aktivieren Neurotransmitter wie Adrenalin und Hormone wie Cortisol den Körper für den Wachzustand. Die Höhe manches Enzym-Spiegels schwankt im Laufe von 24 Stunden um 400 Prozent. Aus diesem Grunde verändert sich etwa auch unsere Fähigkeit, Alkohol abzubauen, im Laufe des Tages. Frauen nüchtern nachmittags um drei am schnellsten aus, Männer morgens um sieben.

Auch Organe wie die Nieren, aber auch das gesamte Immunsystem unterliegen einem deutlichen Tagesrhythmus. Fieber setzt bei bakteriellen Infektionen meist vormittags, bei Viruserkrankungen dagegen am frühen Abend ein. Herzinfarkte häufen sich morgens, wenn der Blutdruck sich wie üblich erhöht, Schlaganfälle strecken ihre Opfer vornehmlich im Dunkeln nieder. Unsere Sensibilität fluktuiert ebenfalls: Unter Zahnschmerzen leiden wir frühmorgens viermal so stark wie am Nachmittag. Andere Zyklen wie die Monatsblutung der Frauen oder unsere jährliche Leistungskurve schwanken, auch ohne dass wir uns solcher Änderungen bewusst werden.

Tiere und Pflanzen haben noch ausgeprägtere Jahresrhythmen: Vögeln befiehlt die innere Uhr, ihr Frühlingslied anzustimmen oder sich zu mausern, Igeln, sich in den Winterschlaf zu verkriechen. Sogar der Tod hält sich an einen bestimmten Takt. Der Exitus tritt beim Menschen häufiger im ersten Morgengrauen und kurz nach Mittag ein. Schlafes Bruder sucht den Menschen also zu den gleichen Zeiten heim wie der erquickende Schlummer – wenn sich unser Stoffwechsel verlangsamt und die Körpertemperatur am tiefsten ist. Diese schwankt im Laufe des Tages um bis zu einem halben Grad. Je schneller der Stoffwechsel, desto leistungsfähiger der gesunde Mensch. Am frühen Morgen erhöhen sich Temperatur und Konzentration stetig, sinken dann aber wieder am frühen Nachmittag: Genau dann packt uns am Schreibtisch oder am Steuer das große Gähnen. Nach einer weiteren Erwärmung am Nachmittag fällt die Temperatur wieder rapide. „Danach setzt das Schlafbedürfnis ein", erklärt Scott Campbell. Wenn der Körper am kältesten ist – in den toten Nachtstunden gegen drei Uhr früh –, quält Müdigkeit einen Schichtarbeiter am schlimmsten.

Das Diktat der inneren Uhr ist angeboren und unerbittlich. Morgentypen – die „Lerchen" – sind schon früh in Hochform, Abendmenschen – die „Eulen" – bekommen dann die Augen noch nicht auf, egal, wie viel Kaffee sie in sich hineinschütten. Doch das biologische Uhrwerk befiehlt nicht nur, wann wir schlafen müssen, es bestimmt auch, wann Schlummern wenig bringt. Weil der Schlaf im Verlauf des 24-Stunden-Tages nur auf dem absteigenden Ast der Wärmekurve besonders erholsam ist, kann eine durchtanzte Nacht auch derjenige kaum wiedergutmachen, der bis nachmittags im Bett bleibt.

Wie starr das physiologische Zeitschema ist, demonstriert der so genannte Jet-Lag: Bei einem Flug über mehrere Zeitzonen steht unsere Uhr plötzlich in der Mitte des hellen Tages auf Tiefschlaf. Geschäftsreisende oder Diplomaten sind dann mitunter völlig außer Gefecht gesetzt. Pro Tag passt sich die innere Uhr etwa um eine Stunde der neuen Ortszeit an. Oft kommt es dabei jedoch zur „internen Desynchronisation". Dann koppelt sich der Schlaf-Wach-Rhythmus von den anderen ab: Man ist hundemüde, hat aber gleichzeitig einen Riesenappetit.

Auf welchem Abschnitt der Temperaturkurve der Zeiger unseres physiologischen Chronometers gerade steht, entscheidet sogar darüber, mit welcher Geschwindigkeit die Welt an uns vorüberzieht. „Je nach Körpertemperatur ticken wir unterschiedlich schnell", sagt Scott Campbell. Das hat der amerikanische Psychologe Hudson Hoagland schon in den dreißiger Jahren festgestellt. Seine Frau, die mit hohem Fieber im Bett lag, beklagte sich, dass er sie lange allein ließ, auch wenn er nur kurz aus dem Zimmer gegangen war. Neugierig ließ Hoagland seine Frau die Dauer einer Minute schätzen: Nach 37 Sekunden war sie bereits um. Eine „echte" Minute kam der Fiebernden also subjektiv fast so lang vor wie zwei, die Zeit kroch für die Kranke umso langsamer, je heißer ihre Stirn war.

Umgekehrt fliegen die Minuten, wenn wir relativ „kühl" sind. Darum auch vergeht der frühe Morgen schneller als der Nachmittag. „Weil der Stoffwechsel mit zunehmendem Alter träger wird, scheint die Zeit immer schneller zu laufen", meint Campbell. Viele Menschen empfinden ihr 18. Lebensjahr als die Mitte ihres Lebens, gleichgültig, ob sie 40 oder schon 70 sind. Für ein Lebewesen gibt es offenbar keine objektive Zeit – das Zeitgefühl stellt sich über die Funktionen des Stoffwechsels selber her. Diesen wiederum beeinflusst auch der mit zunehmendem Alter spärlicher gebildete Botenstoff Dopamin: Je mehr davon ausgeschüttet wird, desto langsamer kriechen die Sekunden. Ein Dopaminstoß bewirkt vermutlich, dass in Extremsituationen wie bei einem Unfall alles in Zeitlupe abzulaufen scheint. Auch Drogen, die wie Kokain oder Amphetamin für „Speed" sorgen oder wie Haschisch die Zeit versteinern lassen, verändern offenbar den Haushalt des Botenstoffes.

Die Dopamin-Stoppuhr wurde in einer zierlichen Zellkolonie im Mittelhirn lokalisiert. Von dort wird der Ablauf von Ereignissen an die Großhirnrinde weitergeleitet. Bei Parkinson-Patienten ist der Neurotransmitter versiegt: Diese Kranken können ihre Bewegungen gar nicht mehr koordinieren und vertun sich enorm beim Einschätzen der Zeit.

Die Rhythmen von Tag und Nacht, warm und kalt, Ruhe und Wachen steuert jedoch ein anderer Pulsgeber. Diese Normaluhr des Lebens liegt in Gestalt von zwei miteinander vernetzten, stecknadelkopfgroßen Zellknäueln zwischen den Hirnhälften. Wie diese suprachiasmatischen Nuklei (SCN) ticken, versucht der Mediziner Steven Reppert vom Massachusetts General Hospital in Boston zu klären. Seine Arbeitsgruppe hat herausgefunden, dass einzelne der nur wenigen zehntausend Neuronen im SCN von Ratten und Goldhamstern wie winzige molekulare Sanduhren arbeiten: Chronometer-Gene produzieren von Tagesbeginn an so lange Proteine, bis ein bestimmtes Niveau erreicht ist. Dann baut die Zelle die Eiweiße wieder ab – bis am Morgen das Spiel von vorn beginnt. Insgesamt tickt so jede Zelle ungefähr in einem 24-Stunden-Rhythmus – manche etwas schneller, manche langsamer. Aus dem Mittelwert dieser zellulären Zahnräder ergibt sich die Dauer der zirkadianen Periode.

Im Gehirn von Fruchtfliegen und Seidenspinnerraupen läuft ein ähnliches Uhrwerk – Beweis dafür, dass es sich bei den Rhythmusgebern von der Motte bis zum Menschen um seit alters bewährte, zum Überleben notwendige Mechanismen handelt. Und nicht nur in den Köpfen tickt die Zeit. Fast jede Körperzelle eines Organismus schwingt nach einem autonomen Rhythmusgeber. Doch warum so viele Uhren? Und wie werden sie koordiniert? Reppert: „Wir wissen es nicht." Sicher ist jedoch, dass Impulse von außen den Organismus mit der Umwelt synchronisieren. Vor allem Licht eicht unseren Körperchronometer und startet das Tagesprogramm. Ausgerechnet die fahle Morgendämmerung reißt uns besonders leicht aus dem Schlaf. Dieses Signal reizt in der Netzhaut lichtempfindliche Zellen und fließt als Nervenimpuls zum SCN. Je weniger Pigmente im Auge, desto leichter: Menschen mit blauer Iris sind für den ersten Morgenschein stärker empfänglich, im Sommer treibt es sie auch früher aus dem Bett.

Nach einem Lichtimpuls mitten in der Nacht beginnen die Uhrenzellen im SCN ihre Proteine zu synthetisieren – sie „glauben", es sei schon Tag. Hier sitzt die „Reset-Taste" unserer inneren Uhr: Helles Licht kurz nach dem Temperatur-Minimum eines Organismus, also am frühen Morgen, stellt die Zeiger vor und verkürzt den Tag. Sonne vor dem Tiefpunkt, also am späten Abend, dreht die Uhr zurück und verlängert den Tag.

So lässt sich auch der Jet-Lag mildern: Fliegt man nach Westen, sollte man abends ins Freie gehen. Das Licht verlängert die Periode der inneren Uhr. Bei der Ankunft nach einem Ostflug ist es dagegen ratsam, sich dem Licht erst dann auszusetzen, wenn die „innere Nacht" sich bereits dem Ende zuneigt: Sonst stellt sich der Organismus noch weiter „nach Westen" zurück, und die Anpassung dauert länger.

Viele Knöpfe und Rädchen unseres Zeitgenerators sind noch rätselhaft. Scott Campbell etwa kann zeigen, dass sich der Rhythmus sogar mit einer ums Knie gelegten Lichtmanschette verstellen lässt. Und einen vermutlich ebenso wichtigen Einfluss wie die Helligkeit hat das soziale Umfeld: Beleben sich die Straßen hörbar, singt der Nachbar unter der Dusche, duftet es aus der Küche nach Kaffee, schalten auch wir auf Tag. Selbst unbewusst wahrgenommene Gerüche sind wirksame Zeitgeber: Forscher beobachteten, dass Frauen, die längere Zeit gemeinsam in einem Zelt verbrachten, sogar ihren Menstruationszyklus synchronisierten.

Ohne Licht und die Nähe der Artgenossen gibt es für einen tagaktiven Säuger wie Homo sapiens kein Überleben. „Rhythmen sind darum biologisch notwendig", meint Alexander Samel vom DLR-Institut für Luft- und Raumfahrtmedizin in Köln. Denn auf eines ist im Universum Verlass: dass sich alles beständig ändert. Ein Organismus muss somit bereits im voraus wissen, wann sich die Umwelt wandeln wird. Würde er nur passiv reagieren, könnte es zu spät sein. Schon die frühesten Lebewesen mussten daher zu einem lebenden Spiegel der wankelmütigen Umgebung werden.

Besonders wichtig ist es für jedes Lebewesen, auf die Phänomene Tag und Nacht rechtzeitig zu antworten. „Chemische Reaktionen verlaufen unter Lichtbestrahlung ganz anders als in der Dunkelheit", sagt der Schlafforscher Thomas Wehr vom National Institute of Mental Health in Bethesda, Maryland. „Im Verlauf der Evolution hatten sich die Lebewesen für eine der beiden Welten zu entscheiden." In der anderen hieß es, bei reduziertem Energieverbrauch auf bessere Bedingungen zu warten. Deshalb „erfanden" die Organismen die „biologische Nacht" – den Schlaf. Schlaf ist eine „Art Schutzinstinkt. Das Verhaltensprogramm stellt ein Wesen ruhig, damit es in der fremden Welt der Dunkelheit nicht Opfer seiner Neugier wird", meint Scott Campbell.

Beinahe alle Lebewesen haben ihre spezifische Schlafhaltung. Eine Küchenschabe etwa klappt ihre Antennen auf den Boden. Wird sie geweckt, reagiert sie träge und versucht, sich schnell wieder hinzukuscheln. Und wie die Mimose falten viele andere Pflanzen ihre Blätter zur Nacht nach unten. Thomas Wehr: „Der Schlaf ist eine Taktik, unbeschadet durch die Zeit zu reisen." Ein biologischer Kniff, mit dem die physikalische Dauer gekrümmt wird: Schließen wir die Augen, verabschiedet sich unsere bewusste Tageshälfte. Beim Aufwachen scheinen nur Augenblicke vergangen zu sein, obwohl wir Stunden hinter uns gebracht haben.

„Es ist ein fahrlässiger Traum, zu glauben, man könne mit weniger Schlaf auskommen", sagt Scott Campbell. Menschen brauchen je nach genetischer Ausstattung zwischen sechs und zehn Stunden täglich Schlaf. Und das lässt sich nicht wegtrainieren.

Die Funktion, unser Leben vor den Gefahren der Nacht zu schützen, hat die physiologische Zwangspause zwar verloren. Warum aber ist der Schlaf dann immer noch so wichtig? „Es ist das Gehirn, das diesen anderen Bewusstseinszustand braucht", vermutet Campbell. Was während des Schlafs geschieht, ist freilich unbekannt. Wird dabei ein Schlaftoxin abgebaut? Beseitigen die Neuronen überflüssige Schaltkreise, die während ihrer Tagesaktivität entstanden sind? Die nächtliche Bewusstlosigkeit ist so rätselhaft wie das Bewusstsein selbst.

Eine interessante Hypothese vertritt der Schlafforscher Thomas Wehr. Er glaubt, dass sich bestimmte lebensnotwendige Prozesse gleichsam im Schlaf eingenistet haben, wie etwa die Ausschüttung des Wachstumshormons. Werden sie – mangels Schlafs – unterbrochen, bricht der Organismus zusammen: Ratten, die von Biologen konsequent am Schlafen gehindert worden waren, starben. Die U.S. Army testete in den siebziger Jahren, auf wie viel Schlaf Menschen zur Not verzichten könnten. Nachdem die Soldaten ihren Schlummer um mehr als 40 Prozent reduziert hatten, brach ihre Leistung zusammen.

Viele moderne Menschen sind von diesem Zustand nicht allzu weit entfernt. „Keiner weiß mehr, wie es ist, hellwach zu sein", sagt Thomas Wehr. In den letzten 100 Jahren hat sich die durchschnittliche Schlafdauer der Menschen in den Industrieländern um ein Fünftel verkürzt. Allein seit den Siebzigern schlafen wir täglich 30 Minuten weniger. Über 20 Millionen Deutsche leiden an Schlafstörungen, schätzt die Deutsche Gesellschaft für Schlafforschung und Schlafmedizin, in einer Umfrage gaben über 40 Prozent der Befragten mindestens ein Symptom von Schlafstörungen an.

Jürgen Zulley vermutet, dass bis zu einem Siebtel der Bevölkerung wegen ihres katastrophalen Schlafes eigentlich behandlungsbedürftig sind. In den USA häuft jeder Erwachsene über das Jahr eine Schlafschuld von 500 Stunden an – das sind jeden Tag fast eineinhalb Stunden. Dabei ist, wer die Nächte hintereinander nur je vier Stunden geschlafen hat, so benebelt, als betrüge sein Alkoholspiegel 0,5 Promille, eine einzige durchwachte Nacht lähmt die Reflexe wie 0,8 Promille Alkohol im Blut.

Die Dauerübermüdung hat zwei Wurzeln: Die Menschen leisten sich nicht genug Schlummer, und außerdem schlafen sie falsch. Denn eine großenteils artifizielle Umgebung gibt uns chaotische Zeitsignale. Mit künstlichem Licht können wir zwar den Tag beliebig verlängern, aber vor allem im Winter sehen wir kaum wirklich den Tag. Auch vor dem Fernsehschirm holen sich viele Menschen bis spät abends nicht nur eine Lichtdusche, sondern auch soziale Ansprache, beides Signale, die eine Wachphase auslösen. Morgens steht man dann wie gerädert auf, weil der innere Wecker noch lange nicht so weit ist zu klingeln. Erschöpft schlafen die meisten dann am Wochenende bis in die Puppen – mit dem Effekt, dass ihr Rhythmus erst recht aus dem Takt kommt.

Diese Laxheit könnte eine der Ursachen dafür sein, dass seit den vierziger Jahren eine schwere Form der Gesundheitsbelastung weltweit auf dem Vormarsch ist: Depressionen. Denn häufig ist die Nacht der Seele mit Störungen der biologischen Nacht verbunden. Ob der chaotische Rhythmus vieler Depressiver Folge oder Ursache ihrer Pein ist, wissen die Ärzte zwar noch nicht. Aber bestimmte Formen sind mit Schlafentzug oder einer gezielten Verschiebung des Rhythmus schnell, jedoch nur für sehr kurze Zeit, abzustellen. Und die in unseren Breitengraden bei jedem zehnten Bürger bleischwer über das Gemüt sinkende Winterdepression ist zu kurieren, wenn der Patient jeden Morgen mit hellem Kunstlicht seinen Rhythmus auf Tag einstimmt – ein Indiz dafür, dass diese Störung eine Art jahreszeitbedingter Jet-Lag ist: In den langen dunklen Winternächten stellt sich der Körper auf eine ausgedehntere Ruhephase ein.

Insbesondere Schichtarbeiter – gut 20 Prozent der Bevölkerung – müssen sich damit abfinden, dass ihre innere Uhr und das reale Zifferblatt nicht mehr in Einklang zu bringen sind. Schichtarbeitern drohen verstärkt Depressionen, Herz-Kreislauf-Beschwerden und Magengeschwüre. „An Schichtarbeit kann man sich nicht gewöhnen", sagt Scott Campbell, „zu stark wirken die äußeren Signalgeber dagegen."

Nachts überwältigt der Schlaf den Erschöpften mit solcher Macht, dass er es nicht einmal merkt: Er sackt plötzlich mit weit aufgerissenen Augen in einen sekundenlangen Mikroschlaf, in dem er mechanisch weiterhandelt, aber nichts mehr wahrnimmt. Bei Busfahrern, Lokführern und Piloten sind nächtliche Mikroschlaf-Episoden geradezu normal. Den Schlafforscher Moore-Ede hat das nächtliche Koma in Cockpits und Steuerzentralen auf eine lukrative Geschäftsidee gebracht: Seine Firma „Circadian Technologies" berät Unternehmen darüber, wie Arbeitsbedingungen mit den Hochs und Tiefs des menschlichen Organismus kompatibel zu machen sind. Auf Moore-Edes Kundenliste stehen internationale Großunternehmen wie der Frachtdienst Federal Express oder die Londoner U-Bahn.

Das Wissen, dass Menschen zu bestimmten Nachtzeiten biologisch auf Fehler programmiert sind, hat sich in den Führungsetagen allerdings noch nicht sonderlich gut herumgesprochen. „Oft haben Manager keine Ahnung, was ihre Angestellten erdulden müssen", sagt Moore-Ede. „Manche Schichtsysteme sind so schlecht organisiert, als verbrächte man eine Woche in Utah, eine in Paris und eine in Tokyo."

Dabei sind Gegenmaßnahmen simpel: Oft reicht es, die Angestellten nicht mehr wochenlang, sondern nur noch wenige Nächte hintereinander arbeiten zu lassen und Dienstpläne so zu organisieren, dass wenigstens Frühschicht, Spätschicht und Nachtschicht aufeinander folgen. Helles Licht sollte daneben etwa in Leitzentralen von Kernkraftwerken den nächtlichen Dämmer von Monitoren ersetzen und die Beschäftigten auf Tag polen.

Thomas Wehr geht über solche technische Abhilfe hinaus. Er behandelt die Menschen mit dem, was sie offenbar am nötigsten brauchen – mit Schlaf. Vier Wintermonate lang schickte er Versuchspersonen jede Nacht für 14 Stunden ins Bett. Dabei beobachtete er Seltsames: Alle 24 begannen voneinander unabhängig einen neuen Rhythmus herauszubilden. Wehr: „Sie teilten ihren Schlaf in fünf Stunden gleich nach dem Zubettgehen und fünf Stunden am frühen Morgen." Dazwischen lagen die Versuchspersonen völlig still – in einem Zustand zwischen Wachen und Träumen, den sie als etwas ungemein Angenehmes empfanden. Und am Tag berichteten sie von einem nie zuvor gekannten „kristallklaren Bewusstsein". „Hormonell unterschied sich die nächtliche Ruhe sowohl vom Wachzustand als auch vom Schlaf", sagt Wehr. Die Menschen schütteten ein Hormon aus wie sonst nur stillende Mütter und Vögel im Nest.

Wehr hat ermittelt, dass die Menschen in Aufzeichnungen von der Odyssee bis ins 19. Jahrhundert oft vom „ersten" oder „Todesschlaf" sowie vom „Morgenschlaf" reden. Er glaubt damit dem „natürlichen" Schlafrhythmus des Menschen auf der Fährte zu sein. Die Wirksamkeit des präindustriellen Schlummers testete Wehr jüngst an einem manisch-depressiven Patienten – und der erholte sich deutlich.

„Wir alle stehen schon nach zwei Dritteln unserer biologischen Nacht auf", klagt der Forscher. Sollten wir also einfach wieder mehr schlafen? In unserer Leistungsgesellschaft eine ketzerische Empfehlung. Wehr selbst hat sein Schlafrezept jedenfalls noch nicht ausprobiert. Er fand dafür bis heute keine Zeit.

HANNE TÜGEL

Auf dem Prüfstand – Betriebssystem Mensch

*Krach, Staub, Gestank. Dämpfe, Fasern, Lösemittel.
Es gibt vieles in den rund 2,6 Millionen Betriebsstätten der
Bundesrepublik, was den dort arbeitenden Menschen auf Leib und
Seele schlägt. Für Nichtbetroffene sind Berufskrankheiten dennoch
kein Thema, für Ärzte keine gesuchte Disziplin, für Gutachter eine
undurchsichtige Affäre. Dabei hat die Arbeitsmedizin längst
mehr zu bieten als Diagnose im Schadensfall. Ihr Ehrgeiz
ist Prävention.*

Das unscheinbare Gebäude gehört zum Institut, aber den Patienten, die zur Begutachtung einbestellt sind, ist es nicht zugänglich. Das Personal in jenem Gebäude ist freundlich und trägt weiße Kittel. Und es kümmert sich um die gleichen gesundheitlichen Probleme wie im Nachbargebäude. Allerdings führen die Forscher sie im Meerschwein- und Kaninchentrakt selbst herbei; „in vivo", am lebendigen Leibe, von Ethik-Kommissionen abgesegnet und gegen aktive Tierschützer elektronisch gesichert. Exemplare der Kaninchen-Rasse „Weiße Neuseeländer" atmen unter wissenschaftlicher und ärztlicher Aufsicht schlechte Luft ein. Luft, die reich ist an Allergie auslösenden Substanzen und die Bronchien reizt. Luft, wie sie viele der Patienten drüben vom Arbeitsplatz kennen.

Dieser Ort im Schattenreich der Fit-for-Fun-Gesellschaft ist das Berufsgenossenschaftliche Forschungsinstitut für Arbeitsmedizin (BGFA). Es ist der Universität Bochum angegliedert und auf dem Gelände der Klinik „Bergmannsheil" untergebracht. Früher mit Staublungen beschäftigt, ist es heute auf modernere berufsbedingte Leiden spezialisiert, auf Allergien und Asthma, ausgelöst durch Haarfestiger oder Back-Enzyme, Lösemittel oder Latexhandschuhe.

Was seine Asthmapatienten bei schweren Anfällen erleben, charakterisiert Xaver Baur, Direktor des BGFA, als „Grenzsituation menschlichen Daseins", als das „Gefühl, einer übermächtigen Bedrohung wehrlos ausgesetzt zu sein". Für Nichtbetroffene ist das kein Thema. Röcheln und Husten passen nicht zum High-Tech-Image des „Standorts Deutschland". Ebola-Viren in Zaïre, eine Todesseuche in Nicaragua, das Krebskind Olivia, das sind Stoffe für Schockerschlagzeilen. Aber eine Albtraumwelt durch Berufskrankheiten? Gesprochen wird kaum im BGFA, Haus 10, Parterre. Zu hören sind Stöhnen, Räuspern, rasselndes Atmen. Da hockt der 30-jährige Michael Boccaccio, vier Jahre lang Autolackierer und seit einem nächtlichen Erstickungsanfall arbeitslos. Daneben der selbstständige Bäckermeister, der sich „halt dran gewöhnt hat, dass die Nase immer läuft". Daneben die junge Friseurin, die sich wegen juckender Pusteln an den Händen hat umschulen lassen. Der menschliche Körper hält viel aus – bis eine kritische Grenze überschritten ist. Dann streikt er und gerät in den medizintechnischen Gerätepark. Digitalziffern blinken, Drucker summen, Zaubermaschinen werfen sekundenschnell Gaswerte des Blutes aus, das eben noch durchs Ohrläppchen floss. „Bergmannsheil" bietet Zweibett-Zimmer mit Kabelfernsehen. An der Wand hängt „Gottes Wort für jeden Tag". Die Botschaft heute: „Und die Welt vergeht mit ihrer Lust ..." (1. Johannes 2,17).

In den Pausen zwischen rhinoanometrischen, ergospirometrischen, durchflusszytometrischen Tests studieren die Wartenden alte Horoskope aus zerblätterten Zeitschriften („Ihre Kräfte sind stabil. Treiben Sie dennoch keinen Raubbau"). Sie husten wieder. Und starren auf die gelbe Wand gegenüber, an der Kopien von Forschungsberichten verraten, worauf der Mensch allergisch reagieren kann – sogar auf den Staub der Perlmuttschale. Alle Jahre wieder listen die Statistiker der Berufsgenossenschaften die neu gemeldeten chronisch Kranken auf. 83 847 vorzeitig Verbrauchte, Ausgemusterte, Aussätzige waren es im Jahr 1994 („Verdachtsanzeigen" 1998: 74 470). Was im Amtsdeutsch „Anzeige auf Verdacht von Berufskrankheit" heißt, bedeutet für 83 847 Kranke und deren Familien oft die Erfahrung, dass „die Lebensplanung kaputt" ist. Die Statistik ist unvollständig. Magengeschwüre oder Herzkrankheiten nach Stress gehen nicht ein.

Der Nächste bitte! Im BGFA absolviert der ehemalige Lackierer Boccaccio aus Zimmer 4206 einen ähnlichen Test wie die Kaninchen, von denen er nichts weiß. Bei ihm geht es um die Frage, inwieweit das Isocyanat-Luft-Gemisch, das er inhalieren soll, am Streik der Lunge maßgeblich beteiligt war. Eine Assistentin kommandiert über Mikrofon: „Klammer auf die Nase. Mundstück einsetzen. Und jetzt atmen. Leicht und schnell. Hecheln, verstehen Sie mich?" Ein Stift zieht ein wildes Strichmuster über Millimeterpapier, aus dem sie den Atemwegswiderstand errechnet.

Wenn Michael Boccaccio wüsste, was die Forscher über die Isocyanate herausgefunden haben, die er früher in der Werkstatt täglich eingeatmet hat, sähe der junge Mann wohl noch blasser aus. Wenn Kaninchen den Konzentrationen ausgesetzt werden, die an deutschen Arbeitsplätzen noch zulässig sind, werden nach sieben Tagen ihre Bronchien überempfindlich. Nach acht Wochen schläfert man die Kaninchen ein und seziert sie. Festgestellt wird dann „eine beginnende Einwanderung von Entzündungszellen in das Lungengewebe".

Isocyanate sind Schlüsselchemikalien, aus unserer Wohlstandswelt nicht wegzudenken. Sie sind allgegenwärtig im Arbeitsleben, als Grundstoff für Schaumstoffe und Lacke. Drei Millionen Tonnen werden jährlich produziert. Ihre „allergisierende und chemisch toxische" Wirkung entfalten sie als fein in der Luft verteilte Aerosole. Weltweit haben eine halbe Million Menschen als ungefragte Versuchspersonen mit den Reizstoffen zu tun. Bei der Herstellung der Isocyanate in der Großchemie ist das Einhalten der Arbeitsplatz-Grenzwerte noch am ehesten gewährleistet. Die Risiken exportieren die Konzerne ins verarbeitende Gewerbe, zum Beispiel in Sechs-Mann-Betriebe wie den, in dem Michael Boccaccio gearbeitet hat. Sein Fall ist nicht so einfach zu interpretieren wie der Test am „Tiermaterial" aus der Zuchtanstalt. Boccaccio hatte schon als Kind mit den Bronchien Probleme. Der Dauerkontakt mit Schleifstaub, Spachtelmasse und Lackdünsten hat die Anfälligkeit erhöht – sein Chef stellte nur billigste Schutzmasken zur Verfügung.

Fix und fertig sieht er aus, als er aus der Expositionskammer kommt: „Der Arzt sagt, 85 Prozent der Berufe sind für mich tabu. Und ich hab' gern gearbeitet." Der Rest seines Lebens wird von Vorsicht diktiert bleiben: den Kopf schütteln, wenn ihn Freunde in eine verqualmte Kneipe einladen; immer auf einen Anfall gefasst sein, bei dem wieder der Rettungswagen kommen muss.

Die Arbeitsmedizin ist unter Ärzten eine eher unbeliebte Disziplin. Spektakuläre Heilerfolge sind selten. Was tun mit Arbeitsstoffen, die so giftig sind, dass man auf den Gedanken verfallen könnte, die Welt wäre gesünder dran, wenn es sie nicht gäbe? Die Bochumer Forscher verbreiten die Erkenntnisse über kurzatmige Kaninchen und röchelnde Patienten auf Kongressen in Paris, Groningen, Glasgow, Bad Reichenhall. Bei einer Substanz wurde den Betroffenen dank der BGFA-Forschung rasch und durchschlagend geholfen. Xaver Baurs Team fand heraus, dass drei Prozent aller Mitarbeiter von Bäckereien und Konditoreien auf das Backmittelenzym Alpha-Amylase allergisch reagieren, das großtechnisch aus dem Schimmelpilz *Aspergillus oryzae* gewonnen wird. Die Hersteller zeigten sich einsichtig. Sie liefern das Enzym heute weitgehend als staubfreies Granulat, das sich verarbeiten lässt, ohne dass die Augen tränen.

Die Umsetzung von Arbeitsschutz-Vorschriften in den Alltag kontrollieren in Deutschland rund 5500 Beamte (davon 156 Ärzte) der Gewerbeaufsicht. Sie sind für rund 2,6 Millionen Betriebe zuständig, in denen 36 Millionen Beschäftigte mit ungezählten Maschinen hantieren, die nicht nur Hochleistung „Made in Germany" produzieren, sondern auch Krach, Staub und Gestank. „Schutzhandschuhe tragen", „Atemschutz tragen", befehlen blaue Gebotszeichen gemäß DIN 4844 – mit mäßigem Erfolg. Motive für Leichtsinn gibt es genug: Faulheit, Unwissenheit, Verdrängung, Angst um den Job. Weil „keiner will, dass wir Betriebe kaputtsanieren", beanstanden die amtlichen Prüfer zwar viel; Verwarnungen oder gar Bußgelder bleiben jedoch absolute Ausnahmen. „Technisch nicht machbar" oder „wirtschaftlich nicht vertretbar", hören sie als Entschuldigungen, wenn Absauganlagen, Sicherheitssysteme und gute Schutzkleidung fehlen. Grenzwerte für maximale Arbeitsplatzkonzentrationen (MAK) und technische Richtkonzentrationen (TRK) für krebserzeugende Stoffe sind zwar gültiges Recht. Doch Messgeräte für Stäube und Gase, wie sie an Kaminen oder Abwasserrohren aus Umweltschutzgründen üblich sind, fehlen in Innenräumen der meisten Fabriken. Eine technische Ausrüstung wie in Hessen ist noch längst nicht in allen Bundesländern üblich. Dort ist ein „Arbeitsschutzmobil" unterwegs, voll mit Analysegeräten und Rechnern, die toxikologische Datenbanken anzapfen können.

Selten treffen die amtlichen Prüfer auf vorbildliche Konstruktionen, wie sie das Berufsgenossenschaftliche Institut für Arbeitssicherheit (BIA) in Sankt Augustin bei Bonn entwickelt: Sägen mit optimalen Staubsaugvorrichtungen, Schleifgeräte mit Schalldämpfereffekt, vibrationsgeminderte Presslufthämmer, perfekt gefederte Fahrzeugsitze. Es sind die Sternstunden der Kontrolleure, wenn sie Musterunternehmen vorfinden. Beispiel Lufthansawerft, Hamburg: Lackierer in Vollschutzmontur schweben auf einer Teleskop-Plattform in die optimale Arbeitsposition. Flexible Sicherheitsseile schützen die Arbeiter bei Fehltritten; belüftete Helme sorgen für Frischluftzufuhr.

Unfälle und Berufskrankheiten treffen am ehesten jene, die unter härtesten Bedingungen schuften. Nicht stets 37,5 Wochenstunden, sondern auch mal 60. Stolz darauf, gebraucht zu werden, auch in der

Nacht oder am Sonntag. Im Osten hätte man sie Helden der Arbeit genannt. Auf Zeichen der Schwäche reagieren sie mit einer Mischung aus Verblüffung, Scham und Entsetzen. „Ich weiß nur eins: Ich hab' das vorher nicht gehabt", sagt Lothar Peters, Schweißer aus Düsseldorf, und zeigt auf die hässlichen Flecke auf seinem Körper. „Vorher war ich ein Spitzenmann, jetzt bin ich ein halber Mensch", klagt der kroatische Techniker Stjepan Matosevic, dem Hamburger Gießereidämpfe auf der Lunge lasten. „Ich bin Laie, aber als er in der Firma anfing, war mein Mann gesund", sagt die Witwe eines Arbeiters, der vier Jahre im Konservierungsmitteldunst eines Kartoffelschälbetriebes gestanden hatte.

Ende einer Schweißerkarriere: erst ein kleiner Fleck auf der Haut, dann viele wunde Stellen, irgendwann die Kündigung „wegen Mangel an Arbeit". Seit Lothar Peters „plötzlich vor dem Nichts steht", sehnt er sich zurück in seine Schweißerkabine, wo Präzision an 400 Grad heißen Rohren verlangt war. Jetzt hat er Wut, aber wogegen soll die sich richten? Gegen die Glasfasern aus der Rohrummantelung, die in der Hitze flimmerten und die wohl Ursache seines Leidens sind? Gegen das Arbeitsministerium, das Fasern nicht verbietet, die womöglich tückisch sind wie Asbest, und dem nicht einmal ein Grenzwert für sie eingefallen ist? Jammern im Betrieb ist tabu. „Vielleicht hat man ja selbst den Fehler gemacht. Sobald es verheilt war, ist man wieder arbeiten gegangen", meint Lothar Peters, Held der Arbeit außer Dienst, und malträtiert mit seinen kräftigen Händen die Zeitung.

Ein Dilemma der Berufskranken ist, dass für viele das Unheil erst anfängt, wenn das Thema für die Öffentlichkeit längst passé ist. Asbestose? Lösemittelschäden? Asbest ist weitgehend aus dem Verkehr gezogen. Auf Lacken und Klebern prangen Umweltengel. Entwarnung ist allerdings verfrüht. Mehr als 100 000 Verbindungen gelten laut Chemikaliengesetz als „Altstoffe" – sie sind noch auf dem Markt, aber erst 4000 sind nach heutigem Standard untersucht.

Seit 1982 sind Chemikalien meldepflichtig, die in Mengen von mehr als einer Tonne neu in den Handel kommen. Die Erfahrungen der deutschen Meldestelle sind ernüchternd: In fast allen Fällen lieferten die Hersteller nur unvollständige Unterlagen. Berufskranke künftiger Generationen werden die Folgen solcher Nachlässigkeit spüren. Wie Lothar Peters werden sie Salbe auf hässliche Flecke schmieren und Hemden mit langem Arm anziehen. Wie Stjepan Matosevic werden sie erleben, dass sie bei Gehaltserhöhungen übergangen werden. Manche Hinterbliebenen werden Blumen ans Grab zu früh Verstorbener stellen wie die Witwe des Kartoffelschälmeisters.

Opfer der alten Arbeitswelt tragen die Beweislast dafür, dass sie Opfer „im Sinne der Verordnung" sind. Auf den Verlust der körperlichen Unversehrtheit folgt der zweite Angriff – auf die Würde des Menschen. Wer im Privatleben durch andere Unheil erleidet, hat Anspruch auf Schadensersatz oder Schmerzensgeld. Wem das gleiche während der Arbeit passiert, wird sich mit hoher Wahrscheinlichkeit im Gestrüpp unfallversicherungsrechtlicher Feinheiten verstricken. Drei von vier „Verdachtsfällen" scheitern auf dem Weg durch die Instanzen. Im Zweifel für den Angeklagten? Die „Angeklagte", im Zivilrecht Beklagte genannt, ist in ihrem Fall die Berufsgenossenschaft. Wer ihr nicht nachweisen kann, dass es sich beim eigenen Leiden um Spätfolgen ungesunder Arbeitsbedingungen handelt, geht leer aus. Der Nachweis ist in der geforderten Eindeutigkeit selten zu führen.

Begriffe wie „schicksalhaft" oder „anlagebedingt" beherrschen die Verfahren. „Beweislosigkeit" tritt ein, wenn nicht mehr aufzuklären ist, was vor drei oder vor 30 Jahren geschah, als der Kranke noch gesund war. Pech, wenn der Chef Konkurs angemeldet hat oder Personalakten nicht mehr aufzufinden sind. Beweislosigkeit ist häufig.

Elke Schmidt ist eine von denen, die lange und vergebens um das kämpfen, was sie für ihr Recht halten. Ihr Mann hat sich daran gewöhnt, die Zeitung auf dem Balkon auszulüften, bevor er sie im Zimmer liest. Es sei denn, seine Frau sitzt an der Nähmaschine und hat sowieso gerade ihre Gasmaske auf. Die trägt sie, weil Kleiderstoffe selbst nach mehrmaligem Waschen noch etwas an sich haben, das ihre Atemwege reizt. Druckerschwärze kann sie schon gar nicht vertragen.

33 Jahre lang hat die zierliche Frau in Kieler Elektronikbetrieben gelötet, geklebt und Teile montiert – ohne Schutzkleidung oder Schadstoff-Absaugung. Sie war stolz darauf, am Ende die bestverdienende Frau der Abteilung zu sein. Von 1984 an bekam sie 15 Mark die Stunde, zu jener Zeit gutes Geld. Da ließ es sich verdrängen, dass sie „extrem mit diesen Sachen" zu tun hatte, Sekundenklebern, lösemittelhaltigen Arbeitsmitteln. Die Gefahrstoffmerkblätter („Gesundheitsschädlich. Flüssigkeit und Dämpfe wirken reizend auf Augen und Schleimhäute") kennt sie nicht. „Ich hab' immer geglaubt, ich hätte Schnupfen. Dann fing das mit den Augen an. Dann kam die Angst."

Immer häufiger spürt sie ein Gefühl im Rachen, „als ob alles verbrennt" – und inhaliert Kamillenlösung. Montags ist es besser, freitags schlimmer als sonst. Der Hautausschlag ist kaum noch wegzuschminken. Manchmal fühlt sie sich wie betrunken. Jeden Morgen quält sie sich hoch, um pünktlich um sechs in der Fabrik zu sein. Die Tage häufen sich, an denen sie um sieben wieder nach Hause muss.

Viele Ärzte stehen auf Kriegsfuß mit der Toxikologie. Der Betriebsarzt sieht rote Augen und tippt auf Bindehautentzündung. Der Augenarzt erkennt zusätzlich auf Hornhautentzündung, deren „Ursache selten abzuklären" sei. Die Uniklinik steuert einen „Iristumor, rechtes Auge" bei. Ihr Hausarzt glaubt: „Das kommt wohl vom Seelischen. Oder von der Umwelt." Die Ärztin aus dem ersten Gutachterteam lässt sie Arbeitsstoffe ins Krankenhaus mitbringen und meint: „Das stinkt ja gemein. Das würde ich auch nicht aushalten." Solcher Spontaneindruck findet sich allerdings im „wissenschaftlich begründeten arbeitsmedizinisch-internistischen Fachgutachten" nicht wieder. Dafür können die Instanzen andere Details nachlesen: „Die Ohren sind äußerlich unauffällig ... Das Gebiss ist saniert ... Die Zyklusdauer ist 28 Tage."

In dem 40 Seiten langen Gutachten sind zwar auch „vereinzelt feinblasige Rasselgeräusche an der Lungenbasis" erwähnt. Doch von Bedeutung ist nur das Endurteil der Experten mit den vielen Titeln: „Das Vorliegen einer Berufskrankheit lässt sich für Frau Sch. in keiner Weise wahrscheinlich machen." Aktenzeichen 121-6688/85-25, gez. Prof. Dr. med., / gez. Dr. med., / gez. ord. Prof. Dr. med.

„Frau Sch." mit den unauffälligen Ohren legt Widerspruch gegen den Ablehnungsbescheid ein. Die Berufsgenossenschaft gibt ein weiteres Fachgutachten in Auftrag, diesmal 51 Seiten lang. Neue Fakten kommen ans Licht: Der neue Prof. Dr. wundert sich über eine starke Reaktion auf in einem der Kleber enthaltene Isocyanate. Dass die Patientin mit diesen Substanzen zu tun hatte, war im vorherigen Gutachten nirgends erwähnt worden. Der neue Gutachter beobachtet „multiple unspezifische Nebenwirkungen bei den Expositionstests mit Arbeitsstoffen" und deutet sie als „Ausdruck der subjektiven Erlebnisverarbeitung der Versicherten bei gegebener vegetativer Erregbarkeitssteigerung". Und dann bestätigt er das Kollegenurteil, „dass es sich bei Frau Schmidt nicht um eine Berufserkrankung im Sinne der Verordnung" handele.

Im Juni 1986 kommt die Kündigung, versüßt mit einer Abfindung von 14 000 Mark. Doch die Entlassene will sich nicht abfinden lassen und klagt störrisch beim Sozialgericht auf Anerkennung der Berufskrankheit. Erfolglos – „auf dem Gericht sitzt du, als ob du lügst". Der Richter überredet ihren Anwalt, die Klage zurückzunehmen, wegen der eindeutigen Gutachten. „Nach der Verhandlung hab' ich geheult. Weil ich doch im Recht bin. Und die glauben mir alle nicht."

Seitdem hat Elke Schmidt es mit drei neuen Jobs probiert: Kleidung einpacken, Parfüm auspacken, für ein Dentallabor fahren. Überall musste sie wieder aufhören, weil überall Reizstoffe auftraten. Heute bekommt sie keinen Pfennig. Es macht sie wahnsinnig, herumzusitzen, eine Seidenblume nach der anderen zu basteln oder an der Heimorgel „Waldeslust" zu üben. Das Gros der Gutachter und Richter, die über Berufskranke urteilen, kennt die Arbeitswelt im Kleberdampf, am Presslufthammer, unter Tage, im Abwasserkanal, im Akkord nur aus den Akten. Befremdlich, dass solche Arbeiten sein müssen. Und dass diejenigen, die sie tun, sich mit einem Bruchteil von Mediziner- und Juristengehältern abspeisen lassen. Bevor schlechtes Gewissen aufkommen kann, klappen die meisten Studierten die Akten zu.

Die Chance auf Anerkennung stand 1:4. Vielleicht hätte Elke Schmidt Glück gehabt, wenn man sie ins „Bergmannsheil" nach Bochum überwiesen hätte, wo mit Isocyanaten Erfahrungen aus den Kaninchenversuchen vorliegen. Sicher ist das nicht. „Analogieschlüsse und Extrapolationen aus Tierexperimenten ... haben im geltenden Berufskrankheitenrecht ... keine Beweiskraft", heißt der Grundsatz der deutschen Arbeitsmedizin – im Widerspruch zur üblichen medizinischen Argumentation beim Thema Tierversuche.

Hans Kohl müsste sich freuen. Er gehört zu den wenigen, die sich durchgesetzt haben gegen die Berufsgenossenschaft. Seine Rente ist „durch". Ein Traumeinkommen: Mehr als 3000 Mark kriegt er jetzt jeden Monat auf sein Konto, mehr als je zuvor. Aber mit der Freude klappt es nicht. Berufskranke drücken existenzielle Dinge gern im Arbeitsjargon aus. Hans Kohl spricht von sich selbst als „Schrott". Und droht seiner Frau, „endgültig Feierabend zu machen". Dann schließt sich der Mann mit dem grauen Vollbart ins Gartenhaus ein. Die Frau versucht, die Fassade des Alltagslebens aufrechtzuerhalten, und schmiert Schnittchen, mit Radieschen und Mayonnaise verziert, und ruft ihn zum Essen. Aber zurück hallt es: „Lass mich in Ruh, lass mich in Ruh."

„Extrem vorgealtert", steht im Krankenblatt des 51-Jährigen. Er hat jahrelang mit dem Lösemittel Perchlorethylen (PER) zu tun gehabt. Eimerweise hat er das Zeug in der Tierkörperbeseitigungsanlage verteilt, um die Fettschmiere von den Maschinen zu schrubben. Und ist dabei immer wunderlicher geworden.

Dass die Berufsgenossenschaft seinen Fall ohne Rechtsstreit anerkannt hat, hat Kohl seinem Arzt zu verdanken. Peter Binz ist Neurologe in Trier. Ein Jahrzehnt hatte er seine Patienten behandelt, ehe ihm bei einigen Muster auffielen: Unerklärlich viele junge Arbeiterinnen aus der Schuhfabrik schleppten sich in die Praxis, mal dösig, mal wie berauscht; Ehefrauen brachten Männer im besten Alter zu ihm, die plötzlich rätselhaft antriebslos waren, Ruinen ihrer früheren Persönlichkeit. Bei Hippokrates stieß der Nervenarzt auf einen Rat. In dessen „Schriften an die Ärzte" aus dem vierten Jahrhundert v. Chr. ist zu lesen: „Es gibt viele Berufe, die mit mancherlei Gesundheitsgefahren verbunden sind. Darum ist es wichtig, von vornherein jeden Kranken nach seinem Beruf zu fragen."

Inzwischen hat Dr. Binz fast 1000 Kranke als Verdachtsfälle für Lösemittelschäden angezeigt. Patienten, die woanders als Depressive oder Neurotiker in die Akten eingehen. Nach der Erfahrung des Nervenarztes sind nur die wenigsten in der Lage, ein Berufskrankheiten-Verfahren durchzustehen: „Die meisten tragen mit ihren Familien nicht nur die gesundheitlichen, sondern auch die finanziellen Belastungen allein." Der Nachweis von Hirnschäden erfordert kernspintomographische Untersuchungen, ist also teuer. Die Ortskrankenkasse forderte von dem streitbaren Neurologen 20 164,40 Mark zurück; seine Überweisungen an die Spezialisten seien „unwirtschaftlich". Nach zweijährigem Streit setzte sich der Einzelkämpfer durch und erhielt sachverständige Schützenhilfe: Eine Wissenschaftlergruppe der Universität des Saarlandes untersuchte zwei Patientengruppen aus betroffenen Fabriken. Ihr Urteil: Unspezifische Symptome wie Appetitlosigkeit, Konzentrations- und Schlafstörungen, Schwerhörigkeit und Augenbeschwerden waren nicht psychosomatisch bedingt, sondern von Nervengiften am Arbeitsplatz verursacht. Die weitergehende Erkenntnis: Es gibt Testverfahren, mit denen beide Krankheitsbilder auseinander zu halten sind.

Anderswo sehen die Krankenkassen inzwischen ein, dass verdeckte Berufskrankheiten sie teuer zu stehen kommen. Sie informieren ihre Mitglieder über gefährliche Arbeitsstoffe und checken auffällige Krankheitsbilder nachträglich durch. Nicht ohne Eigennutz: Falls sich ein Verdachtsfall im nachhinein als Berufskrankheit erweist, können sie Behandlungskosten von den Berufsgenossenschaften zurückfordern. Lösemittelkrank – das heißt, dass am Ende eines Zeitungsartikels der Anfang vergessen ist. Dass man sich nicht mehr erinnert, wie viele Einwohner Deutschland hat – 15 Millionen? Hans Kohl hat Zahlenreihen nachsprechen müssen, vorwärts und rückwärts, und hat sich dabei höchstens drei Ziffern merken können.

Seine Frau schüttelt den Kopf, ohne Hoffnung und verstört: „Man sieht ihm doch gar nichts an." Sie schämt sich ein bisschen, dass sie mit ihm seit Jahren lebt „wie Bruder und Schwester". Und weiß von den Ehefrauen anderer Patienten, dass da auch im Bett nichts läuft. Dass auch die anderen Männer „ihre Tour" kriegen, aggressiv werden und gemein. Und zuschlagen. Mal auf die Türfüllung, mal auf den

Hund, mal auf die Frau. Und sich hinterher an nichts mehr erinnern, sondern nur schuldbewusst fragen, ob sie wieder „so" waren.

Das Leben könnte idyllisch sein in dem hübschen Einfamilienhaus mit Balkons im Schwarzwaldstil und Springbrunnen. Aber das Abendessen bleibt unberührt. Es wird dunkel, und der Mann kommt nicht heraus aus dem Gartenhaus. Die Frau nimmt die Brille ab und legt sich draußen auf die Bank und jammert, dass er endlich aufschließen soll. Und es wird halb drei nachts, ehe er es tut. Bis dahin denkt sie an den Balken dort drin, der von Höhe und Dicke her richtig ist für den Strick. Und dass es diesen einen Teil in der Zeitung gibt, den er immer und gründlich liest, die Todesanzeigen. Besonders die, in denen steht: „plötzlich und unerwartet ..." oder „für uns alle unfassbar ..."

„Die Welt vergeht mit ihrer Lust ..." Noch hält Hans Kohl durch – mit starken Kopfschmerzmitteln. Und überrascht seine Frau zum Geburtstag mit einem nagelneuen Auto. Geld hat er genug. Darüber, wie gerührt sie da war, kann er sich sogar freuen.

HARALD MARTENSTEIN

Die fatale Lust

Ein Krieg tobt um die Aschenbecher dieser Welt: Erbittert streiten Raucher und Nichtraucher um die Lufthoheit in Büros, Bars und Behörden. Nach Erfolgen in den USA wollen Tabakgegner nun auch in Deutschland Verbote durchsetzen. Inzwischen geben Nikotinforscher neue Antworten auf die Kernfrage des Problems: Warum nur raucht der Mensch?

Walt Netschert war ein normaler Student. Das heißt: Sobald die Professoren etwas von ihm wollten, bekam Walt Netschert diese schlimmen Konzentrationsprobleme. Rauchen Sie halt hin und wieder eine Zigarette, riet ihm ein Professor, dann arbeiten Sie bestimmt besser. Das tat der Student Netschert auch, er rauchte und arbeitete und arbeitete und rauchte, wie so viele.

Einige Jahrzehnte später schaute der Ingenieur Netschert sich um und stellte fest, dass er inzwischen der einzige Mensch zu sein schien, der sich so verhielt. Seine Kunden beklagten sich über seine Angewohnheit. In Konferenzen fiel er unangenehm auf, weil er in regelmäßigen Abständen unruhig wurde und den Raum verließ. Netschert versuchte, mit dieser Sache aufzuhören. Die Konzentrationsprobleme kamen wieder, und schlimmer als damals.

Mit dem Rauchen aufhören oder den Job verlieren: So sahen seine Alternativen aus. Walt Netschert wurde, trotz guter Gesundheit, ein Opfer des Rauchens. Er lebt in Kalifornien. Für einen Raucher ist Kalifornien die Hölle. Konnte es für sein Problem eine technische Lösung geben? Netschert konstruierte den „Equalizer" – eine Art Astronautenhelm, an dessen Visier ein Zigarettenhalter und ein Aschenbecher befestigt sind. Der Equalizer filtert den Rauch und bläst mit Hilfe eines Ventilators wunderbar saubere Luft in die Umgebung. Dank des Helms ist es Netschert trotz einschlägiger Verbote gelungen, in Flugzeugen zu rauchen sowie mehrere Mahlzeiten in kalifornischen Restaurants einzunehmen.

Zu den Nachteilen des Equalizers zählen die häufig amüsierten Reaktionen der Gesprächspartner, das nicht ganz leise Summen des

Ventilators sowie eine gewisse Sichtbehinderung. Auch ist das Gewicht des Helms keineswegs unerheblich. Eine Massenproduktion scheint einstweilen nicht in Frage zu kommen, aber Walt Netschert war eine Zeitlang Stammgast der amerikanischen Talk-Shows. Höhepunkt dieser Karriere war ein Besuch beim berühmten Showmaster Johnny Carson. Ursprünglich war geplant, dass sich beide unter zwei Helmen lächelnd zwei Zigaretten anzündeten. Aber eine Woche vor der Show hatte Carson mit dem Rauchen aufgehört.

Warum rauchen so viele Leute, obwohl Rauchen doch schädlich ist? Diese Frage kann nur einer stellen, der nie geraucht hat.

Antwort eines Rauchers: Wir tun es, weil Rauchen schön ist und einfach. Die Zigarette gibt es überall, sie ist billig, sie kitzelt die Sinne. Den Geschmackssinn sowieso und den Geruchssinn. Auch das Auge spielt eine Rolle, das dem Rauch nachschaut, und die Hand, die eine Zigarette hält, sogar das Ohr, das ein Feuerzeug klicken hört. Das Rauchen hat sich, falls du ein Raucher bist, fest mit deinem Lebensstil verwoben – es gehört dazu, auf der Party, nach dem Essen, bei Stress. Ohne Zigarette wäre der Alltag nicht so angenehm – oder viel schlimmer.

Es gibt Theorien, in denen von der autoerotischen Komponente des Rauchens die Rede ist, von der Zigarette als Schnullerersatz, Fellatio und solche Sachen. Mag sein. Fest steht: Die seelische Wirkung des Rauchens ist positiv – und blitzschnell. Vor allem: Sie passt sich den Bedürfnissen an.

Nikotin hat eine fantastische, eine einmalige Eigenschaft: Wenn der Raucher müde ist, wirkt es anregend. Auf nervöse Menschen hingegen wirkt es beruhigend. Nikotin tut für jeden etwas anderes – und immer das Richtige.

Dennoch reihen immer mehr Wissenschaftler das Nikotin unter die Drogen ein, obwohl es lediglich Wohlbefinden bewirkt und keine Euphorie, wie zum Beispiel Alkohol, Heroin oder LSD. Die Droge Nikotin wird auch niemals pur konsumiert, sie braucht ihre Verpackung, den Tabak – heutzutage meist in Form einer Zigarette. Nikotinpflaster oder Nikotinkaugummis stillen das Bedürfnis nur unvollständig, sie machen den Raucher sowenig satt, wie eine intravenöse Ernährung das Hungergefühl beseitigt.

Das hängt einerseits mit der Freude an Rauchritualen zusammen, vor allem aber mit der Wirkungsgeschwindigkeit von wenigen Sekunden, die nur die Zigarette schafft. Die sensorischen Nervenenden in der Lunge schaffen das Nikotin direkt ins Gehirn. Schon in der Luftröhre löst der Rauch eine Vorlust aus, die „Pulmonalerotik".

Raucher können Lungenkrebs bekommen, ein Raucherbein, einen Herzinfarkt: Das wissen Raucher schon lange. In den neunziger Jahren aber ist die Nikotin- und Tabakforschung geradezu explodiert. Allein die Zahl der empirischen Studien über die Wirkung des Nikotins hat seit den siebziger Jahren weltweit von etwa 200 auf rund 600 pro Jahr zugenommen. Als Folge dieses Forscherfleißes erfahren wir immer mehr und immer Beunruhigenderes.

Eine Langzeitstudie an britischen Ärzten hat ergeben, dass jeder zweite Raucher an seiner Passion stirbt. Die Leiden der Raucher sind so individuell und so vielseitig wie die Wirkung des Nikotins: Raucher leiden häufiger unter Leukämie, Schlaganfällen und der Basedowschen Krankheit. Sie sind anfälliger für Grauen Star und Infektionen, sie klagen häufiger über Impotenz. Raucher haben eine schlechtere Haut, Raucherinnen kommen früher in die Wechseljahre. Ihre Kinder sind ängstlicher und haben einen niedrigeren IQ. Der Lungenkrebs packt sich in Raucherhaushalten gelegentlich sogar den Hund oder die Katze.

Seit Versuche an Ratten ergeben haben, dass Zigarettenrauch die biologische Uhr von Föten durcheinander bringt, gilt das Rauchen als eine der Ursachen des plötzlichen Kindstods. Falls Zigarettenrauch auch die Erbsubstanz DNS angreift – Hinweise darauf gibt es –, dann zahlen noch die Enkel einen Preis für die pulmonale Lust ihrer Großeltern.

Einer der vernünftigsten Orte der Welt wäre demnach Davis. Die Universitätsstadt hat sich unter den mittlerweile rund 300 lokalen Anti-Raucher-Gesetzen des Staates Kalifornien das allerschärfte gegeben, vielleicht sogar das schärfste der Welt.

In Davis wird nicht nur das Rauchen sehr ernst genommen. Die Stadt – selbstverständlich „atomwaffenfreie Zone" – verfügt über das dichteste Radwegenetz der USA sowie 21 öffentliche Parks mit Volleyballverleih und exakt gemähten Rasenflächen. Der Müll von Davis wird selbst in den Straßenpapierkörben getrennt, und die Lärmschutzbestimmungen sind so streng, dass sogar einer notorischen Schnarcherin ein Strafbefehl zugestellt wurde. Davis sieht aus wie eine der postindustriellen Modellstädte, die sich die Utopisten des 19. Jahrhunderts erdacht haben.

In Davis begreift der Besucher schnell, dass es beim Kampf gegen das Rauchen nicht nur um Gesundheit geht, sondern auch um Politik. Genauer: um die alten Fragen, ob die Menschheit zu ihrem Glück gezwungen werden sollte – und ob nicht auch die Vernunft ihren Preis hat. Langeweile, zum Beispiel.

„Man muss den Mut haben, gewisse Dinge vorzuschreiben", sagt Maynard Skinner, der Altbürgermeister, der in Davis bereits 1972 die ersten, noch vergleichsweise milden Maßnahmen gegen das Rauchen auf den Weg gebracht hat. Heute sieht es mit dem Rauchen in Davis so aus: Nicht verboten ist es in Privatwohnungen und in Privatautos. Außerdem im Freien, sofern der Raucher sich mindestens sechs Meter von einem Hauseingang, einer Telefonzelle, einer Bushaltestelle oder jedem Nichtraucher entfernt hält, oder falls er zu Fuß unterwegs ist.

Überall sonst ist Rauchen untersagt, auch bei Volksfesten und Märkten, in Biergärten, Spielhallen und Nachtklubs. Wenn die Raucher von Davis einen der Ihren zu Grabe tragen, dann dürfen sie sich nicht einmal bei dieser Gelegenheit mit einer Zigarette trösten. Die Geldstrafen sind beträchtlich, Wiederholungstäter können in Haft genommen werden. Bisher hat es allerdings erst eine Verhaftung gegeben, mit anschließendem Transport an die Stadtgrenze. „Wir kennen diesen Raucher", sagt Skinner, „er ist ein auswärtiger Provokateur."

Wer sich nach den Treffpunkten der einheimischen Raucher erkundigt – es soll sich immerhin noch um etwa 15 Prozent der Bürger handeln –, der wird an zwei Orte verwiesen: das „Paragon" und „Cindy's Restaurant", wo angeblich illegal geraucht wird. Im Paragon würfeln sie an der Theke heftig, trinken ihr Bier aus der Flasche, und eine Treppe führt zum „Poker Room" im Keller. „Das mit dem Rauchen ist nicht wahr", ruft Guido, der Wirt, ein langhaariger Mensch um die 50, „wer immer das behauptet, lügt."

Cindy's Restaurant liegt weit draußen, wo die Tankstellen und Schrottplätze sind. Vor Cindy's Restaurant steht tatsächlich, innerhalb der Sechs-Meter-Zone, ein Raucher: etwa 50, abgewetzte Jeans, lange graue Haare. Schirmkappe. Als er sieht, dass sich ihm eine unbekannte Person nähert, wirft er seine Zigarette weg, springt in einen Lieferwagen und fährt davon. „Die Raucher von Davis haben Angst", hatte Guido leise erzählt. „Im Urlaub gehen meine Frau und ich nach Spanien. Da ist es anders."

Aber nicht nur in Kalifornien – in aller Welt berichten die Zeitungen fast jeden Tag über immer neue, drakonische Eingriffe raucherfeindlicher Obrigkeiten. Es gibt darunter durchaus sinnvolle Maßnahmen, wie das Werbeverbot für Tabak in China, das Verbot der Zigarettenautomaten in Norwegen oder das finnische Verbot, im Freien zu rauchen, sofern Minderjährige in Sichtweite sind. Aber was ist unter dem Gesichtspunkt der Vernunft vom Rauchverbot an Honolulus beliebtestem Badestrand zu halten, das unter anderem damit begründet wird, die Kippen vergifteten das Meerwasser und die Fische bekämen Tumore?

In Frankreich hat die „Gauloise" gemeinsam mit dem gesundheitlich weniger bedenklichen Rotwein und dem Stangenweißbrot jahrzehntelang die heilige Dreifaltigkeit der Genussmittel gebildet. Die Zigarette war dort ein Monument des Savoir-vivre – und sogar dort gibt es inzwischen scharfe Anti-Raucher-Gesetze. Allerdings: Kaum jemand hält sich daran.

Auch in Deutschland wird seit einiger Zeit über Verbote nachgedacht.

Wer wissen will, wie der deutsche Alltag der Zukunft womöglich aussieht, der fährt immer noch am besten in die USA – dort tobt der Kreuzzug gegen das Rauchen am heftigsten. Die Zahl der Raucher zwischen New York und Los Angeles hat sich seit 1965 von etwa 40 auf rund 25 Prozent der Erwachsenen verringert. Seit 1988 wird Nikotinabhängigkeit von der „American Psychiatric Association" als Krankheit anerkannt. Die Arzneimittel-Aufsichtsbehörde „Food and Drug Administration" (FDA) verlangt, Tabakprodukte auch offiziell als Drogen einzustufen und ihrer Kontrolle zu unterstellen.

In New York ist im April 1995 ein Anti-Raucher-Gesetz in Kraft getreten, das Rauchen in allen öffentlichen Gebäuden und in Restaurants mit mehr als 35 Plätzen verbietet. In mehr als einem Dutzend Bundesstaaten haben bei Scheidungen Nichtraucher die besseren Chancen, das Sorgerecht für gemeinsame Kinder zu erhalten. Kalifornien hat, ebenso wie Texas, das Rauchen in den Gefängnissen untersagt. Diese Regelung schließt die Todeszellen ein und den Ort der Hinrichtung: Die letzte Zigarette gibt es nicht mehr. Das gesundheitliche Risiko für den Henker wird in Kalifornien offenbar als zu hoch eingeschätzt, und spätestens hier stellt sich die Frage, ob es einen Extremismus der Vernunft gibt – und ob der für das menschliche Zusammenleben nicht bedrohlicher sein könnte als hin und wieder eine Prise Unvernunft.

„Jawoll", gesteht Maynard Skinner lachend auf Deutsch und hebt dazu scherzhaft seinen rechten Arm, „I'm a Health Nazi." „Gesundheitsnazis", so heißen die militanten Raucherfeinde bei ihren Gegnern, an deren Spitze natürlich die Tabakindustrie steht, noch immer ein Industriezweig mit jährlich 50 Milliarden Dollar Umsatz.

Die Raucherlobby sagt, dass sie für die individuelle Freiheit kämpfe: Ob einer raucht und sich damit schadet, muss seine eigene Entscheidung bleiben. Im Frühjahr 1995 hat sie eine Demonstration vor dem Weißen Haus organisiert, einem Gebäude, in dem es mittlerweile keine Aschenbecher mehr gibt. Nur eines hält sogar die härtesten Health Nazis davon ab, ein völliges Rauchverbot zu fordern: die Erfahrung mit der Prohibition, mit dem Alkoholverbot in den USA zwischen 1920 und 1933. Es hat nichts gebracht, außer einem Aufschwung der Gangsterbanden.

Dass Rauchen gefährlich ist, bestreitet heute so gut wie niemand. Heftig gestritten wird hingegen noch immer über das Passivrauchen – vielleicht ist dies sogar die alles entscheidende Frage. Falls ein Raucher ausschließlich sich selbst Schaden zufügt, hätte das Freiheits-Argument der Tabaklobby einiges für sich.

Die zweite, ebenso strittige Grundsatzfrage lautet: Lässt sich mit Statistiken überhaupt irgendetwas beweisen? Die Anti-Raucher-Partei liebt drastische Zahlen. Zum Beispiel: Nach Angaben der Deutschen Hauptstelle gegen Suchtgefahren sterben in Deutschland jährlich mindestens 70 000 Menschen an den Folgen des Rauchens, für die USA werden mehr als 400 000 angegeben. Raucher leben, je nach Statistik, im Durchschnitt vier bis 15 Jahre kürzer als Nichtraucher.

„Solche Zahlen werden auf ziemlich schlichte Art ermittelt", sagt der Psychiater Ed Levin, der an der Duke University die psychischen Wirkungen des Nikotins erforscht. „Nehmen Sie etwa die Mortalität einer bestimmten Bevölkerungsgruppe an einer bestimmten Krankheit, sagen wir Lungenkrebs: Sie ermitteln die Zahl der toten Raucher und ziehen die der toten Nichtraucher davon ab. Die Differenz gilt als der Effekt der Zigaretten."

Immerhin: Neun von zehn Lungenkrebstoten sind Raucher, vor dem Siegeszug der Zigarette war Lungenkrebs eine nahezu unbekannte Krankheit. Wo die Zusammenhänge so offensichtlich sind, erübrigt sich eine Diskussion. Das Lungenkrebsrisiko allein also sollte ausreichen, uns die Freude am Rauchen zu vergällen.

Im Eifer des Gefechts wagen sich die radikalen Rauchgegner jedoch häufig auf statistisch unsicheres Terrain. Zum Beispiel ist Rauchen in den sozial benachteiligten Schichten der USA weitaus verbreiteter als unter Wohlhabenden. Wer arm ist, lebt in vielerlei Hinsicht ungesunder, er hat den ungesunderen Arbeitsplatz, vermutlich schläft er weniger – was also sollte am Ende als Todesursache auf seinem Totenschein stehen?

Seit Anfang der neunziger Jahre wissen die Wissenschaftler, zumindest ungefähr, wie Zigaretten funktionieren und wie Nikotin funktioniert. Diese Unterscheidung ist wichtig. Denn was uns schadet, steckt im Rauch, und nicht so sehr im Nikotin. Zigarettenrauch enthält etwa 4000 Substanzen, darunter rund 400 giftige und über 40, die

Krebs auslösen. Sie werden umgangssprachlich unter dem Begriff „Teer" zusammengefasst. Nikotin dagegen erhöht zwar den Blutdruck und wirkt in hohen Dosen tödlich, scheint aber nicht krebserregend zu sein – überhaupt gilt es als einer der eher harmlosen Bestandteile der Zigarette. Wenn Zigaretten nur aus Nikotin bestünden, wäre Lungenkrebs eine fast unbekannte Krankheit. Wegen des Nikotins aber wird überhaupt geraucht. Nikotin lockt, Teer killt.

Anders als andere Drogen vermindert Nikotin nicht das Leistungsvermögen. Im Gegenteil: Es verbessert Gedächtnis-, Lern- und Konzentrationsleistungen. Nikotin kann Ängste lösen und Aggressionen mindern. Anders als andere Drogen versetzt es nicht in einen Rauschzustand, sondern hält den „User" in einer mittleren, besonders leistungsfähigen Gemütslage. Nikotin ist somit die perfekte Droge der Leistungsgesellschaft. Wie ein Joystick der Seele steuert es die Nervösen in ruhiges Wasser und macht die Abgeschlafften munter.

In einer Hinsicht allerdings ähnelt diese Königin unter den Drogen allen Substanzen, die Sucht auslösen können: Sie wirken sämtlich auf das Mittelhirn ein und sorgen dafür, dass sich dort der Spiegel zahlreicher chemischer Substanzen erhöht. Die wichtigste für die Entstehung einer Sucht ist wahrscheinlich der Neurotransmitter Dopamin.

Neurotransmitter helfen, Informationen von einer Nervenzelle zur nächsten zu leiten. Dopamin wird vom Körper dann besonders stark produziert, wenn wir uns, biologisch betrachtet, richtig verhalten. Etwa wenn wir essen. Oder beim Sex. Mit Hilfe des Dopamins sagt der Körper zu unserer Seele: Bravo! Du tust jetzt genau das, was du zur Erhaltung deiner Spezies tun solltest. Tu das bitte öfter!

Die Droge spielt also mit Hilfe des Dopamins unseren Körper gegen unsere Seele aus, sie bringt den Körper dazu, falsche Signale zu senden. Und deshalb ist es so schwer, von einer Sucht wieder loszukommen. Denn der Süchtige braucht immer mehr Stoff, um die gleiche Wirkung zu erzielen. Wenn er aufhört, ihn zu nehmen, treten Entzugserscheinungen auf. Und diese Gegenreaktion setzt immer an der schwächsten Stelle des Süchtigen an. Der Nervöse zum Beispiel, der geraucht hat, um sich zu beruhigen – sobald er aufhört, wird er nervöser sein denn je.

Auf der ersten Zusammenkunft der Gesellschaft für Nikotin- und Tabakforschung, 1995 in San Diego, Kalifornien, sprachen die meisten Nikotinforscher von den Rauchern als „Patienten" und vom Nikotinismus als Sucht. Die ist nach Kriterien der Weltgesundheitsorganisation definiert, die wichtigsten treffen auf das Rauchen zu: Es gibt Abhängigkeit, Entzugserscheinungen, und die Toleranz wächst mit der Zeit. Viele Raucher möchten aufhören, aber schaffen es nicht.

Andererseits, sagt Neal Benowitz, einer der renommiertesten Nikotinforscher, probieren 70 bis 80 Prozent der Jugendlichen Zigaretten aus, aber nur rund 20 Prozent von ihnen werden wirklich zu Rauchern. Viele Menschen rauchen jahrelang nur drei oder vier Zigaretten am Tag, ohne ihre Dosis zu erhöhen, und können ohne Entzugserscheinungen auf Zigaretten verzichten. Benowitz hält es für möglich, dass Nikotin erst ab einer mittleren Dosis – ab fünf Zigaretten am Tag – süchtig macht.

Auch über die Effekte des Passivrauchens gibt es etliche Studien – mit sehr unterschiedlichen Ergebnissen. Wahrscheinlich aber gibt es ein solches Risiko, wenn es auch sehr klein ist – vor allem, wenn der Nichtraucher nur hin und wieder mit Zigarettenrauch in Kontakt kommt. Das Passivrauchen ist deshalb eher eine Frage der Zumutbarkeit: Habe ich das Recht, andere zu belästigen?

Jeder Süchtige belügt sich gern selbst. Wer es nicht schafft, mit dem Rauchen aufzuhören, steigt oft auf eine „leichtere" Marke um. „Das Wort ‚Light-Zigarette' müsste verboten werden", schimpft Lynn Kozlowski von der Pennsylvania State University. „Damit gaukelt die Industrie den Rauchern nur etwas vor." Die Angaben über den Teer- und den Nikotingehalt einer Marke würden mithilfe von Rauch-Maschinen ermittelt – aber ein Raucher sei nun mal keine Maschine.

„Wie viel Nikotin oder Teer aus einer Zigarette herauskommt, hängt hauptsächlich vom jeweiligen Rauchstil ab, nicht von der Marke", erklärt Neal Benowitz. Raucher, die auf „Light" umsteigen, rauchen zum Ausgleich meist „härter": Sie inhalieren tiefer und länger und kommen so zu ihrer gewohnten Dosis. Ein „harter" Raucher holt aus derselben Zigarette mehr als das Vierfache an Teer und Nikotin heraus als ein Paffer.

Die chemische Bombe Zigarettenrauch killt viele Raucher, gewiss, daran ist nicht zu rütteln. Doch je genauer sich die Forscher die Substanz Nikotin anschauen, desto besser steht sie da. Denn fast jeder Stoff kann Gift sein oder Medikament, je nachdem, wer ihn verwendet, wann und wie.

Der Pharmakologe Paul Sanberg zeigte in San Diego einen Film. Ein Junge war zu sehen, dessen Körper von nervösen Zuckungen geschüttelt wurde. Er litt unter dem Tourette-Syndrom. Und dann derselbe Junge, ein wenig älter: nahezu symptomfrei. Er habe den Patienten nur mit Nikotinpflastern behandelt, berichtete Sanberg.

Auch bei Depressionen und Schizophrenie, bei Autismus und Arthritis und beim Alzheimer-Syndrom sind positive Effekte des Nikotins registriert worden. Hinweise gibt es auf eine günstige Wirkung bei Multipler Sklerose. Nikotin heizt den Stoffwechsel an und wirkt gegen Übergewicht. Das von Millionen als Joystick der Seele genutzte Nikotin ist ein Medikament von beeindruckender Vielseitigkeit. Wenn sich das Rauchen also vom Rauch befreien ließe, wenn es nur noch ums Nikotin in niedrigen Dosen ginge, um den kleinen Kick, um die Arbeitsdroge, das Wundermedikament: Alle Raucher wären glücklich. Und die Leute von der Zigarettenindustrie wären noch glücklicher.

Winston-Salem ist eine Ansammlung von Zigarettenfabriken, um die herum mehrere Parkplätze und eine sterbenslangweilige Kleinstadt gebaut worden sind. Das beherrschende Gebäude der Stadt ist das Empire State Building, eine etwas kleinere Version des bekannten New Yorker Bauwerks, das derselbe Architekt ein paar Jahre vorher gleichsam zur Übung entworfen hat.

In diesem Gebäude sitzt das Management von Reynolds, dem zweitgrößten Tabakkonzern der USA. Aus ihren Fenstern können die Chefs weite Teile des Bundesstaates North Carolina überblicken, eines der größten Tabakanbaugebiete der Welt. Die Sommer sind hier feucht und heiß, der Tabak mag das.

Der Kapitalismus ist flexibel. Deswegen hat er in der Konkurrenz der Systeme gesiegt. Und kaum eine Branche musste in den letzten Jahrzehnten so flexibel sein wie die Tabakindustrie. Wie dem sagenhaften Monstrum Medusa scheint ihr für jeden abgeschlagenen Kopf sofort ein neuer nachzuwachsen. Als immer weniger Männer rauchten, begannen immer mehr Frauen zu rauchen. Als Teer und Nikotin ins Gerede kamen, brachte die Industrie ihre „Light"-Produkte auf den Markt. Auf das Verbot, im Fernsehen zu werben, reagierte sie mit Sponsoring für Kultur- und Sportveranstaltungen. Die Zigarettenfirmen treten als Reiseveranstalter auf und verkaufen Stiefel mit dem Namen ihrer beliebtesten Marke: Das soll ihnen mal einer verbieten.

Und jetzt, da trotz allem in den USA und in Westeuropa der Zigarettenkonsum zurückgeht, erobern die Konzerne mit aggressivem Marketing neue Käuferschichten in Osteuropa und in Asien. In Winston-Salem laufen Päckchen mit kyrillischer Aufschrift vom Band. So hat es die Industrie geschafft, dass heute mehr Menschen rauchen als jemals zuvor in der Geschichte und dass der Zigarettenkonsum weltweit von Jahr zu Jahr wächst, trotz der zahllosen lästigen Gesetze.

Dennoch ist die Lage der Zigarettenindustrie ungemütlich geworden. Das Nikotin vom schädlichen Rauch zu befreien, ist folglich auch in Winston-Salem eine faszinierende Herausforderung. „Alle Zigarettenhersteller arbeiten an neuen Produkten", sagt David Fishel, Vizepräsident bei Reynolds. Während er auf seinem Stuhl schaukelt und sich dabei mit den Füßen am Tisch abstößt, hält er in seiner Hand einen Gegenstand, der an eine Zigarette erinnert und einen durchdringenden Geruch nach Insektenspray verbreitet. Das weiße Ding brennt nicht, es ascht nicht, es riecht nur scheußlich.

„Premier", die erste rauchfreie Zigarettenmarke, kam Ende der achtziger Jahre auf den US-Markt: ein kolossaler Misserfolg. Jetzt kasteien sich Fishel und seine Kollegen, indem sie die „Premier"-Reste wegrauchen, während die 600-köpfige Forschungsabteilung von Reynolds dem Nachfolgeprodukt „Eclipse" den letzten Schliff gibt.

An der Spitze der „Eclipse" sitzt ein fast rauchlos glimmendes Kohlestück. Der Tabak selbst brennt nicht. Er wird mit Glyzerin befeuchtet, das durch die Hitze der Kohle nach und nach verdampft. In den Mund des Rauchers gelangt nur heiße, feuchte Luft, die nach Tabak schmeckt und etwa so viel Nikotin enthält wie eine der heutigen „Ultra Light"-Zigaretten. „Kein Rauch, kein Teer, toller Geschmack", schwärmt Fishel, während er tapfer an seiner „Premier" saugt. „Ich sage Ihnen, das wird der Durchbruch." Erste Testberichte deuten darauf hin, dass die „Eclipse"-Prototypen nach überhitzten Metalldosen riechen.

Florida und einige andere US-Bundesstaaten verlangen inzwischen, dass die Konzerne für die sozialen Kosten des Rauchens haftbar gemacht werden, also für die Behandlung der Krebskranken. „Wenn wir schon zu rechnen anfangen, sollten wir aber richtig rechnen", sagt Fishel lächelnd und kramt den Artikel einer Lokalzeitung hervor, der ihm sehr gut gefallen hat.

In dem Beitrag wird erwähnt, dass früh verstorbene Raucher eine Menge Rentenzahlungen ersparen, ganz abgesehen von kostspieligen Altersleiden, die bei ihnen nicht anfallen. Und wie sind die Kosten der kranken Raucher gegen die Ersparnisse durch diejenigen abzugleichen, die wegen ihres Nikotinkonsums womöglich nicht an Alzheimer erkranken?

Draußen, gleich hinter der Stadtgrenze von Winston-Salem, beginnt das letzte amerikanische Raucherparadies, ein weites Land, wo du auf deinem Pferd oder in deinem Mietwagen noch tagelang unterwegs sein kannst, ohne ein einziges „No smoking"-Schild zu sehen.

Hier haben die „Smoker's Rights"-Gruppen ihre Basis – konservative Bürgerrechtler, die jedem Geschäftsmann, der sie krumm anschaut, weil sie in seinem Laden rauchen, eine Visitenkarte auf die Theke knallen mit dem Text: „*I'm so sorry.* Sie haben es versäumt, mich als Raucher mit Respekt zu behandeln. Ich werde nicht wiederkommen."

Health Nazis, Davis, San Diego – all das ist hier so fern wie ein böser Traum. Der Tabak hat in North Carolina eine kleinbäuerliche Gesellschaft entstehen lassen, weil seine Hektarerträge hoch sind und die Farmer auch mit vergleichsweise wenig Land über die Runden kommen. Hier hat jedes Haus eine Terrasse, und auf jeder steht ein Schaukelstuhl. Wenn du zu viel Wasser trinkst, sagen die Leute, dann ist selbst Wasser schädlich. Sie sind stolz auf die berühmteste Tochter des Tabaklands, den Filmstar Ava Gardner, eine wunderschöne Kettenraucherin aus Smithfield, die leider viel zu früh verstarb, an einer Lungenkrankheit, wie man hört.

Rauchen ist Tod – und zugleich Kulturgeschichte. Vermutlich wird es nicht auszurotten sein, und so ist schon jede weniger schädliche Zigarette ein Fortschritt der Zivilisation. In diesem Punkt könnten die feindlichen Parteien einander treffen, wenn die Fronten nicht so verhärtet wären. Als Courtney Love, amerikanische Punkrock-Gitarristin, auf Deutschland-Tournee war, rauchte sie auf der Bühne – Gipfel der Provokation und des antiautoritären Kitzels. „Rauchen ist gut für euch!", brüllte sie in die Konzertsäle jenes Landes, in dem die Kreuzzügler gegen das Rauchen gerade erst starten.

„Dieselben Leute, die unsere Zigaretten verbieten wollen, möchten Marihuana legalisieren. Haben Sie darüber schon mal nachgedacht?" Carl Lamm gehört zu den Managern des Tabakmarktes von Smithfield, North Carolina. In zwei Punkten sind sich die Stadtverwaltung von Davis und die Tabakfarmer von Smithfield einig. Erstens: Der Kampf um die Zigaretten ist eine politische Schlacht, in der es um die geistige Ausrichtung eines ganzes Landes geht. Zweitens: Toleranz bedeutet Schwäche, folglich ist Toleranz in dieser Schlacht nicht angebracht. „Butter und Schweinefleisch haben uns diese Bastarde schon mies gemacht, die Eier von den Hühnerfarmen, die Zigaretten", zählt Lamm auf. „Als nächstes kommt Parfüm an die Reihe, und dann Eiskrem."

Vielleicht hat Charlie Barefoot eine Lösung gefunden, der Vizepräsident des größten Tabakhandelshauses von Smithfield, zumindest die Lösung für Amerika. „Wir werden erst wieder Ruhe haben, wenn Kalifornien endlich ein selbstständiger Staat wird. Amerika braucht Kalifornien nicht."

Frank, einer von Charlies Freunden, fährt mit seinem Lieferwagen hinaus aufs Land, wo in Gewächshäusern aus winzigen Samen Tabakpflanzen wachsen, bis sie groß genug sind, um auf die Felder umgepflanzt zu werden. Überall an den Türen der Gewächshäuser hängen Verbotsschilder. Auf ihnen steht: „No smoking".

„Tut mir wirklich leid", sagt Frank, „aber die Pflanzen sind sehr empfindlich. Eine Zigarette, und schon sind sie hin."

UTA HENSCHEL

Man lebt nur zweimal

*Wären Sie eine Taufliege in den Käfigen von
Michael Rose oder ein Wurm in Cynthia Kenyons Labor,
hätten Sie bereits heute erreicht, wofür die Experten wohl noch eine
Weile forschen müssen: die Verdopplung Ihrer Lebenszeit bei bester
Gesundheit. Aber schon jetzt ermuntern uns Gerontologen, das
Alter nicht als Last hinzunehmen. Und 100-jährige Pioniere
beweisen, dass es möglich ist.*

Herr Tischer steht in der geöffneten Haustür und knöpft seine graue Wollweste zu. Neben der Knopfleiste hat sich, von ihm unbemerkt, ein Schwarm von Kleckerflecken eingenistet. Herr Tischer sieht schlecht. Mit dem Lesen ist es vorbei. Auch die Ohren taugen nicht mehr viel. Nur links hört er wie von weit her, was seine Gesprächspartner ihm zurufen. Meist rät er mehr, um was es geht, und sagt dann gern etwas Passendes. „Willkommen im Altersheim für eine Person", zum Beispiel. Gemeint ist die rund 150 Quadratmeter große Vier-Zimmer-Wohnung, in der er seit fast fünf Jahrzehnten lebt. Allein, denn seine Frau und seine Kinder sind lange tot, Enkel und Urenkel wohnen weit weg.

Herr Tischer kann sich nicht erinnern, jemals krank gewesen zu sein. Dabei galt er in jungen Jahren, seiner schmächtigen Gestalt wegen, als „Todeskandidat", den die Tuberkulose gewiss hinwegraffen würde. Aber ihn hat nicht nur die Volksseuche verschont, auch aus den Schützengräben des Ersten Weltkriegs ist er unversehrt heimgekehrt. Er studierte Volkswirtschaft, wurde zunächst Direktor verschiedener Arbeitsämter, dann, nach der Pensionierung, 15 Jahre lang Richter am Sozialgericht in Stuttgart.

Für abermals 15 Jahre übernahm er den Vorsitz eines regionalen Heimatvereins, ließ einen der reizvollsten Aussichtspfade Heidelbergs, den Philosophenweg, hoch überm Neckar ausbauen, begründete den volkstümlichen „Martinszug" der Stadt, leitete Exkursionen und hielt, bis vor zwei Jahren, heimatkundliche Vorträge. Heute plant er nur noch seinen Alltag, putzt, kauft ein, kocht, ohne fremde Hilfe.

Dr. Arthur Tischer, der sich mit 104 „eigentlich nicht alt fühlt", ist ein Trendsetter.

Noch gehört er zu einer Minderheit, zu den rund 7000 Hundertjährigen Deutschlands. Aber deren Zahl wächst Jahr für Jahr um sensationelle acht Prozent, stärker als jede andere Altersgruppe. Nicht nur bei uns: In sämtlichen Industrienationen der Welt bilden sie die Front einer Bewegung von Frauen und Männern jenseits der Ruhestandsmarke. Mittlerweile gehört jeder Fünfte in diesen Ländern zu den so genannten Jungalten zwischen 60 und 80, den Alten zwischen 80 und 90 oder zu den Hochaltrigen, die sich anschicken, locker die dreistellige Hürde zu nehmen. 2025 wird ein Drittel der Bevölkerung über 60 sein, rechnen Demographen vor. Sogar für China, Indien, Brasilien, Ägypten sehen sie vergleichbare Kurven aufsteigen. Die Lebenserwartung der Weltpopulation hat sich im Lauf eines Jahrhunderts beinahe verdoppelt, die Menschheit ergraut.

Die besten Aussichten, das derzeit höchste Durchschnittsalter von 83 zu erreichen, hat, wer erstens in Japan, zweitens als Frau, drittens im 20. statt im Jahrhundert zuvor und viertens als Kind genetisch langlebig ausgestatteter Eltern zur Welt gekommen ist, sagt der gebürtige Amerikaner James Vaupel, Leiter des Max-Planck-Instituts für demographische Forschung in Rostock.

Was die Japanerinnen indessen den anderen voraushaben, verraten solche statistischen Angaben nicht. Sie fassen für einzelne Bevölkerungsgruppen, Staaten, Jahre das wenige zusammen, was als wissenschaftlich gesichert gilt, stoßen wie ein schmaler Steg ins Nebulöse vor, in den unbekannten Kontinent des Alterns, zu einem der großen Rätsel der Forschung.

Dennoch erschüttert, was die Statistiken melden, unser bisheriges Bild von der Abendphase des Lebens und konfrontiert uns mit Eigenschaften, Fähigkeiten, Möglichkeiten, von denen wir nichts ahnten.

Als Vaupels neue Demographie des Alterns 1984 wie ein Weckruf in der ersten Welt ertönte, galten die Geburtenüberschüsse noch als Hauptproblem, und Experten mutmaßten überwiegend, dass die menschliche Lebenserwartung bald an eine unüberwindliche biologische Obergrenze stoßen würde. Bei 73,8 Jahren für Männer und 80,3 für Frauen sollte die Decke erreicht sein. Vaupels Schätzungen zielten weit darüber hinaus: 50 Prozent der Mädchen, die wie seine Tochter 1984 zur Welt kamen, und ein Drittel aller Jungen, so prophezeite er, würden ihren hundertsten Geburtstag feiern. Ein Ende des Alten-Wachstums ist vorläufig nicht abzusehen, lautet heute die klare Botschaft der Tabellen und Grafiken aus Vaupels Rostocker Institut:

weder bei der Zahl der Jahre, die Menschen leben, noch bei der Zahl der Menschen, die immer älter werden.

Selten ist eine gute Nachricht auf so finstere Mienen gestoßen. Die Vorhersagen der Bevölkerungsforschung haben die Wohlstandsgesellschaften der Erde an ihrem empfindlichsten Punkt getroffen. Wie ein Tsunami rollt die Welle der Alten auf sie zu und verdunkelt ihre Zukunft. Ausgerechnet im internationalen Jahr der Senioren 1999 steht den Generationenverträgen die fristlose Kündigung ins Haus. Weil die Rücklagen der Renten-, Kranken- und Pflegeversicherungen niemals ausreichen, die auflaufenden Ansprüche der Ruheständler abzudecken, sollen künftig womöglich darwinistische Fitness-Kriterien zugrunde gelegt werden, wenn Entscheidungen über die Zuteilung von Arbeitsplätzen, teuren Medikamenten und aufwendigen medizinischen Behandlungsmethoden anstehen.

Unter der Bürde, dem Zusammenleben von Alt und Jung quasi über Nacht ein neues Fundament zu zimmern, ächzen die Sozialgemeinschaften. Aber auch manche Alternsforscher müssen sich von überholten, allzu simplen Theorien trennen. Über Bord geht etwa die Gompertzsche Regel, benannt nach dem Engländer Benjamin Gompertz, der die Unkalkulierbarkeit des Todes rechnerisch in den Griff bekommen wollte. Nach seinen Erkenntnissen verdoppelt sich für den Menschen alle acht Jahre die Wahrscheinlichkeit zu sterben. Egal, wie alt ein Mensch jenseits der Pubertät gerade sei, in 16 Jahren sei er dem Tod viermal, 24 Jahre später achtmal näher als heute. Und so weiter.

Bei Alternsforschern stand die elegante Formel für das Finale lange im Rang eines Gesetzes der Biologie, dem offenbar auch Tiere gehorchen: Die Sterbe-Wahrscheinlichkeit von Mäusen verdoppelt sich nach Gompertz alle vier Monate, die von Hunden etwa alle drei Jahre, die von Pferden alle vier. Doch seit immer mehr Alte weiterleben, geht diese Rechnung nicht mehr auf. Und aus der Asche überholter, weil auf falschen Parametern beruhender Schätzungen steigt plötzlich die Langlebigkeit wie ein Phoenix.

Bei grünem Tee im Rostocker Institut breitet James Vaupel die Charts mit den Beweisen aus: Etwa ab 110 Lebensjahren steigt die Kurve der menschlichen Sterbe-Rate nicht mehr an, sie erreicht ein Plateau. „Für viele Biologen und Gerontologen war das mehr als überraschend, es traf sie wie ein Schock", berichtet der Professor. Ehe die Kollegen sich davon erholen konnten, legte er Mortalitäts-Linien von Nematoden, parasitären Wespen und Hefezellen nach, die fast genauso verlaufen. „Auch wir sind Tiere", betont der Bio-Demograph. „Der Vergleich macht Gemeinsamkeiten sichtbar und verweist vielleicht sogar auf Tendenzen des Lebens schlechthin, die uns bisher entgangen sind." Zum Beispiel hat die Sterblichkeits-Kurve dreier, mit 100 Tagen hochaltriger Taufliegen-Spezies einen Knick nach unten, der auf der Menschen-Grafik nicht ganz so eindeutig ausfällt: Demnach könnte die Mortalität im hohen Alter sogar sinken.

Vor 1900 gehörte allerhand dazu, überhaupt 50 oder 60 Jahre alt zu werden; die 100 zu erreichen war so gut wie ausgeschlossen. Noch härter seien die Bedingungen in den Jahrhunderten und erst recht in den Jahrtausenden davor gewesen. Wie hart, soll die Paläo-Demographie klären, ein Feld, das den Institutschef besonders fasziniert – seine Computer-Homepage zeigt ihn im härenen Gewand eines Eisenzeitlers, wie er ein frisch gebackenes Brot aus dem Ofen holt. Seit die Gießener Anthropologin Ursula Wittwer-Backofen die Lebensjahre eines Menschen aus den Wachstumsringen seiner Zähne bestimmen kann, hofft Vaupel, das bisher oft nur geschätzte Alter von Grabresten und Fossilien endlich durch solide Zahlen ersetzen zu können.

Was immer die Vergangenheit über unsere früheren Lebensspannen preisgeben mag, in der Gegenwart und erst recht für die Zukunft gilt, dass es für die Spezies Mensch bis auf weiteres keine fixierte Altersgrenze gibt. Wir können immer noch älter werden, lautet die Prognose. Wie viel älter, kann die Wissenschaft zur Zeit nicht erkennen.

Die menschliche Mortalität ist seit den fünfziger Jahren „plastisch", wie es im Fachjargon heißt: Einige von uns überleben nicht einmal die Kindheit, andere kaum den Eintritt in den Ruhestand, manche sterben aber erst mit 90, 100, und, wie die französische Rekordhalterin Jeanne Calment, sogar mit 122. Die 30 Jahre Zugabe an durchschnittlicher Lebenszeit, den Sprung von etwa 45 auf 75 Jahre seit 1900, verdanken wir vor allem der Hygiene, der medizinischen Grundversorgung, der gesunden Ernährung und, nicht zu vergessen, der gestiegenen Allgemeinbildung, die Menschen befähigt hat, die verbesserten Chancen zu erkennen und davon Gebrauch zu machen. Kurz: Den goldenen Oktober, November, Dezember verdanken wir der Kultur – wir haben sie der Evolution abgerungen.

Davon ist auch der Gerontologe Tom Kirkwood von der Universität Manchester überzeugt. Anders als die große Menge rivalisierender Erklärungen ist seine Theorie geräumig genug, um viele Einzelbeobachtungen aufzunehmen, und zugleich ausreichend zugespitzt, um Debatten und weitere Studien zu provozieren.

„Sie und ich altern und werden eines Tages sterben", sagt er, „weil wir, so leid es mir tut, Wegwerfprodukte sind, ‚disposable soma'. Und das Bedauerliche daran ist, dass es unsere eigenen Gene sind, die entscheiden, wann wir reif sind für den Müll." Unsere Gene hätten einfach ein anderes „Interesse" daran, uns in Schuss zu halten, als wir. „Das ist die schlechte Nachricht. Die gute lautet: Sobald wir unseren Genen auf die Schliche kommen, sobald wir verstehen, was uns alt macht, können wir dieses Wissen zu unserem Vorteil nutzen." Altern, behauptet Kirkwood kühn, sei weder nötig noch unvermeidlich.

Darauf kam Englands erster Professor für Bio-Gerontologie, als er sich, wie gewohnt, ein abendliches Bad gönnte, um über sein Lieblingsthema zu grübeln. Wieso, fragte er sich im Badeschaum, lässt eine Körperzelle eigentlich Irrtümer bei der Teilung durchgehen, die dann immer wieder vervielfältigt werden, wenn sie die Fehler doch beseitigen könnte? Wieso kommt es überhaupt vor, dass Aminosäuren bei der Protein-Synthese an die falsche Stelle platziert werden und so bei vier von zehn Proteinen mindestens einen Schnitzer verursachen? Warum setzen unsere Zellen nicht um den Aufpreis zusätzlicher chemischer Energie ihre „Korrekturleser" ein, wenn sich dadurch der vom Fehlerstau heraufbeschworene Zusammenbruch vermeiden lässt? Warum also knausern sie bei der Brennstoff-Zuteilung und nehmen dafür Alter, Verfall und Tod in Kauf?

Weil sie, so die These des Forschers aus Manchester, für die Unsterblichkeit sparen. Unsere Keimzellen mit ihrem individuellen Mix an Erbsubstanz haben ewiges Leben – potenziell jedenfalls. Denn aus ihnen kann ein Körper hervorgehen, in dem wiederum Keimzellen heranwachsen, ad infinitum. Wichtige Voraussetzung der Unsterblichkeit: Die Gene werden, akkurat kopiert und qualitätskontrolliert, an die nächste Generation weitergegeben. „Ein vielzelliger Organismus", so Kirkwoods Einsicht im Bad, „braucht hohe Präzision für seine Keimbahn, für den Körper dagegen nicht. Der wird ohnehin früher oder später umkommen, ist nur Verpackung, nur Ex-und-hopp-Material." Was liegt näher, als dessen Zellen wirtschaftlicher herzustellen. Überlegungen, wie sie jeder Fabrikant anstellt, der Profite maximieren und Kosten drücken will.

Doch es geht nicht nur um die Produktion von Zellen. Auch für deren Wartung, etwa das regelmäßige Entsorgen von Stoffwechselabfällen, wird ein erheblicher Teil der Energie aus unserer Nahrung verbraucht. Und erst recht für ungezählte Reparaturen: Sauerstoffmoleküle zum Beispiel, die der Verbrennung entschlüpfen, fallen als freie Radikale alles an, was ihnen in den Weg kommt. Die DNS-Erbmoleküle erleiden von diesen interzellulären Vandalen schätzungsweise 10 000 Treffer pro Tag und würden ohne laufende Ausbesserung noch früher alt aussehen. Obendrein steht uns ein beachtliches Arsenal von

Radikalen-Fängern und Anti-Oxidantien zu Gebote, denen Vitamine wie C und E dabei helfen, die Aggressoren zu neutralisieren.

Die altersentscheidende Frage, ob die zur Reproduktion unentbehrlichen Keimzellen oder die entbehrlichen Körperzellen beim Flicken der mehr oder minder zufällig auftretenden Schäden bevorzugt bedient werden, hängt letztlich davon ab, wie lange der betreffende Organismus halten soll. „Ein bioökonomisches Dilemma", sagt Kirkwood. „Jeder kennt es. Zum Beispiel, wenn Sie abwägen, was Sie am besten mit Ihrem Geld anfangen. Geben Sie es für einen Florida-Urlaub aus, fehlt es bei der Ausbesserung des Dachs. Energie, die für die Erzeugung von Nachwuchs eingesetzt wird, steht bei der Schadensbegrenzung in den Haut-, Gefäß-, Organ- und Muskelzellen nicht mehr zur Verfügung."

Unser leiblicher Wartungsservice entwickelte sich zu einer Zeit, als die Lebensbedingungen eher ungünstig waren. In einer Umwelt mit jeder Menge Raubtieren, gegnerischen Clans, Witterungsextremen, Nahrungsengpässen, Krankheiten, Unfällen erreichte kaum jemand ein hohes Alter. Daher wurde der Reparaturbetrieb so „eingestellt", dass er nur kurze Zeit auf Hochtouren lief, auf jeden Fall bis zur Pubertät und ein wenig darüber hinaus, damit unsere Vorfahren viel Nachwuchs zeugen und aufziehen konnten. Damals kam der „Deal" zustande, bei dem Langlebigkeit, von der kein Vorzeit-Mensch etwas hatte, eingetauscht wurde gegen erfolgreiche Reproduktion, gegen Multiplikation der eigenen Gene.

Heute, ein paar Jahrzehntausende später, droht uns aus der Wildnis kaum noch Gefahr, wir haben sie gezähmt. Unsere kulturelle und soziale Evolution hat die biologische abgehängt, und wir erleben zum ersten Mal in unserer Geschichte, was Altern heißt. Denn unser Körper ist nach wie vor nur mit einem steinzeitlichen Erste-Hilfe-Kasten ausgerüstet, wie Kirkwood es ausdrückt.

Seine Theorie macht nun auch klar, weshalb verschiedene Spezies unterschiedlich alt werden. Tiere ohne Schale, Stachel, Gift, Krallen, Reißzähne, wie Mäuse zum Beispiel, die einem Heer von Beutegreifern wehrlos ausgeliefert sind, bringen so früh wie möglich so viel Nachwuchs wie möglich zur Welt, gewöhnlich als Wurf. Hohe Reparaturkosten wären verschwendet, denn spätestens nach zwei Jahren sind alle Mäuse tot.

Fledermäuse dagegen leben weniger riskant und daher bis zu 15-mal länger als die Kleinsäuger am Boden. Die Geflügelten brauchen beim Nachwuchs nichts zu überstürzen. Sie bekommen ihre Jungen später und meist nur eines zur Zeit. Auch flugfähige Vögel erreichen ein höheres Alter als gleich große Säuger, und die Lebensdauer von Riesenschildkröten in ihren sicheren Panzern übertrifft sogar die des Menschen.

Wie Untersuchungen belegen und wie nach der „Soma-Theorie" nicht anders zu erwarten, arbeiten die Reparatursysteme langlebiger Tiere zuverlässiger als die kurzlebiger, auch das menschliche ist um ein Vielfaches präziser und aufwendiger als das der Maus. Alle, die von der Evolution damit ausgestattet worden sind, altern entsprechend langsamer. Dieses Erklärungsmodell von Tom Kirkwood wird in letzter Zeit immer häufiger bestätigt.

Kein Experiment aber dürfte die Alternsforscher mehr beeindruckt haben als das des damaligen Doktoranden Michael Rose an der Universität Sussex. Es begann Ende der siebziger Jahre mit 200 befruchteten Taufliegenweibchen in ein paar leeren Milchflaschen als provisorischer Unterkunft. Der junge Wissenschaftler wollte die Insekten im Labor züchten. Außer Nährlösung gehört dazu im Grunde nicht viel. Denn in der riskanten Welt von *Drosophila* heißt das Überlebensrezept hohe Reproduktion. Während fünf fruchtbarer Wochen legen die zarten Insekten etwa 1000 Eier. Das haben sie auch für Rose getan. Aber anders als die natürliche Selektion, die schnellste Brüter bevorzugt, war der Forscher auf langlebige Fliegen versessen. Kaum hatten seine Weibchen mit dem Eierlegen begonnen, spülte er die Brut fort. Alle zwei Tage verschwanden Eier im Abfluss. Schließlich blieben nur die Gelege der letzten Tage übrig – die Fliegenkinder jener Eltern, die in hohem Alter noch gesund und sexuell aktiv gewesen waren. Mit ihnen begründete Rose die nächste Zucht und mit deren Spätestgeschlüpften wieder die nächste und so weiter.

Der junge Forscher betrieb Labor-Evolution in einem Maßstab wie kein Kollege zuvor. Manchmal blieb er 21 Stunden im Institut, und wenn er zu Hause ins Bett fiel, sah er noch im Traum Taufliegen. Aber jedes Mal wenn er nachrechnete, hatte die jüngste Brut wieder ein wenig länger gelebt als ihre Erzeuger.

Heute beansprucht das Zucht-Imperium des 44-jährigen Professors für seine rund 200 Drosophila-Populationen mit 500 000 bis einer Million Fliegen etwa 400 Quadratmeter auf dem Campus der University of California in Irvine. 50 Leute arbeiten für ihn. Während er selber 23 Jahre älter geworden ist, hat Rose über 500 Taufliegen-Generationen in ungebrochener Linie produziert und ihre Lebensspanne dabei verdoppelt. „Das entspricht einem Menschenalter von 200 Jahren", sagt er.

Beinahe im Alleingang ist es Rose gelungen, die Evolutionstheorie des Alterns aus der Abstraktion ins Leben zu holen. Und das Beste:

Seine Methusalem-Fliegen kriechen keineswegs hinfällig in ihren übereinander gestapelten Plastik-Käfigen umher. Ihre Flug-Zeit ist fünfmal länger als die normaler Artgenossen, sie sind laut Rose „athletisch, leisten mehr, halten Stress besser aus".

Unter den Alternsforschern überspringt der Herr der Fliegen mit seinen Argumenten am häufigsten den Graben zwischen Tierversuchen und Perspektiven für den Menschen und bekennt unverblümt, dass er nicht bereit ist, sich mit den allgemein akzeptierten biologischen Grenzen des Alters abzufinden: „Was könnte schmerzlicher sein, als ein ganzes Leben zu lernen, wie man es richtig macht und was Leben bedeutet – nur um dann zu sterben?"

Zur Zeit sucht Rose nach den Genen, die seine Fliegen so lange durchhalten lassen. Nur 100 von 14 000 sind an der Lebensverlängerung beteiligt, weiß er. Drei bis acht der 100 zählt er zu den wichtigsten, und zwei davon, die auch beim Menschen vorkommen, hat er inzwischen identifiziert. Eines gibt unseren Zellen den Befehl, Superoxid-Dismutase herzustellen, ein Enzym, das den zerstörerischen freien Radikalen die Zähne zieht. Die Identität des zweiten Gens verrät Rose nicht, weil er es zum Patent angemeldet hat.

Drei bis acht Gene, die das Tempo unseres Alterns bestimmen – mit einer dermaßen niedrigen Zahl hätten sich seriöse Wissenschaftler bis vor kurzem nicht hervorgewagt. 1000 oder mehr, hat es stets geheißen, verursachen den körperlichen Abbau. Jüngste Forschungs-Durchbrüche aber widersprechen diesen Thesen und stützen eher die Annahme, dass nur wenige Regler- oder Schlüssel-Gene das Zusammenspiel der vielen aufeinander abstimmen. Es muss einen Regler geben, eine eher kleine Gruppe von Genen, die Lang- oder Kurzlebigkeit, rasches oder langsames Altern „steuern" und die verschiedenen Systeme des Organismus miteinander koordinieren.

Dafür spricht zum Beispiel auch Tom Kirkwoods jüngste Auswertung genealogischer Aufzeichnungen in britischen Adelsregistern, wonach Frauen jung starben, wenn sie früh viel Nachwuchs bekamen, aber länger lebten, wenn sie nur wenige Kinder in späteren Jahren gebaren. An den von 1875 bis 740 zurückreichenden Daten lässt sich etwa ab 1500 ein Trend zu schwindender Fruchtbarkeit und zunehmender Langlebigkeit verfolgen – aus evolutionärer Perspektive eine rasante Entwicklung.

Dafür sprechen Untersuchungsergebnisse der „New England Centenarian Study" in Boston, wonach viermal mehr 100-jährige Frauen noch ab 40 Mutter geworden waren – also offenbar ein langsamer alterndes Reproduktionssystem hatten als ihre früh gebärenden

Geschlechtsgenossinnen, die schon mit 73 gestorben waren. Dafür spricht die „Ballung" von 100-Jährigen in manchen Familien derselben US-Langzeitstudie: Fünf Geschwister und sieben Vettern und Cousinen, die sämtlich um die 100 sind, hat der Leiter der Studie, der Gerontologe Thomas Perls, in Massachusetts aufgespürt. „Nicht mehr als zehn Gene", vermutet er, würden die extreme Langlebigkeit verursachen.

Dafür spricht, dass eine winzige genetische Veränderung die Ausschüttung des Wachstumshormons von Mäusen drosselt und dadurch die Lebensspanne der klein bleibenden Nager um 50 bis 75 Prozent verlängert. Ein Nebeneffekt: Sie sind unfruchtbar.

Dafür spricht die Entdeckung eines einzigen Gens als Ursache für das so genannte Werner-Syndrom, das Menschen ab dem dritten Lebensjahrzehnt rapide altern lässt.

Und schließlich spricht dafür, dass unser Stellvertreter im Labor, der schlichte Rundwurm *Caenorhabditis elegans*, durch gezielte Mutation eines einzigen Gens nicht nur doppelt so alt wird, sondern auch noch gesund und fit aussieht – „als würde er ewig jung bleiben", so Cynthia Kenyon von der University of California in San Francisco.

Vor wenigen Monaten hat die 45-jährige Professorin für Biochemie und Biophysik nun tatsächlich einen Mechanismus gefunden, der über das Kurz oder Lang im Leben eines Wurms entscheidet. Zwei gegenläufige Signalketten, daf-16 und daf-2, die insulinartige Botenstoffe entweder weiterleiten oder unterdrücken, steuern und koordinieren die Alterserscheinungen im Körper des Tiers.

Damit soll, nachdem die Warum-Frage mit Kirkwoods Theorie endlich vom Tisch ist, nun auch die Wie-Frage des Alterns im Prinzip beantwortet sein. Das jedenfalls haben zehn der führenden Experten der USA behauptet, darunter auch Rose und Kenyon, als sie im Frühjahr 1999, auch auf die Gefahr hin, als unseriös zu gelten, mit revolutionären Visionen an die Öffentlichkeit traten: Durch dieses Wissen werde sich wahrscheinlich die Lebenserwartung künftiger Generationen wie Gummi auf 150 bis 200 Jahre dehnen lassen. Und nicht nur das: Auf die künftigen Methusalems würde kein jahrzehntelanges Siechtum warten, sondern eine Verlängerung ihrer besten Jahre.

„Es wird so sein", sagt Cynthia Kenyon, 45, „als ob jemand, der aussieht wie ich, in Wirklichkeit 90 ist. Stellen Sie sich vor: Ich bin 90", sagt sie mit einem Blick in die Runde der Kollegen, die sie ansehen, eine große, schlanke, honigblonde Professorin.

So weit die Vision. Aber was erwartet die Alten, bis sie Realität ist? Statt eines langen, rüstigen Lebens eher ein langes Sterben?

Krankheiten nehmen mit den Jahren unerbittlich zu, lernte Thomas Perls während seines Medizinstudiums. Als er zu praktizieren begann, stand für ihn fest, dass seine ältesten Patienten besonders gebrechlich sein würden. Aber auf den jungen Geriater wartete eine Überraschung: Ausgerechnet die Ältesten gehörten oft zu den agilsten und gesündesten. In einem von ihm medizinisch betreuten Heim machte er seine erste, aufschlussreiche Erfahrung mit zwei 100-Jährigen: Die beiden waren nie in ihren Zimmern. Er musste sich von ihnen einen Termin geben lassen, weil sie ständig etwas vorhatten.

Von den 100-Jährigen, deren Wohlergehen er heute im Rahmen der „New England Centenarian Study" in Boston verfolgt, erfährt er immer wieder, dass sie in der Regel jenseits der 90 kaum noch Beschwerden haben. Obwohl also die Rekordhalter im Altern als Exempel für das „survival of the fittest" durchgehen können und offenbar Geschick darin beweisen, Krankheiten überhaupt zu meiden, hat ihnen, wie Perls weiß, das Leben nichts geschenkt. Wie sie mit Schicksalsschlägen, Verlusten, gelegentlich sogar mit schweren Operationen fertig geworden sind, wie sie ihre Kräfte stets eingeteilt und sorgsam auf ihre Gesundheit geachtet, ihre geistige und körperliche Beweglichkeit trainiert, Risiken vermieden, Stress abgeschüttelt und neue Aufgaben gesucht haben – das empfiehlt der Forscher all jenen zur Nachahmung, die ebenfalls „erfolgreich" alt werden wollen.

Wenn das Ende kommt, rafft oftmals eine Erkältung die Ältesten in kürzester Frist dahin. Behandlungs- und Pflegekosten fallen kaum an. Entgegen der allgemeinen Überzeugung sind die Gesundheitsaufwendungen für ihre beiden letzten Jahre – die teuersten im Leben jedes Menschen – fast um zwei Drittel niedriger als die für 60- bis 69-Jährige.

Eine ganze Gesellschaft könnte nach einem solchen Muster leben und sterben, behauptete vor bald 20 Jahren James Fries von der Stanford University. Den alarmierenden Pflegekosten-Szenarien in den USA für geschätzte vier Millionen Bürger im Alter von 85 und darüber bis zum Jahr 2000 und 18 Millionen solcher Bürger bis 2050 stellte der Forscher seine radikal andere Hypothese entgegen: Wenn jeder Einzelne seine Risiken kenne und entweder abstelle, soweit es sich um schlechte Angewohnheiten wie Rauchen, falsche Ernährung, zu wenig Bewegung handle, oder einer Verschlimmerung durch regelmäßige Untersuchungen, frühzeitige Behandlungen und Medikamente vorbeuge, würden sich die vielen typischen Leiden des Alters aufschieben, die „expandierende Morbidität" sich „komprimieren" lassen – auf einen Zeitpunkt kurz vor dem Tod.

Als Fries seine Ankündigung machte, war die dazugehörige Studie bereits angelaufen: Seit 1962 hatten Forscher den Lebensstil von 1741 ehemaligen Studenten beobachtet und bestimmten Risikogruppen zugeordnet. Seit 1998 liegen die Ergebnisse der 32 Jahre dauernden Untersuchung vor. Die Teilnehmer haben die 75 überschritten: Denen, die ihren riskanten Lebensstil aufgegeben haben, ist die „Kompression der Morbidität" tatsächlich gelungen, sie haben einen Vorsprung von durchschnittlich fünf beschwerdefreien Jahren gegenüber denen, die im alten Trott weitergemacht haben.

Zusammengefasste Lehren aus dem Leben 100-Jähriger wie die von Fries und Thomas Perls sind Sturmangriffe auf die Bastion der Vorurteile: alt gleich krank, alt gleich hilflos, alt gleich aussichtslos.

Dagegen halten die Wissenschaftler: Altern ist eine Leistung. Diejenigen, die in die Jahre kommen, müssen wissen, dass Hinfälligkeit kein unabänderliches Naturgesetz ist, sondern dass sie eine Menge Spielraum haben, um sich fit zu halten, um Schäden zu vermeiden. Es kommt darauf an, so die aufmunternde Botschaft, die antiquierten Wartungssysteme, mit denen die Evolution uns ausgestattet hat, nicht zu strapazieren, sondern zu entlasten. Und wenn die Gebrechen dann – viel später – einsetzen, geht es noch immer darum, möglichst lange unabhängig im vertrauten Umfeld zu leben.

Solche Aufrufe zur Selbstbestimmung setzen freilich voraus, dass diejenigen, die sie befolgen sollen, gut beraten und in ihrem Durchhalte-Ethos unterstützt werden, und zwar nach dem jüngsten Stand der Wissenschaft. Daran aber hapert es in Deutschland noch, wo das Defizit-Modell des Alterns bisher Langzeitstudien im US-Maßstab weitgehend verhindert hat und wo die 70-plus-Generation kaum je erfährt, welche Alternativen sie außer der verwalteten Endzeit erwarten, ja sogar fordern könnte. Woher auch? Bis heute existieren in der Bundesrepublik nur fünf Lehrstühle für Geriatrie und Gerontologie. „In den meisten Fällen ist der Professor zugleich Leiter einer Klinik und hat so gut wie keine Zeit zum Forschen", sagt Hans Peter Meier-Baumgartner, der ärztliche Direktor des Zentrums für Geriatrie in Hamburg.

Aber auch die Praxis, die Umsetzung dessen, was bereits erforscht ist, leidet darunter, dass Altenheilkunde, trotz des wachsenden Anteils betagter Patienten in Praxen und Klinikabteilungen, hierzulande nicht zu den Pflichtfächern bei der medizinischen Prüfung gehört. Niedergelassene Ärzte, die sich dennoch auf Geriatrie spezialisiert haben, müssen ihre Expertise auf dem Approbations-Schild verschweigen. Andererseits brauchen Ärzte, die Bewohner von Alten- und Pflegeheimen medizinisch betreuen, keinen zusätzlichen Qualifikationsnachweis.

Die pharmakologischen Folgen solcher Wissenslücken sind im Rahmen der Berliner Altersstudie an 70- bis 100-Jährigen zusammengetragen worden: 24 Prozent aller Erkrankungen blieben un- oder unterbehandelt, 28 Prozent der Studienteilnehmer erhielten Medikamente, die für alte Menschen grundsätzlich oder für deren Symptome ungeeignet waren. Weitere 26 Prozent wurden mit Mitteln behandelt, die unerwünschte Nebenwirkungen haben und zum Beispiel zu Verwirrtheit und Sehstörungen führen.

Die Untersuchung kommt zu dem niederschmetternden Ergebnis, dass „ein signifikanter Zusammenhang besteht zwischen der Medikationsqualität und Funktionseinbußen im Alter".

„In Deutschland fehlt eine ‚Pressure-Group' organisierter Senioren", skizziert Peter Martin den gesellschaftlichen Klima-Unterschied zwischen den Vereinigten Staaten, wo er Jahre an der Georgia Centenarian Study mitgearbeitet hat, und seiner Heimat, in der er nun das Deutsche Zentrum für Alternsforschung aufbaut. Die AARP, American Association of Retired Persons, mit ihren heute 30 Millionen Mitgliedern habe Mitte der siebziger Jahre die Gründung des National Institute on Aging (NIA) durchgesetzt – und damit eine Wende in der Alternsforschung. Wenn Washington Etats kürze, dann nicht beim NIA. Von dort stammten die Vorlagen für die amerikanische Alten-Politik. „Wir mit unserer Stückwerk-Förderung können von solcher Lobby nur träumen."

Dem Leiter des Zentrums in Heidelberg ist kurz nach seiner Berufung die zugesagte Professur für Intervention und Rehabilitation gestrichen worden. Als Brücke von der Forschung zur Praxis blieb die Soziale und Ökologische Gerontologie erhalten, wo die Umwelt für jene geplant wird, die bis zuletzt in den eigenen vier Wänden wohnen wollen. „Die Alten von heute leben vor, was uns erwartet", sagt Abteilungschef Hans-Werner Wahl. „Sie sind die Pioniere, von denen wir lernen, damit die nächste Generation beraten ins Alter geht."

Wahl und seine Mitarbeiter haben mit ihren Studien über die Bedürfnisse alter Menschen ein Arsenal von scheinbar banalen, aber umso nützlicheren Hilfen für den Alltag angeregt: etwa große Telefon- und Fernbedienungstasten für arthritische Gelenke und „entschärfte" Räume ohne Türschwellen und Schummerbeleuchtung. Auch im Umfeld der Wohnungen erleichtern Parkbänke, Läden, längere Ampelphasen die Unabhängigkeit der Senioren.

Wenn das selbstständige Leben zu gefährlich geworden ist, bleiben immer noch Strategien, mit denen behinderte oder schwächliche Hochbetagte zu Hause oder in Heimen von Tag zu Tag ein bisschen mehr Initiative aufbringen. Susanne Zank von der Gerontopsychiatrischen Tages- und Poliklinik der FU Berlin hat das mit einem Versuch bewiesen, für dessen breite Umsetzung bislang freilich noch die Fördermittel fehlen. Bei den von ihr erprobten „Interventions-Techniken" kommt es darauf an, dass Betreuerinnen und Betreuer lernen, „mit den Händen in den Taschen zu pflegen". Statt beim Anziehen, Waschen, Rasieren rasch zuzugreifen, damit es schneller geht, statt die Alten also hilfloser zu machen, sollen sie deren Selbstvertrauen stärken, sie ermuntern, sich ein Stück Autonomie zurückzuholen.

Wie ein Lazarus-Wunder erleben fragile 70- bis über 90-Jährige in Ulms Alten- und Pflegeheimen seit etwa einem Jahr die Wirkung des „Progressive-Resistance-Training", eines Muskel-Aufbau-Programms, an ihren Armen und Beinen, sie spüren die Kraft, mit der sie sich wieder aufrichten können, die Sicherheit und Ausdauer, mit der sie umhergehen. Nicht mehr nur die eintönigen Flure entlang, nein, hinaus auf die Straße, bis zur Parkbank am Wall, sogar bis ins Café am Ulmer Münster spazieren sie. Dort schauen sie hinauf zum filigranen Turm und denken daran, wie sie zweimal pro Woche mit bis zu fünf Kilo schweren Manschetten um die Waden in Gedanken dessen Treppen hinaufsteigen. Bis zu 20-mal, bis sie fast nicht mehr können, heben sie, dem netten Trainer zuliebe, die Beine: „Wir steigen jetzt aufs Ulmer Münster", sagt er immer. Und danach heißt es, in jeder Hand eine Hantel und die Arme seitlich ausgestreckt: „Wir fliegen wie ein Schwan." Ein bisschen albern klingt das ja, aber jetzt merken sie, wozu es gut ist. Sie fühlen sich so munter wie seit Jahren nicht mehr und lassen alles ausfallen, nur nicht den Sport.

Zwei Mediziner, Thorsten Nikolaus, der Chef der Bethesda Geriatrischen Klinik in Ulm, und Clemens Becker, sein Oberarzt, haben das Programm in den USA kennen gelernt. In Ulm soll das Training „Katastrophen verhindern", sagen sie: einen Sturz nämlich, wie ihn 80 000 alte Menschen erleiden, die jedes Jahr in Deutschland wegen eines Oberschenkelbruchs operiert werden. 40 Prozent von ihnen leben in Heimen. Die Aussichten, nach drei Wochen Krankenhaus und 20-prozentigem Muskelschwund wieder ein normales Leben zu führen, sind nicht günstig, wie Nikolaus und Becker bei fast jeder Visite in ihrer Klinik erleben: „Ein Drittel kommt – trotz guter Rehabilitation – nicht wieder auf die Beine, es beginnt ein langes Siechtum."

Dabei ist es egal, ob die Operation gelungen ist; sie kostet jedes Mal 14 000 Mark, die Nachbehandlung etwa das Dreifache. Grund genug, ein Modellvorhaben zur Verhütung von Schmerz, Leid und Geldverschwendung zu beantragen.

Als die Ärzte grünes Licht bekamen, engagierten sie Ulrich Lindemann, einen jungen Sportwissenschaftler, der sich die muskelbildenden Übungen ausdachte, Trainer ausbildete und als Werber durch sämtliche Heime Ulms zog, um Kursteilnehmer zu rekrutieren. Nicht wenige hat er erst aus ihrer inneren Ecke locken müssen, bevor sie bereit waren, ihn in der Fantasie aufs Ulmer Münster oder beim Schwanenflug zu begleiten. „Geglaubt", sagt er, „hat mir niemand unter den alten Leuten, als ich ihnen ankündigte, dass sie durch die Übungen wieder besser aufstehen und sicherer laufen könnten. Sie machten auch deswegen mit, weil die Kurse Abwechslung versprachen." Zu Anfang wurde nur mit Hanteln und Bein-Manschetten geübt. Richtige Fitness-Maschinen, wie die in der Fernsehwerbung, ließ Lindemann im Sportraum aufstellen. Aber das Training daran begann erst, nachdem die Alten sich an den Anblick gewöhnt hatten und als sie merkten, wie ihre Kräfte allmählich wuchsen.

Heute sind Zugmaschine und Beinpresse Teil des Programms für Fortgeschrittene. Frau Schäufele liegt auf der gepolsterten Bank und pustet, winzige Schweißperlen glänzen auf ihrer Stirn. Aber sie gibt nicht auf: 30 Kilo zum neunten und zum zehnten Mal. „Sehen Sie mich an", sagt sie, noch ein wenig außer Atem, „ich bin 90."

HENNING ENGELN

Als die Liebe auf die Welt kam

Es ist ein Gefühl, das jeder kennt, aber anders beschrieben und schon gar nicht erklären kann. Wie könnte ein so komplexes, selbstloses und für die Fortpflanzung überhaupt nicht notwendiges Phänomen wie die Liebe entstanden sein?

Glynn Wolfe liebte die Frauen, vor allem die jungen. Und er liebte die Ehe. Deshalb heiratete der um die Wende zum 20. Jahrhundert geborene amerikanische Geistliche wieder und wieder, 26-mal insgesamt, und nur eine seiner Angetrauten war älter als 22 Jahre: Erst seine letzte Gattin, mit der er 78-jährig vor den Traualtar trat, kam auf reife 38. Mit all diesen Frauen zeugte Glynn Wolfe im Laufe seines Lebens eine Schar von 41 Kindern.

Wolfe ist mehr als ein pathologischer Fall für das Buch der Rekorde. Sein Verhalten mag extrem sein, aber prinzipiell ungewöhnlich ist es nicht: Reiche und angesehene, mächtige und erfolgverwöhnte Männer verlassen überdurchschnittlich häufig langjährige Partnerinnen und verlieben sich in jüngere Frauen. Die Liste der Beispiele ist lang und reicht von Aristoteles Onassis bis Mick Jagger, von Udo Jürgens bis Gerhard Schröder.

Verhaltensforscher bezeichnen solche aufeinander folgenden Partnerschaften als serielle Monogamie und deuten sie als archaisches Verhaltensmuster: Männer, die es sich erlauben können und deren „Prototypen" in Urgesellschaften aufgrund ihres Einflusses mit mehreren Frauen zusammengelebt hätten, suchen unbewusst und immer wieder nach Partnerinnen, die dank ihrer Jugend hohe Fruchtbarkeit verheißen. Frauen reagieren nicht weniger archaisch, wenn sie dieses „Spiel" ganz offensichtlich aus freien Stücken mitmachen. Sie fühlen sich intuitiv zu Partnern hingezogen, deren gesellschaftlicher Status ihnen gute Chancen für den potenziellen Nachwuchs signalisiert.

Doch wie kann es angehen, dass Menschen moderner Gesellschaften eine Partnerwahl betreiben, als lebten sie noch wie Jäger und Sammler? Dass Frau und Mann in Zeiten sinkender Geburtenraten und wirkungsvoller Verhütungsmittel sich ihre Partnerwahl vom Reproduktionstrieb diktieren lassen? Und dass die Liebe, dieses einzigartig menschliche Abenteuer, um das sich Märchen und Dramen ranken, die es auch zwischen Kindern, zwischen Gleichgeschlechtlichen und zwischen alten Menschen gibt, zwischen Personen also, die nie auf die Idee kämen, sich fortzupflanzen – dass diese Liebe einzig simplen biologischen Antrieben entspringt?

Fragt man die Menschen heute danach, was die Liebe sei, ergibt sich ein buntes Spektrum von Antworten. Liebe ist ... „eines der stärksten Gefühle, das man nicht begründen kann" – „etwas Erhabenes, das sich nicht aufhalten lässt" – „ein Stein, der dich überrollt" – „Probleme, nichts als Probleme" – „der Humus des Vertrauens" – „Herzklopfen, Freude am anderen, Vertrauen und Geborgenheit" – „verehrt, angebetet zu werden".

Liebe ist, so scheint es, etwas Nebulöses, das jeder irgendwie kennt und doch anders beschreibt. Auch Wissenschaftler tun sich schwer mit einer Definition. Der Psychologe David Buss von der University of Texas in Austin etwa formuliert: „Ein psychologischer Zustand, der bestimmte Gefühle, Wahrnehmungen, Denkprozesse, Stimmungen umfasst. Aber auch eine langfristige sexuelle Strategie, die unter evolutionsbiologischen Gesichtspunkten gesehen werden muss".

„Liebe ist die Überwindung der überstarken Bindung an die In-group – die Familie – durch eine neue Bindung an ein externes Mitglied der Gesellschaft", definiert der Psychologe Erich Witte von der Universität Hamburg, der seit 20 Jahren das Phänomen erforscht. Das klingt zwar trocken, liefert jedoch eine von mehreren möglichen Erklärungen, weshalb sich die Liebe überhaupt im Verlauf der Geschichte entwickelt hat: Ein sozial lebendes Wesen wie der Mensch, das im Schutze einer vertrauten Gruppe aufwächst und alles Fremde zunächst mit Misstrauen betrachtet, braucht eine Motivation, um aus dieser familiären Bindung auszubrechen.

Aus biologischer Sicht ist dies der einzige Weg, Inzucht zu vermeiden. Mittel zum Zweck ist dabei die Liebe zu einem fremden Partner. Nicht zufällig ergeben sich just zum Zeitpunkt der ersten Liebe auch die typischen Rebellionen und Konflikte pubertierender Kinder mit ihrem Elternhaus, die eine Trennung beschleunigen. „Es ist eine Push- und eine Pull-Motivation", erklärt Witte. „Durch den ‚Schub' bewegen sich die Jugendlichen von den Eltern weg. Und durch den ‚Zug' werden sie zu jemand anderem hingeführt. Verliebtheit und Liebe sind dabei der Motor."

Die Biologie offenbart auch eine zweite Wurzel, aus der heraus die Fähigkeit zur Liebe – der längerfristigen Bindung an einen Partner – nach Meinung vieler Forscher gewachsen sein muss. Als Säugetiere und Vögel sich im Laufe der Evolution entwickelten, gehörte zu ihrer Überlebensstrategie auch eine intensive Fürsorge für die Jungtiere mit individuellen Bindungen zwischen Mutter und Kind. Indem das Muttertier seine Nachkommen nicht mehr sich selbst überließ, sondern im Körper austrug und die Geborenen mit Milch versorgte beziehungsweise die Eier ausbrütete und die Küken fütterte, erhöhte es die Überlebenschancen seines Nachwuchses. Entsprechend müssen bei dieser Art Individuen mit Genkombinationen, die dieses Verhalten bewirkten, sich stärker vermehrt und verbreitet haben als jene, deren Sorge um den Nachwuchs weniger stark genetisch fixiert war.

Zu solchen Verhaltensweisen gehörte auch, die Jungtiere gegen Gefahren und Räuber zu schützen. Dies dürfte bei jenen Tieren besser funktioniert haben, die ihre Kleinen individuell kannten und eine starke Bindung zu ihnen entwickelten. Eine genetische Ausstattung, die ein solches Verhalten förderte, hatte eine gute Chance, sich als Erfolgsmodell in den nächsten Generationen zu bewähren. In dieser Ära der Evolution ist die Geburtsstunde der Mutter-Kind-Beziehung anzusiedeln, aus der später die Mutterliebe geworden ist.

Unter manchen ökologischen Voraussetzungen wird es von Vorteil gewesen sein, wenn auch die Väter bei der Aufzucht der Jungtiere mithalfen und sich zu diesem Zweck längerfristig mit der Mutter zusammentaten. Wenn diese Kooperation erfolgreich war, konnten sich entsprechende genetische Kombinationen durchsetzen, die eine Bindung zweier erwachsener verschiedengeschlechtlicher Individuen förderten. Eine Bindung, die über die reine Sexualität hinausging – eine Vorstufe zu dem, was wir heute Liebe nennen.

Die Bindung zwischen Eltern und Nachwuchs steht deshalb aus evolutionsbiologischer Sicht in engem Zusammenhang zu der Bindung zwischen Erwachsenen. Und beide schöpfen zum Teil aus demselben Verhaltensrepertoire. Der entscheidende Schritt zur heutigen Liebe muss, so meint die New Yorker Anthropologin Helen Fisher, in der Morgendämmerung der Menschwerdung unternommen worden sein. Vor rund vier Millionen Jahren vielleicht, als sich unsere Vorfahren der Gattung *Australopithecus* in Ostafrikas Savannen entwickelten.

„Es geschah damals", erzählt Helen Fisher, „als wir von den Bäumen stiegen und auf zwei Beinen aufrecht zu laufen begannen. Die

Affenmenschen-Weibchen waren gezwungen, ihre Babys auf den Armen herumzutragen – im Gegensatz zu den heutigen Schimpansen, die noch viel auf Bäumen leben und bei denen sich die Jungtiere im Fell festklammern können." Weil unsere Vorfahren zur Nahrungssuche in der Savanne obendrein größere Strecken zurücklegen mussten als im Wald und in einer Welt voller kräftiger und schnell agierender Raubtiere lebten, waren sie auf gegenseitige Hilfe angewiesen.

So kamen nach Fishers Auffassung diejenigen *Australopithecus*-Weibchen besser zurecht, die sich nicht nur – wie bei Menschenaffen – im Schutz der Sippe wiegen konnten, sondern überdies die Hilfe eines individuellen Männchens gewannen. Dieses konnte Nahrung anschleppen, vor Räubern sowie vor zudringlichen Artgenossen schützen. Auf diese Weise entwickelte sich über Jahrhunderttausende eine immer enger werdende Bindung zwischen je einer Frau und einem Mann, eine Art Zweierbeziehung.

In engem Zusammenhang mit der Entstehung der Liebe ist eine physiologische Besonderheit des weiblichen Organismus zu sehen – die so genannte stille Ovulation, die sich vermutlich ebenfalls in der *Australopithecus*-Epoche ausprägte. Während die sexuelle Empfangsbereitschaft von Menschenäffinnen als deutlich erkennbares Signal der Fortpflanzungsfähigkeit vorübergehend ganze Affenbanden auf die Palme bringen kann, ist bei Menschenfrauen die fruchtbare Phase des Eisprungs äußerlich nicht zu bemerken. Menschenfrauen haben im Laufe der Evolution die offensichtlichen physiologischen Signale abgelegt, sind monatlich und damit viel häufiger als ihre tierischen Ahnen fruchtbar – ohne dass ihre Umwelt und meistens auch sie selbst wissen, wann dies der Fall ist.

Um zum biologischen Erfolg zu kommen, waren die Urmenschen demnach zu häufigem Sex regelrecht gezwungen. Dabei kamen vor allem solche Männer zum Zuge, die „ihrem" Weibchen über eine längere Zeit nicht von der Seite wichen. Naheliegend, dass die Weibchen dabei Partner bevorzugten, von denen sie ihrerseits etwas erwarten konnten: Nahrung, Schutz, Zuwendung. Allerdings gewannen die Frauen durch den Fortfall jener Signale auch die Möglichkeit, sich in Abwesenheit ihres ständigen Partners zeitweilig auch die Vorteile eines anderen Menschen zu sichern und beide in dem Glauben zu lassen, sie seien diejenigen, die sich mit ihr vermehrten.

Die vor Jahrmillionen entstandene Kooperation von Frau und Mann beruht auf unterschiedlichen Leistungen. Um Kinder in die Welt zu setzen, mussten Menschenfrauen sehr viel investieren: neun Monate Schwangerschaft und eine Stillperiode, die gerade in der Urzeit lange währte, viel Kraft kostete und es erschwerte, für sich selbst und das Kind Nahrung zu suchen. Ganz anders dagegen ist die Ausgangsposition der Männer: Der Zeugungsakt beanspruchte sie im Vergleich zum daraus resultierenden biologischen Erfolg herzlich wenig.

Wenn sich nun grundlegende Verhaltensmuster so vererben, wie es Genetiker heute annehmen, dann müssten sich bei Frau und Mann unterschiedliche Strategien für die Partnerwahl entwickelt haben. Manche Wissenschaftler erwarten daher, dass Frauen in erster Linie ein biologisches Interesse an der Qualität des Partners haben und sich, zumindest für die Zeit, die ein Kind braucht, bis es aus dem Gröbsten heraus ist, eher an einen Mann binden. Demgegenüber bietet sich den Männern eine Doppelstrategie: Sie können entweder in einer Partnerschaft ihre Kinder gesichert und gut versorgt aufziehen oder aber in Quantität investieren, also mit vielen Frauen viele Kinder zeugen und so ihr Erbgut stärker verbreiten.

Diese Strategiekonzepte spiegeln sich in einer bereits 1949 veröffentlichten Untersuchung des Anthropologen George Peter Murdock wider: Demnach lassen 708 von 853 untersuchten menschlichen Gesellschaften Polygamie zu – wobei fast nur Männern das Recht eingeräumt wird, polygyn zu leben, also mit mehreren Frauen gleichzeitig Partnerschaften zu unterhalten. Nur 0,5 Prozent der Gesellschaften erlauben hingegen Polyandrie, bei der eine Frau mit mehreren Männern gleichzeitig zusammenlebt.

In der Praxis sei allerdings die Mehrzahl der Beziehungen monogam, hält die Anthropologin Helen Fisher dagegen. Auch in den meisten polygynen Gesellschaften lebten lediglich fünf bis zehn Prozent der Männer mit mehreren Frauen zusammen, und das seien in der Regel die reichen und einflussreichen. Da es die Lebensweise unserer Vorfahren nach Fishers Ansicht einem Mann kaum erlaubt habe, mehr als eine Frau nebst Kindern zu unterstützen, sie für sich zu beanspruchen und gegen Nebenbuhler abzuschirmen, sei die Monogamie die typischere menschliche Bindungsform.

Indes glaubt auch Fisher nicht, dass der Mensch für lebenslange monogame Beziehungen geschaffen sei. Dagegen spreche, dass in nur wenigen Kulturen und ethnischen Gruppen eine Scheidung verboten ist, sowie auch die Scheidungshäufigkeit. Sie liegt etwa in den USA heute bei rund 50, in Deutschland bei rund 30 Prozent. Ihre Zunahme in diesen Ländern während der letzten Jahrzehnte offenbart allerdings auch einen starken wirtschaftlich-kulturellen Einfluss: Frauen, die ökonomisch unabhängig sind, lassen sich eher scheiden – eine Tendenz, die nach Fisher in allen Gesellschaften zu beobachten ist.

Interessanterweise liege „der Höhepunkt der Scheidungsrate bei allen Kulturen um das vierte Ehejahr". Eine Trennung droht also genau nach jener Zeitspanne, in der ein Kind auf die intensive Betreuung angewiesen ist. „Die Mutter braucht dann nicht mehr so sehr die Hilfe des Mannes und hat Gelegenheit, sich nach einem neuen Partner umzusehen." Es gebe keinen Zwang zum Auseinandergehen, betont Helen Fisher, „doch eine gewisse innere Unruhe, die die Menschen nach vier Ehejahren umtreibt. Und ich bin davon überzeugt, dass dies eine biologische Wurzel hat".

An der Scheidungsneigung lässt sich auch die opportunistische Tendenz von Männern zur Polygamie ablesen, die in Gesellschaften, die keine Vielehe dulden, verkleidet als serielle Monogamie auftritt: Wer es sich als Mann leisten kann, und wer – unbewusst – archaische Triebe über kulturell bedingte Eheversprechen stellt, verlässt seine langsam aus der Gebärfähigkeit herauswachsende Gattin und heiratet eine jüngere Frau. Statistiken belegen dies: Geschiedene Männer zwischen 39 und 47 Jahren bevorzugen in der zweiten Ehe Partnerinnen, die sechs bis neun Jahre jünger sind als sie selbst. Frauen, die in dem entsprechenden Alter nochmals heiraten, wählen hingegen durchschnittlich rund drei Jahre ältere Männer.

Warum aber machen junge Frauen die offene oder versteckte Polygamie mit? Die Erklärung dafür findet der Psychologe David Buss wiederum in der Vorzeit: Wer als Mann mächtig war, wer sich im Leben schon bewährt hatte, versprach Schutz und Überlebensvorteile für Frau und Kinder, und zwar unabhängig davon, ob er schon weitere Frauen hatte. Gemäß dieser Tendenz bevorzugten Frauen auch Männer mit bestimmtem Äußeren: Ihr Idealmann sieht genauso aus, wie er vermutlich in der Urzeit erfolgreich war und wie ihn die Werbung heute präsentiert: muskulös, mit breiten Schultern, schmalen Hüften und kräftigem Kinn – einer, der Entschlossenheit und Dominanz ausstrahlt. „Hingegen schätzen Männer die Frauen am meisten", sagt Buss, „die schön und jung sind, deren Figur auf Gesundheit, Jugend und die Fähigkeit zum Gebären vieler Kinder schließen lässt."

In diesem Licht kann auch eine weitere Verhaltensfacette nicht mehr überraschen, die Buss erkannt hat: „Liebe auf den ersten Blick kommt bei Männern viel häufiger als bei Frauen vor. Männer können auf eine Party gehen, dort eine Frau erblicken und sich in sie verlieben, ohne ein Wort mit ihr gesprochen zu haben – nur aufgrund äußerer Reize. Frauen geschieht so etwas fast nie."

Frauen prüfen ihren Partner auf Herz und Nieren, bevor sie sich mit ihm emotional und vor allem sexuell einlassen. Das belegt zumindest der Tendenz nach ein amerikanisches College-Experiment aus dem Jahr 1989, bei dem Forscher attraktive männliche und weibliche Personen losgeschickt haben, um Studentinnen und Studenten an amerikanischen Universitäten als – unwissende – Versuchspersonen „anzumachen".

50 Prozent aller angesprochenen jungen Männer ließen sich zu einem Kaffee einladen. Von diesen wiederum folgten 69 Prozent dem Angebot, mit in die Wohnung der Frau zu kommen, und 75 Prozent dieser Männer-Fraktion wären noch am selben Abend zum Sex bereit gewesen. Von den Studentinnen nahm ebenfalls die Hälfte den Kaffee an, aber nur sechs Prozent davon ließ sich zu einem Hausbesuch überreden, keine indes zum Geschlechtsverkehr.

In einem anderen Versuch wurden Frauen und Männer nach der Intelligenz gefragt, die sie bei der Verabredung bei einem unbekannten andersgeschlechtlichen Partner erwarten. Mittelmäßig war die häufigste Antwort beider Geschlechter. Ging es jedoch um die Aussicht, mit der oder dem anderen Sex zu haben, unterschieden sich die Antworten deutlich: Männer waren bereit, sich auch mit unterdurchschnittlich begabten Partnerinnen zufrieden zu geben. Frauen hingegen bestanden auf überdurchschnittlicher Intelligenz.

Dennoch täuscht das Bild vom sexgierigen, wilden Mann und der braven und zögernden Frau gewaltig: Schätzungen gehen davon aus, dass 30 bis 50 Prozent aller Männer zuweilen fremdgehen, aber auch davon, dass Frauen zu 20 bis 40 Prozent Affären außerhalb ihrer Erstbeziehung haben. „Männer verfolgen dabei eine gemischte Paarungsstrategie", glaubt David Buss. Neben einer festen Paarbindung nutzen sie eher die Gelegenheit zum schnellen Sex. Gemäß der archaischen Prämisse: Ganz egal, wo die Gene landen, Hauptsache irgendwo – der Aufwand ist ja ohnehin gering.

Bei Frauen hat sich zu Urzeiten gewiss eine etwas intelligentere Strategie bezahlt gemacht: Wenn sie einen Mann binden wollten, mussten sie ihn im Glauben wiegen, er sei derjenige, dessen Gene sie auch für die Reproduktion zu nutzen gedenken. Der Mann fürs „Häusliche" war zwar verfügbar, jedoch nicht unbedingt einer, dessen Körperbau optimale Gesundheit und ideales Erbgut verhieß. Dieser wiederum taugte kaum für eine feste Bindung, da sein Marktwert ihn eher in die Polygamie trieb. Was lag für eine Frau näher, als von beiden Typen das jeweils Brauchbarste in Anspruch zu nehmen und ab und zu qua Seitensprung das Beste aus dem vorhandenen Genpool zu machen?

Das klingt erschreckend biologistisch, ist aber womöglich zutiefst menschlich: Immerhin zeigen Erbgut-Analysen, dass auch in heutigen

Gesellschaften zwischen ein und 30 Prozent aller Kinder in einer Familie nicht den Ehemann der Mutter zum wahren Vater haben.

Aus den unterschiedlichen Strategien der Geschlechter bei der Partnerwahl ergeben sich für David Buss auch zwei Formen der Eifersucht, die er kulturübergreifend in den verschiedensten Gesellschaften ausgemacht hat. In einer Studie wurden beispielsweise Versuchspersonen mit Elektroden versehen, die den Herzschlag registrieren, und befragt, was sie mehr verletzen würde: die Vorstellung, der eigene Partner hätte Geschlechtsverkehr mit – oder aber eine tiefe emotionale Beziehung zu einer anderen Person. Ergebnis: 60 Prozent der Männer fanden die Vorstellung schlimmer – während ihr Herz zu schlagen begann, als hätten sie gerade drei Tassen Kaffee getrunken –, ihre Partnerin könnte sich auf Sex mit einem anderen einlassen. Hingegen störten sich 83 Prozent der Frauen stärker an der emotionalen als an der rein sexuellen Untreue ihres Partners.

Auch diese Reaktion passt in das biologisch-archaische Bild: Nur der Ur-Mann, der streng darauf achtete, dass seine Partnerin ausschließlich mit ihm Sexualkontakt hatte, konnte mit Sicherheit erwarten, dass sich sein Erbgut in der nächsten Generation verbreitete. Diese Art von Eifersucht hatte somit einen Selektionsvorteil. Für Ur-Frauen – beziehungsweise für die Überlebenschance des Nachwuchses – war hingegen ein Seitensprung des Mannes prinzipiell weniger bedenklich. Viel schlimmere Konsequenzen konnte eine emotionale Bindung des Partners an eine andere Frau haben: Es drohte die Aussicht, dessen Unterstützung vollständig zu verlieren.

Auch die Tatsache, dass heutige Menschen, die Verhütungsmittel benutzen, aber auch homosexuelle Paare ähnlich eifersüchtig reagieren, weist auf archaisches Verhalten hin. Denn obwohl in vielen Fällen allen Beteiligten bewusst ist, dass es nicht um Fortpflanzung geht, handeln sie, als wären sie von egoistischen Genen gesteuert.

Tricks, Strategien, Seitensprünge, sexuelle Konflikte: Sogar selbstbewusste, moderne Menschen sollen bei der Liebe von biologischen Zwängen getrieben sein? Spielen denn Gefühle, die aus Herz und Seele rühren, dabei gar keine Rolle?

Eben diese Emotionen entstammen meist dem Unbewussten, werden durch Hormone und Neurotransmitter beeinflusst, entziehen sich also unserer Kontrolle – sind somit, überspitzt formuliert, ein Trick der Evolution, um unser Bewusstsein aus- und die Triebe einzuschalten. Anders wäre auch kaum zu erklären, dass Menschen im Namen der Liebe immer wieder Dinge tun, die sie in das größte Unglück stürzen, die sie bereuen und bei nüchterner Überlegung nie getan hätten.

Schon die erste Annäherung zweier Menschen, der Flirt, läuft, so sagen Verhaltensforscher, nach festgelegten Ritualen ab. Dabei senden Frauen zunächst Signale aus, die unterschwellig erotisches Interesse verraten: ein zielgerichteter Blick von einigen Sekunden, das Heben der Augenbrauen, Zurückwerfen des Kopfes oder der Haare – Attitüden, die Ethnologen überall auf der Welt beobachtet haben. Unauffällig werden die Frauen aktiv, animieren den Mann zu einem ersten Gesprächskontakt, auch wenn sich ihm letztlich das Gefühl aufdrängt, er sei auf die Frau zugegangen.

Auch in etablierten Liebesbeziehungen spielen im Hintergrund wirkende Verhaltensweisen mit. Forschungen ergaben, dass Frauen in der fruchtbaren Zeit des Zyklus eher zu Seitensprüngen neigen. Gleichzeitig suchen sie in dieser Phase aber auch verstärkt die Nähe ihres Partners und widmen sich ihm intensiv – um ihn quasi in Sicherheit zu wiegen.

„Es ist ein regelrechter Krieg der Signale", kommentiert Karl Grammer, der am Ludwig-Boltzmann-Institut für Stadtethologie in Wien die biologische Seite der Liebe erforscht. „Männer produzieren beispielsweise mit ihrem Achselschweiß die Substanz Androstenol – einen Stoff, der normalerweise von Frauen als unangenehm empfunden wird. Während des Eisprunges verändert sich jedoch die Wahrnehmung, und Androstenol macht einen Mann attraktiv."

Auch Frauen bauen – unbewusst – auf chemische Signale. Sie setzen eine andere Klasse von Substanzen frei, die Copuline, von denen Männer sich betören, ja die Sinne rauben lassen und „Hellenen in jedem Weibe" zu sehen beginnen – wie Goethe es in seinem „Faust" formuliert.

Doch das Fachgebiet der evolutionären Psychologie kann nur die Entstehung genereller Verhaltensweisen der Spezies Mensch beschreiben und niemals das Verhalten eines Individuums. Es erklärt nicht, weshalb gerade das Lächeln von Janina Andreas bezaubert, Susanne ihren Hans-Jürgen unwiderstehlich findet und Peter sich schlaflos im Bett wälzt, weil er immer nur an Corinna denken muss.

Wieso verknallen wir uns gerade in Partner x und nicht in Partner y? Weshalb scheinen manche Kombinationen von Liebenden zu passen, andere jedoch nicht?

An einer Antwort auf diese Frage versucht sich der Psychologe Robert Sternberg an der Yale University in New Haven, Connecticut. Er konstruierte eine Art Liebes-Dreieck, basierend auf den Komponenten Vertraulichkeit, Leidenschaft und Verpflichtung. Aus ihnen lassen sich einige Grundtypen der Liebe arrangieren: Vertraulichkeit und Leidenschaft etwa ergeben die romantische Liebe; Vertraulichkeit und Verpflichtung die partnerschaftliche; Leidenschaft und Verpflichtung die törichte; alle drei zusammen die vollständige Liebe. Jeder Mensch trage, so Sternberg, in sich eine individuelle Mischung aus jeder dieser drei Komponenten, und der Partner sollte von einer ähnlichen Kombination bestimmt sein, damit die Liebe funktioniert.

Die neueste Theorie des Yale-Forschers aber beruht auf „Love as a story" – auf „Liebesgeschichten". „Die Idee ist, dass man sich zu jemandem hingezogen fühlt, der – unbewusst – die gleiche Story erleben möchte", erläutert Sternberg. Da gibt es die „Fairy-Tale"-Story, bei der die Partner sich insgeheim Märchenprinz und -prinzessin zu sein wünschen, die „Business"-Story, deren Kandidaten die Partnerschaft eher nüchtern-sachlich angehen, die „Addictive"-Story, bei der der eine Partner von irgendeiner Sache abhängig, der andere der Betreuer, der Helfer ist. „Police"-, „War"-, „Pornography"-, „Mystery"-, „Science-Fiction"-Story: Insgesamt 25 solcher Geschichten hat Sternberg bislang registriert.

Wenn zwei Menschen sich in dieselbe Geschichte fügen, kann es durchaus sein, dass sie – wie das von Sternberg beschriebene Paar Sam und Melanie – miteinander ständig streiten, sich bekämpfen, ja nach außen hin einander zu hassen scheinen und dennoch eine stabile Partnerschaft erleben: Sie verfolgen die „War"-Story. Valerie und Leonard hingegen, die nach außen hin eine perfekte, harmonische Ehe verkörperten, ließen sich überraschend scheiden, nachdem Leonard im Büro seiner „wahren" Liebe begegnet war. Weder er noch seine Frau hatten bemerkt, dass sie in zwei unterschiedlichen Geschichten lebten und im Grunde nicht zusammenpassten, urteilt Sternberg.

Zwar funktionierten auch manche Kombinationen zwischen unterschiedlichen Storys, andere jedoch schlössen sich aus – so die „Fairy-Tale"- und die „Business"-Story. Allerdings: Wenn einer der Partner eine Affäre hat, dann ist es laut Sternberg für die Verbindung weniger schädlich, wenn der oder die Geliebte in einer anderen Story heimisch ist. Denn dann ist die Konkurrenz geringer, die neue Beziehung bedroht nicht so sehr die alte, sondern beide Geschichten können parallel existieren.

„Wir entwickeln gerade einen Fragebogen-Test, um herauszufinden und uns bewusst zu werden, welche Story für einen zählt. Selbst mir war das lange nicht bekannt", erzählt Sternberg, der wieder verheiratet ist und zwei Kinder aus erster Ehe hat. Der Test enthält je acht Aussagen zu jeder der 25 Liebesgeschichten, und der Teilnehmer legt fest, wie sehr er ihnen zustimmt oder nicht. Zum Beispiel: „Beziehungen sind spannend, wenn einer der Partner den anderen fürchtet" (Horror-Story), „Wenn alles gesagt und getan ist, sollten letztlich ökonomische Erwägungen das Wichtigste für die Beziehung sein" (Business-Story). Oder: „Ich gerate meistens an Partner, die Hilfe brauchen, um mit einer belastenden Vergangenheit oder einer schlechten Angewohnheit fertig zu werden" (Bekehrungs-Story).

Robert Sternberg sieht diese individuellen Storys losgelöst von und nicht im Widerspruch zu evolutionsbiologischen Theorien, die allgemeine Verhaltenstendenzen des *Homo sapiens* beschreiben. Andere Wissenschaftler indes halten diese Deutungsversuche für zu plump beziehungsweise für nicht beweisbar.

Der Hamburger Psychologe Erich Witte sieht in der Liebe im wesentlichen ein kulturelles Phänomen. Er unterscheidet das Wirken zweier Phasen der Liebe – der romantischen, die hochgradig emotional, euphorisch, voll sexueller Leidenschaft ist, und der partnerschaftlichen, bei der es mehr darauf ankommt, füreinander da zu sein, etwas gemeinsam zu tun.

Meistens gehe die romantische Phase nach einigen Jahren vorüber und werde dann durch die partnerschaftliche ersetzt. Wenn das nicht gelinge, drohe die Trennung. Und der Bindungsstil, der die Dauer der Partnerschaft beeinflusst, hänge überwiegend davon ab, welche Art von Paarbeziehung einem Kind im Elternhaus vorgelebt worden sei. „Scheidung vererbt sich daher nicht durch Gene, sondern vor allem sozial", folgert Witte.

„Biologie und Kultur gehen Hand in Hand", ergänzt Helen Fisher. „Jeder Mensch hat seine eigene Persönlichkeit, und es gibt Millionen Gründe, weshalb wir diese oder jene Wahl treffen." Wie groß aber der Einfluss der Gene und derjenige sozialer, psychischer und kultureller Faktoren ist, wird sich wohl nie bestimmen lassen. Niemand hat bislang „Gene der Liebe" identifiziert, geschweige untersucht, wie weit deren Wirkung reicht oder welchen Einfluss die Umwelt hat.

Evolutionsbiologen halten nicht einmal die Fragestellung mehr für sinnvoll. Offenbar sind in der Wissenschaft die Zeiten vorbei, in denen sich in der Abschätzung, ob Erbe oder Umwelt den Menschen mehr bestimme, die Geister schieden.

„Das Erbe-Umwelt-Problem existiert nicht", sagt David Buss. „Nehmen Sie die Schwielenbildung an den Händen: Wenn Sie tüchtig mit den Händen arbeiten, bilden sich Schwielen. Sind die nun umweltbedingt oder erblich? Jedes Verhalten hat sowohl Anteile, die in der Umwelt, als auch solche, die in der Biologie liegen. Das ist nicht auseinander zu dividieren."

Ein Beispiel für die verwirrende Verschränkung von Erbe und Umwelt ist die Liebe zum selben Geschlecht. Homosexualität bringt die Evolutionsforscher in Erklärungsnöte, denn der mangelnde Nachwuchs aus schwulen und lesbischen Verbindungen sollte das Merkmal eigentlich verschwinden lassen – sofern es erblich wäre.

Dass die Gene bei der Homosexualität dennoch eine Rolle spielen, lassen Zwillings-Studien immerhin vermuten: Bei schwulen eineiigen Zwillingen, deren Erbgut zu 100 Prozent identisch ist, sind in rund der Hälfte aller Fälle beide Brüder homosexuell. Bei zweieiigen Zwillingen – ihr Erbmaterial stimmt wie bei normalen Geschwistern zu 50 Prozent überein – hat jedoch nur rund jeder fünfte Schwule einen Bruder mit der gleichen Neigung. Die Zahlen lassen sich aber auch umgekehrt interpretieren: Wenn bei der Hälfte aller eineiigen schwulen Zwillinge der Bruder trotz gleicher genetischer Ausstattung nicht homosexuell ist, muss auch der Umwelteinfluss stark sein.

Ein Umwelteinfluss kann wiederum auch hormonell bedingt sein: Manche Forscher vermuten, Homosexualität entstehe, wenn ein männlicher Fetus im Uterus vom männlichen Geschlechtshormon Testosteron zu wenig abbekomme. Andere hingegen halten Homosexualität nur für den Effekt sozialer und psychologischer Einflüsse. Bemerkenswert ist jedenfalls, dass Homosexuelle zwar vom eigenen Geschlecht angezogen sind und sich in gleichgeschlechtliche Partner verlieben, dass sie jedoch die gleichen Bindungsstrategien ausprägen wie Heterosexuelle: Lesben lieben wie Hetero-Frauen, Schwule wie Hetero-Männer. So neigen schwule Männer eher zum ungebundenen Sex und zu vielen Partnern, Lesben hingegen legen Wert auf dauerhafte, verbindliche Beziehungen, in denen es eher um Gefühl geht als um das rein Triebhafte.

„Die Liebe ist ein unglaublich komplexes Mosaik, in dem die verschiedensten biologischen und kulturellen Einflüsse eine Rolle spielen und miteinander interagieren", resümiert Karl Grammer. „Wir werden wohl nie dahin kommen, in allen Einzelheiten zu erklären, weshalb jemand einen ganz bestimmten Partner wählt."

Es bleibt also ein Hauch von Geheimnis um die Liebe, ein Schleier, der den massivsten wissenschaftlichen Bemühungen widersteht. Und womöglich ahnen gerade diejenigen am besten, was Liebe ist, die sie nicht erforschen – sondern erfahren.

JOACHIM E. FISCHER

Der Kampf um eine Handvoll Leben

Mehr als drei Monate zu früh geborenen Babys, die noch vor zwei Jahrzehnten keine Chance gehabt hätten zu überleben, können heute zu gesunden Kindern heranwachsen. In Tübingen kamen Fünflinge vor der Zeit zur Welt. Wie um das Leben der extrem unreif Geborenen gerungen wurde, schildert ein Arzt, der dabei gewesen ist.

Gedämpftes Licht beleuchtet die Station. Aus dem Halbdunkel flackern Leuchtziffern. Beatmungsmaschinen zischen mit dem Gleichmaß von Uhrwerken. Alle paar Minuten gibt eines der Überwachungsgeräte Alarm, je nach Ursache in verschiedenen Tönen.

Es ist ein Januarabend auf der Neugeborenen-Intensivstation der Tübinger Universitätskinderklinik. Wir haben zur Abendvisite noch einmal alles Nötige für die Nacht besprochen, haben die Zahlenreihen auf den Krankenblättern durchgesehen, die das Gedeihen unserer kleinen Patienten in einer Art Geheimschrift erzählen. Die Nacht verspricht ruhig zu werden. Draußen fällt Schnee.

In der benachbarten Frauenklinik liegt eine Patientin, die bald Fünflinge zur Welt bringen wird. Bislang haben die Ärzte die Schwangerschaft mit Medikamenten stützen können, die Wehen blockiert. Die Kinder sind jetzt knapp sechs Monate alt oder, wie wir sagen, $27^2/_7$ Schwangerschaftswochen, von der letzten Periode gerechnet. Noch am Nachmittag haben die Kollegen versichert, die Lage sei stabil.

In die Stille des anbrechenden Abends schrillt das Telefon: „Wir müssen die Kinder holen." Die Wehen kommen jetzt in kurzen Abständen. Die Mutter atmet schwer, ihr Puls rast. Die Medikamente wirken nicht mehr. Zwei Stunden bleiben bis zur unumgänglichen Kaiserschnitt-Geburt. Vergebens haben wir gehofft, noch ein paar der kritischen Tage bis zur 30. Schwangerschaftswoche zu gewinnen.

Hektische Telefonate folgen. Minuten später kommen die ersten Kollegen vom Einsatzteam für diese Nacht herein. Die eben noch ruhige Station verwandelt sich in einen Ameisenhaufen. Fünf Beatmungsplätze müssen vorbereitet werden. Die Maßnahmen ähneln einem Check der Piloten vor dem Start: Beatmungsgeräte anschließen, Brutkästen vorwärmen, Atemgase überprüfen, Monitore eichen. Drei Frühgeborene müssen in andere Zimmer umgeschoben werden. Laut quäken die Netzausfallalarme ihrer Inkubatoren.

Drüben in der Frauenklinik treffen wir zu neunt, drei Neugeborenenspezialisten und sechs Assistenzärzte, die letzten Vorbereitungen an den Wiederbelebungstischen. Eine halbe Stunde später leiten die Anästhesisten bei der Mutter die Narkose ein. Zwei Minuten vor Mitternacht nabelt der Operateur das erste der Frühgeborenen ab, hebt ein blau anlaufendes Etwas in das warme Tuch, das ich bereithalte – eine Handvoll Mensch.

Während der wenigen Schritte zum Wiederbelebungstisch spüre ich im Frottee hilfloses Zappeln. Kaum hörbar entringt sich ein Schrei, eher ein Fiepen. Der Lunge des Kindes fehlt die Kraft zum Atmen. Mit jeder Sekunde, die verrinnt, wächst der Sauerstoffmangel. Eine knappe Minute nach dem Abnabeln wird das Frühgeborene bereits künstlich beatmet: Wir haben einen Schlauch durch die Nase bis in die Luftröhre vorgeschoben. Pro Atemzug blasen wir einen Fingerhut voll Luft in die unreife Lunge. Nur drei Minuten nach dem ersten ist das letzte der Geschwister geboren. Ein langer Weg ins Leben hat begonnen.

Das zuerst entbundene Kind – es wird Martin heißen – ist das kleinste. 760 Gramm wird 20 Minuten später die Waage anzeigen. Alle Organe, jedes Blutgefäß, jede Wimper, stecknadelkopfgroße Fingernägel sind bereits angelegt, zwölf Wochen vor dem normalen Geburtstermin. 150-mal pro Minute schlägt Martins Herz, kaum größer als eine Walnuss, pumpt zwei Tintenfässchen Blut durch den Körper.

Die ersten Atemzüge haben die Lungen notdürftig entfaltet. Deren im Mutterleib noch enge Blutgefäße haben sich unter dem Einfluss von Sauerstoff weit gestellt und lassen Blut durch das unreife Organ strömen. Erst seit wenigen Tagen umranken haarfeine Kapillaren die Lungenbläschen, kann das Blut Sauerstoff aus der Atemluft aufnehmen. Wie Luftballons schnurren die Bläschen, die Alveolen, nach jedem Atemzug in sich zusammen, und die zarten Häute verkleben.

Noch kann das Kind kaum „Surfactant" bilden, einen Flüssigkeitsfilm, der bei reifen Kindern und Erwachsenen die Oberflächenspannung der Lungenbläschen vermindert und so dem Alveolarkollaps vorbeugt. Noch fehlen dem Kind spezielle Eiweißstoffe, welche die zellschädigenden Reaktionsprodukte des Sauerstoffs in der Lunge abbauen. Wie Surfactant reift auch dieser Schutz erst mit der 33. Schwangerschaftswoche. Die Frühgeborenen mit der optimalen Menge Sauerstoff zu versorgen ist schwierig. Schon ein geringer Mangel, vergleichbar jenem, den Bergsteiger auf Hochtouren folgenlos meistern, hindert die Organe des Frühgeborenen zu wachsen. Ebenso gefährlich ist ein Zuviel: Sauerstoff wirkt auf viele Zellen als Gift, kann etwa die wachsende Netzhaut bis zur Erblindung schädigen.

Alles ist unreif an den kleinen Patienten. Die Haut, noch ohne deckende Hornschicht, umhüllt wie Seidenpapier die winzigen Körper, dünnste Äderchen schimmern durch. Noch vermag sie die Kinder nicht vor Austrocknung und Kälte zu schützen. Ohne die Wärme des Brutkastens wären sie binnen Minuten auf tödliche Temperaturen unterkühlt. Die inneren Organe fänden bequem in einer Zigarettenschachtel Platz. Zunächst verträgt das Kind Nahrung nur in Portionen von einem halben Gramm. Andererseits benötigt es bei 750 Gramm Körpergewicht rund 90 Milliliter Flüssigkeit pro Tag – als ob ein Erwachsener täglich neun Liter trinken würde. Bezogen auf sein Gewicht, muss ein Frühgeborenes, um überhaupt zu wachsen, doppelt so viele Kalorien zu sich nehmen wie ein hart trainierender Hochleistungssportler. Das Immunsystem des Kindes vermag Bakterien und Viren noch kaum abzuwehren – banale Infektionen können binnen Stunden zum Tod führen.

Das Herz-Kreislauf-System hat erst ganz geringe Möglichkeiten, die Durchblutung zu steuern. Die Muskulatur in der Wand feiner Blutgefäße, die unserem Gehirn in jeder Körperlage gleich bleibende Blutversorgung sichert, reagiert bei Frühgeborenen nur unzureichend. Milde Formen solch mangelhafter Regulation kennt jeder, der nach längerem Krankenlager zum ersten Mal wieder aufgestanden ist. Beim Frühgeborenen lässt jede Erschütterung, jede Schwankung im Sauerstoff- oder Kohlendioxid-Gehalt den Blutfluss zum Gehirn versiegen oder presst ein Übermaß durch die zerbrechlichen Gefäße. Das kann eine Gehirnblutung auslösen, vergleichbar dem Gehirnschlag bei Erwachsenen.

Seit gut zwei Wochen erst waren die Kinder so weit entwickelt, dass wir überhaupt hoffen konnten, ihnen überleben zu helfen. Mit jedem Tag, den die Schwangerschaft andauerte, war ihre Chance um zwei Prozent gestiegen. Für sie gab es kein besseres Zuhause als den Mutterleib. In der Gebärmutter hatte die Placenta Schutz und Wärme geboten, für Nahrung, Sauerstoff und Entgiftung gesorgt, pausenlos und absolut perfekt. Unsere High-Tech-Medizin mit ihren Brutkästen und Beatmungsmaschinen, mit Infusionen und Überwachungsgeräten kann dafür nur ein bescheidener Ersatz sein.

Jetzt sind die Kinder geboren, und die Natur gibt uns eine geringe Chance, das zu Ende zu führen, was in der Geborgenheit des Mutterleibes noch drei Monate erfordert hätte. Doch die Natur verlangt von uns die gleiche Wachsamkeit, die sie selbst übte, 24 Stunden, Tag um Tag. Sie lässt in dieser kritischen Zeit keinen Raum für Fehler – Gehirnblutung und schwere Lungenschäden, Infektion und Tod sind die Abgründe auf dieser Gratwanderung.

Entscheidend für das Überleben und das Vermeiden späterer Gehirnschäden sind bereits die ersten Minuten. Der Kreislauf muss sich auf das Leben außerhalb des Mutterleibes umstellen, die Lungen müssen die Atmung übernehmen, Nieren und Leber beginnen, den kleinen Körper von Abbaustoffen zu entgiften. Um so wenig Zeit wie möglich zu verlieren und Sauerstoffmangel unter der Geburt zu vermeiden, entbinden die Tübinger Frauenärzte Risikokinder per Kaiserschnitt, steht rund um die Uhr ein Team von Neugeborenenärzten bereit. Die Intensivabteilung ist nur drei Minuten vom Kreißsaal entfernt. So wird der gefährliche Transport gerade entbundener Frühgeborener während der Umstellung auf das Leben ohne Nabelschnur vermieden.

Inzwischen sind alle fünf Kinder beatmet. Aus der Fingerbeere haben die Ärzte ein paar Tropfen Blut entnommen und den Gehalt an Sauerstoff und Kohlendioxid, das Verhältnis der Säuren und Basen bestimmt. Über Leuchtdioden und Fotozellen an den Händchen misst ein Mikrocomputer laufend die Sauerstoffsättigung im Blut.

Bereits in den ersten Lebensminuten müssen wir versuchen, die drei Faktoren Sauerstoff-, Kohlendioxid- und Säuregehalt zu stabilisieren. Während der Körper gesunder Neugeborener oder Erwachsener über Lungen und Nieren akribisch genau den pH-Wert steuert, den Säuregrad des Blutes, sind die Fähigkeiten der Frühgeborenen dafür noch gering. Schneller und tiefer atmen, womit etwa ein Erwachsener nach einem Dauerlauf überschüssiges Kohlendioxid entfernt und so den Säuregehalt senkt, kann es noch nicht. Bereits geringe Schwankungen können die Lebensvorgänge gefährlich entgleisen lassen.

Zunächst brauchen wir fast reinen Sauerstoff – normale Luft genügt nicht, das Blut hinreichend mit Sauerstoff zu sättigen. Um die Lungen gebläht zu halten, müssen wir mit einem Überdruck beatmen, der etwa dem Sog entspricht, mit dem ein Erwachsener einen kräftigen Zug aus der Zigarette inhaliert. Dieser Druck liegt für Frühgeborene bereits nahe der Gefahrenzone. Überdruck und hohe Sauerstoffkonzentration sind Faktoren, die das zarte Gewebe schädigen.

Als Reaktion der noch unreifen Lunge scheiden sich schon in den ersten Stunden dünne Eiweißschichten und Trümmer von zugrunde gegangenen Zellen auf der Oberfläche der Lungenbläschen ab. Wir sprechen von „Hyalinen Membranen", nennen das Krankheitsbild „Hyalines Membranensyndrom". Bis die kleine Lunge nach 48 bis 72 Stunden beginnt, allmählich zu heilen, erschweren diese „Membranen" das Atmen zusätzlich.

Eine Stunde nach Mitternacht liegen die fünf Kinder auf der Intensivstation in doppelwandigen Inkubatoren. Die zweite Inkubatorwand verhindert bei ganz kleinen Kindern Wärmeverluste durch Abstrahlung. Röntgenbilder zeigen ein schweres hyalines Membranensyndrom. Die Messgeräte signalisieren Stabilität, die Sonden für Kohlendioxid- und Sauerstoffgehalt zeichnen gleichmäßige Kurven auf das Papier. Doch die Stabilität ist trügerisch. Die kritische Zeit liegt noch vor uns. 40-mal pro Minute bläst das Beatmungsgerät ein 34 Grad warmes Sauerstoffgemisch in die Lungen. Die Atemluft muss angefeuchtet und erwärmt werden, um das Lungengewebe möglichst zu schonen. Ein Messkopf am Ende des Beatmungsschlauches misst die ausgeatmete Luftmenge, alarmiert bei den kleinsten Schwankungen. Dünne Elektroden kleben auf den winzigen Brustkörben, tasten Atembewegung und Herzströme ab. Über eine feine Nadel in einer Kopfvene schiebt ein Infusionsgerät gleichmäßig jeweils wenige Tropfen einer Zucker-Salz-Lösung in das Blutsystem. Ultraschallbilder vom Gehirn zeigen, dass Martin, Alfred, Helmut, Sabine und Julia die ersten Stunden ohne Gehirnblutung überstanden haben.

Still schreiben wir Zahlen in die Protokolle, regulieren das Beatmungsgerät nach. Noch verschlechtert sich der Zustand der kleinen Lungen, das hyaline Membranensyndrom nimmt seinen Lauf. Am stabilsten bleiben die beiden Leichtgewichte, Martin, der Erstgeborene, und Julia. In den Morgenstunden verschlechtert sich unvermittelt der Zustand von Helmut, dem schwersten der Fünflinge. Trotz verzweifelter Maßnahmen lassen sich die Lungenkomplikationen nicht mehr beherrschen. Der Kohlendioxidgehalt in Helmuts Blut steigt unaufhaltsam, die Sauerstoffsättigung fällt ab. Ohnmächtig müssen wir zusehen, wie der Blutdruck sinkt, die Herzaktion erlahmt. Am frühen Nachmittag stirbt Helmut.

Noch vor zehn Jahren hätte kaum eines dieser Kinder eine Chance gehabt, gesund zu überleben. Noch vor 20 Jahren hätten nur wenige Ärzte überhaupt versucht, diese Frühgeborenen durchzubringen. Durch die Kenntnisse der Frühgeborenenärzte und die wachsende Einsicht in die Zusammenhänge bei der Reifung der kleinen Körper können heute in großen Zentren 80 Prozent der drei Monate zu früh Geborenen gerettet werden. An diesen Kliniken hat subtile Wachsamkeit, die Schwestern und Ärzte 24 Stunden am Tag aufbringen, die Chance dieser Kinder, ohne Gehirnschäden entlassen zu werden, auf über 90 Prozent steigen lassen. Die Zeiten sind vorbei, da Frühgeburt und Behinderung fast als Synonym galten.

Die Grenze der Lebensfähigkeit sehen Neugeborenenärzte heute ab der 25. Schwangerschaftswoche und ab einem Geburtsgewicht von 500 Gramm. Sie ist vor allem bestimmt durch die Reife der Lungen. Erst um die 23. Schwangerschaftswoche stülpen sich die ersten Lungenbläschen aus den Alveolarknospen aus. Bei drohenden Frühgeburten lässt sich durch Injektion eines Stresshormons der Nebenniere die Lungenreifung um ein bis zwei Wochen beschleunigen.

Mitte der sechziger Jahre wandten amerikanische und mitteleuropäische Kinderärzte erstmals Methoden der Erwachsenen-Intensivmedizin bei Frühgeborenen an. Inzwischen werden mit wachsendem Erfolg auch sehr unreife Frühgeborene künstlich beatmet. Einen bedeutenden Fortschritt brachte die Mikroelektronik: Techniker entwarfen Sonden, die es erlauben, ohne Blutentnahme, allein durch Abtasten der Haut, die Beatmung kontinuierlich zu steuern.

Moderne Neugeborenenheilkunde versteht sich als Stütze der Natur. Von Antibiotika abgesehen, ohne die Frühgeborene hoffnungslos überall vorkommenden Keimen ausgeliefert wären, versuchen wir, möglichst wenig Medikamente einzusetzen. Das Ziel ist, von vornherein das labile Gleichgewicht der kindlichen Lebensvorgänge zu bewahren. Unsere Überwachungsmonitore und dazu regelmäßige Blutuntersuchungen sind die Horchposten eines Frühwarnsystems, das in die Körperfunktionen unserer kleinen Patienten lauscht und Störungen erkennen lässt, ehe selbst ein geschultes Auge sie wahrnehmen könnte.

Seit 36 Stunden sind Martin, Alfred, Julia und Sabine auf der Welt. Noch ist ihr Zustand kritisch. Das Hyaline Membranensyndrom erreicht seinen Höhepunkt. Um das Kohlendioxid über die unreifen Lungen ausreichend aus dem Körper entfernen zu können, müssen wir mit gefährlich hohen Drücken beatmen: Die Alveolen drohen dadurch zu zerreißen. Jede Stunde hohen Beatmungsdrucks und hoher Sauerstoffkonzentration steigert die Gefahr, Umbauvorgänge und Vernarbungen in der Lunge zu fördern, die später als „Beatmungslunge" das Kind noch für Wochen von der Maschine abhängig machen würden. Schleimtröpfchen, die sich in der Lunge lösen, können die Atemwege einengen, quälen das Kind in der Luftröhre mit Hustenreiz – aber husten kann es noch nicht.

Am späten Nachmittag steigt Alfreds Herzschlagfrequenz. Der Monitor der Ausatemluft zeigt bedrohliche Schwankungen an. Die Sonden signalisieren mit entnervendem Pfeifen, dass das Kohlendioxid steigt, der Sauerstoffgehalt fällt. Die Situation gleicht fatal dem Geschehen tags zuvor, bevor Helmut starb. Abhören: kein Schleim in den Luftwegen. Gerät überprüfen: kein Fehler. Wir röntgen erneut – eine umständliche Prozedur, ein „verkabeltes" Kind im Inkubator auf die Filmplatte zu heben. Das Bild zeigt die Ursache der Krise: Wo Lunge sein sollte, ist ein dunkler Fleck. Zwischen Lunge und Brustkorbwand hat sich Luft angesammelt, die das beatmete Organ verdrängt.

Sekunden später ist eine Drainage gelegt, wird die Luftblase über eine dünne Nadel abgelassen. Der Kohlendioxid-Wert fällt. Wir atmen auf. Zwei Stunden später das gleiche bei Julia. Wir wissen, dass solche Krisen Gehirnblutungen auslösen können. Ultraschalluntersuchungen des Schädelinneren noch in der Nacht zeigen kleine, apfelkerngroße Verdichtungen in gefährlicher Nähe der Gehirnwasserkammern. Wir können nur hoffen, dass die Blutungen „stehen bleiben" und nicht in die Kammern einbrechen.

Das Gehirn der Frühgeborenen ist zu diesem Zeitpunkt noch längst nicht ausgereift. Die Oberfläche legt sich erst in die Falten, die wir als Gehirnwindungen kennen. Milliarden von Verbindungen zwischen den Nervenzellen werden erst in den kommenden Monaten geknüpft. Aus dem besonders blutungsgefährdeten Bereich in der Nähe der Gehirnwasserkammern wird noch eine Weile Stützgewebe für die Gehirnverschaltungen wachsen. Und doch kann das Kind bereits jetzt hören, riechen, schmecken, sehen und sogar lernen. Erste Erinnerungsspuren graben sich in ein an Erfahrungen noch leeres Feld.

Soeben, als ich zu hastig an den Brutkasten trat, zuckte Martin zusammen. Die Kinder erschrecken, wenn wir das grelle Neonlicht einschalten. Bei gedämpftem Nachtlicht blicken sie aus wasserblauen Kulleraugen erstaunt in die fremde Welt. Wir haben oft beobachtet, wie die Kinder bald die Stimme ihrer Mutter wiederzuerkennen scheinen. Wir wissen nichts vom Inhalt ihrer Träume, aber wir müssen aus Ableitungen der Hirnströme annehmen, dass sie träumen. Man hat bemerkt, dass sich die Kinder bei sanfter Musik beruhigen. Während der Tagschichten erleben wir unsere Kleinen als instabil, viel häufiger als nachts tönen die Alarme. Der Stress der Intensivstation stört auch Frühgeborene. Fortschritte in der Therapie erreichen wir nicht selten nachts, in der ruhigen Zeit zwischen Mitternacht und Morgengrauen.

Zwei Tage später. Alle vier Kinder liegen friedlich in ihren Brutkästen und schlafen, während die Beatmungsgeräte leise zischen. Wir können den Vater beruhigen: Die ersten Klippen sind überstanden. Seit wenigen Stunden bleiben die Beatmungswerte stabil. Die Ultraschalluntersuchung zeigt, dass die Gehirnblutungen nicht größer geworden sind: Wahrscheinlich werden sie ohne Folgen ausheilen. Gezeichnet von der Anspannung der letzten Tage bei fast pausenlosem Einsatz, verabschieden sich Oberarzt und Chef zu ein paar Stunden Schlaf. Es ist Sonntagmorgen, die Glocken läuten in der Altstadt.

Unsere Kinder sind jetzt dreieinhalb Tage alt. Die akute Lebensgefahr liegt hinter ihnen. Seit heute Morgen bekommen sie erstmals Frühgeborenennahrung, zunächst ein halbes Gramm alle drei Stunden. Zweimal täglich erhalten sie Antibiotika. Infusionen, stündlich fünf bis sechs Milliliter einer Salz-Zucker-Lösung, liefern einen Teil der benötigten Kalorienmenge. Von nun an werden Martin, Alfred, Julia und Sabine täglich wenige Gramm mehr einer Mischung von Muttermilch und einer auf Frühgeborene abgestimmten Flaschenmilch über eine Magensonde zugeführt. In zwei Wochen werden die Verdauungsorgane reif genug sein, die gesamte benötigte Nahrungs- und Flüssigkeitsmenge aufzunehmen und zu verarbeiten.

Am nächsten Morgen besucht die Mutter ihre Kinder zum ersten Mal. Unsicher streichelt sie ihren zerbrechlichen Buben und Mädchen über den Haarflaum. Sie wird Wochen warten müssen, ehe sie das erste der Kinder im Arm halten kann. Wochen jeden Nachmittag die Zahlen auf den Beatmungsprotokollen verfolgen. Wir lesen in ihrem Gesicht das stete Bangen, die Freude über kleine Fortschritte, die Enttäuschung über Rückschläge. Dann das endlose Warten, wenn Tage vergehen, an denen scheinbar nichts geschieht. Stunde um Stunde bläst die Beatmungsmaschine gleichmäßig ihr Luftgemisch in die Lungen. Alle zwei Stunden geben die Schwestern den Kindern zwei Esslöffel Muttermilch über die Magensonde. Dreimal am Tag besprechen die Ärzte die neuesten Werte. Jeden Tag nehmen die Kleinen zehn oder 20 Gramm zu und zeigen doch keinerlei Anzeichen dafür, dass sie selbst atmen können.

Nach einer Woche sind die Blutgefäße im Gehirn imstande, angemessen auf Schwankungen in Sauerstoff- und Kohlendioxid-Konzentrationen zu reagieren. Die Gefahr einer Blutung ist vorüber. Nieren und Darm arbeiten zufriedenstellend. Die Haut hat eine dünne „Hornschicht" gebildet, gleicht jetzt schon eher zarter Babyhaut. Die Schwestern haben den Kindern winzige wollene Stiefelchen angezogen, Windeln und Po verschwinden in viel zu großen bunten Hosen.

Doch die Lungen der Kleinen haben diese Woche nur mit erheblichen Veränderungen überstanden: Das Lungengewebe ist steifer als bei der Geburt, einige Lungenbläschen sind überbläht, andere zusammengefallen und verklebt. Zusätzliche Probleme beschert der Schleim, den wir alle paar Stunden in einer für die Kinder qualvollen Prozedur aus der Luftröhre absaugen müssen. Bis die vier im Bettchen liegen, werden noch Wochen vergehen, müssen die Kinder ihr Gewicht nahezu verdoppeln.

Auf der Station arbeiten 34 Kinderkrankenschwestern, dazu neun Ärzte und drei medizinisch-technische Assistenten, die einander im Schichtdienst ablösen. Sie betreuen bis zu 18 Kinder, meist werden vier bis sechs davon beatmet. Jede Schwester versorgt zwei bis drei der gefährdeten Kinder.

Auf den Schwestern lastet der Löwenanteil der Arbeit: Sie müssen die Kinder füttern, waschen, wiegen, die Windeln wechseln, Infusionen und Medikamente zur rechten Zeit bereitstellen. Sie wachen über die Monitore, informieren die Ärzte bei Schwankungen. Sie erkennen und löschen die zahllosen Fehlalarme, stupsen die größeren Frühgeborenen, wenn sie einmal zu atmen vergessen. Sie besänftigen jene kleinen Raufbolde, die in ungelenkem Bewegungseifer zu heftig an den Leitungen ziehen oder trotz Beatmungsschlauch in der Nase partout in ihrem Brutkasten umherrobben wollen – Versuche, die gewöhnlich mit Alarmgetute enden. Die dauernde Sorge im Nacken, ob eine Veränderung nur vorübergehende Schwankung oder Vorbote einer Störung ist, dazu der ständige Schichtdienst, lässt die Arbeit für Schwestern wie Ärzte zu einer permanenten Notfallübung werden.

Für Martin, Sabine, Alfred und Julia hat bereits die lange Zeit der Entwöhnung von der Beatmungsmaschine mit all ihren Gefahren begonnen. Über die angefeuchtete Atemluft können trotz aller Vorsichtsmaßnahmen Keime in die Lunge verschleppt werden. Eine Lungenentzündung kann die Therapie um Wochen zurückwerfen. Verdauungsstörungen führen zu Blähungen oder Verstopfung, und der ausladende Bauch behindert die Einatmung.

Weit besser verhält es sich mit dem Körperwachstum: Pro Woche steigern die Kinder ihr Gewicht um rund zehn Prozent und gewinnen damit an gesundem Lungengewebe, an Muskelmasse und Kraft. Ein Erwachsener müsste, um im gleichen Maß zuzunehmen, jeden Tag ein Kilogramm schwerer werden. Irgendwann beginnen die Kinder einen Teil der Atemarbeit selbst zu übernehmen, lassen uns vorsichtig die Zahl der Atemzüge reduzieren, die von der Maschine beigesteuert werden. Übertreiben wir, erschöpft sich das Kind, und wir werden um Tage zurückgeworfen.

Inzwischen ist es bereits Ende März. In den letzten Nächten hatte Julia tapfer geatmet, bedurfte immer geringerer Maschinenhilfe. Seit dem Abend bläst das Gerät nur noch drei Atemzüge pro Minute in die Lungen. Vor zwei Minuten haben wir auch diese Hilfe abgestellt. Julia atmet zwar jetzt allein, braucht aber noch das Gerät, das mit geringem Dauerdruck die Lungen bläht. Bange beobachten wir die Kohlendioxidsonde. Regelmäßig zeichnet der Monitor Julias Atembewegungen auf den Bildschirm. Das Kohlendioxid steigt nicht an. Können wir nun auch den Beatmungsschlauch entfernen und damit auf den Restdruck verzichten? Ein Versuch vor zwei Wochen war gescheitert: Nach wenigen Stunden hatte sich Julia erschöpft, musste wieder beatmet werden.

Am Morgen fällt die Entscheidung, einen neuen Versuch zu wagen. Nachdem wir Nasentropfen und ein Medikament gegeben haben, das wie Coffein wirkt und Julias Atemzentrum anregen soll, legen wir das Kind unter eine Plexiglashaube, in die wir Sauerstoffnebel einleiten. Schwer hebt und senkt sich der kleine Brustkorb. Alle paar Stunden vergisst Julia zu atmen, schlummert ein, der Herzschlag erlahmt aus Mangel an Sauerstoff. Wir stupsen das Kind, reißen es aus einem gefährlichen Tiefstschlaf. Die Zahlenwerte der Kohlendioxidsonde schwanken für Stunden um die obersten vertretbaren Grenzwerte. Schließlich sinken sie. Julia hat die vielleicht wichtigste Hürde in ihrem jungen Leben gemeistert.

Einige Wochen später kann die Mutter ihre Freudentränen kaum zurückhalten. Auch ihr „Sorgenkind" Alfred hat die Zeit der Beatmung überstanden. Julia und Martin haben bereits das ähnlich zähe Ringen um den Verzicht auf zusätzlichen Sauerstoff fast gewonnen: Wieder ging es Wochen vor und zurück. In den nächsten Tagen werden Julia und Martin zum ersten Mal Raumluft atmen, wie normale Neugeborene im Bettchen liegen und ihr Fläschchen auf dem Arm der Mutter nuckeln können. An die Technik, die anfangs das Leben der Kinder beherrscht hatte, erinnert nur noch der Atmungsmonitor an der Wand.

Wir ermuntern die Eltern, so oft wie möglich bei ihren Kindern zu sein. Manche verbringen Stunden neben den Brutkästen ihrer Kleinen. Für die meisten der drei Monate zu früh Geborenen dauert die Zeit auf der Intensivstation bis fast zum errechneten Geburtstermin. Mit aller Technik können wir nichts von der Geborgenheit und Liebe ersetzen, die gerade ein Neugeborenes bitter braucht. Wir können nicht ermessen, welche Spuren dieser Mangel hinterlassen wird. Die Nervenärzte, die frühgeborene Kinder bis zum Schulalter begleitet haben, versichern uns, dass unsere ehemaligen Patienten nicht auffälliger seien als vergleichbare Kinder, die zur rechten Zeit geboren wurden. Offensichtlich vermögen die meisten Eltern die Defizite noch in der frühen Kindheit wieder auszugleichen.

Als „normale" Kinder wären Martin, Julia, Sabine und Alfred in diesen Tagen zur Welt gekommen. Langsam ist es Zeit, die Entlassung vorzubereiten, die Abschlussuntersuchungen einzuleiten. Die Nervenärzte finden keine Auffälligkeiten. Ultraschall und Computertomographie zeigen, dass die kleinen Blutungen folgenlos ausgeheilt sind. Die Augenärzte finden kaum Schäden an der Netzhaut. Einzig bei Julia muss man mit einer Beeinträchtigung der Sehkraft rechnen.

Noch fällt den Kindern das Atmen schwer. Bis sie zur Schule kommen, wird sich ihr Lungengewebe verfünffachen. Kaum etwas wird dann noch daran erinnern, dass diese Kinder einmal lange beatmet wurden. Die meisten Frühgeborenen holen ihre Entwicklungsrückstände bis zum zweiten Lebensjahr auf, sofern sie keine schwerwiegende Gehirnblutung erlitten haben.

Neugeborenenheilkunde ist einer der extremen Bereiche der Intensivmedizin, einer der Himalaya-Gipfel moderner Medizin sozusagen. Wer sich in solche Grenzgebiete vorwagt, darf die ethischen Fragen, die damit verbunden sind, nicht ausklammern. Die beste Frühgeborenenmedizin wäre, Frühgeburten zu vermeiden. Doch die Ärzte stehen in den meisten Fällen vor einem Rätsel, warum gerade diese oder jene Mutter ihr Kind vorzeitig auf die Welt bringt. Große Untersuchungen kristallisieren einige der Risiken für Frühgeburten heraus: Mehrlingsschwangerschaften, schwere psychische Belastung der Mutter, Rauchen, übermäßiger Alkoholgenuss, frühere Schwangerschaftsabbrüche. Einen beträchtlichen Teil der Frühgeburten aber können die Mediziner keinem der von ihnen ausgemachten Risikofaktoren zuordnen.

In Tübingen hat sich an mehreren hundert Kindern gezeigt, dass es möglich ist, selbst extrem unreife Frühgeborene gut überleben zu lassen. Viele Kinder, denen früher keine Chance zugebilligt wurde, bedürfen nicht einmal künstlicher Beatmung. In den besten Kliniken der Welt erleiden nur drei bis fünf Prozent der extrem früh Geborenen Komplikationen, die zu schweren geistigen Behinderungen führen. Andere Zentren hingegen müssen eine drei- bis viermal höhere Rate an Behinderungen hinnehmen.

Erfolge sind, wie in Tübingen auch, an mehrere Bedingungen geknüpft. Die Frauenärzte sind auf Risikoschwangerschaften spezialisiert und holen die Kinder so rechtzeitig, dass diese ohne Sauerstoffmangel geboren werden. Die Intensivstation ist in nächster Nähe, bei extremen Frühgeburten betreut ein Team erfahrener Intensivspezialisten die Kinder schon im Kreißsaal. Keines der in Tübingen versorgten Kinder war den Gefahren eines längeren Transportes von der Geburtsklinik zur Kinderklinik ausgesetzt, der die Gefahr von Gehirnblutungen und späteren schweren Behinderungen dramatisch ansteigen lässt.

Dennoch müssen wir uns kritischen Fragen stellen, wenn wir nach Monaten Intensivtherapie ein behindertes Kind entlassen, das ohne ärztliche Hilfe gar nicht lebte. Wir müssen uns auch immer wieder fragen, wann wir auf Maximaltherapie verzichten und zulassen, dass ein Kind in Frieden stirbt. Doch wir sind in einer Notlage, wenn wir gerufen werden, in der wir schnelle Entscheidungen treffen müssen und oft nicht absehen können, wohin unsere Bemühungen führen werden.

Es ist August geworden, draußen donnert ein Hitzegewitter. Die Klimaanlage kühlt die Station auf erträgliche 25 Grad. Seit Wochen sind Julia, Martin und Sabine daheim, haben sich zu Hause gut eingelebt. Auch Alfred ist längst ein wacher, lebensfroher Säugling geworden, der interessiert seine Umwelt betrachtet, uns zusieht und lacht. Es schmerzt, ihn noch immer unter der Sauerstoffkuppel zu sehen. Die Folgen der Beatmungslunge zwingen uns weiterhin, zusätzlichen Sauerstoff zu geben. Vor uns liegt noch ein wochenlanger, mühsamer Weg. Wenn alles gut geht und die Herzkraft nicht erlahmt, Alfreds Blut durch die veränderte Lunge zu pumpen, wird die Selbstheilung seines Atemorgans schließlich ausreichen, dass er ohne zusätzlichen Sauerstoff auskommen kann.

Die meisten unserer Patienten haben es leichter. Aus dem Winzling Daniel von nicht einmal 800 Gramm ist inzwischen eine pausbäckige Persönlichkeit geworden. Manchen Abend höre ich ihn mit wütender Piepsstimme nach dem nächsten Fläschchen krähen. Vergessen sind die vier Tage an der Beatmungsmaschine. Oder Sarah, der niemand mehr als den Hauch einer Chance gegeben hätte: Sie war nach 25 Schwangerschaftswochen zur Welt gekommen, 680 Gramm schwer. Jetzt schlummert sie im Brutkasten, als sei sie schon immer ein normales Kind gewesen, nur eben etwas klein. Wir mussten allerdings auch zusehen, wie die Lungen anderer Kinder tödlich versagten, die bei der Geburt reifer zu sein schienen als die Fünflinge. Wir können nicht wissen, welches Schicksal den Kindern bevorsteht, wenn wir zur Geburt gerufen werden.

Der Sommertag ist vergangen. Wir erwarten Zwillinge aus der 32. Schwangerschaftswoche, irgendwann in der Nacht.

Da schrillt das Telefon. Es ist so weit.

ROBERT McCRUM

Wettlauf gegen den Hirntod

*Hirnschlag – ein grausames Wort.
Und ein Ereignis, das – so scheint es – fast jeden treffen kann.
Auch »vitale Vierziger« wie den Autor dieser Geschichte.
Das Protokoll einer erzwungenen Verwandlung.*

Was in der Nacht des 28. Juli in meinem Kopf geschah, weiß niemand genau. Aber es muss sich ungefähr so abgespielt haben: Ein Gerinnsel blockierte eine der Arterien tief im Innern meines Gehirns und unterbrach die Versorgung eines Organs, das – neben dem Herzen – am gierigsten nach Blut verlangt. Einige Stunden später zerrissen Adern – eine Blutung in der rechten Hirnhälfte überschwemmte die Nervenzellen und vernichtete sie unwiderruflich.

Von diesem zerebralen Drama hatte ich keine Ahnung. Ich ging mit rasenden Kopfschmerzen ins Bett, und als ich am nächsten Morgen aufwachte, konnte ich mich kaum noch bewegen. Über Nacht hatte ich einen, wie der Facharzt später sagte, „rechtshemisphärischen zerebralen Infarkt mit Einblutung" erlitten: einen Schlaganfall. In den Industrienationen ist ein Schlaganfall die dritthäufigste Todesursache. Aber das wusste ich damals nicht.

Es war ein Samstagmorgen wie jeder andere. Ich lag im Bett, allein in unserem vierstöckigen Haus im Londoner Stadtteil Islington, und konnte nicht aufstehen. Meine Frau, die Journalistin Sarah Lyall, war in San Francisco. Wir hatten zwei Monate zuvor geheiratet, und wieder solo zu sein war ungewohnt für mich. So hilflos dazuliegen war allerdings noch ungewohnter. Aber ich hatte keine Schmerzen. Vermutlich war ich kaum bei Bewusstsein. Unten hörte ich die Standuhr achtmal schlagen. Hinter den schweren Gardinen leuchtete ein schöner Tag. Durchs offene Fenster kamen Geräusche von der Straße.

Eigentlich wollte ich an diesem Vormittag meine Eltern in Cambridge besuchen. Also Zeit aufzustehen. Aber ich konnte mich nicht rühren. Genauer gesagt: Meine linke Seite war bewegungslos. Ich wälzte mich im Bett umher und versuchte vergebens, mich aufzusetzen. Ich wünschte mir, Sarah wäre da. Aber, so seltsam es klingt, ich empfand keine Panik. Ich war nur verärgert – und verwirrt. Vor kurzem hatte ich mit besten Noten einen medizinischen General-Check absolviert – warum wollte mein Körper mir nicht gehorchen?

Kurz vor meinem 42. Geburtstag hatte Sarah, Tochter eines New Yorker Arztes, eine medizinische Expertise verlangt: Sie kannte meinen Lebensstil – eine an beiden Enden brennende Kerze. Sie wollte kein Wrack heiraten. Meine Beteuerungen, dass die McCrums praktisch unsterblich seien – alle meine Großeltern wurden über 80 –, beeindruckten sie nicht. Also ließ ich mir bei Dr. Guy O'Keeffe am Eaton Place einen Termin geben. Der junge Doktor presste, drückte und stach. Er überprüfte Blut und Urin. Er wog und maß und belauschte die geheime Kommunikation meiner lebenswichtigen Organe.

Nach etwa 30 Minuten durfte ich mich wieder anziehen. Zwar mussten die Ergebnisse noch im Labor analysiert werden, aber alle sichtbaren Zeichen sprachen dafür, dass ich fit war. „Für einen so großen Mann sind Sie o.k., aber behalten Sie Ihr Cholesterin im Auge", sagte der Arzt. Es sei gut, dass ich nicht rauchte. Aber es könne nicht schaden, wenn ich mich beim Trinken etwas zurückhielte. Da ich Weißwein nie für ein alkoholisches Getränk gehalten hatte, wollte ich selbstverständlich wissen, wie viel denn so „erlaubt" sei. Eine halbe Flasche täglich gehe wohl in Ordnung, meinte Dr. O'Keeffe.

Als ich wieder auf der Straße stand, segnete ich meine langlebigen Ahnen. Es gab nichts, was ich mir nicht zugetraut hätte. Dschungelkämpfe? Skitouren? Kein Problem. Meine Gene gehörten offenkundig zur gehobenen Klasse.

So hatte es im Juni ausgesehen. Inzwischen waren Sarah und ich von der Hochzeitsreise nach London zurückgekehrt. Auf die Flitterwochen folgte ein Monat mit Partys, bei denen meine Frau meine Freunde und Bekannten kennen lernte. Es schien alles zu sein wie im Märchen: Und wenn sie nicht gestorben sind, dann leben sie noch heute. Im Juli flog Sarah nach San Francisco, um die Schriftstellerin Amy Tan zu interviewen. Acht Tage Trennung. Ich brachte sie zum Flughafen. Im Rückspiegel sah ich eine zierliche blonde Frau mit einem viel zu großen roten Koffer, die mir zuwinkte. Und ich betete, dass ihr nichts zustoßen möge.

Hier lag ich nun, eine Woche danach, und kam nicht aus dem Bett. Abertausendmal habe ich seither diesen Augenblick wieder erlebt und vergebens nach irgendeiner Erklärung gesucht. Es war der Moment, in dem mein Leben sich teilte in ein „altes" und ein „neues".

Dabei war ich längst für eine Veränderung bereit. Allerdings ohne sagen zu können, was anders werden sollte. 17 Jahre lang hatte ich als

Cheflektor gearbeitet, kannte Autoren wie Kazuo Ishiguro, Paul Auster und Milan Kundera. Daneben schrieb ich gelegentlich als freier Journalist, meist über die Unruheherde der Welt. Ich war in Peru während des Präsidentschafts-Wahlkampfs von Mario Vargas Llosa, in Kambodscha während der Untac-Wahlen und jüngst in Ost-Timor. Wie manche meiner Generation beneidete ich meine Eltern um deren Kriegserlebnisse.

Ob bewusst oder nicht: Ich war dauernd auf der Suche nach einer intensiven Erfahrung – nach einer Gefahr, aus der ich gleichwohl heil hervorgehen würde. Unter meinen feinen Anzügen trug ich im Geist Fliegerjacken und Jeans. Und ich redete mir ein, dass ich auf der Straße mehr zu Hause sei als in den schicken, herzlosen Londoner Salons der Thatcher-Jahre. Trotzdem befriedigte mich meine Arbeit nicht.

Am Abend vor meinem Schlaganfall hatte ich etwas gemacht, was ich heute als typisch für mein „altes" Leben ansehe: Ich hatte mich zum Essen mit einer Literaturagentin verabredet, um mit ihr über das Leben zu reden – über das ihre und das meine. Bevor ich mir ein Taxi ins Westend bestellte, warf ich rasch ein paar Tabletten gegen die Kopfschmerzen ein, die mich schon den ganzen Tag geplagt hatten. Im Lokal, dem „Ivy" in Covent Garden, bestellte ich mir ein Glas Champagner, während ich auf Kathy wartete. In meinem damaligen Leben hatten sich die meisten Verstimmungen mit diesem Mittel unweigerlich aufheitern lassen – was viele Autoren, die im „Ivy" mit mir die Nächte durchzecht haben, bezeugen können.

Als Kathy und ich beim Kaffee angelangt waren, merkte ich, dass ich noch immer Kopfschmerzen hatte. Ich fühlte mich unerklärlich müde. Verwundert registrierte ich, wie undeutlich und schwerfällig ich nach nur zwei Gläsern Champagner redete. Die Abbuchung der Kreditkarten-Firma belegt, dass ich um 22.38 Uhr meine Rechnung bezahlt habe. Als wir hinausgingen, stimmte irgendetwas nicht. Meine Beine fühlten sich schwammig an, als ob ich durch Sirup watete. Zu Kathy sagte ich nichts. Was immer es war, es würde schon vergehen.

Wir erreichten St. Martin's Lane, keine 100 Meter zu Fuß, aber jeder Schritt machte mir mehr zu schaffen. Ich verabschiedete mich von Kathy und winkte ein Taxi heran. Ich hatte Mühe, meine Adresse zu artikulieren, und der Fahrer wiederholte sie überdeutlich, als hätte er es mit einem Betrunkenen zu tun. Schwerfällig kletterte ich ins Fahrzeug und ließ mich auf den Rücksitz sinken.

Als wir in Islington ankamen, fühlten meine Beine sich wie Blei an. Ich schwankte wie ein Tiefseetaucher, aber ich schaffte es bis zur Haustür, ohne umzufallen. Es ging mir nicht gut, so viel war klar.

Aber die Symptome waren mir fremd. Ich suchte Linderung durch das englische Allheilmittel – eine Tasse Tee. Auf dem Anrufbeantworter in der Küche hörte ich eine muntere Nachricht von Sarah, die mir ihre Hotel-Telefonnummer durchsagte. Aber ich fühlte mich so müde, dass ich beschloss, erst am Morgen zurückzurufen. Ich griff nach der tröstenden Tasse Kräutertee und stieg die Treppen hinauf ins Bett. Am nächsten Morgen, so nahm ich mir vor, wollte ich früh los, um vor dem Wochenendverkehr auf der Straße nach Cambridge zu sein.

Führt ein Schlaganfall im Gehirn zum „eingebluteten zerebralen Infarkt", erlebt der Körper eine kolossale Störung seiner sensorischen Steuerung. Aus einem zivilisierten Zeitgenossen, der wie ich in einem Trend-Restaurant ein teures Menü bestellen kann, wird buchstäblich über Nacht ein inkontinenter Leichnam.

Ich war wach, aber meine Gliedmaßen reagierten nicht. Meine Erinnerung an den ersten Teil des Morgens ist lückenhaft. Vielleicht verlor ich das Bewusstsein, vielleicht schlief ich. Meine nächste Erinnerung ist wieder die Uhr: Sie schlägt zehn. Zehn Uhr! Ich schaffe es nie bis Cambridge!

Mit größter Anstrengung rollte ich mich an den Rand unseres großen Messingbetts. Und schlug der Länge nach auf den Fußboden: Meine schwere linke Seite hatte mich über die Kante gezerrt. Jetzt wurde mir unheimlich. Mein erster Gedanke war das Telefon, ich musste Hilfe herbeirufen. Ein Apparat stand auf dem Tisch neben dem Bett – inzwischen unerreichbar. Außerdem hatte ich Sarahs Telefonnummer unten in der Küche gelassen. Ich lag, von der Außenwelt abgeschnitten, nackt am Boden meines Hauses.

Inzwischen hatte ich ein dringenderes Problem: Ich musste pinkeln. Plötzlich spürte ich einen heißen Urinstrahl auf der Brust. Danach verlor ich offenbar das Bewusstsein, denn als ich zu mir kam, war es viel später: Das Licht an der Decke verriet mir, dass die Sonne höher stand. Die Straße war lauter. Das Telefon klingelte, aber nur kurz – es war zum Wahnsinnigwerden. In der Küche schaltete sich der Anrufbeantworter ein. Hier oben konnte ich nichts verstehen.

Die Zeit verschwamm. Als die Uhr wieder schlug, war es drei. Das Telefon klingelte noch mehrmals am Nachmittag. Wir hatten die Maschine so eingestellt, dass sie sich nach zweimaligem Klingeln einschaltete. Und in jenem alten Leben, das heute so fern gerückt zu sein scheint, hechtete ich gern übers Bett, um den Hörer abzunehmen, bevor der Anrufbeantworter seine Ansage begann. Die Resultate jenes Tages lauteten: British Telecom 7, McCrum 0.

Woran dachte ich dort auf dem Fußboden? Die nicht eingehaltene Verabredung mit meinen Eltern wurde zur Obsession. Ich suchte nach möglichen Erklärungen für meine Bewegungslosigkeit. Vielleicht hatte ich einen Hirntumor. Meine Cousine Jane war daran gestorben. Ich malte mir aus, wie ich mit der Kraft meiner beweglichen rechten Seite über die Straße humpelte, ins Auto stieg und irgendwie einarmig losfuhr. Wie eine Ratte im Laufrad raste ich hinter Auswegen her.

Wieder klingelte das Telefon, wieder hörte es auf. Ich musste irgendetwas unternehmen. Im Wohnzimmer, ein Stockwerk tiefer, gab es ein Telefon, das auf dem Boden stand. Wie konnte ich es erreichen? Mit übermenschlicher Anstrengung, so erscheint es mir heute, robbte ich mich einarmig quer durchs Schlafzimmer über den Teppich bis an die Treppe. Glücklicherweise befand sich das Geländer auf der rechten Seite, so dass ich mich über die erste Stufe ziehen konnte. Wieder übernahm meine bleischwere linke Seite die Kontrolle, und ich rutschte schmerzhaft die Stufen hinab bis zum Treppenabsatz.

An diesen Teil des Tages erinnere ich mich besonders lebhaft. Ich lag einige Stunden lang auf dem Rücken und starrte hinauf zu einer gerahmten braungrünen Karte von Indochina, einem Souvenir meiner Reise nach Phnom Penh im Jahre 1993. Damals hatte ich nach Abenteuern gesucht. Jetzt erlebte ich tatsächlich eines: Über Nacht war ich in ein fremdes Land geraten, dessen Namen ich nicht kannte.

Ich war verwirrt, aber auch irgendwie neugierig. Fast als befände ich mich gar nicht mehr in meinem Körper, der mich so schmählich im Stich gelassen hatte. Bis heute begleitet mich die Frage, ob das „Ich", das diesen Text mit der intakten rechten Hand tippt, überhaupt identisch ist mit dem „Ich", das früher mit beiden Händen 200 Anschläge pro Minute geschafft hat.

Während der Abend kam, manövrierte ich mich in die Ausgangsposition für die nächste Etappe: weiter hinab zum Wohnzimmer. Diesmal wollte ich nicht ins Rutschen geraten. Mit der rechten Hand am Geländer steuerte ich mich, wieder mit dem Kopf voran, ganz langsam nach unten. Hier war es dunkel und angenehm kühl. In der Nähe tickte die Uhr, deren Schläge meinen Tag unterteilt hatten. Ich kroch weiter und erreichte das Wohnzimmer. Dort am anderen Ende des Teppichs war das Telefon. Ich fühlte mich wie ein Pionier, der endlich die Rockies überwunden hat und in Kalifornien ankommt.

British Telecom registrierte, dass ich meine Eltern um 19.53 Uhr anrief und dass der Anruf zwei Minuten dauerte. Den Notruf zu benutzen, kam mir gar nicht in den Sinn. Meine Mutter nahm den Hörer ab. Sie war inzwischen über mein Ausbleiben sehr besorgt. Offenbar teilte ich ihr mit, dass ich mich nicht bewegen konnte. Sie versuchte, länger mit mir zu reden, aber ich hatte bereits aufgelegt. Ich war unglaublich glücklich.

Alles weitere geschah blitzschnell. Als das Telefon wieder klingelte, war mein Bruder Stephen dran. Er und seine Verlobte Emily seien auf dem Weg. Die Polizei hätten sie schon benachrichtigt. Von der Straße her hörte ich eine Sirene, dann dröhnten die schweren Stiefel der Ordnungshüter die Stufen zu meiner Haustür hinauf, eine Stimme rief durch den Briefschlitz. Ich antwortete mit Mühe: „Nein, ich kann die Tür nicht aufmachen."

Noch eine Sirene, das Geräusch von splitterndem Holz: Polizisten waren in den Garten geklettert und kamen nun durch die Hintertür ins Haus. Mir fiel plötzlich ein, dass ich nackt war, aber meine Erschöpfung war größer als mein Schamgefühl. Nach dem langen Tag allein genoss ich es, Leute um mich zu haben – und zwar ziemlich viele –, die Anteil nahmen an meinem Zustand. Sanitäter in grünen Kitteln beugten sich über mich mit dem unbekümmerten Wohlwollen kräftiger Möbelpacker und prüften, ob ich ansprechbar war: „Wann sind Sie geboren? Wo wohnen Sie?"

Vor meinem Haus hatte sich eine Menschentraube gebildet. Neugierige Nachbarn, angelockt durch die Ankunft der Polizei. Vielleicht hofften sie auf einen Mord. In kürzester Zeit war ich im Notarztwagen. Emily hielt meine Hand. Die Türen schlossen sich, die Sirenen begannen zu jaulen, wir fuhren los. Ich war glücklich. Meine Familie war bei mir. Ich war auf dem Weg ins Krankenhaus, ich hatte überlebt. Durchs Fenster sah ich die Welt des Wochenendes wie aus großer Distanz vorüberziehen: das Gedränge beim Einkaufsbummel, Autos, die sich durch den dichten Verkehr fädelten, Leute mit Biergläsern in der Hand vor den Kneipen.

Wir schienen gerade erst in Richtung Notaufnahme gestartet zu sein, als ich mich schon auf einer Krankentrage wiederfand und hörte, wie zwei junge Ärzte meinen Fall mit gesenkter Stimme besprachen. Ab und zu beugte sich einer mit Knoblauchatem über mich und leuchtete mir in die Augen – ein Standard-Test zur Überprüfung der Hirnfunktion. Oft führen Schlaganfälle zum Anschwellen des Gehirns, eine tödliche Gefahr. Als ich hörte, dass man einen Spezialisten am Telefon habe, befürchtete ich schon, der Chirurg würde mir im OP ruckzuck ein Stück vom Schädel entfernen, bevor meine Eltern die Klinik erreichten.

Es entspann sich eine Telefon-Konferenz, während ich dalag und mit dem Schlimmsten rechnete. Aber der Spezialist kam nicht. Dafür rollte man mich über Nacht auf die Intensivstation. Inzwischen wollte ich nur noch schlafen. Die Müdigkeit kam in mächtigen Wellen über mich und zog mich hinab in traumloses Dunkel. Sarah erzählte mir später, dass zu diesem Zeitpunkt keine akute Lebensgefahr mehr bestanden habe. Aber ich war ohnehin mit allem einverstanden, fühlte mich fast heiter. Wenn ich denn sterben sollte, so war dies nicht die schlechteste Art.

Ich starb nicht, wie sich gezeigt hat. Aber physisch fühlte ich mich wie von einer Axt gefällt. Das linke Bein konnte ich nicht bewegen, der linke Arm baumelte von der Schulter wie ein totes Kaninchen. Eine Woche lang hatte ich in meiner linken Gesichtsseite kein Gefühl, als hätte mein Zahnarzt mir ein starkes Betäubungsmittel gespritzt. Stehen war unmöglich. Meine Aussprache war nuschelig, mein Penis steckte in einem kondomartigen Katheter, der meinen Urin in einen Plastikbeutel entleerte. Und alle drei Stunden kamen ein paar Krankenschwestern und drehten mich im Bett herum wie einen Spießbraten überm Feuer. Ich fühlte keine Schmerzen, nur überwältigende Müdigkeit. Jeder kleine Zwischenfall weckte das unwiderstehliche Verlangen nach Schlaf. Nach ein paar Tagen konnte ich zwar im Stuhl sitzen, aber nur mit äußerster Anstrengung, die Muskeln meiner linken Körperseite besaßen nicht die geringste Kraft.

Nach meiner ersten Krise, die das öffentliche Gesundheitswesen vorbildlich gemanagt hatte, wurde ich in eine Privatabteilung des National Hospital, Queen Square, verlegt. Dieser Umzug war nicht ohne Ironie, denn die imposante Rotklinkerfassade dieses weltberühmten Zentrums für Neurologie und Neurochirurgie liegt meinem Verlagshaus direkt gegenüber. 17 Jahre lang hatte ich aus meinem Fenster zu den kahl geschorenen, schlurfenden Gestalten in Pyjamas hinübergeschaut und mich gefragt, was denen wohl fehlen mochte. Jetzt lernte ich den schäbigen, höhlenhaften viktorianischen Bau von innen kennen.

Hohläugig und bleich kehrte Sarah aus San Francisco zurück. Sie kampierte während der folgenden Woche auf einer Liege in meinem Zimmer. Wenn ich mich rührte, war sie da. Sie hatte ihre eigene Krise hinter sich. Als meine Mutter ihr am Telefon ominös mitteilte: „Robert geht es nicht besonders gut", hatte sie daraus geschlossen, wie sie mir später sagte, dass ich jeden Moment sterben würde. Wie betäubt hatte sie das nächste Flugzeug genommen und versucht, sich den endlosen Elf-Stunden-Flug nach London mit diversen Whiskys abzukürzen. Noch niemals, sagt sie, habe sie sich so einsam gefühlt wie in jener Nacht unter lauter Fremden im abgedunkelten Flugzeug. Einmal, als sie es nicht mehr ertragen konnte, habe sie sich an ihre Nachbarin gewandt: „Würde es Ihnen etwas ausmachen, wenn ich ein bisschen mit Ihnen rede? Mein Mann hat gerade einen Schlaganfall erlitten." Die Frau habe geantwortet: „Ich verstehe überhaupt nichts von Schlaganfällen" und sei wieder hinter ihrer Illustrierten verschwunden.

Schwere Kopfschmerzattacken begleiteten die erste Phase meiner Rekonvaleszenz. Ich solle mir die Verletzung im Gehirn als eine Art Bluterguss vorstellen, riet mir mein Arzt Andrew Lees. Im Laufe der Zeit würden Makrophagen das zerstörte Gewebe buchstäblich auffressen und schließlich eine Narbe zurücklassen. Eine frühe Aufnahme mit dem Kernspintomographen zeigte mir, was Lees meinte: einen bedrohlichen schwarzen Fleck tief im Innern meines Gehirns, im so genannten Stromgebiet der *Arteria cerebri media*, wie der medizinische Bericht die Stelle lokalisierte. Der unheimliche Fleck würde allmählich schrumpfen und verblassen. Aber weshalb mich der Schlag überhaupt getroffen hatte, konnte mir auch die brillante Aufnahme aus meinem Innern nicht erläutern.

Bei Patienten in meinem Alter bleiben rund 20 bis 30 Prozent der Schlaganfälle unerklärlich. Das ist für Ärzte wie Patienten gleichermaßen irritierend. Aber die Spezialisten vom Queen Square hinderte das nicht daran, wie besessen an die Stätte des „Verbrechens" zurückzukehren. Hatte sich womöglich in meinen Herzgefäßen ein Gerinnsel gebildet? Eine „transoesophageale Echokardiographie" sollte Klarheit bringen. War vielleicht die Schilddrüse schuld? Eine weitere Blutprobe ging zur Analyse.

Untersuchungen wie diese beschäftigten mich während des ersten Monats im Krankenhaus. Aber eine eindeutige Ursache des Hirnschlags wurde nicht entdeckt. Und es konnte mir auch niemand genau sagen, wie lange ich vermutlich mattgesetzt bleiben würde. Die Experten flüchteten sich in vage Vorhersagen: In einem Jahr würde ich wieder obenauf sein. Weitere sechs Monate danach würde man voraussichtlich erkennen, wie weit ich die Beweglichkeit meiner linken Körperhälfte wiedererlangen könnte. Dann könnte ich „eventuell" auch meinen Arm wieder „gebrauchen".

Vorerst blieb ich stark behindert. Besorgt wartete ich auf erste Anzeichen von Reparaturprozessen in meinem Gehirn. Der Tag, an dem ich meinen linken großen Zeh bewegen konnte, war wie die Entdeckung der sechsten Dimension. Aber solche Glücksmomente waren rar. Dagegen weinte ich viel, manchmal leise, manchmal heftig – ob ich einen Grund dazu hatte oder nicht. Das ist typisch für Schlaganfall-Patienten.

Dr. Lees hatte mir versichert, dass mein Gedächtnis, meine Denkfähigkeit durch Ausfälle im Gehirn nicht berührt würden. Aber Sarah sorgte sich selbstverständlich, ob meine Persönlichkeit durch den Schlag nicht verändert sei. Amüsiert beobachtete ich, wie sie meine Tagebucheintragungen durchblätterte, während ich zu schlafen schien.

Gebetet habe ich nicht. Besucher fragten mich später, ob ich „angesichts des Abgrunds" religiöse Empfindungen verspürt hätte. Davon weiß ich nichts. Aber mir erschien plötzlich alles auf der Welt unendlich kostbar. Draußen zog der prächtigste englische Sommer durchs Land. Ich aber blieb eingesperrt in meinem Zimmer und sehnte mich nach dem Himmel, der Erde, dem Meer.

Außerhalb des Krankenhauses, in der Welt der Medien, hatte mein Schlaganfall Beunruhigung ausgelöst. Auf Autoren, Journalisten, Redakteure, die so lebten wie ich einst, wirkte er wie ein Memento mori. Mein Verlagschef klagte, dass es ihn allmählich nerve, ständig Auskunft über meine Gesundheit geben zu müssen. Er werde, scherzte er, demnächst einen Sticker am Revers tragen mit der Aufschrift: „Robert McCrum ist tot."

Mit peinigender Langsamkeit erlangte ich allmählich einige physische Fähigkeiten zurück. In den ersten zwölf Wochen blieb mir nur der Rollstuhl, wenn ich mich fortbewegen wollte. Eine der Krankenschwestern oder auch Sarah schoben mich durch die Gegend. Es fiel mir furchtbar schwer, mich mit meiner eigenen Hilflosigkeit abzufinden. Und ich schaffte es nicht, meine Empfindungen unter Kontrolle zu bringen: Also schimpfte ich ständig mit denen herum, die mich spazieren fuhren.

Zur schlimmsten Auseinandersetzung zwischen Sarah und mir kam es, als mein Rollstuhl in einer Fahrrinne im Asphalt stecken blieb. Da mir niemand sagen wollte, wann ich wieder laufen würde, sah ich mich in verzweifelten Augenblicken als Krüppel auf Lebenszeit. Manchmal dachte ich, ich wäre lieber tot, als so weiterzumachen.

Sobald die Routine der täglichen Physiotherapie begann, konnte ich wenigstens kleine Veränderungen registrieren. Aber selbst dieser Prozess verlangt von Schlaganfall-Patienten viel Geduld.

Vor sechs Monaten wäre ich kurz über die Straße gelaufen, um einen Brief einzustecken. Jetzt stemme ich mich mühsam vom Stuhl hoch, taste umher nach meinem Stock, humple zur Tür, überwinde die Stufen bis zur Straße und schlurfe zur Ecke: Dazu brauche ich acht Minuten. Dann schleppe ich mich heim und falle aufs Sofa, ausgepumpt wie nach einem Marathonlauf.

Der Schlaganfall und seine Folgen haben mich abhängig gemacht von meiner Frau. Wir sind uns sehr nah gekommen: Wäre ich nicht krank geworden, hätten wir Jahre gebraucht, um derart vertraut miteinander zu werden. Sarah, die mich auch geheiratet hat, weil ich „vital und stark" wirkte, erlebt mich in meinen schwächsten Augenblicken. Anfangs war dies für uns beide extrem anstrengend. Wir mussten uns dauernd neu aufeinander einstellen. Besonders nachdem ich nach Hause entlassen worden war, brauchte ich Sarahs Hilfe bei unzähligen banalen Tätigkeiten: Wenn ich morgens in die Wanne steigen und wenn ich wieder hinaus wollte. Oder beim Anziehen.

Vieles schaffe ich inzwischen allein, aber für viele kleine Handgriffe wie das Binden eines Schlipses, das Schließen eines Manschettenknopfs, das Überstreifen meiner Socken bin ich auf Sarah angewiesen. Sie bugsiert meinen linken Fuß mitsamt der Schiene, die den Knöchel stützt, in den Schuh und bindet die Schnürsenkel.

Heute habe ich mich mit der Langsamkeit angefreundet. Früher war ich für meine Schnelligkeit bekannt. Anfangs hat mir dieser Gegensatz ständig zu schaffen gemacht. Geduld kommt nicht von allein. Nach der eigentlichen Krise folgt eine Phase, die mir Dr. Greenwood, mein Reha-Spezialist, als „die Stromschnellen" ankündigte. Er hatte recht: Das kleine Boot meiner persönlichen Identität wurde immerzu hin- und hergeworfen und wieder und wieder überschwemmt. Die Monate, in denen ich begriff, dass ich überleben, aber nie wieder der Alte sein würde, gehören zu den schrecklichsten meines Lebens. Mich drückten Depressionen, Ärger, Mutlosigkeit und die Furcht, es nicht zu schaffen. Mit 42 war ich ein gebrechlicher Mann, an dem die Welt vorüberzieht, während er traurig der Vergangenheit nachhängt.

Seit einigen Wochen komme ich ohne Rollstuhl aus. Ich fahre Auto, ich arbeite wieder. Mit dem Stock kann ich ganz kurze Spaziergänge unternehmen. Mir ist klar, dass ich nicht eines Tages aufwachen und wieder gesund sein werde. Jede Veränderung meines physischen Zustands ist kaum wahrnehmbar – oder nur für Menschen wie Sarah, die mich ständig beobachten. Mein täglicher Frust ist wie der über den Verlust der Brieftasche – einer Brieftasche, die man jeden Tag erneut verliert. Und zwar mit allen wichtigen Adressen und Telefonnummern. Man weiß, wie viele Stellen man anrufen, wie viele Verbindungen man mühsam wieder herstellen muss – all die Kontakte, die den Alltag erträglich machen.

Manchmal liege ich im Bett und denke: Vielleicht habe ich das alles geträumt? Ist mir das wirklich passiert? Nein, ein Traum war das nicht: Ich bin nur für immer ein anderer geworden.

MICHAEL O. R. KRÖHER

Versuchskaninchen Mensch

Bevor eine chemische Substanz als Medikament in die Apotheke kommt, muss ihre Wirksamkeit auch an Menschen überprüft werden. Renommierte Pharma-Unternehmen probieren ihre Neuentwicklungen durchweg in werkseigenen Stationen aus, meist an Betriebsangehörigen und unter peniblen Kontrollen. Etwas ganz anderes erlebte Michael O. R. Kröher: Er war Proband für ein »Nachahmer-Präparat« – in einem der zahlreichen Institute, deren einziger Geschäftszweck das Testen ist.

Das Inserat war unauffällig. „Wir suchen", stand Woche für Woche in der Rubrik „Arbeit" des Kleinanzeigenblättchens, „gesunde Männer im Alter von 20 bis 40 Jahren für pharmakologische Studien. Honorar nach Umfang der Studie." Unter der angegebenen Hausnummer logierte nur die Verwaltung des *Instituts*; die Probandenstation fand sich ein paar Meter weiter. Man übersah das niedrige Einzelhaus leicht, so weit stand es hinter die knallbunten Fassaden der umliegenden Fast-Food-Restaurants, Jeans-Läden, Dro-Märkte und Spielhallen versetzt. Kein Firmenemblem schmückte die Tür, am Klingelkasten klebte nur ein provisorisches Etikett. Der Firmenname in krakeliger Filzschreiber-Schrift war schon fast verblichen.

Auf der Etage herrschte Konfusion. Es gab keine Anmeldung, nicht einmal ein Schild, das einem Neuankömmling den Weg weisen konnte. Erst ein hilfsbereiter Proband schickte den Besucher ins richtige Zimmer.

Die „Zentrale" war ungefähr zehn Quadratmeter groß. Eine Frau im weißen Kittel telefonierte, eine zweite nahm einem Probanden gerade Blut ab, eine dritte sortierte Formulare auf der Liege, die den größten Teil des Raumes ausfüllte, eine vierte schubste den neuen Bewerber wieder auf den Flur. Sechs Personen wären auch wirklich zu viel für die winzige Kammer gewesen.

Draußen im Flur erklärte sie ohne Umschweife, dass es noch Plätze bei einer Studie über Diclofenac gebe. Das sei ein Mittel gegen

Rheuma. Am Freitag laufe der erste Versuch von halb acht bis halb fünf, das gleiche noch einmal am Dienstag, für insgesamt 310 Mark Honorar. Alles Wissenswerte stehe in den Fotokopien, sagte die Frau und drückte sie dem Kandidaten in die Hand.

Der verwinkelte Altbau strahlte die Atmosphäre eines Obdachlosenasyls aus, die Klientel rekrutierte sich zum Großteil aus der Bandbreite, die der Begriff „Schmuddelkinder" umreißt. Im Aufenthaltsraum liefen Radio und Fernseher gleichzeitig. Hämmernde Discorhythmen, Reklamegesäusel und das Gequietsche einer amerikanischen Comic-Serie vermengten sich in nervenaufreibender Lautstärke. Die Raufasertapeten waren speckig und abgeschubbert, in den Ecken standen blaue Plastik-Müllsäcke, hüfthoch gefüllt. Noch bevor sich der Neuling eingehender orientieren konnte, wurde er zur Blutabnahme in die „Zentrale" gerufen. Das sei Teil der Eingangsuntersuchung, sagte man ihm dort.

Arzneimittel-Versuche am Menschen sind in der Bundesrepublik gesetzlich vorgeschrieben. Bei neuen Medikamenten, wenn es also um die Chance eines medizinisch-pharmakologischen Fortschritts geht, sind sie einerseits als „klinische Prüfung" Teil eines wissenschaftlichen Erkenntnisprozesses, andererseits eine der Grundlagen für ein kompliziertes Zulassungsverfahren des Bundesgesundheitsamts, das jedes neue Mittel bestehen muss, bevor es hierzulande verschrieben, verkauft und angewendet werden darf.

Wesentlich einfacher liegen die Verhältnisse, wenn es um die Markteinführung so genannter „Generika" geht. Diese „Nachahmer-Präparate" enthalten ausschließlich bekannte Wirkstoffe, deren Patentschutz abgelaufen ist. Sie dürfen daher von jedermann hergestellt werden – preisgünstig, weil keine hohen Forschungskosten mehr einzuspielen sind. Und sofern diese Medikamente nur für die bereits genehmigten Indikationen angewendet werden sollen, gelten die erwünschten und unerwünschten Wirkungen als genauso bekannt wie die therapeutischen Dosen und die Gegenanzeigen.

Trotzdem ist auch hier in vielen Fällen ein Durchlauf von Versuchen am Menschen obligatorisch. Immerhin muss sichergestellt sein, dass das Generikum seine Wirkstoffe ausreichend rasch freisetzt und ausreichend hohe Konzentrationen im Blut erreicht, dass es mit derselben Geschwindigkeit und über dieselben biochemischen Wege im Organismus abgebaut wird wie das bekannte, bereits zugelassene Markenpräparat.

Da es bei den Generika also weder um das Streben nach wissenschaftlicher Erkenntnis noch um medizinischen Fortschritt geht, sondern lediglich um ein möglichst großes Stück vom Kuchen der 21,4 Milliarden Mark, welche die Pharma-Industrie der Bundesrepublik 1987 umgesetzt hat, sind die Probanden-Studien zur Verbraucher-Sicherheit eher eine Formalie (Arzneimittelproduktion in Deutschland 1998: rund 34,8 Milliarden Mark). Man nimmt die Hürde vor dem Geldverdienen mit so geringem Aufwand wie nur möglich. Da erscheint es oft am besten, man delegiert die Versuchsdurchführung und -auswertung an bereitwillige Dienstleistungsbetriebe.

Das *Institut* war eine solche Firma. Ihre Auftraggeber gaben knappe Terminpläne und scharf kalkulierte Etats vor. Daraus wollte das *Institut*, wie jedes Unternehmen in der freien Wirtschaft, größtmöglichen Gewinn zurückbehalten.

Für jedes Experiment wird ein gutes Dutzend „gesunder Probanden" gebraucht, die an einem Versuchstag das Medikament mit gesichertem Standard, an einem anderen das neue Generikum nehmen. In vorher festgelegten Abständen zapft man ihnen Blut ab, bestimmt daraus die Wirkstoffkonzentration und die Abbauprodukte und kann so feststellen, ob das Generikum genauso wirkt wie das bekannte Mittel, ob es die nötige „Bioäquivalenz" besitzt.

Voraussetzung ist natürlich, dass die Probanden tatsächlich gesund sind, dass sie das Medikament halbwegs normal „verstoffwechseln". Bewerber mit Leber-, Nieren- und Magen-Darm-Erkrankungen müssten folglich ausgeschlossen werden, allein schon, um ein einigermaßen exaktes Versuchsergebnis zu gewährleisten. Im Fall des Rheumamittels müssten außerdem Asthmatiker und Allergiker, Migränepatienten, Ohrenkranke, psychisch Labile und Nervöse auch dann entdeckt und aussortiert werden, wenn sie sich als gesund ausgeben – beispielsweise aus materieller Not. Denn ihre Beschwerden sollten nicht mit unerwünschten Wirkungen verwechselt werden können, die für Diclofenac beschrieben sind: Appetitlosigkeit, Übelkeit und Magenschmerzen, Durchfälle, Kopfschmerzen, Ohrensausen, Schwindel, Schlafstörungen, Haarausfall, Blutungen im Magen-Darm-Trakt, asthmatische Anfälle, Schädigungen von Leber und Nieren.

Ungleich komplizierter, umfassender und grundsätzlicher geht es bei der Erprobung tatsächlich neuer Medikamente zu. Wenn bekannte Wirkstoffe für bestimmte Krankheitsbilder bisher noch nicht genehmigt sind, wenn bereits zugelassene Substanzen in noch nicht geprüften Kombinationen zusammengestellt werden sollen oder wenn gar ein neu entdeckter Wirkstoff getestet wird, dann kann eben niemand von vornherein sagen, ob und in welchem Umfang das fertige Arzneimittel zu wirken vermag, ob es die ins Auge gefassten Leiden heilen oder eindämmen, ob es die Krankheitssymptome lindern wird. Arzneimittelforscher müssen herausfinden, welche unerwünschten Wirkungen das Präparat neben den therapeutisch erwünschten beim Patienten auslösen kann, vor allem, wenn dieser zusätzlich an anderen Krankheiten leidet und noch andere Medikamente einnimmt. Sie müssen feststellen, wann das Mittel nur mit äußerster Vorsicht, wann überhaupt nicht angewendet werden darf. Deshalb sind pharmakologische Experimente am Menschen unumgänglich, unverzichtbar.

Im *Institut* wurde der Neuling nach der Blutentnahme ins Arztzimmer geschickt. Das war zwar nagelneu in weißem Schleiflack eingerichtet, wirkte aber ebenso provisorisch wie der Rest des Etablissements: Es gab keinen Kleiderhaken, nicht einmal einen Stuhl, über den die Kandidaten ihre Garderobe hängen konnten.

Ein Endzwanziger fragte den Neuling nach Allergien und ob er sich derzeit gesund fühle. Er benutzte von vornherein das Du und stellte sich weder mit Namen noch in seiner Funktion vor. Immerhin bewegte er sich so selbstverständlich um den großen Schreibtisch herum, als gehöre er hierher. Anscheinend war er der untersuchende Arzt.

Noch eine Frage nach Operationen und Klinikaufenthalten (Antwort negativ), dann war die Erhebung der Krankengeschichte beendet. Die Brust des Probanden wurde kurz nach Atemgeräuschen und Herztönen abgehört („Nichtraucher?"), der Blutdruck gemessen („Zu hoch! Du bist wohl aufgeregt?" – Nicken – „Na gut."), ein EKG geschrieben („Alles normal"). Auf die Frage des Neulings, ob denn ein Proband bleibende Schäden von der Studie davontragen könne, schaute der Arzt erst einmal aus dem Fenster. Hundertprozentige Sicherheit gebe es in der Medizin grundsätzlich nicht, seufzte er schließlich. Aber nach allem, was man über das bereits zugelassene Medikament wisse, seien irreparable Defekte mit an Sicherheit grenzender Wahrscheinlichkeit auszuschließen.

Zumindest diese Behauptung war falsch. Diclofenac darf während der Schwangerschaft nicht genommen werden, weil es den Embryo schädigen kann. Auch das Merkblatt zur Probanden-Information erwähnte diese Gegenanzeige mit keinem Wort. Der Neuling dachte sich jedoch nichts dabei, da er davon ausging, dass nur männliche Versuchspersonen mitmachen, und die werden nicht schwanger.

Eine Frau platzte grußlos herein, durchwühlte einen Papierstapel im Regal, fragte schließlich nach der Karteikarte des Probanden S. Wer S. denn sei, fragte der Arzt zurück. Die Frau, offenbar seine Kollegin, zuckte mit den Achseln: „Keine Ahnung." Zu Beginn ihrer Tätigkeit am Institut sei ihr zu jedem Namen sofort das dazugehörige Gesicht eingefallen, sagte sie, heute wisse sie schon nach drei Stunden nicht mehr, wen sie alles untersucht habe. So gehe es ihm auch, pflichtete der Arzt bei: „Es sind einfach zu viele, die wir Tag für Tag hier durchpropellern müssen."

Der Weg von der pharmazeutischen Chemie, also dem nackten Wirkstoff, bis zum markt- und patientengerechten Arzneimittel ist lang. Dabei enthält nur ein verschwindend kleiner Teil aller neuen Präparate tatsächlich neue Wirkstoffe – von den 1013 Zulassungsanträgen und Registrierungen, die das Bundesgesundheitsamt 1988 abschließend bearbeitete, galten nur 62 Medikamenten mit neuen Wirksubstanzen (Zahl der Zulassungsanträge 1999: genau 2360; davon Medikamente mit neuen Wirksubstanzen: 342). Auch wenn man ein noch nicht beschriebenes Wirkprinzip eines bereits bekannten Arzneimittels entdeckt, muss man seinen Einsatz bei allen eventuell infrage kommenden Krankheiten sorgfältig erforschen. So wird etwa die Acetylsalicylsäure, als Aspirin seit 1899 das bekannteste leichte Schmerzmittel der Welt, seit einigen Jahren auch erfolgreich zur Vorbeugung oder Nachbehandlung von Thrombosen eingesetzt. Denn es dämpft nicht nur Schmerzen, sondern hemmt auch einen speziellen Vorgang bei der Blutgerinnung.

Ein anderer Weg zu einem neuen Arzneimittel ist die Neukombination bekannter Einzelstoffe – etwa zweier Antibiotika, die speziellen Krankheitserregern besonders schnell den Garaus machen. Lässt aber ihre kombinierte Wirkung die natürliche Bakterienbesiedlung des menschlichen Darmtraktes, der Haut, der Mundhöhle noch genauso unangetastet wie jedes der verwendeten Antibiotika für sich?

Wenn ein Forscher eine Substanz gefunden hat, von der er sich vorstellen kann, dass sich daraus ein neuer Arzneimittel-Wirkstoff entwickeln ließe, meldet er sie zum Patent an. Von diesem Zeitpunkt bis zur endgültigen Zulassung eines neuen Medikaments, bis zur Markteinführung, vergehen meistens knapp zehn Jahre, manchmal mehr.

So genannte „in vitro"-Versuche an Zellkulturen gehören hierbei zu den ersten Schritten. Dabei geht es unter anderem um die Frage, ob sich das künftige Arzneimittel nicht als giftig erweist, ob es das Erbgut der Zellen angreift, ob es also Mutationen oder bösartige Veränderungen hervorrufen kann. Monatelang schwimmen die Zellen in Nährlösungen, die unter Umständen von den untersuchten Stoffen das Tausendfache jener Konzentration enthalten, die jemals eine Zelle in einem menschlichen Organismus erreichen könnte. So anschaulich die isolierten Zellen auch reagieren mögen – es ist immer das spezifische Bild eines speziellen Zelltyps. Rückschlüsse auf das Verhalten ganzer Organe, eines Gesamtorganismus gar, lassen sich nur insoweit ziehen, als negative Reaktionen der Zellen gegen die neue Substanz sprechen. Will man nun nicht gleich mit Menschen experimentieren, sind Tierversuche unerlässlich.

Üblicherweise wird ein potenzielles Arzneimittel zunächst an zwei Tierarten ausprobiert, etwa an Ratten und Hunden, an Mäusen und Schweinen, an Meerschweinchen und Katzen. Oft kommen weitere Arten hinzu, manchmal auch Menschenaffen. Die Untersuchungen an Tieren liefern erste Aussagen über den Stoffwechsel der neuen Substanz, über deren Resorbierbarkeit und Wirkdauer, über Ausscheidungswege und die exakten Wirkmechanismen an den betroffenen Organen. Wird sie zum Beispiel bei der Passage durch die Leber chemisch so verändert, dass giftige Stoffe entstehen? Die tödliche Dosis wird bestimmt, und erstmals lassen sich Mindestdosen für bestimmte Effekte am menschlichen Organismus hochrechnen.

Erkenntnisse über mögliche Krebsrisiken, über Mutationen und Missbildungen werden gesammelt. Seit dem Contergan-Schock der späten fünfziger und frühen sechziger Jahre müssen die Gefahren einer Erbgutschädigung oder einer Entwicklungsstörung des Embryos akribisch erforscht werden. Die Untersuchungen auf eventuelle Mutationen und Missbildungen ziehen sich über mehrere Versuchstier-Generationen hin, manchmal bis zum natürlichen Tod der ersten Testtiere, um auch eventuelle Spätschäden zu erfassen.

Um möglichst umfassend die Gefahren zu erkennen, die in neuen Wirkstoffen stecken können, investieren die forschenden Pharma-Unternehmen im Laufe der „vorklinischen" Phase jeweils 50 bis 150 Millionen Mark in die Entwicklung und Erprobung eines neuen Arzneimittels. Weitere 150 bis 250 Millionen sind in der „klinischen" Phase aufzuwenden, in der das Mittel am Menschen getestet wird.

Im Vergleich dazu sind die Vorlaufkosten, die Hersteller von Nachahmer-Präparaten für den Antrag auf Zulassung ihres Generikums aufbringen müssen, mikroskopisch gering. In-vitro-Experimente an Zellkulturen entfallen ebenso wie Tierversuche. Beipackzettel und wissenschaftliche Fachbroschüren kann der Nachahmer mit oberflächlichen Änderungen vom Originalpräparat übernehmen. Bleibt lediglich noch eine Verpackung zu gestalten. Alles in allem lässt sich ein Generikum für eine halbe bis eine Million Mark Gestehungskosten auf den Markt bringen.

Die Besatzung der Probanden-Station am ersten Tag der Diclofenac-Studie war noch bunter zusammengewürfelt als am Tag der Anmeldung. Einige Gäste waren übrig geblieben vom Vortag. Sie nahmen an einer Langzeit-Studie teil, bei der die Blutkonzentrationen auch noch 24 und 36 Stunden nach Gabe des Mittels bestimmt werden müssen. Sie übernachteten daher im *Institut*. Hinzu kamen einige „Nachrücker" von einem anderen Versuch, die für unerwartet abgesprungene Probanden nun das Kollektiv auffüllten. Ein Student der Betriebswirtschaft büffelte schweigend fürs Examen, ein künftiger Arzt würzte die Mahlzeiten mit Pikantem aus der Gerichtsmedizin.

Ein 22-jähriger Sozialhilfe-Empfänger verdrückte sich in den hintersten Schlafraum. Später ertappte ihn der Neuling dabei, wie er auf dem hochgestellten Kopfende einer ans geöffnete Fenster geschobenen Liege ein Luftgewehr balancierte. Über Kimme und Korn durchspähte er die angrenzenden Hinterhöfe. Worauf er denn schieße, fragte ihn der erschrockene Neuling. „Auf alles, was sich bewegt", knurrte der Vorstadt-Rambo und richtete einen irren Blick auf den Frager.

Am meisten überraschte jedoch, dass heute auch Frauen mitmachten: neben zwei Punketten mit strohblonden Strubbelmähnen eine nach eigenen Angaben freie Künstlerin, eine arbeitslose Lehrerin, eine etwas blutleer wirkende alleinstehende Mutter. Der Auftraggeber der Studie akzeptiere auch weibliche Versuchspersonen, erzählte eine Arzthelferin später. Und obgleich das Präparat während der Schwangerschaft nicht genommen werden darf, wurde diese bei keiner der Probandinnen durch einen Test ausgeschlossen.

Gegen acht Uhr erschien der Turnschuh-Doktor und schob die Venen-Katheter zur Blutabnahme in die Ellenbeugen. 20 Minuten später gab's die Tabletten. Dann verschwand er wieder. Den Rest der Zeit verbrachten die Versuchspersonen ohne ärztliche Aufsicht.

Anfangs wurden alle 20 Minuten zehn Kubikzentimeter Blut aus jedem Katheter entnommen. Bei 13 Versuchspersonen musste das schnell gehen. Eine hektische Spannung lag in der Luft. Überdies herrschte schlechte Laune, weil alle bis halb elf nüchtern bleiben mussten, um die Auflösung der Tablette im Magen und die Aufnahme von deren Wirkstoffen im Darm nicht zu stören. Beim Frühstück gab's schließlich offenen Zoff: Einige vermissten ihr zweites Brötchen. Der Scharfschütze wollte gesehen haben, dass sich die Punketten bereits um halb zehn Marmeladenbrötchen in der Teeküche geschmiert hätten. Im Versuchsprotokoll sollte später stehen, die Probanden hätten ab 10.44 Uhr ein „standardisiertes Frühstück" zu sich genommen.

Der Rhythmus der Blutentnahmen verlangsamte sich – offenbar hatte die Substanz eine verhältnismäßig konstante Konzentration erreicht. Über eventuelle Nebenwirkungen verlor niemand ein Wort.

Die galten schließlich als bekannt, wurden vom *Institut* auch nicht mehr erfragt. Und die Probanden interessierten sich ausschließlich fürs Honorar.

Bei der klinischen Prüfung eines wirklich neuen Medikaments legt ein Prüfplan fest, wann wie viele Probanden wofür benötigt werden, welche Messwerte auf welche Weise erhoben werden können und welche Rückschlüsse mit welcher Sicherheit gezogen werden können. In der Regel geht dieser Prüfplan zunächst an eine von mehreren Dutzend Ethik-Kommissionen. Zwar verlangt das bundesdeutsche Arzneimittelgesetz nicht ausdrücklich danach, doch für die Zulassung in den USA, dem größten Arzneimittelmarkt der Welt, ist die Konsultation eines unabhängigen Ethik-Komitees zwingend vorgeschrieben. Ein solches Gremium setzt sich gewöhnlich aus pharmazeutischen und medizinischen Fachleuten, die in keiner Verbindung zu den Forschungsaufgaben stehen, aus Theologen, Philosophen, Juristen und gelegentlich auch Probanden zusammen. Die jeweils fünf bis acht Mitglieder werden nur für ihre Aufwendungen und für einen eventuellen Verdienstausfall entschädigt; ein Honorar erhalten sie nicht.

Diese Komitees beraten über Prüfpläne, heißen sie gut, fordern Nachbesserungen in einzelnen Punkten – oder lehnen einen Versuch aus ethischen Gründen ab. An Letzteres kann sich von einem guten Dutzend befragter klinischer Prüfer nur einer erinnern. Und dabei ging es nicht um eine neue Prüfsubstanz, sondern um das Eichen eines neuen, hoch empfindlichen Messgeräts mit minimalen Dosen eines körperidentischen Hormons. Die Antragsteller setzten daraufhin ein Allerweltsmittel als Eichgröße in den nächsten Antrag, und der Versuch wurde prompt genehmigt.

Vor Beginn der klinischen Prüfung werden die Ergebnisse aus der vorklinischen Erprobungsphase beim Bundesgesundheitsamt hinterlegt. Falls es während der klinischen Prüfung zu ernsten Zwischenfällen kommt, kann die Behörde anhand dieser Unterlagen als Schiedsstelle beurteilen, ob die Schäden vorherzusehen waren.

In Phase I der klinischen Prüfung wird die Substanz gesunden Probanden verabreicht. Die Dosierung beginnt meistens bei einem Zehntel dessen, was aus dem Tierversuch als minimale Wirkdosis bekannt ist, in Einzelfällen sogar mit einer noch niedrigeren Dosis. In diesem Stadium versucht man die Verträglichkeit des zukünftigen Medikaments an 60 bis 80 Probanden zu belegen, bei Einzel- wie bei Mehrfachanwendungen sowie bei steigender Dosierung. Nebenwirkungen werden gezielt erfragt. Man untersucht die Aufnahme- und Ausscheidungsgeschwindigkeit sowie die Verarbeitung des Medikaments im Stoffwechsel, stellt eine erste Dosis-Wirkungskurve für die Anwendung am Menschen auf.

Die Probanden können jederzeit und ohne Angabe von Gründen aus der Studie ausscheiden. Sie müssen unterschreiben, dass sie über Ziel und Zweck des Versuchs, über Art und Umfang aller möglichen Wirkungen unterrichtet worden sind. Experimente an Strafgefangenen, wie sie bis in die siebziger Jahre zum Beispiel in den USA in größerem Umfang üblich waren, sind bei uns verboten.

In Phase II wird der Wirkstoff einigen hundert Patienten verabreicht, die unter den Krankheiten leiden, die damit behandelt werden sollen. Zum ersten Mal geht es somit um den Nachweis, dass die getestete Substanz tatsächlich imstande ist, Menschen zu heilen oder wenigstens Beschwerden zu lindern. Man erforscht nun die Aufnahme- und Ausscheidungsgeschwindigkeit am kranken Organismus – etwa bei Leber- oder Niereninsuffizienz –, präzisiert die Dosis-Wirkungskurve, erfasst unerwünschte Wirkungen am Kranken und eventuelle Gegenanzeigen, vergleicht das zukünftige Arzneimittel mit bekannten Therapieformen oder „Placebos", etwa Kochsalz-Lösungen, Zuckerperlen oder gewöhnlichen Fettsalben ohne besondere Wirkstoffe.

Auch in Phase II können die Probanden jederzeit und ohne Angabe von Gründen den Versuch abbrechen. Weder aus der Zustimmung noch aus der Ablehnung dürfen dem Probanden Nachteile bei der Behandlung seiner Krankheit entstehen, auch hier muss er zuvor über Art und Umfang des Tests sowie alle möglichen Wirkungen des neuen Präparats aufgeklärt werden.

In Phase II wird das Mittel an bis zu mehreren tausend Kranken in aller Welt erprobt. Auch seltene Nebenwirkungen werden jetzt erfasst, wichtigere nach Ausmaß und Häufigkeit eingeordnet. Wechselwirkungen mit den gängigsten Arzneimitteltherapien werden auf breiter Basis dokumentiert.

Nunmehr erarbeitet der Hersteller ein Dossier mit allen Ergebnissen und Erkenntnissen aus den verschiedenen Stadien und Phasen der Erforschung, Erprobung und Entwicklung. Damit wird die Zulassung des neuen Medikamentes beim Bundesgesundheitsamt beantragt.

Im *Institut* machte sich nach dem Frühstück allgemeine Bräsigkeit breit. Trotz Verbots rauchten viele an den geöffneten Fenstern der hinteren Räume. Ein Proband nach dem andern verkrümelte sich auf ein Nickerchen. Wer keine Liege fand, schlief sitzend im Aufenthaltsraum, das Gesicht auf der Tischplatte.

Während des ganzen Tages blieb die Eingangstür zur Probanden-Station verschlossen. Nur die Arzthelferin hatte einen Schlüssel, und die ging gegen ein Uhr zu Tisch. Die Probanden blieben zurück, eingesperrt wie Gefangene. Was man denn tun solle, wenn nun zum Beispiel ein Feuer ausbräche, wollte der beunruhigte Neuling von einem seiner erfahreneren Kollegen wissen. „Die Feuerwehr rufen", erwiderte der lakonisch. Um zwei Uhr gab es für jeden ein aufgetautes Tiefkühl-Menü. Kurz nach vier begannen die letzten Blutentnahmen, um Viertel vor fünf ist der letzte Katheter aus den Armbeugen entfernt. Am zweiten Versuchstag gab es um diese Uhrzeit für jeden einen verschlossenen Umschlag mit 310 Mark.

Beim Arzneimittelinstitut des Bundesgesundheitsamtes in Berlin laufen alle Fäden zusammen. Über die Hälfte der rund 350 Mitarbeiter dort hat unmittelbar mit den Zulassungsverfahren für Arzneimittel zu tun. Dabei müssen sie eine unvorstellbare Papierflut bewältigen: Bei tatsächlich neuen Medikamenten besteht der durchschnittliche Zulassungsantrag aus 50 bis 60 Aktenordnern. Die Freigabe eines Medikaments erfordert medizinischen Sachverstand und die Fähigkeit, verantwortungsbewusst abzuwägen. „Es gibt keine erwünschte Wirkung im medizinisch-pharmakologischen Sinn ohne unerwünschte Begleiteffekte", fasst Dr. Rembert Elbers, Leiter des Fachbereichs Wissenschaftliche Zulassungskoordination, das Problem zusammen. „Auch mit dem scheinbar harmlosesten Präparat ist zwingend ein Risiko verbunden."

Die Experten des Bundesgesundheitsamts treffen sehr feine Unterscheidungen zwischen Wirkung und Wirksamkeit. Die Wirkung eines Mittels zur Erweiterung der Herzkranzgefäße zeigt sich zum Beispiel an der effektiven Vergrößerung der Arterien-Durchmesser. Die Wirksamkeit orientiert sich hingegen an dem Vorteil, den ein Patient von der Einnahme des Medikaments hat, wenn er unter zu engen Herzkranzgefäßen leidet. Die Erweiterung seiner Arterien am Herzen nützt ihm nämlich nichts, solange sich dadurch nicht die Sauerstoffversorgung der Herzmuskelzellen verbessert.

Ähnlich penibel geht die Behörde mit dem Begriff Relevanz um. In einem Dossier über ein Mittel gegen Bluthochdruck, getestet an mehreren tausend gesunden Versuchspersonen und Patienten, stand zum Beispiel, dass das Präparat den Blutdruck mit hoher statistischer Signifikanz senke. Bei genauem Hinsehen betrug diese hochsignifikante Drucksenkung jedoch exakt zwei Millimeter Quecksilbersäule. „Das hieß für uns: Das Mittel ist unwirksam", kommentiert Dr. Elbers kühl. Denn eine so geringe Drucksenkung nützt den Kranken nichts. Überdies: Im klinischen Alltag liegen zwei Millimeter Quecksilbersäule noch innerhalb des Messfehlers.

Den Probanden in den Testlabors und manchen Patienten in den Phasen II und III der klinischen Prüfung nutzen diese Pingeligkeit und der Feinsinn des Bundesgesundheitsamtes wenig. Sie sind dem Verantwortungsbewusstsein und im Zweifel dem Rentabilitätsdenken der privaten Prüfinstitute, der testenden Kliniken und Praxisärzte ausgeliefert. Jeder Arzt, der zwei Jahre „Erfahrungen" bei der klinischen Prüfung gesammelt hat, darf laut Gesetz pharmakologische Versuche am Menschen verantworten, ein selbstständiges Institut eröffnen, theoretisch auch ganz neue Wirkstoffe testen, die zuvor nur an Ratten und Meerschweinchen erprobt wurden. Er braucht weder Spezialkenntnisse auf dem Gebiet der Arzneimittelwirkungen und der Vergiftungslehre nachzuweisen, noch muss er intensivmedizinisch geschult sein.

Er muss nicht einmal selbst Hand anlegen; es reicht, wenn sein Name auf den Papieren auftaucht. Der verantwortliche Arzt des *Instituts* war zum Beispiel keineswegs ein Facharzt für Pharmakologie und Toxikologie, und seine Praxis liegt in einem entfernten Stadtteil. Die Arbeit bei den Probanden delegierte er an Berufsanfänger.

Eine Probandin mit niedrigem Blutdruck biss für einen Versuch mit einem Blutdruck-Senker die Zähne zusammen und hielt durch. Sie wusste aus Erzählungen, dass Probanden, die den Versuch von sich aus abgebrochen hatten, nicht einmal das anteilige Honorar bis zum Zeitpunkt des Abbruchs bekamen. Ebensowenig erhielten jene Probanden, die von den Ärzten wegen gravierender Komplikationen während des Versuchs ausgeschlossen wurden, eine Entschädigung.

Ein anderer Versuchsteilnehmer berichtete von ausländischen Probanden, die so wenig Deutsch sprachen, dass sie das komplizierte Merkblatt über das Präparat unmöglich verstanden haben konnten. Auch der Türke Ali alias Günter Wallraff kam trotz seines aufgesetzten Pidgin-Deutschs bei zwei der größten Prüfinstitute als Proband an.

Wer sich beim *Institut* unter verschiedenen Namen anmeldete, konnte ohne weiteres häufiger an Versuchen teilnehmen als die hausintern üblichen sechsmal pro Jahr. Niemand überprüfte bei einem Bewerber die Angaben zur Person. Die Gesichtskontrolle, die nach Auffassung der Institutsangehörigen todsicher funktioniert, versagte in der Praxis kläglich. So wurde der Neuling am Ende des ersten Versuchstages darauf hingewiesen, dass er vor Beginn des zweiten noch Blut für die versäumte Eingangsuntersuchung abgeben müsse. Erst als er protestierte, er habe sich doch tags zuvor telefonisch versichern lassen, dass seine Laborwerte sämtlich normal seien, stellte sich heraus, dass ihn die Arzthelferinnen einen halben Tag lang mit einem Vornamensvetter verwechselt hatten. Dabei können sich die Blutwerte durch die Wirkung des getesteten Rheumamittels verändern. Die Eingangsuntersuchungen nachträglich vorzunehmen macht also überhaupt keinen Sinn.

Aber auch in den Phasen II und III der regulären klinischen Prüfung, wenn also tatsächlich neue Medikamente an kranken Versuchspersonen erprobt werden, wissen die Teilnehmer oft nicht, was mit ihnen geschieht. Aufklärung über den Versuchscharakter der Behandlung, über die damit verbundenen Risiken und vor allem über die Freiwilligkeit, über das Rücktrittsrecht zu jedem beliebigen Zeitpunkt, ist keineswegs die Regel. Kurt Langbein vom österreichischen Fernsehen schilderte einen Fall, bei dem ein Professor für Innere Medizin ein noch nicht zugelassenes Proinsulin in der Stoffwechselambulanz einer Universitätsklinik erprobte. Das Anschreiben, mit dem die Probanden für den Versuch gewonnen werden sollten, schlug den Tonfall an, den Reisende in Rheumadecken bei so genannten „Verkaufsfahrten" einsetzen: „Wir haben es uns zum Ziel gesetzt, die Patienten der Diabetiker-Ambulanz bestmöglichst zu betreuen. Wir freuen uns, Ihnen jetzt ein neuartiges Insulin mit weniger Neigung zu Unterzuckerung vorstellen zu dürfen. Da die Mühlen der Bürokratie langsam mahlen, ist dies neuartige Insulin noch nicht im Handel erhältlich. Wir möchten diesen Vorteil, dass es den Universitätskliniken bereits jetzt in geringer Anzahl zur Verfügung steht, an Sie weitergeben ..." Kein Hinweis also auf eine klinische Prüfung, auf die Erforschung unbekannter Wirkungen, auf den Versuchscharakter des Vorhabens.

Für Dr. Elbers vom Bundesgesundheitsamt ist das Hauptproblem der klinischen Prüfung ihre Kontrolle durch kompetente Behörden. Zuständig für den ordnungsgemäßen Ablauf der Versuche und die Korrektheit der Testinstitute sind die Landesüberwachungsbehörden, und deren Sachbearbeiter – so Dr. Elbers – „verstehen von Medizin gerade so viel, dass sie das Wort schreiben können". Das Bundesgesundheitsamt sieht die Unterlagen aus der klinischen Prüfung erst, wenn der fertige Antrag auf Zulassung eines neuen Arzneimittels eingeht. Wird die Erprobung am Menschen jedoch abgebrochen – aus welchen Gründen auch immer –, so erfährt kein Außenstehender etwas darüber.

Doch selbst die vorgelegten Akten lassen den Experten des Bundesgesundheitsamtes oft die Haare zu Berge stehen. Probanden wurden mit Substanzen traktiert, die unter Umständen akute Vergiftungen oder bleibende Schäden, bösartige Veränderungen oder Defekte an der Erbsubstanz hervorrufen! „Hier bricht das Kontrollsystem der klinischen Prüfung zusammen", sagt Dr. Elbers bitter. Einzelheiten zu solchen Fällen will er aus dienstrechtlichen Gründen nicht nennen.

Offenbar können weder die honorigen Ethik-Komitees noch wachsame Medien skandalösen Schlendrian in der klinischen Prüfung unterbinden. Und was die Bioäquivalenzstudien für die Nachahmer-Präparate angeht, so verweigerte beispielsweise die Ethik-Kommission bei der Ärztekammer, die für das hier beschriebene *Institut* zuständig ist, auf präzise Nachfrage die Auskunft über die Beratung der Tester und über eventuelle Einwände gegen die dortigen Praktiken.

Natürlich findet die Erprobung neuer Arzneimittel am Menschen nicht nur in Gruselkabinetten wie dem *Institut* statt. Die Studien der Phase I, die Pharmakonzerne im eigenen Haus betreiben, laufen mit wissenschaftlicher Genauigkeit und unter besonnener Leitung. Die meisten Experimente, bei denen Menschen tatsächlich neue Substanzen zum ersten Mal ausgesetzt werden, unterliegen den strengen hausinternen Regeln der Branchenführer der Arzneimittelindustrie.

Bei der Hoechst AG (seit 1999: Aventis) sind zum Beispiel die Probanden der Phase I ausnahmslos Betriebsangehörige. „Nur so habe ich eine vertretbare Gewähr, dass ich es mit verlässlichen Leuten zu tun habe, die sich nicht aus einer sozialen Notlage heraus für unsere Forschung zur Verfügung stellen", sagt Dr. Rainer Zahlten, Leiter der Zentralen Klinischen Forschung bei Hoechst. „Bisher haben wir noch keine ernsten Zwischenfälle erlebt, doch sollte jemals etwas Schlimmes passieren, dann ist der Draht für rasche Hilfe bei betriebsinternen Versuchsteilnehmern direkter als bei fremden, die man möglicherweise nicht wiederfindet, sobald sie unsere Labors verlassen haben."

Jeder Bewerber für die Probandenkartei von Hoechst wird zunächst von einem unabhängigen Krankenhaus untersucht: Blutwerte, EKG, Lungenröntgen. Erst wenn er sich als kerngesund herausgestellt hat, darf er an maximal vier Studien pro Jahr teilnehmen. Vor jedem Einsatz wird der Gesundheitszustand kontrolliert. Unabhängig davon wird das Blut jedes Probanden in der Kartei in halbjährlicher Routine untersucht. Die Projektleiter sind ausnahmslos Fachärzte für das jeweilige Gebiet, in dem das neue Medikament angewendet werden soll. Damit sie auf ihrem Sektor nicht den Anschluss an die Weiterentwicklung der praktischen Heilkunst verlieren, muss jeder jährlich mindestens eine Woche in der Fachabteilung eines Krankenhauses hospitieren.

Solange die Arzneimittelforscher selbst die Kontrolle über die Experimente haben, regiert wissenschaftliche Sorgfalt, sind die Probanden keinen größeren Gefahren ausgesetzt als beim Umgang mit neuen Substanzen unvermeidlich. Immerhin gilt die Forschung bei den Pharmakonzernen als wirtschaftliche Zukunftssicherung, in die zu investieren lohnt. Das Risiko zweifelhafter Praktiken beginnt, wenn Studien an selbstständige Prüfinstitute, Kliniken oder Praxisärzte delegiert werden. Der Auftraggeber will schlüssige Ergebnisse, stichhaltige Statistiken. Die äußeren Umstände des Medikamententests interessieren ihn nur insoweit, als Fragen der Haftung berührt sind. Denn für Schäden, die das Medikament anrichtet, haftet nicht der Tester, sondern der Hersteller – vor und nach der klinischen Prüfung.

So können auch die Tests zur Erprobung tatsächlich neuer Arzneimittel von Umständen begleitet sein, wie sie bei den Bioäquivalenzstudien für die Markteinführung von Nachahmer-Präparaten zu beklagen sind. Versuche an Menschen müssen sein, wenn auch weiterhin Medikamente gegen vielerlei noch unbezwungene Leiden entwickelt werden sollen. Die Teilnehmer an solchen Experimenten zu „menschlichen Versuchskaninchen" zu degradieren ist jedoch mit der im Grundgesetz garantierten Menschenwürde kaum vereinbar. Für Firmen wie das *Institut* ist der Proband nur ein wandelnder Blutkreislauf mit angeschlossenem Stoffwechsel, Magen-Darm-Trakt, Leber und Niere, der sich zum Übernachten auch noch seinen eigenen Schlafsack mitbringt, dem man folglich nicht einmal ein sauberes Betttuch über das Plastikpolster seiner Laborliege ziehen muss.

Das Auge des Gesetzes dringt weder bis in die hintersten Winkel zwielichtiger Probandenstationen noch bis an die Krankenbetten selbstgerecht experimentierender Ärzte. Denn der Staat hält sich heraus und zieht sich mit dem Schlagwort von der „Unternehmerverantwortung" aus der Affäre. Der Ruf nach noch mehr Staat würde jedoch in die falsche Richtung führen. Eine Probanden-Polizei, welche die Einnahme jeder Pille zu Testzwecken überwacht, wäre nicht nur unbezahlbar, sondern absurd. Genausowenig könnte die Organisation der Versuche den Gesundheitsämtern zugewiesen werden: Wie sehr man sie auch aufrüsten würde – ein Amtsschimmel lässt sich nicht zum Forschungs-Galopper umfrisieren. Gefragt sind vielmehr die Vernunft und die Einsicht der Beteiligten. Die Aussichten dafür sind allerdings nicht gut, solange ein unversteuertes Tageshonorar von 155 Mark ausreicht, jegliche Bedenken bei den Probanden zu paralysieren. „Soll ich mir den Kopf zerbrechen, weil ein paar eingebildete Kranke Bauchgrimmen von unserem Rheumamittel bekommen haben wollen, weil einem Opa mal ein Haar ausgefallen ist?", fragte der Routinier vom „Probandenstrich" ebenso rhetorisch wie offensiv. „Allein hier im *Institut* kann ich jedes Jahr über 2000 Mark abstauben. Ich wäre schön blöd, wenn ich darauf verzichten würde."

Beifall heischend und feindselig zugleich blickte er in die Frühstücks-Tischrunde: „Wenn ich die Tabletten nicht teste, tun das andere."

HANIA LUCZAK

Das fremde Ding in meiner Brust

*Seit 1969 haben in Deutschland mehr als
2500 Menschen das Herz eines anderen eingesetzt
bekommen, über 500 allein im Jahre 1998. Zwölf Monate nach
der Herztransplantation leben noch rund 90 Prozent der Empfänger.
Einer von ihnen ist Karl-Heinz W., 43 Jahre alt. Hania Luczak
hat aufgeschrieben, was er ihr über sein Leben mit dem
fremden Herzen, über seine Befürchtungen
und Hoffnungen erzählt hat.*

Ja, ich weiß, sie haben mein Herz herausgeschnitten und in den Händen gehalten. Minuten habe ich ohne sein Schlagen gelebt, angeschlossen an eine Maschine, die stattdessen mein Blut zirkulieren ließ. Extrakorporaler Kreislauf nennen die Ärzte das. Dann haben sie mir das andere Herz eingepflanzt. Was sie mit meinem eigenen Herzen gemacht haben, weiß ich nicht – und will es auch nicht wissen. Es ist ja nur ein Muskel, der es nicht mehr schaffte, mein Blut durch meinen Körper zu pumpen. In meiner Krankenakte las ich: Terminale Herzinsuffizienz.

Ich bin Techniker. Ich betrachte alles eher realistisch und kühl, auch „mein" Herz, das es seit acht Monaten gut schafft, mein Blut durch meinen Körper zu pumpen.

Als ich aufwachte, war ich völlig klar – glaube ich zumindest. Ich fühlte mich prima. Ein paar Schläuche haben gestört. Meine Brust war von oben bis unten verpflastert. Und das war gut so. Wegen der Infektionsgefahr war ich in einem isolierten Raum, doch es war immer ein vermummter Mensch um mich herum. Nur seine Augen waren sichtbar. Es ist komisch, wie ähnlich sich Augen sein können. Meine Frau habe ich als einzige an den Augen erkannt.

Man hat mir später gesagt, das sei typisch, diese euphorische Phase des ersten Tages. Alle würden erst mal denken: Ich habe es geschafft.

Da ist nur riesengroße Erleichterung. Keine Schmerzen, keine Angst, das Schlagen „meines" Herzens habe ich nicht wahrgenommen. Ich war einfach froh zu leben.

Am nächsten Tag war Silvester. Da ging es los. Ich konnte Wirklichkeit und Wahn nicht mehr auseinander halten – das weiß ich jetzt. Damals, die Woche nach Silvester, war ich jedoch überzeugt, Realität zu erleben. Zuerst, so sagte man mir später, sei ich körperlich und geistig weggeklappt. Davon habe ich gar nichts gemerkt. Meine Frau sagt, ich hätte einen fürchterlichen Unsinn erzählt – was sie sich bei mir sonst gar nicht vorstellen konnte. Sie war sehr erschrocken.

Diese postoperative Psychose, wie sie meine Spinnerei nennen, begann eigentlich ganz harmlos: Mein Dackel war in meinem Bett, ich spürte seine Wärme. Im Zimmer waren aber plötzlich auch Spinnen, die mich verrückt gemacht haben, glasweiß mit rotem, leuchtendem Punkt. Alle Wände waren voll davon. Irgendwann bekam ich es doch mit der Angst zu tun. Da haben Leute in meinem Zimmer Pillen gedreht und wollten sie mir einflößen. Doch ich wollte nicht, das war doch Rauschgift. Ich musste mich wehren, sie wollten mich betäuben.

Ich weiß jetzt, das ist alles normal. Ich weiß, dass etwa 50 Prozent aller Herzoperierten solche „Episoden" durchmachen. Ausgeprägte Halluzinationen, wie ich sie hatte, zeigen sich bei zehn bis 20 Prozent. Sie verschwinden nach einigen Tagen wieder. Doch ich frage mich: Wie konnte mein Kopf nur so verrückt spielen?

Eine Erklärung für dieses Phänomen gibt es, wie man mir sagte, noch nicht. Doch da vor allem nach Herzoperationen solche Bewusstseinstrübungen auftreten, könnte das mit der Herzlungenmaschine zu tun haben, die für eine geraume Zeit Kreislauf und Atmung übernehmen muss. Der Psychologe sagte mir auch, dass bei so schwächenden Eingriffen wie einer Herztransplantation nicht nur die körperlichen, sondern auch die psychischen Abwehrmechanismen zerbrechen können. Da kämen viele verborgene Dinge leicht an die Oberfläche durch. Doch ich hätte mich schnell wieder eingekriegt. Ich hätte meine Schutzmauern schnell wieder aufgebaut.

Aber warum beschäftigt mich meine Spinnerei bis heute? Warum hat es gerade mich kurz nach der Operation so stark erwischt? Ja, ich weiß, das ist alles normal. Ich versuche, mir darüber keine Gedanken mehr zu machen. Wo ich doch heute so stabil bin, wie man mir sagt.

Ich hatte es nach der ersten schlimmen Zeit leichter als manch anderer. Sobald ich wieder klar denken konnte, habe ich bewusst verdrängt. Ich habe mir Gedanken verboten. Gedanken wie: O Gott, jetzt hast du etwas Neues da drin. Es könnte ja sein, dass dieses Neue nicht so ganz funktioniert. Ich bin Techniker, ich weiß doch, was schiefgehen kann. Das neue Herz ist ja nur mit ein bisschen Faden in mir verankert.

Wenn diese Gedanken kommen, dann kann man nirgends hinfliehen, dann ist man allein mit diesem Herzen, dann spürt man es, kräftig. Schon bald habe ich gewusst, dass das der Weg ist, den ich nicht gehen wollte. Ich musste mir diesen Weg aber nie so fest verbieten wie manch anderer in meiner Situation. Denn ich hatte nie das problematische Gefühl, den Teil eines fremden Menschen in mir zu haben. Gott sei Dank. Für mich ist das Herz ein Muskel. Nichts weiter.

Manche Transplantierte haben sich, wie ich von anderen weiß, nicht so gut unter Kontrolle. Sie stellen typische Fragen wie: Ist es ein Männer- oder ein Frauenherz? Vielen Männern bereitet es Probleme, kein starkes Organ, sondern eventuell doch etwas Weibliches, Schwächliches mitbekommen zu haben. Mir hat man gesagt, dass es ein sehr kleines Herz ist. Damit habe ich mich zufrieden gegeben. Da wollte ich nicht weiter darüber nachdenken, ob von einem Kind oder einer Frau. Viele Möglichkeiten gibt es ja nicht mehr, oder?

Manche Transplantierte können regelrecht von dem Gedanken an den Spender beherrscht werden. War es ein guter Mensch, war es ein schlechter Mensch? Sie wollen es auf jeden Fall wissen, fast wie im Wahn. War es gar das Herz eines Selbstmörders? Oder eines Mörders? So machen sich einige richtig auf die Suche nach dem Spender, der doch anonym bleiben soll. Es ist die Suche nach der fremden Identität, die vermeintlich im Herzen zu finden ist. Diese Suche kann so schrecklich enden wie die eines Transplantierten, der seinen Spender endlich identifiziert hatte und eines Tages dessen Mutter gegenüberstand. Sie fragte ihn voll Leid und vielleicht auch voll Hass: „Wie geht es Ihnen mit dem Herzen meines Sohnes?"

Sonst rührt keiner so gern daran. Gedanken an „das lebende Herz eines Toten" sind tabu. Es ist manchmal wie eine Wand, kaum einer spricht über das Fremde. Auch die Ärzte fürchten die Fragen nach der fremden Identität, denn auch das kann, wie alle psychischen Belastungen, zu Komplikationen führen. Ich glaube, es ist besser, diese Fragen mit aller Kraft von sich fernzuhalten. Ist das Verleugnen nicht die beste Strategie? Ich verdränge anscheinend äußerst wirksam. Das sei nichts Negatives, sagt auch der Psychologe, denn in Krisen müssten sie jeden Weg respektieren, der stabil hält.

Gelassen stehe ich den Reaktionen anderer Menschen gegenüber. Vor kurzem im Urlaub haben wir alte Bekannte getroffen. „Wie geht es dir?", fragten sie. „Jetzt mit dem neuen Herzen geht es mir wieder prima", antwortete ich. „Was?", fragten meine Bekannten. „Ein ganzes Herz?" Das ist mir schon so oft passiert. Im ersten Moment sehe ich Erschrecken in ihren Gesichtern, dann Unbehagen, dann Gedanken wie: Ist er noch der Alte? Für sie scheint, zumindest im ersten Moment, mein Herz doch mehr zu sein als nur ein Muskel.

Keine Leber, keine Niere oder Bauchspeicheldrüse kann mit dem Herzen Schritt halten. Diese Besetzung des Herzens mit Identität, Seele, Mut oder Liebe ist nicht mehr aus den Köpfen der Leute herauszubekommen – vielleicht nur deshalb, weil man da was hören kann. Das alles existiert für mich nicht. Ich bin der Alte geblieben, ich habe nicht das Gemüt eines anderen Menschen übernommen.

Allerdings hatte ich Glück. Ich stand nicht monatelang vor der Operation am Krankenhausfenster und habe denken müssen: Hoffentlich regnet es, und die Straßen sind glatt. Hoffentlich wird einer mit Spenderausweis in der Tasche im Hubschrauber angeflogen. Ich brauchte nicht mit diesem schrecklich schlechten Gewissen zu kämpfen, brauchte mir nie diese furchtbaren Gedanken zu verbieten. Es ging bei mir so schnell. Innerhalb von vier Wochen kam der Anruf. Deshalb denke ich nicht: „Es musste einer sterben, damit ich leben kann." Diese Schuldgefühle habe ich nicht. Nein, für mich gibt es da keinen Zusammenhang. Er oder sie ist gestorben, so oder so.

Aber diese Realität, diese unglaubliche Realität des Wahns. Das hat mich ehrlich überrascht. Ich gehöre zu den Leuten, die behaupten, sie träumten nicht. Zumindest kann ich mich nicht daran erinnern. Wie solche wilden Fantasien, solche schwarzen Gedanken am Höhepunkt meiner „postoperativen Psychose", also meiner Spinnerei kurz nach der Operation, in mir entstehen konnten, ist mir nach wie vor ein Rätsel: Man hatte mich nach Portugal in eine feine Klinik entführt. Junge, dachte ich, jetzt haben sie dich. Sie wollen dich ausschlachten. Ich war überzeugt, die Gestalten um mich herum wollten mich in Teilen verkaufen. Ich sollte zum unfreiwilligen Spender werden. Die Angst wurde immer schlimmer, bis ein Arzt, zu dem ich großes Vertrauen hatte, zu mir durchgedrungen ist. Von da an ging es wieder bergauf.

Heute betrachten meine Frau und ich das alles als ein technisches Ereignis. Ich weiß jedoch, wie gefährlich psychischer Druck werden kann. Neulich habe ich einen Film gesehen, in dem es um einen Herztransplantierten ging. Der hatte eine Woche nach dem Eingriff ganz fürchterliche Abstoßungserscheinungen. Herausgekommen ist, dass seine Frau das Spenderorgan mit der Begründung abgelehnt hat: Er hat mir bei der Hochzeit sein Herz versprochen, und nun hat er ein fremdes. Rein gefühlsmäßig würde ich sagen, ein solcher Gedanke kann tödlich werden.

KLAUS BACHMANN

Der Griff ins Menschenhirn

*Forscher, Ärzte und Neurologen sind dabei,
mit spektakulären Eingriffen das menschliche »Königs-
organ« zu erobern: Sie führen Sonden und Elektroden in Gespinste
des Gehirns, spritzen Arzneien und Schweinezellen in das graue
Gewebe, verankern Chips und Sender in der weichen Masse
und wollen so Alzheimer, Parkinson, Hirnschlag, Taub-
und Blindheit kurieren.*

Der Countdown für die Operation an der Tufts University am Rande von Cambridge im US-Bundesstaat Massachusetts beginnt um fünf Uhr morgens im Schweinestall. Tierärzte holen eine trächtige Sau aus dem Koben, töten sie und schneiden ihr 13 Embryonen aus dem Bauch. Aus dem Gehirn der runzligen, zwei Zentimeter langen Kreaturen präparieren Neurobiologen unter dem Mikroskop akribisch eine etwa halbmillimetergroße Sektion heraus, lösen die Schnipsel in Einzelzellen auf, prüfen diese auf Krankheitserreger, testen die Vitalität und schätzen die Zahl ab. Um die Mittagszeit ist die kostbare Fracht versandfertig: eine Plastik-Ampulle mit rund zwölf Millionen Schweinehirnzellen, aufgeschwemmt in gut einem Viertelmilliliter Flüssigkeit.

In der Lahey-Hitchcock-Clinic, etwa 20 Autominuten nordwestlich von Cambridge, warten Kirsten Zani und ihre Ärzte sehnlich auf den milchigen Saft. Es ist der Stoff, aus dem ihre Hoffnungen sind: Die 59-jährige Frau leidet an der Parkinson-Krankheit im Endstadium. Medikamente wirken immer weniger, ihre Bewegungen entgleiten ihr mehr und mehr. Deshalb wird sie sich das tierische Gewebe ins Gehirn spritzen lassen, wo es die Funktion der von der Schüttellähmung ruinierten Zellen übernehmen soll – ein letzter, gewagter Versuch. Erst zwei Patienten vor ihr haben sich dem gleichen Experiment unterzogen.

Diese Operation, die zum Umstrittensten und Spektakulärsten zählt, was die moderne Medizin zu bieten hat, ist nur eine von vielen Facetten einer dramatischen Entwicklung. In Tausenden Labors und

Kliniken schicken sich Wissenschaftler an, mit neuartigen Reparaturen am menschlichen Gehirn die Grenzen der ärztlichen Kunst wieder einmal hinauszuschieben. Sie setzen dabei auf drei Strategien – auf Ersatzzellen, auf maßgeschneiderte Medikamente und auf Hirnprothesen, die „Brain-Chips". Dank dieser neuen Ansätze sollen sich, so hoffen viele Protagonisten, geradezu biblische Wunder einstellen: Lahme sollen wieder gehen, Blinde sehen und Taube hören können.

Die Hirnwerker sehen sich herausgefordert: In den USA leiden schätzungsweise 1,5 Millionen Männer und Frauen am Parkinson-Syndrom, in Deutschland 280000. Bei mehr als 400000 Menschen ist hierzulande die Alzheimersche Krankheit diagnostiziert worden, der schleichende Zerfall der Nervenmasse. Tausend Deutsche werden jährlich durch eine Querschnittslähmung aus der Lebensbahn geworfen; wieder tausend ertauben pro Jahr, zweieinhalbtausend verlieren ihr Augenlicht.

Indessen profitieren moderne Hirnforscher von staunenswerten neuromechanischen Hilfsmitteln: Mit monströsen Maschinen haben Wissenschaftler Schädelhöhlen ausgeleuchtet und lokalisiert, welche Hirnzentren aktiv sind, wenn wir den kleinen Finger krümmen, wenn wir sprechen, Musik hören, uns erinnern, glücklich oder traurig sind. Sie haben das chemische Vokabular der Nervensprache gelernt und „Sprachfehler" als Krankheitsursachen ausgemacht.

Bei den Expeditionen ins Land des Geistes hat das Gehirn seine mythisch-mysteriöse Aura eingebüßt und sich zu einem normalen Körperorgan gewandelt. Das Subjekt der Erkenntnis ist zum Objekt der Manipulation geworden – eine Entwicklung, die nicht minder brisant ist als die Entdeckung der Kernspaltung oder der Aufschwung der Gentechnik. Die Revolution in den Hirnwissenschaften könnte, so prophezeit der Neurophilosoph Thomas Metzinger von der Universität Gießen, für unsere Kultur so zentrale Positionen wie Subjekt oder Willensfreiheit hinwegfegen.

Den Patienten jedoch, die ihr Leiden schon heute nicht mehr sie selbst sein lässt, liegen solche Befürchtungen fern. Sie erwarten Hilfe hier und jetzt – so wie Kirsten Zani. Im Operationsraum 10 fixieren die Neurochirurgen James Schumacher und Peter Dempsey den Kopf der blonden Frau mit einem metallenen Gelenkarm. Das Herz schlägt ruhig und gleichmäßig. Die Patientin hat eine ordentliche Dosis Beruhigungsmittel bekommen. Nur so vermag jemand drei Stunden wach still zu liegen, während die Ärzte an und in seinem Schädel arbeiten.

„Sie werden gleich einige Vibrationen spüren", warnt Schumacher Frau Zani. Dann übertönt das Kreischen des pressluftgetriebenen

Bohrers Hugo Alfvéns Schwedische Rhapsodie, die auf Wunsch der Patientin im OP gespielt wird. Nach knapp 15 Minuten liegt in einem markstückgroßen Loch die graue verletzliche Nervenmasse frei.

Schumacher zieht den frühmorgens gewonnenen Schweinezellen-Saft in eine Spritze und schiebt die feine Nadel durch eine auf Kirsten Zanis Kopf geschraubte Zielapparatur zehn Zentimeter tief ins Gehirn. In eineinhalb Stunden deponieren die Mediziner in winzigen Portionen insgesamt einen Viertelmilliliter Flüssigkeit an 60 Punkten in Putamen und Nucleus caudatus, in jene Hirnstrukturen, welche die Motorik mitsteuern und denen beim Parkinson-Syndrom der Nervenbotenstoff Dopamin fehlt. Nach drei Stunden Neurochirurgen-Arbeit rollt die Patientin mit einer kleinen weißen Bandage am Kopf aus dem OP.

Viel häufiger noch als Schweinezellen haben Mediziner in aller Welt Parkinson-Patienten Nervenzellen von bei Schwangerschaftsabbrüchen erhaltenen menschlichen Embryonen gespritzt. Seit der Premiere 1987 sind gut 200 solch heikle Verpflanzungen dokumentiert. Vermutlich weit mehr Kranke sind in der ehemaligen Sowjetunion, in China, Kuba und Mexiko operiert worden – ohne dass viel darüber bekannt geworden ist.

Während an der Berliner Charité die Transplantationstechnik nach erfolglosen Versuchen 1990 aufgegeben wurde, haben zwei Teams in Westdeutschland den Faden weiterverfolgt – das von Guido Nikkhah am Nordstadt-Krankenhaus in Hannover und das des Parkinson-Spezialisten Wolfgang Oertel zunächst am Klinikum Großhadern in München und seit dem Frühjahr 1996 an der Universität Marburg. Mit seinen ersten Patienten reiste Oertel zur Operation Ende 1995 ins südschwedische Lund, dessen Universitätskrankenhaus als Keimzelle der Neurotransplantation gilt. Er wollte dem möglichen Sturm der Entrüstung in Deutschland entgehen. Aufsehen vermeiden will er auch weiterhin. Der Arzt weigert sich hartnäckig, Auskunft über den Fortgang der Experimente zu geben. Denn wie kaum eine andere medizinische Technik konfrontiert uns die Neurotransplantation mit einem Bündel verzwickter und emotionsgeladener Fragen.

Dürfen fremde Zellen überhaupt ins menschliche Gehirn verpflanzt werden, ins Zentrum unseres Wesens? Verändert dies die Persönlichkeit des Patienten?

„Die Idee, Schweinezellen würden einem Menschen das Verhalten von Schweinen verleihen, ist für uns unsinnig", wehrt Ole Isacson ab, der am McLean-Hospital in Belmont bei Cambridge die Zellentransplantation an Tausenden von Mäusen und einigen Affen getestet hat. „Ebenso wenig würde ein Schwein menschlich, wenn man ihm menschliche Zellen einbaute. Unser Gehirn besteht aus 100 Milliarden Zellen, und wir ersetzen gerade mal einige hunderttausend." Die Quantität, wenden Kritiker ein, könne allein kein Maßstab sein. Persönliche Identität entstehe durch das komplexe Zusammenspiel zahlreicher Hirnareale, und selbst geringste Zutaten könnten das Koordinatensystem des Ichs drastisch verschieben.

Isacson setzt auf Schweinezellen, weil sie gut verfügbar sind. Und weil sie die Diskussion um die Neurotransplantation nicht zusätzlich verschärfen. Denn die Verpflanzung von menschlichem Embryonalgewebe führt unzweifelhaft zur Frage, ob Ungeborene als Ersatzteillager ausgeschlachtet werden dürfen, ob damit gar Schwangerschaftsabbrüche forciert werden.

„Wenn wir, wie in Schweden und Deutschland, eine Abtreibung bis zur zwölften Woche akzeptiert haben", meint allerdings der Neurologe Håkan Widner aus Lund, „dann müssen wir uns auch fragen: Ist es besser, den toten Embryo gegen eine schreckliche Krankheit einzusetzen, oder sollen wir ihn wegwerfen und verbrennen?" Die weitaus meisten Mediziner entscheiden sich für den Patienten.

Sollte sich aber die Methode durchsetzen, könnten abgetriebene Leibesfrüchte bald Mangelware werden. Manche Frauen fürchten, dass dann ein unterschwelliger sozialer Druck auf sie entstehen könnte, den Embryo zu spenden. Etwa mit dem Argument: „Wenn Sie schon nicht einem Kind das Leben schenken, dann sollten Sie wenigstens einen Schwerkranken retten." Auch wird die Horrorvorstellung geweckt, dass Frauen gezielt schwanger werden, um kostbares Fötalgewebe zu produzieren. „Welches Menschenbild entsteht in einer Gesellschaft", fragt empört die Hamburger Politologin Ingrid Schneider in ihrem Buch „Föten – der neue medizinische Rohstoff", in der es legitim wird, „Schwangerschaften ausschließlich als Mittel zum Zweck zu erzeugen?"

Aber auch aus medizinischer Sicht gilt die Übertragung unreifen Embryonalgewebes als heikel. Der Fall eines 52-jährigen Parkinson-Patienten, der 23 Monate nach einer Transplantation gestorben ist, belegt eine gruselige Nebenwirkung. Bei der Sektion des Gehirns durch Pathologen in Boston stellte sich heraus, dass die Hirnkammern zugewuchert waren – mit Knochen- und Knorpelgewebe sowie mit Haarschäften: Die Neurotransplanteure, ein Team um Robert Iacono vom Loma Linda University Medical Center in Kalifornien, hatten in China nicht nur Nervenzellen aus abgetriebenen Embryonen herausgeschnitten und verpflanzt, sondern auch andere Körperzellen, die dann – ein medizinisches Desaster – im Schädel des Empfängers unkontrolliert wucherten. Die Gewebemasse hatte auf das Atemzentrum gedrückt, bis beim Patienten schließlich Herz und Atmung aussetzten.

Dabei stehen der Brisanz der Zellverpflanzung bislang eher magere Erfolge gegenüber. Seit April 1995 ist zwar bewiesen, dass die Grundidee funktioniert: Bei der Autopsie eines Mannes, der 18 Monate nach dem Eingriff gestorben war, fanden amerikanische Ärzte Büschel vitaler Spenderneuronen, die mit dem Empfänger-Gehirn innig verwachsen waren. Die Integration bedeutet aber noch nicht, dass das biologische Ersatzteil seine Aufgaben auch perfekt erfüllt. Manche Parkinson-Kranken unterzogen sich dem kühnen Therapieversuch vergebens, andere haben ihre Körperbeherrschung zum Teil wiedergewonnen und konnten ihre Arzneidosis reduzieren. Geheilt wurde jedoch keiner.

Auch nicht der „Star-Patient" Nummer vier, den die Gruppe in Lund um den Neurobiologen Anders Björklund und den Neurochirurgen Olle Lindvall 1989 operiert hat. Er konnte zwar das Standardmedikament L-Dopa absetzen, doch die Parkinson-Symptome sind nicht völlig verschwunden. Für Olle Lindvall ist das kein Grund aufzustecken: „Man muss die Krankheit nicht gleich heilen wollen. Mein Ziel ist es, Patienten in ein sehr frühes Stadium des Leidens zurückzuversetzen. Das bedeutet für sie, arbeiten und gut leben zu können, selbst wenn einige Symptome geblieben sind."

Mit zwei bedenklichen – manche meinen ungeheuerlichen – Studien wollen amerikanische Forscher Genaueres über die Wirksamkeit der Experimentaltherapie herausfinden. Curt Freed von der University of Colorado in Denver und Thomas Freeman von der University of South Florida in Tampa werden insgesamt 76 Patienten den Schädel aufbohren, aber nur der Hälfte von ihnen Gewebe injizieren. Bei der anderen Hälfte verschließen sie das Loch im Kopf wieder, ohne die Nadel ins Gehirn geschoben zu haben. Der Vergleich der beiden Gruppen soll erhellen, wie weit die Zellen und wie weit allein die Macht des Glaubens die Kranken aus der Starre löst.

Die unbefriedigenden Ergebnisse der neuronalen Verjüngungskur bei Parkinson beirren die Transplanteure keineswegs darin, die Technik auf andere Leiden auszudehnen – etwa auf Chorea Huntington, den so genannten Veitstanz. Gegen diese Erbkrankheit, bei der Arme und Beine unwillkürlich und wild zu zucken beginnen und die unweigerlich zum Schwachsinn führt, ist die Medizin bislang hilflos. Entsprechend groß ist die Bereitschaft, die riskante Prozedur zu wagen.

Im März 1996 offenbarten Forscher vom Good Samaritan Hospital in Los Angeles, dass sie bereits im Juli 1995 und im Januar 1996 drei Chorea-Huntington-Patienten menschliche Embryonalzellen in die defekten Hirnareale injiziert hätten. Die Eingriffe, verkündeten sie, hätten das Fortschreiten der verheerenden Krankheit aufgehalten. Der erste Patient, vorher bettlägerig, könne sogar wieder selber duschen und einkaufen gehen. Mittlerweile haben andere Neurochirurgen in den USA nachgezogen. Und auch in Europa bereiten Ärzte die ersten Operationen bei Huntington-Kranken vor.

Manche der Gehirn-Experimente lassen an eine High-Tech-Folter denken: So haben Wissenschaftler bei Ratten künstliche Schlaganfälle ausgelöst und fremdes Gewebe in das zerstörte Hirnareal eingepflanzt: Das Bewegungsvermögen der Tiere soll sich gebessert haben. Sie haben Nagern das Rückgrat gebrochen und Rückenmarkszellen gegen die Querschnittslähmung transplantiert: ohne Erfolg. Sie haben Tiere geblendet und embryonale Netzhäute übertragen: Diese sollen tatsächlich Kontakt mit dem Sehzentrum aufgenommen haben.

Hartnäckig halten sich in der Zunft Gerüchte, dass chinesische Wissenschaftler Kindern Hirngewebe zur Intelligenzverbesserung eingepflanzt hätten. Und im tschechischen Olmütz hat der Neurologe Jaromir Kolarik an einem inzwischen geschlossenen Institut zur Erforschung der höheren Nerventätigkeit Ende der achtziger Jahre insgesamt zehn Alzheimer-, Schizophrenie- und Epilepsie-Patienten mit Embryonalzellen traktiert. Die Menschenversuche blieben ohne greifbare Resultate. „Er stopfte in das Gehirn einfach etwas hinein", resümiert lakonisch ein Kollege, „und sah zu, was dann passierte."

Potente Heilverfahren versprechen sich Neurologen eher von der Kombination der Neurotransplantation mit einer anderen umstrittenen Technik, der Manipulation menschlicher Erbsubstanz. „Zellen für die Verpflanzung ins Gehirn genetisch maßzuschneidern ist eine verlockende Aussicht", schwärmt Anders Björklund. Einer Mini-Pharmafabrik gleich, könnten manipulierte Muskel- oder Hautzellen Stoffe, deren Mangel Ursache einer Krankheit ist, direkt am Ort des Bedarfs produzieren. Diese Strategie hätte den erheblichen Vorzug, dass sie vom menschlichen Embryo als „Rohstoffquelle" unabhängig wäre.

Tiefer und tiefer war die schwedische Rechtsanwältin ins Vergessen und in die Orientierungslosigkeit geglitten. Als die Ärzte der 69-jährigen Alzheimer-Patientin ein gewagtes Experiment vorschlugen, stimmte sie zu. Lars Olson und seine Kollegen vom Karolinska-Institut in Stockholm pflanzten ihr eine Medikamentenpumpe, groß wie ein Eishockeypuck, in den Bauch und verlegten unter der Haut einen dünnen Plastikschlauch, der durch ein Bohrloch ins Gehirn mündete. Durch das Röhrchen floss, fein dosiert, mehrere Monate lang ein „Nervenwachstumsfaktor" in jenes Areal, in dem die Krankheit die grauen Zellen zerstörte.

Der Versuch ging daneben, der „Neuronendünger" hat den geistigen Verfall der Frau nicht aufhalten können. Doch der Test – inzwischen laufen weitere Studien – weist in die Richtung jener Hirnwerker, die insbesondere auf neuartige Medikamente setzen. Sie nutzen das enorm gewachsene Wissen über das chemische Kommunikationsnetz in unserem Kopf, um gezielt in die „Unterhaltung" der Nervenzellen einzugreifen. Rund 100 Signale und etwa 300 entsprechende „Empfangsantennen", die Rezeptoren, haben Wissenschaftler mittlerweile identifiziert. Für Dennis Choi, einen Neurologen an der Washington University in St. Louis im US-Bundesstaat Missouri steht die Erforschung neuer Hirnmedikamente „vor einer Phase beispiellosen Wachstums".

Die Aufmerksamkeit der Neuroforscher richtet sich indes nicht allein auf die klassischen psychischen Krankheiten wie Schizophrenie und Depression, sondern weit stärker noch auf jene Leiden, die wie das Alzheimer-Syndrom in den Industriegesellschaften mit ihren hohen Lebenserwartungen mehr und mehr Menschen plagen, darunter Schlaganfälle, die Parkinson-Krankheit oder Demenz.

Ein gedächtnisförderndes Medikament wäre gewiss ein Bestseller. Es würde auch von gesunden Menschen nachgefragt, deren Erinnerungskraft im Laufe des Alterns natürlicherweise nachlässt. Nicht zuletzt würde es das Begehren jener wecken, die geistige Höchstleistungen bringen wollen – der Prüfungskandidaten, die zehn Stunden am Tag pauken, oder der Richter, die bis tief in die Nacht Akten studieren müssen. Doch bislang haben sich alle zunächst vielversprechenden Wirkstoff-Kandidaten letztlich als Flop erwiesen.

Die Entzifferung des neurochemischen Wortschatzes hat auch den Traum reifen lassen, menschliches Fühlen und Verhalten viel subtiler und viel weitgehender als heute möglich zu beeinflussen. „Zum ersten Mal in der Geschichte werden wir in der Lage sein", verkündet etwa der amerikanische Neurologe Richard Restak, „unser Gehirn selber zu formen."

Protagonisten der „kosmetischen Psychopharmakologie" – wie der amerikanische Psychiater Peter Kramer* das neue Feld nennt – be-

---
* Der Name wurde geändert.

haupten, dass Charakterzüge wie ein Hang zur Melancholie, zur Schüchternheit oder gar der Putzfimmel die gleichen Wurzeln hätten wie schwere Depressionen, Angstattacken und Zwangsneurosen und dass sie gleichermaßen auf Arzneistoffe reagierten. Allein der Grad der Störung mache den Unterschied. Prototyp der neuen Medikamentengeneration ist das Antidepressivum Fluoxetin – in den USA als Prozac, in Deutschland unter dem Namen Fluctin im Handel. Millionen Amerikaner schlucken die Kultpillen, die den Transmitter Serotonin vermehren, als Stimmungsaufheller und zur Stärkung des Selbstbewusstseins.

Morgens Höchstleistung aus der Pillendose, mittags gute Laune aus der Drageepackung, abends Entspannung aus dem Tablettenröhrchen – manche geraten darüber ins Schwärmen. Anderen bereitet das Konzept vom Designer-Hirn Unbehagen. Sie fürchten eine neue Dimension in der Kontrolle psychisch kranker Menschen. Und sie warnen davor, Gefühlslagen wie ein Fernsehprogramm wechseln zu wollen und dabei gesundheitserhaltende Körpersignale zu überspielen – wie der Workaholic, der Tabletten schluckt, um trotz Erschöpfung noch länger und härter arbeiten zu können.

Dass ausgerechnet an Wirkstoffen zur Leistungssteigerung und zur Hebung des Selbstbewusstseins intensiv geforscht wird, ist für Richard Restak nicht verwunderlich: „Die Medikamente, die in einer Gesellschaft entwickelt werden, spiegeln deren Ideale und Ziele wider." Und die Betonung liege heute eben auf Effizienz, Schnelligkeit, Selbstentfaltung und Durchsetzungskraft.

„Wie ist es, nach Jahren der Stille erstmals wieder zu hören?" Bernhard Kampe* bleibt stumm und sucht den Blick seiner Mutter. Überdeutlich artikulierend wiederholt sie die Frage. Als der 31-Jährige mit dem leicht angegrauten, struppigen Haar auch jetzt nicht anwortet, spricht Ingrid Kampe für ihn: „Er redet nicht viel. Aber als wir nach der ersten Anpassung in der Nähe der Klinik spazieren gingen, hörte er wieder das Fahrgeräusch von Autos. Und er sagt, er verstehe einfache Worte."

Selbst das ist eine Sensation. Denn der junge Mann aus Dresden hatte beide Hörnerven verloren: Mit 16 Jahren begann Bernhard Kampes Leidensweg. Während der Lehre als Elektromonteur hörte er zunehmend schlechter, seine rechte Gesichtshälfte gefror durch eine Lähmung zur Grimasse. Tumoren befielen seine Wirbelsäule und seine Milz.

---

* Der Name wurde geändert.

1990 entdeckten Ärzte Wucherungen an den Nervenbahnen von den Ohren zum Gehirn. Zuerst wurde die Geschwulst auf der einen Seite herausgeschnitten. Als sich eine Operation später auch auf der anderen Seite als nötig erwies, pflanzte ihm Roland Laszig von der Freiburger Universitäts-Hals-Nasen-Ohren-Klinik im Februar 1994 bei dieser Gelegenheit eine elektronische Hirnstammprothese als High-Tech-Hörhilfe ein.

Der HNO-Spezialist legte ein etwa sonnenblumenkerngroßes Silikonplättchen mit 21 Elektroden auf den Hörkern im Hirnstamm, in jener entwicklungsgeschichtlich alten Struktur, die als Verlängerung des Rückenmarks in unser Denkorgan ragt, ohne die unser Herz nicht schlagen würde und ohne die wir weder atmen noch verdauen könnten. Der Hörkern bildet die erste wichtige Relaisstation für akustische Signale im Hirn. In den Schädelknochen des Patienten bauen die Chirurgen dann einen Stimulator ein, der über ein Kabel die Elektroden steuert – gemäß den Impulsen, die ein zigarettenschachtelgroßer Sprachprozessor von außen drahtlos überträgt.

Zwölf tauben Tumorkranken hat Roland Laszig den Apparat bislang eingepflanzt. Angesichts der Schwierigkeit, dass Informationen im Hörkern bereits komplex verarbeitet und mit höheren Hirnzentren rückgekoppelt werden, hält er das Ergebnis für verblüffend: „Die Patienten empfinden eine deutliche Erleichterung beim Lippenablesen und damit eine verbesserte Kommunikationsfähigkeit."

Die Technik sei aber bei weitem nicht ausgereift. „Bei der Entwicklung der Hirnstammprothesen stehen wir heute an der Stelle, an der die Forscher Anfang der sechziger Jahre mit dem Cochlea-Implantat standen." Dieses Implantat hat weltweit mehr als 10 000 tauben Männern, Frauen und Kindern die akustische Welt wieder erschlossen. Bei all diesen Patienten arbeitete zwar der Hörnerv noch, gestört war jedoch die Signalübertragung in der Ohrschnecke, der Cochlea.

Die spektakulären Ergebnisse der Hirnstammprothetik, vor allem der Siegeszug des Cochlea-Implantats, motivieren Wissenschaftler zu Versuchen, auch andere Ausfälle des Zentralnervensystems mit Implantaten zu reparieren. „Wenn es ein High-Tech-Potenzial gibt, mit dem man Waffen- und Kommunikationssysteme bauen kann, dann muss man" – fordert Rolf Eckmiller, Neuroinformatiker an der Universität Bonn – „dieses Potenzial auch in der Medizin nutzen."

Geradezu euphorisch entwerfen Neurotechnologen Rechnerprogramme, die lern- und anpassungsfähig sind wie unser Gehirn. Sie testen Materialien, die auch bei dauerhafter Implantierung im Organismus keinen Schaden anrichten. Sie treiben die Miniaturisierung elektronischer Schaltungen voran. So entwickeln seit Herbst 1995 zwei Forschergruppen in den Zentren Bonn/Köln und Tübingen/Stuttgart künstliche Augen – vom Bundesforschungsministerium mit 18 Millionen Mark gefördert.

Das ehrgeizige Ziel einer Sehprothese haben sich auch Joseph Rizzo von der Massachusetts Eye and Ear Infirmary in Boston und John Wyatt vom Massachusetts Institute of Technology gesteckt. Eine künstliche Netzhaut haben sie bereits gebaut und bei Kaninchen auf Gewebeverträglichkeit getestet: einen vier Quadratmillimeter großen Chip mit einem etwa sechs Millimeter langen Schwanz, auf dem 25 Elektroden sitzen. Die Vision der Bostoner: Ein Blinder soll eine Brille mit integrierter Kamera tragen, die das „Gesehene" in Impulse auflöst und per Laser zum Chip auf der Netzhaut sendet.

Forscher an anderen US-Instituten experimentieren schon am Menschen. Augenärzte von der Johns Hopkins University in Baltimore und der Duke University in Durham haben blinden Freiwilligen eine Elektrode ins Auge geschoben und Nervenzellen der Netzhaut gereizt. Die Probanden erkannten helle Punkte, die wanderten, wenn die Elektrode sich bewegte. An der University of Utah wurde direkt die Sehrinde stimuliert, jenes Hirnareal, in dem sich wie in einer Endmontage die optischen Signale zu einem kompletten, bewusst wahrgenommenen Bild zusammensetzen. Die Versuchspersonen sahen immerhin diffuse Lichter.

Mit einer Kunstnetzhaut aus nur 20, 30 oder gar 100 Elektroden werden Blinde indes keine Bücher lesen können. Denn normalerweise transportieren 1,2 Millionen Nerven die Myriaden von Informationen aus dem Auge ins Hirninnere. Joseph Rizzo hängt die Erwartungen daher niedrig. Er sei schon zufrieden, wenn ein Blinder künftig Schatten sehen und die Straße sicher überqueren könne.

Dem Gros der Neurotechnologen, die sich auf den Ersatz ausgefallener Sinnesorgane beschränken, gilt der Schädelknochen noch als Tabu. Rolf Eckmiller kann sich jedoch auch eine Anwendung innerhalb der knöchernen Hirnkapsel selbst vorstellen – wobei er sofort betont, dass man das nicht forcieren dürfe. Bei manchen Epileptikern zum Beispiel sei eine Narbe in der Hirnrinde der Herd, um den herum Nervenzellen in großer Zahl synchron feuerten und damit einen Anfall auslösten. Ein in die Problemzone gepflanzter Chip könnte, so Eckmillers Szenario, eine beginnende Massenaktivität im Gleichtakt erkennen und über eine Minipumpe hemmende Medikamente dosieren.

„Solch ein System wäre eine unglaubliche Hilfe", sagt Eckmiller, „denn heute erhalten die Patienten prophylaktisch Pharmaka, sie sind gewissermaßen dauerhaft sediert."

Andere Forscher schrecken auch vor dem technischen Ersatz höherer Hirnfunktionen nicht zurück. Sie stellen sich vor, vom Vergessen geplagten Menschen mit Chips die Erinnerung wiederzugeben oder Schlaganfallpatienten mit Mikroelektronik wieder zum Laufen und Sprechen zu bringen. Hans-Werner Bothe, Neurochirurg an der Universität Münster, und der Wissenschaftsjournalist Michael Engel skizzieren in ihrem Buch „Die Evolution entläßt den Geist des Menschen" das Design solcher Gehirnprothesen:

Die Neurochips müssten leer und entwicklungsfähig wie Embryonalzellen sein. Nur so könnten sie nach der Implantierung vorbehaltlos „lernen" und sich in das neuronale Umfeld einpassen. „Die Patienten sprechen zuerst wie Kleinkinder, und sie bewegen sich auch so, ungelenk, tollpatschig, mit vielen Fehlern. Doch sie haben die Chance, in kürzester Zeit alle Defizite aufzuholen."

Das Kardinalproblem der Neurotechnik ist bislang freilich ungelöst: die Kommunikation zwischen Elektronik und Gehirn. Ein Anfangserfolg gelang immerhin 1991 dem Biophysiker Peter Fromherz, damals an der Universität Ulm, heute am Max-Planck-Institut für Biochemie in Martinsried: Er koppelte Blutegel-Neuronen mit Transistoren. Feuerte eine Nervenzelle, veränderte sich der Stromfluss in den Leitbahnen des Siliziums.

Was zunächst nur als Signal-Einbahnstraße funktionierte, gelingt mittlerweile hin und zurück: Wenn ein Impuls das Silizium durchläuft, wird die Nervenzelle gereizt und feuert ihrerseits. Silizium, ein Material aus der unbelebten Welt, kommuniziert mit der Grundeinheit des Lebens, einer Zelle. Ein Coup, mit dem Fromherz im Herbst 1995 internationales Aufsehen erregte.

Obwohl ihn diese „traumhafte Kopplung" ins Zentrum der Neurotechnologie-Euphorie katapultiert hat, bleibt der Wissenschaftler reserviert. Die erfolgreichen Experimente seien mit isolierten Nervenzellen unternommen worden. Dass es zu einer Direktverbindung zwischen Computer und Gehirn kommen könne, sei daraus nicht zu schließen. Denn dann müssten Tausende von Neuronen ins Spiel gebracht werden.

Fromherz: „In der gegenwärtigen Diskussion werden Träume auf unverantwortliche Weise mit Realitäten gemischt." Und manchmal, sagt er, fühle er sich an Jules Verne erinnert. Allerdings: Jules Verne hat sich in manchem als durchaus hellsichtig erwiesen.

Kirsten Zani geht es neun Monate nach der Transplantation etwas besser als zuvor. Geheilt ist sie jedoch so wenig wie die anderen Transplantationspatienten. Ihre Arme und Beine sind etwas weniger steif, das Zittern hat ein bisschen nachgelassen. Untersuchungen des Gehirnstoffwechsels sprechen dafür, dass die artfremden Zellen sich tatsächlich in Frau Zanis Schädel eingenistet haben und nun den Botenstoff Dopamin produzieren. Kirsten Zani: „Die Schweinchen in meinem Kopf arbeiten."

STEFAN KLEIN

Techno sapiens

*Mediziner und Ingenieure rüsten
den Menschen technisch auf. Was an dessen Körper »echt«
ist und was Ersatzteil, ist immer schwerer zu unterscheiden. Doch es
geht nicht nur um High-Tech-Prothesen. Ihre Schöpfer haben auch
die Perfektionierung der Sinnesleistungen bei körperlich
Unversehrten im Visier.*

„Hi, I am Greg." Der schlaksige Ingenieur reicht dem Besucher die Hand. Die nicht mehr ganz glatte Haut eines Mannes in mittleren Jahren, Härchen auf dem Handrücken. Der Druck ist fest, etwas zu fest vielleicht. Sonderbar gleichmäßig greifen alle fünf Finger zu. Gregory Reynolds zieht die Hand zurück. Ein kaum hörbares Sirren – die Hand beginnt im Gelenk zu rotieren. Um 90 Grad. Um 180 Grad. Um 360 Grad, einmal ganz rundherum. Solch eine Prothese sei sehr praktisch beim Hineindrehen von Schrauben, sagt Greg. Und er schraubt aus Leidenschaft. Schon fünf historische Rennwagen hat er seit seinem Unfall repariert und mit ihnen etliche Rennen in Texas gewonnen. Statt eines Nummernschildes tragen die Oldtimer eine Tafel mit einem rasenden Rollstuhl.

Vor acht Jahren war Greg, beschäftigt auf einer Luftwaffenbasis in Oklahoma, beim Rasenmähen in ein leeres Schwimmbecken gestürzt. Den Mäher riss er mit in die Tiefe. Auf dem Grund des Pools erfasste das kreisende Messer seinen rechten Oberarm und riss ihn ab. Als der Stummel verheilt war, erhielt der Patient seinen ersten Ersatz: eine Kunststoffhand, bräunlich überzogen. Die Prothese war ein feindliches Ding, gefühlstot und starr, als hätten sie ihm einen Gipsklumpen an den Unterarm geheftet. In Gregs Vorstellung aber lebte die alte Hand weiter. Er meinte sie zu spüren und mit dem Phantom sogar noch greifen zu können. Heute sagt er: „Ich vermisse meine echte Hand nicht mehr." Er hat nun wieder, was er sich nach dem Unfall erträumte – eine Hand, die sich rührt. Verpackt in eine Haut aus gerunzeltem Silikon, auf das die Prothetiker Härchen und sogar Fingerlinien gemalt haben, sind Stangen, Kabel, Gelenke. Elektromotoren aus

Titan und Aluminium treiben die künstlichen Finger an. Sechs Mikroprozessoren, verborgen hinter einer Klappe im Unterarm, steuern jede Bewegung.

Neuerdings kann die künstliche Rechte sogar fühlen. Greg erprobt einen Sensor, der von der Zeigefingerspitze Signale für warm und kalt an seine Nerven überträgt. Gerät die Hand an einen heißen Topf, reißt er sie zurück. Auch diesen Reiz fühlt er, als lieferte ihn ein echtes Organ: „Die Prothese ist wie mit meinem Körper verschmolzen." Die Bewegungsbefehle gibt er über sein Nervensystem. Wenn er die Hand schließen will, spannt er Muskeln am Armstumpf an – so, wie er es auch mit einer gesunden Hand täte. Wie bei jedem Bewegungsimpuls fließt dabei ein elektrischer Strom aus dem Hirn in die Muskeln. Ein winziger Teil davon gelangt in die Haut, dorthin, wo der Armstumpf endet und die Prothese beginnt. Zwei Elektroden nehmen die Signale auf und leiten sie an die Prozessoren: Greg kommt es so vor, als bewegte er seine alte Hand aus Knochen und Blut.

Gregory Reynolds gehört zu einer Avantgarde von Menschen, die am eigenen Leib erfahren, dass die Grenze zwischen ihnen und einer Maschine verschwimmt. Seit Mary Shelley die Zeitgenossen im viktorianischen England mit ihren Geschichten über den künstlichen Menschen des Doktor Frankenstein erschreckte, bot keine Wissenschaftsutopie dermaßen viel Stoff für Albträume und Machtfantasien wie die vom halb technischen, halb natürlichen Wesen – und kaum eine Fortschrittsvision schien dermaßen absurd. Nun aber wird, was lange undenkbar erschien, in den Labors von Medizinern und Technikern Realität: Dank neuer Operationstechniken und der Mikroelektronik gelingt es, Organismen und Motoren, Nervenzellen und Chips, Kohlenstoff und Silizium zu koppeln.

Herzpatienten waren die Ersten, die eine Symbiose mit Elektronik eingingen – der Schrittmacher ersetzt seit den fünfziger Jahren den Nervenknoten am Herzmuskel. Nach diesem Vorbild begannen Ärzte bald auch Gelähmte mit Zwerchfellstimulatoren für die Atmung zu versehen. Solche Geräte steuerten noch Körperfunktionen ohne bewusste Kontrolle; Gehirn und Rückenmark dagegen, die Basis von Wahrnehmung und Bewusstsein, waren für die Verbindung mit Technik tabu. Doch der Bann um das Zentralnervensystem ist gebrochen. Neurochirurgen operieren seit ein paar Jahren Schmerzpatienten Kontakte ins Rückenmark – 180 Stromstöße pro Sekunde in die Hinterstrangbahnen können Pein lindern. Taube bekommen elektrische Signale direkt ins Hirn eingespielt; ihr Hörnerv wird, fast schon ein Standardeingriff, an einen elektronischen Sprachprozessor gekoppelt.

Maschinen steuern Leib und Hirnfunktionen – und Hirnfunktionen steuern Maschinen: Seit 1996 nutzt Hans-Peter Salzmann, der unter einer fast vollständigen Muskellähmung leidet, seine Hirnströme, um mit seiner Umwelt zu kommunizieren (siehe Seite 99 in diesem Buch). Umgekehrt gehorchen die Gehirne von inzwischen Hunderten von Parkinson-Kranken Signalen aus einem Steuergerät. Ihnen wurden Elektroden in den Thalamus implantiert, ein Gebiet im Zwischenhirn, das Bewusstseinszustände wie Wachen und Schlaf regelt. Gelangen die elektrischen Impulse dorthin, beenden sie Tremoranfälle. Menschen, die ein paar Sekunden zuvor keine Kontrolle über ihren Körper mehr hatten, verlassen ruhig schreitend den Raum. Gewöhnungseffekte und unerwünschte Wirkung in anderen Hirnregionen können Erfolge allerdings torpedieren – so zeigte eine Parkinson-Patientin nach der Operation beim Anschalten der Elektroden Symptome einer starken Depression. Dennoch erproben Ärzte, zum Beispiel am Karolinska-Institut in Stockholm, die Hirn-Implantate seit neuestem an Patienten, die Zwänge plagen; sie berichten von „ermutigenden Verhaltensänderungen" auch hier. Geplant ist, die Therapie per Elektro-Stimulation künftig auch bei Schizophrenen und Menschen mit Angststörungen anzuwenden.

So wird das Zentralnervensystem, das privateste Teil des Menschen, zur Außenwelt geöffnet. Wenn Elektroden im Kopf besser wirken als Psychopharmaka, kann das für die Patienten unbestreitbar ein Gewinn sein. Für alle anderen birgt die Entwicklung kaum übersehbare Folgen: Neuroimplantate stellen infrage, was es heißt, Mensch zu sein. Je mehr die Technik sich weiterentwickelt, desto mehr steht zu erwarten, dass der Mensch mit eingepflanzter Elektronik sich dereinst nicht nur von seinen Gebrechen befreit, sondern auch seine Möglichkeiten erweitert – die Körper der Kranken als Experimentierfeld für die Verkabelung der Gesunden. Wenn ein Gelähmter mit seinen Hirnströmen einen Computer bedienen kann, wieso sollte die übrige Menschheit es sich versagen, mit der Kraft ihrer Wünsche auf die Welt Einfluss zu nehmen? Allein durch Gedanken Briefe zu schreiben, Autos zu lenken oder Flugzeuge zu navigieren sind noch die alltäglichsten unter den sich aufdrängenden Fantasien.

Doch umgekehrt könnte es solche Technik womöglich erlauben, direkt auf das Gehirn einzuwirken. In Aussicht stehen Gefühle auf Knopfdruck, zu befürchten sind Gedankenkontrolle und ferngesteuerte Menschen. Visionäre träumen von Chips, die Gedächtnis und Bewusstsein erweitern. Wenn heutige Trends sich fortsetzten, sei der Durchbruch bereits 2029 erreicht, rechnet der Bostoner Computerwissenschaftler Ray Kurzweil in seinem Buch „Homo s@piens" vor: Dann würden die Implantate so ausgereift sein, dass sie Kommunikation von Mensch zu Maschine und andersherum ganz zwanglos erlauben. Per Ankoppelung an das Nervensystem würden Mikroprozessoren dann Töne, Bilder, Gerüche und Gefühle ins Hirn einspielen können; die Schranken zwischen menschlicher und maschineller Intelligenz fielen.

Kurzweil sieht eine neue Körperöffnung für Information voraus. Menschen könnten sich damit direkt in die Computernetze einloggen. Die virtuelle Realität würde ihren Endsieg feiern: „Man kann dann in der Site der schweizerischen Handelskammer Ski fahren gehen und dabei spüren, wie einem der kalte Schnee ins Gesicht spritzt. Man kann seinen Lieblingsstar in der Site von Columbia Pictures umarmen. Oder man kann sich eine Site von Penthouse aussuchen, um etwas intimer zu werden." Andere Zukunftsforscher diskutieren Ideen, die noch fantastischer anmuten: Mit Implantaten ließen sich Gehirne auch direkt verbinden – Gedankenübertragung per Datenleitung. Es entstünde ein Internet des menschlichen Geistes; alle Köpfe würden zu einem weltweiten Supergehirn zusammengeschaltet. Von der Vorstellung einer Person als Individuum bliebe nichts als ein schöner, romantischer Traum.

Wer solche Visionen als Hirngespinste einer Riege von größenwahnsinnigen Informatikern abtut, macht es sich zu leicht. Manches, was in den Think Tanks des digitalen Zeitalters heute ersonnen wird, wird sich als voreilig erweisen – doch die Überlegungen spiegeln das Potenzial der heutigen Forschung, und die Richtung, in die Transplantationsmediziner streben. Mögen Chips in den höchsten Hirnzentren etwa noch Utopie sein, so ist der Einsatz von Neuroprothesen am und im Leib bereits Realität. Und das krempelt schon jetzt den Begriff des Menschen um, die Vorstellung davon, was es bedeutet, einen Körper zu haben.

„Was Gregory Reynolds erlebt, ist erst der Beginn", sagt Kevin Carroll, Vizepräsident der Firma Hanger, die Reynolds' Arm hergestellt hat. Er will Beine aus dem High-Tech-Kunststoff Kevlar schaffen, die sich bewegen wie echte; Arme mit Dampfsensoren, damit die Amputierten wieder feucht und trocken wahrnehmen; und Hände, die Signal geben, wenn man sie streichelt. Carroll setzt auf ein „Bewusstsein in der Prothese", wie er es nennt. Auf elektronischen Fußsohlen, die den Bodendruck „spüren", laufen seine ersten beinamputierten Patienten bereits. Vier Elektroden melden den gemessenen Druck beim Aufsetzen dem Nervensystem an jener Stelle, wo die Prothese ansetzt.

Vor wenigen Jahren noch gehörten Hybride oder Cyborgs, Mischwesen aus Mensch und Maschine mit übermenschlichen Fähigkeiten, zu den schrillsten Utopien der Science-Fiction-Autoren: Gestalten vom Schlage des finsteren Star-Wars-Kämpfers Darth Vader, die mit ihrem Willen allein und ohne die kleinste Leibesregung Motoren in Gang setzen. Ihre technischen Gliedmaßen empfinden sie als Teil ihrer selbst. Denn sie sind außerstande zu erkennen, welche Wahrnehmungen aus natürlichen Sinnesorganen stammen und welche ihnen Chips ins Gehirn hinein spielen. An den Synapsen, den Schaltstellen des Nervensystems, miteinander verkoppelt, haben sich der verkabelte Körper und die Technik symbiotisch vereinigt.

Mit all seinen Kabeln im Leib könnte der Radiologe Roland Lew solchen Fantasiegeschöpfen fast zum Vorbild gereichen. Er arbeitet am Veterans Hospital in Cleveland, Ohio, und ist seit einem Autounfall vor 19 Jahren von der Hüfte abwärts gelähmt. Lew hat den Ärzten seines Krankenhauses seinen Leib zur Verfügung gestellt, an ihm eine Technik zu erproben, die Gelähmte zum Laufen bringen soll. „Ich empfand ein unbeschreibliches Glück, als ich nach all den Jahren im Rollstuhl erstmals wieder auf meinen Beinen stand und dem Arzt auf gleicher Höhe in die Augen sah", sagt er. „Ich will, dass viele Gelähmte das erleben."

400 Elektroden haben ihm die Kollegen in die Beine, in den Bauch, in die Hüften und in den Rücken gestochen. Tief in Lews Fleisch sitzen die Kontakte, neuere aus Platin und ältere aus Stahl, die allesamt die Muskeln wieder zur Bewegung anregen sollen. Leitungen, mit Teflon ummantelt und spiralig gewickelt wie Telefonschnüre, verbinden diese Sonden unter der Haut. Aus Lews beiden Oberschenkeln ragen Kabelstränge heraus, die in vielpolige Stecker münden. Die meisten Verbindungen sind tot, denn 370 von Lews 400 Elektroden sind defekt: im Lauf der Zeit abgebrochen, abgehängt; oder einfach verrostet. Aber mit den Kontakten, die funktionieren, kann Lew – auf ein Gestell gestützt – gehen. Die Beinstecker in ein Steuergerät am Gürtel geklinkt, drückt er einen Knopf. Wie ein Springteufel steigt er aus dem Rollstuhl empor: Lews Hüfte schießt nach vorne, die Beine strecken sich, und die Füße rammen sich in den Boden. Er steht.

Ein Blick auf das Display, noch ein Knopfdruck. Plötzlich beginnt Lew sich fortzubewegen, als hätte eine fremde Gewalt ihn erfasst. Links, rechts, links: Im programmierten Marschrhythmus klappen die Oberschenkel nach oben, knicken die Knie, zucken die Waden. Fliegen, wie aufgescheuchte Vögel, die Füße in die Luft, mit ihrer Spitze nach außen gedreht. Ist ein Fuß wieder zu Boden geplumpst, rattert das nächste Bein los. Den Oberkörper steif nach vorne gebeugt, die Hände am Gehgestell, kämpft Lew um sein Gleichgewicht.

Ob in Cleveland oder in Montpellier, wo europäische Mediziner alternative Implantate erproben – spektakuläre Anfangserfolge lassen sich bisher selten langfristig halten. In der Vergangenheit sind viele Querschnittsgelähmte ernüchtert wieder in den Rollstuhl zurückgekehrt – weil die winzigen Elektroden nicht an ihrem Platz blieben oder Kontakte rissen. Roland Lew konnte einst sogar Treppen steigen. In den zweiten Stock hinauf, wo ein Freund wohnt, kam er regelmäßig – bis zwei Elektroden im Rücken zersprangen. Seitdem hegt er einen Traum: „Ich werde nach Europa reisen. Ich werde Venedig besuchen und dort, von meinen Mikroprozessoren gesteuert, über die Brücken marschieren."

Das FES Center für funktionelle Elektro-Stimulation in Cleveland, gefördert mit einem Millionenetat zur Versorgung der Vietnam-Veteranen, ist das größte seiner Art. Mehr als 50 Ärzte und Ingenieure forschen hier. An Robert Lew haben sie gelernt, wie maschinengesteuertes Gehen funktioniert: Welche der mehr als 40 Muskeln in jedem Bein unverzichtbar sind und welche die Bewegung nur etwas runder machen; welche Impulse die Muskeln besonders wirkungsvoll stimulieren; welche Stellkräfte beim Schritt im Sprunggelenk wirken. Und wie viele Kabel im Fleisch der Körper duldet.

„Das Innere des Menschen ist die feindlichste Umgebung für Technik, die man sich vorstellen kann", sagt Hunter Peckham, Leiter des Zentrums. „Das Immunsystem bekämpft alles." Häufig stößt der Körper das fremde Material ab. Und die Herausforderung, die Elektronik in den Leib zu schummeln, ist nicht die einzige. „Mechanisch ist der Mensch ein überaus kompliziertes System", sagt Peckham. „Man muss es bis ins letzte verstehen." So blitzten die Forscher in ihren Labors Stehende, Schreitende, Laufende im Stroboskoplicht; ließen sie über Waageplatten im Boden marschieren; setzten sie auf Federwaagestühle, um Beinspannungen zu messen – bis das Spiel der Knochen und Muskeln zu einem riesigen Satz dynamischer Gleichungen eingekocht war. Aber jeder Muskel besteht wiederum aus Tausenden Fasern, die im gesunden Körper alle einzeln angesteuert werden. Beim maschinengesteuerten Gehen müssen Elektroden diese Aufgabe übernehmen. Und was sind schon 30, was selbst 300 Kontakte gegen die fast unzähligen Nervenbahnen, die sich bis in jede Muskelfaser verästeln? „100 000 Nervenstränge sind allein in der Wirbelsäule am

Gehen beteiligt", sagt Peckham. „Schon deswegen wird ein intaktes Rückenmark vorerst unersetzlich sein."

Um den Gelähmten eine zweitbeste Lösung zu bieten, hat Peckham Millionen Dollar an Risikokapital eingesammelt und eine Firma namens Neurocontrol gegründet. Die ersten Patienten testen das Produkt: eine Elektronik, die wie jene von Lew funktioniert, doch mit wenigen Drähten auskommt und fast völlig im Körper verschwindet. Den Gelähmten wurde eine Schaltung samt Mikrowellenantenne in den Bauch operiert. Diese empfängt von einer Steuerung außerhalb des Körpers Befehle und leitet sie an Beinelektroden. Mit einem solchen Gerät können die Implantierten dort, wo der Rollstuhl nicht hinkommt, Schritte tun.

Ein Vorläufermodell made in Cleveland ist schon auf dem Markt – es aktiviert regungslose Hände. Michael Veit, ein Kaufmann aus Hanau, unterhalb seiner Schultern gelähmt, hat es sich als erster Deutscher in der Universitätsklinik Heidelberg einsetzen lassen. „Ich hatte nichts zu verlieren", sagt er. Sechs Stunden lang nähten ihm 1999 die Ärzte markstückgroße Kontakte in die Muskeln seines rechten Arms und des Daumens; in einer vielstündigen früheren Operation hatten sie schon zwei Muskeln und zwei Sehnen versetzt.

Veit nahm den Umbau seines Körpers mit Sarkasmus: „Jetzt lebe ich mit einer Ausstattung, die manchem Elektrogeschäft Ehre machen würde." Er hat gut einen halben Meter Kabel im Arm und einen Mikrowellenempfänger in der Brust. Auf der Haut seiner Schulter sitzt ein Sender, am Schlüsselbein ist ein Schaltknüppel befestigt. Ein Computer am Rollstuhl steuert das ganze. Noch im Krankenhaus wurde die Elektronik in Veit zum ersten Mal angefunkt. Ganz langsam ballten sich die Finger seiner Rechten zur Faust und lösten sich wieder. Dann sah Veit, wie sein Daumen zum Zeigefinger wanderte, wie wenn man einen Stift greifen will. Nachdem die Fingerspitzen einander berührt hatten, bewegten sie sich wieder auseinander. So ging die Hand auf und zu, viele Stunden lang und ganz ohne sein Zutun. Der Computer hatte die Kontrolle seines Armes übernommen und war nun dabei, die Muskeln aufzubauen. „Mir war elend", berichtet Veit. „Ich hasste meinen Arzt. Ich kam mir vor wie ein Horrorfilm-Monster."

Inzwischen steuert er das Gerät mit dem Schlüsselbeinknüppel selbst. Veit kann wieder Maschine schreiben, eine Gabel halten, ohne fremde Hilfe essen. „Und Sie ahnen nicht, was es bedeutet, sein Bier in der Kneipe nicht mehr mit dem Strohhalm trinken zu müssen." Aber das Wissen, dass nun etwas Fremdes in ihm arbeitet, quält ihn weiter. Nachts träumt er, ein Kabelbrand würde sich in seinem Körper entzünden. Solche Anwandlungen des Ekels hat Jim Jatich längst hinter sich. Wie der Radiologe Lew seinen Unterleib, so hat er seine Arme den Forschern in Cleveland als lebendes Labor überlassen. Bereits 1986 erhielt er, nach einem Tauchunfall, an seiner Linken den ersten Handstimulator überhaupt. Seither rüsten die Wissenschaftler Jatichs beide Arme stetig mit High-Tech auf. Zuletzt haben sie ihm die Knochen des linken Handgelenks aufgebohrt und darin Magneten und Sensoren eingebaut, welche die Handstellung den Mikroprozessoren melden. Das verschafft zwar nicht Jatich, doch wenigstens seiner Elektronik etwas Körpergefühl.

Seit neuestem steuert er die Neuroprothese mit seinen Gedanken. Er trägt eine Haube mit fünf Kontakten, welche die Hirnströme an seiner Kopfhaut aufnimmt und diese einem Computer zuführt. „In Zukunft wollen wir die Kontakte im Schädel anbringen", erklärt Peckham, „direkt am Gehirn." Aber es wäre nicht praktisch, auch den wartungsanfälligen Computer im Kopf zu versenken. Deswegen wollen die Forscher ihren Patienten zusätzlich zum Empfänger in der Brust noch einen Radiosender einbauen – unter den Skalp. Der Sender soll Kontakt zum Steuergerät am Rollstuhl aufnehmen.

So arbeiten Peckhams Leute, die anfangs nur gelähmte Gliedmaßen bewegen wollten, sich in den Kern des Nervensystems vor. Neuroprothesen im Kopf sollen Impulse an Geräte außerhalb des Körpers senden, welche die Muskeln steuern. Das Rückenmark wäre überbrückt; das Nervensystem bekäme am Gehirn einen künstlichen Ausgang und im Leib einen Eingang. Utopisch ist das keineswegs. Denn Signalübertragung in umgekehrter Richtung, ins Hirn hinein, ist inzwischen Routine.

Im Würzburger Universitätsklinikum sind auch schon Köpfe mit Funkstation zu besichtigen. Die Implantierten tragen an ihrem Hinterkopf ein kleines Gerät. Manchen kleben sogar zwei Scheiben zwischen den Haaren, eine links, eine rechts. Die Patienten, viele davon Kinder, sind taub; die Dinger neben ihren Ohren sind Sendespulen, die an einem Magneten im Schädelknochen haften und Signale an Chips im Kopf funken. Dass sich Implantate ans Hirn koppeln lassen, gilt als größter Triumph der Neuroprothetik. Damit dringt die Elektronik in die Sinnenwelt vor. Außerhalb des Körpers sitzen, meist in einer zigarettenförmigen Büchse hinter dem Ohr, ein Mikrofon und ein Sprachprozessor. Dieser verwandelt Töne in elektrische Signale und schickt sie an die Sendespule. Die in den Kopf eingebaute Elektronik empfängt diese Impulse und führt sie dem Hörnerv zu; so wird das defekte Innenohr der Patienten ersetzt. Ist auch der Hörnerv zerstört, legen

Neurochirurgen seit neuestem Kontakte auf den Hörkern im Hirnstamm.

In einer intakten Hörschnecke oder Cochlea sorgen rund 30 000 Nervenzellen dafür, dass Hörende ein über 20 000 Hertz reichendes Schallspektrum wahrnehmen können. In Cochlea-Implantaten stehen als Ersatz Mehrkanal-Elektroden zur Verfügung. Während das gesunde Ohr Frequenzunterschiede von ein Hertz oder weniger registriert, teilen die Implantate das Hörspektrum in wenige, relativ breite Frequenzbänder auf. Dieser Nachteil lässt sich zwar zum Teil durch besonders schnelle Signalabgabe an den Hörnerv – 18 000 Pulse pro Sekunde – kompensieren. Dennoch klingen die Worte aus dem Chip anfangs bestenfalls wie die Stimme von Mickymaus – die Patienten müssen das Hören mit dem Sprachprozessor neu lernen. Aber das Gehirn passt sich an. Wenige Monate nach der Operation können manche Patienten mit dem Implantat sogar telefonieren.

Kinder, die taub auf die Welt kommen und mit der Neuroprothese hören und später sprechen lernen, empfinden ihre Chips als Teil ihrer selbst. Eine Würzburger Mutter erzählt, sie dürfe ihrem Fünfjährigen die Spulen erst vom Kopf nehmen, wenn er schlafe. „Schon 20 000 Menschen leben mit solchen Schaltungen im Schädel", berichtet der Würzburger Oberarzt Joachim Müller. Ein paar hundert Köpfe habe er selbst verkabelt. „Ein Eingriff dauert etwa eine Stunde." Wer als Kind nie Sprache verstehen gelernt habe, dem sei allerdings später mit dem Implantat nur schwer zu helfen. „Aber weil wir die Elektronik seit neuestem schon kurz nach der Geburt einbauen", sagt Müller, „müsste es in der heranwachsenden Generation eigentlich kaum Gehörlose mehr geben."

Gebärdensprache könnte bald so vergessen sein wie heute Latein. Gehörlose sehen das mit gemischten Gefühlen. Lange haben sie um die Anerkennung ihrer Sprache kämpfen müssen, die für viele selbstverständliches Kommunikationsmittel und Teil der Identität geworden ist. „Die Implantate", heißt es in einer Stellungnahme des deutschen Gehörlosen-Bundes, „bergen die Gefahr, die Gehörlosengemeinschaft zu zerstören." Leicht wird allerdings übersehen, dass Implantatträger, wenn sie das Gerät abnehmen, nach wie vor taub sind.

Die Unruhe, die diese Patientengruppe erfasst hat, ist vermutlich nur ein leiser Vorgeschmack künftiger Diskussionen. Denn vor ähnlichen Fragen werden bald Gelähmte oder psychisch Kranke stehen. Und Verwerfungen in der Gesellschaft sind absehbar, sollten sich dereinst auch Gesunde Neurochips zur persönlichen Optimierung einbauen lassen. Manchen Wissenschaftlern scheint dieser Schritt nur logisch: Direktkontakte, so träumen sie, würden das Gehirn aus seinem Verlies im Schädel befreien. Zwischen dem menschlichen Hirn mit seinen unglaublichen Leistungen und immer rechenstärkeren Computern steht das Nadelöhr der Sinnesorgane. Ganze 25 Töne pro Sekunde verarbeitet das menschliche Ohr, ungefähr ebenso viele Bilder das Auge – ein simples Glasfaserkabel bringt hunderttausendfach höhere Raten. Gehirn und Rechner aneinander zu koppeln macht deswegen Hoffnung auf ungeahnte Höhenflüge des Geistes.

„Wozu sollen wir mühsam an der Entwicklung einer künstlichen Intelligenz arbeiten, wenn wir durch simple Ausnutzung unserer eigenen Ressourcen viel mehr zustande bringen?", fragt einer der Gurus der Cyber-Gemeinde, Nicholas Negroponte vom Media Lab des Massachusetts Institute of Technology.

Wolle Homo sapiens die Zukunft bewältigen, komme er gar nicht umhin, die elektronische Aufrüstung seines Nervensystems schleunigst in Angriff zu nehmen, meint Peter Cochrane, Forschungsdirektor von British Telecom Laboratories und Inhaber eines Lehrstuhls für Wissenschaftsvermittlung an der Universität Bristol. „Die Welt ist heute schon zu komplex für unser Steinzeitgehirn. Wir brauchen Hilfe." Nach dieser Auffassung wird der Mensch in der Technosphäre aufgehen, die er geschaffen hat. Kevin Warwick, Professor für Kybernetik im englischen Reading, probt schon ein paar Schritte in seine Zukunft als Cyborg. Im Selbstversuch ließ er sich 1998 einen Chip in den Arm operieren, der ihn zum Glied eines Mensch-Maschine-Netzwerks verwandelte.

Der Schaltkreis war programmiert, mit den Geräten des Instituts in Zwiesprache zu treten. Türen öffneten sich auf Warwicks Wegen durch das Gebäude, Lampen veränderten ihre Helligkeit, synthetische Stimmen sprachen zu ihm. „Ich fühlte mich meinen Computern sehr nahe", sagt Warwick. Im kommenden Jahr will er sich noch intimer mit der Elektronik einlassen. Ärzte sollen ihm einen Chip in der Nähe des Schultergelenks einpflanzen und diesen an Nerven anschließen, die Information über Gefühle zwischen Körper und Gehirn übermitteln: die Signale für Angst, Schmerz, sexuelle Begierde. So hofft er Furcht und Trauer, Wohlbehagen und Lust in einem Computer abspeichern und sie bei Bedarf ins Bewusstsein zurückrufen zu können. „Natürlich birgt diese Technik enorme Gefahren", sagt Warwick. Wenn unsere Emotionen erst einmal auf Festplatten liegen, steht das Nervensystem bald aller Welt offen – und es ist mit der Intimität von Gedanken und Gefühlen vorbei. Und selbst wenn es gelänge, das Fernsteuern von Menschen zu überwinden – gegen elektronische Werbesendungen direkt in die Lustzentren des Hirns ließe sich wenig ausrichten. „Aber Fortschritt ohne Risiko", sagt Warwick, „gab es noch nie."

Ray Kurzweil, der Seher aus Boston, prophezeit denn auch eine Epoche veritabler Maschinenstürmerei, sobald sich die ersten Neurochips in den höheren Hirnzentren ausbreiten. Wie die Weber des 19. Jahrhunderts, bedroht in ihrer Existenz, Textilmaschinen zerstörten, so würden Cyberterroristen künftig Front gegen alles Elektronische machen. Doch die um ihre Individualität fürchtenden Menschen werden den Vormarsch der Implantate nicht aufhalten können: „Zu mächtig wird die Versuchung sein, die von den Chips ausgeht."

Heute mag das alles unglaublich erscheinen. Doch die Menschheit ist auf dem Weg. Zu den Geschöpfen, deren Verschmelzung mit einer Maschine am weitesten fortgeschritten ist, gehören sechs Ratten in Philadelphia. Forscher hatten ihnen die Großhirnzentren, die für Bewegung zuständig sind, und zudem den Thalamus im Kleinhirn mit je drei Dutzend Stahlkontakten gepflastert. Dann koppelte der Neurobiologe John Chapin, der Leiter des Experiments, die Ratten an einen Roboterarm, der Wasser spendete. Erst wurden die Tiere ohne Elektronik trainiert, den Roboter durch Drücken eines Hebels zu bedienen. Dann schaltete Chapin den Hebel ab und die Kontakte in den Köpfen zu. Zwar drückten die durstigen Ratten weiter den Hebel, doch was den Roboter nun in Gang setzte, waren ihre Hirnströme allein.

Auf seinen Oszilloskopen konnte Chapin sogar das Feuern einzelner Neuronen erkennen – die Ratten schienen wie aufgegangen in der Maschine. Unter den Steckern, von rosa Narbenfleisch umwachsen, waren ihre Köpfe kaum mehr zu sehen. Kabelstränge, die zur Käfigdecke führten, gaben den Tieren nur ein paar Schritte Bewegungsraum. Ihre Leiber sahen aus, als baumelten sie an den Haaren einer technischen Irokesenfrisur.

Doch der Eindruck, die Ratten seien Sklaven der Elektronik geworden, trügt. Schnell begriffen sie, dass ihnen eine neue Macht zugewachsen war – dass ihre bloße Absicht genügte, damit der Roboter sie mit Wasser bediente. Von da an ließen sie den Hebel in Ruhe und begannen, die Maschine nur mit ihren Wünschen zu steuern. Der Roboter war zu einer Erweiterung ihres Körpers geworden: eine fünfte Pfote, deren Bewegung noch nicht einmal müde macht.

Chapin, der inzwischen mit Affen experimentiert, ist nicht ohne einen Anflug von Zweifel. Er selbst wolle keine Elektronik im Kopf, wenngleich die Rattenversuche zeigten, dass die Kopplung von Gehirn und Computer nicht unbedingt zum Nachteil des Hirns ausgehen müsse. „Nennen Sie es eine Abneigung aus Gefühl." Aber ganz sicher, sagt Chapin, sei er sich nicht: „Wir waren doch überrascht, wie schnell sich der Organismus an die Verschmelzung mit einer Maschine gewöhnt."

HERMANN SCHREIBER

Komm, schöner Tod

*Schwerer Unfall, Koma, Herzstillstand –
und doch aus tiefer Bewusstlosigkeit zurückgekehrt: Immer
wieder berichten Menschen, denen so etwas widerfahren ist, von
erstaunlichen Erlebnissen in der rätselhaften Grenzregion zwischen
Leben und Tod. Wer dieses Zwischenreich betreten hat, sieht
offenbar auch die Welt mit neuen Augen – und lebt von
nun an mit weniger Angst vor dem Sterben.*

Es braucht ein bisschen Übung, unter den 20 oder 25 Menschen im Raum jene zu erkennen, die schon einmal gestorben sind. Man muss ihre Augen sehen, ihre Blicke festhalten, dann spürt man es manchmal: So schaut dich sonst niemand an. Wer dem Tod so nahe gekommen ist, der betrachtet die Welt mit anderen Augen.

Es sind neun oder zehn in der Runde, die „das Licht gesehen" haben, dessen alles verändernde Macht sie eigentlich nicht beschreiben können, und von dem sie doch immer wieder reden müssen – wie hier zum Beispiel, in einem Gesprächskreis, der sich „support group", also Hilfsgemeinschaft, nennt und mit den Anonymen Alkoholikern verglichen wird, obwohl auch Menschen teilnehmen können, die keine „experiencer" sind, keine eigenen Erfahrungen mit der Todesnähe haben.

Der Raum, in dem sie sich einmal im Monat treffen, ist eine von vielen hundert Studierstuben in dem „Gesundheitszentrum" der Universität von Connecticut, das in die romantische Neu-England-Landschaft geklotzt worden ist.

Nur die Emotionen in diesem Raum sind überhaupt nicht alltäglich – kontrolliert wohl, aber immer am Rande der Eruption und genau auf der Grenze zwischen Lachen und Weinen. Die Dialoge haben häufig den Tonfall einer Vereinsversammlung, aber sie handeln vom Bilde Gottes, wie es diesen Menschen sichtbar geworden ist, und vom Tod, den sie nun nicht mehr fürchten.

Eine unauffällige Frau namens Frances sagt, sie wolle der Gruppe jetzt anvertrauen, was sie vor Jahren beim Tod ihrer Mutter aufgeschrieben habe – einer sehr alten, geistig verwirrten Frau.

Und was Frances dann vorliest, ist die minutiöse Beschreibung eines friedlichen, fast glücklichen, manchmal visionären Sterbens, adressiert an die Tote selbst, die auf dem Sterbelager vielleicht hat sehen können, wohin ihr letzter Weg sie führen würde.

„Wenn ich versucht habe, deine Hand zu halten oder dich zu küssen", liest Frances, „dann bist du böse geworden und hast gemurmelt: Du machst, dass ich nicht mehr weiß, ob ich gehen oder bleiben soll." Einmal habe die Sterbende gesagt: „Dieses Sonnenlicht ist so schön." Aber da war es längst dunkel im Zimmer.

Das Licht. Steve hebt den Kopf an dieser Stelle und schaut Frances sanft an. Steve, ein Hüne mit seinen knapp zwei Metern und reichlich zwei Zentnern. Rein physisch ist Steve Price noch immer der „Ledernacken", der Karrieresoldat, der er war, bis er dann „das Licht gesehen" hat.

Das war im September 1965 in Vietnam, als der damals 21-Jährige mit seiner Marine-Corps-Einheit während der „Operation Harvest Moon" bei Da Nang in einen Hinterhalt des Vietcong geriet. Zwei Granatsplitter drangen in Steves Brust. Er hörte, wie der Sanitäter, der ihm Morphin gespritzt hatte, das Wort „Schock!" rief, und weil er um keinen Preis bewusstlos werden wollte, brüllte er immerzu seine Erkennungsnummer „B 11 – 34 – 02".

Doch dann sah er plötzlich sein ganzes Leben an sich vorüberziehen. „Ich sah mich als Baby, ich sah, wie mein Vater mich misshandelt hat", und er sah auch, wie er seinem todkrank zu Bett liegenden Großvater 20 Dollar aus der Hosentasche klaute. Niemand hatte ihn dafür zur Rechenschaft gezogen, aber er fühlte sich nun schrecklich schuldig und war deshalb sehr erleichtert, als sein Lebenspanorama endlich vorbei war.

Ein Hubschrauber brachte ihn mit anderen Verwundeten aus der Kampfzone, und am nächsten Morgen wurde er in ein Lazarett auf den Philippinen geflogen. Dort, während er, schon stark sediert, in den Operationssaal gerollt wurde, geschah es. „Plötzlich fühlte ich mich nicht mehr elend. Meine Schmerzen waren weg, ich konnte wieder frei atmen. Ich schwebte über mir an der Decke und schaute auf mich hinab. Ich sagte: He, was machst du denn da unten? Es ist Zeit zu gehen. Los, gehen wir!"

Er wandte sich, erzählt Steve, dann der Wand zu – „und diese Wand verwandelte sich in Licht, und das Licht war Gott. Es war ein sehr helles weißes Licht, aber es blendete mich nicht. Gott interessierte nicht, was ich alles getan hatte, er hielt mich einfach eine Weile so liebevoll umfangen, wie ich es noch nie erlebt hatte."

Hernach fand Steve sich in einer Landschaft mit Bäumen und Blumen wieder, deren Farben kräftiger leuchteten als alle, die er kannte. Durch diese Landschaft floss ein Strom, und an dessen anderem Ufer erkannte Steve seinen verstorbenen Großvater. „Du musst zurück", sagte der Großvater, „es ist noch nicht deine Zeit." Aber Steve wollte nicht zurück. Er nahm Anlauf, versuchte, über den Strom zu springen – und erwachte in seinem Krankenbett. Die Operation war vorüber, Steve überlebte. Seine Geschichte freilich wollte ihm keiner glauben.

Knapp drei Jahre später meldete sich Staff Sergeant Steve Price wieder an die Front nach Vietnam. Und er entdeckte, dass er außerstande war, sein M-16-Gewehr abzufeuern, nicht mal zur Verteidigung seines Lebens. Steve vertuschte diese Entdeckung. „Schließlich war ich bei den Marines, und Marines haben gelernt, auf Menschen zu schießen." Zufällig hörte der schießunfähige Sergeant von dem Bestseller eines jungen Universitätsdozenten namens Dr. Raymond A. Moody mit dem Titel „Life after Life" und besorgte sich das Buch. So erst hat Steve Price erfahren, dass er mit seiner Geschichte nicht allein ist; dass es sogar sehr viele Menschen gibt, die Ähnliches erfahren haben, und dass diese Erfahrung auch einen Namen hat: Near-Death Experience (NDE), zu Deutsch Erfahrung in Todesnähe.

Jener Moody hatte sich schon als Philosophiestudent mit der abenteuerlichen NDE-Geschichte eines Kollegen von der medizinischen Fakultät, George Ritchie, konfrontiert gesehen. In den siebziger Jahren begann er dann, als Psychiater, ziemlich unsystematisch solche Berichte und Erzählungen von Menschen zu sammeln, die entweder klinisch tot und wiederbelebt worden waren oder lebensbedrohende Gefahren körperlich unversehrt überstanden hatten. Diese Erzählungen waren einander fast immer verblüffend ähnlich – so ähnlich, dass Moody aus den am häufigsten wiederkehrenden Elementen das sozusagen typische Erlebnismodell einer Todesnähe-Erfahrung zusammensetzte. Steves Geschichte, zum Beispiel, passt da gut hinein.

Nun war es mitnichten Moodys Absicht, nach Indizien für ein Weiterleben im Jenseits zu suchen, und er glaubte zunächst auch nicht, solche Beweise erbracht zu haben – aber er wurde zunächst so verstanden, sogar von einer Autorität wie der Sterbeforscherin Dr. Elisabeth Kübler-Ross, deren „Interviews mit Sterbenden" 1971 Maßstäbe gesetzt hatten. Vor allem aber wurde Moody so „verkauft"; in Deutschland beispielsweise erschien sein Buch unter dem eindeutig unzutreffenden Titel „Leben nach dem Tod".

Inzwischen hat, durch Moody angestoßen, Kenneth Ring, Psychologieprofessor an der Universität von Connecticut, in zwei großen

Studien mit insgesamt über 100 Betroffenen nicht nur das typische Erlebnismodell, sondern auch die Interpretation der Todesnähe-Erfahrung beträchtlich erweitert.

Parallel dazu hat der Herz-Spezialist Dr. Michael B. Sabom die Krankengeschichten von 87 Patienten dokumentiert, die einen Herzstillstand, ein Koma oder einen Unfall überlebt hatten; 34 davon berichteten über mystische oder außerkörperliche Erlebnisse. Ein Kinderarzt, Dr. Melvin Morse in Seattle, hat von 1978 bis 1983 auf einer Intensivstation 42 Patienten zwischen drei und 16 Jahren behandelt – und „jedes von mir befragte Kind, das einen Herzstillstand hatte, erzählt von solchen Erlebnissen". Und der Psychiater Bruce Greyson begann nach der Lektüre von Moodys Buch mit einer intensiven Studie über Todesnähe-Erfahrungen von Menschen, die einen Selbstmordversuch überlebt hatten. Greyson ist auch Mitbegründer der „International Association for Near-Death Studies (IANDS)", einer lockeren Forschungsgemeinschaft mit etlichen hundert Mitgliedern.

Den Kern der Todesnähe-Erfahrung können die Wissenschaftler heute in methodisch einwandfreien Dokumentationen einigermaßen beschreiben, auch wenn keine der anderen genau gleicht. „Das Erlebnis beginnt mit einem Gefühl wunderbaren Friedens und Wohlbehagens, das sich im weiteren zu überwältigender Freude und zu völligem Glück steigert", formuliert der Psychologieprofessor Kenneth Ring. „In diesem Moment wird der Betroffene sich bewusst, dass er weder Schmerzen noch sonst irgendwelche Körperempfindungen hat. Alles ist still. Das mag ihm den Eindruck vermitteln, dass er gerade stirbt oder bereits tot ist."

Dann hört dieser Mensch vielleicht ein summendes oder sirrendes Geräusch, als ob ein Wind wehte, und stellt plötzlich fest, dass er von einem erhöhten Punkt aus auf seinen physischen Körper herabschauen kann. Er nimmt wahr, was um ihn herum getan und gesprochen wird, empfindet es als sehr real und kann es später präzise und oft mit nachprüfbaren Details beschreiben. Selbst Blinde haben in diesem „autoskopischen" Stadium schon verifizierbare optische Wahrnehmungen gemacht.

Michael Sabom, der Kardiologe, hat ermittelt, dass etliche seiner Herzinfarkt-Patienten, die ein „außerkörperliches Erlebnis" hatten, die Vorgänge während ihrer Wiederbelebung später sehr präzise beschreiben konnten. Sabom knüpft daran die Frage, ob die Todesnähe-Krise wohl „eine vorübergehende Abspaltung des Geistes vom Gehirn" auslösen könne – eine Frage, die natürlich ebenso offen bleiben muss wie jene nach der Gestalt des „anderen" Körpers, in dem der „Geist" sich während einer solchen „Out-of-Body-Experience" (OBE) zu befinden scheint.

Während also der – in tiefer Bewusstlosigkeit liegende – Mensch sein körperliches Umfeld weiter wahrnimmt, „wird er sich zugleich einer ‚anderen Realität' bewusst, in die er sich hineingezogen fühlt", so Kenneth Ring. „Er treibt auf eine dunkle Leere oder einen Tunnel zu und hat das Gefühl zu schweben." In dieser Sphäre des Übergangs ereignet sich, jedenfalls in Rings Darstellung, eine Bestandsaufnahme, zu der „ein Wesen" auffordert, das nicht zu sehen, nur zu spüren ist. Dieses Wesen ruft Bilder aus der Vergangenheit wie einen „Lebensfilm" ab und präsentiert auch die Alternativen, die sich an der Schwelle vom Leben zum Tod scheinbar bieten: weiter in die Erfahrung vorzudringen oder ins irdische Leben zurückzukehren.

Ob dieser Mensch nun „freiwillig" zurückkehrt, weil er sich Sorgen um die Seinen macht, oder – wie meistens – gegen seinen Willen auf „höheren Befehl", ob er allmählich erwacht oder mit einem schmerzhaften Ruck „wiedereintritt" in seinen Körper – zurück muss er. Und woher auch immer diese Menschen zurückkehren mögen – jenes „unentdeckte Land, von des Bezirk kein Wandrer wiederkehrt", über das Hamlet spricht, kann es nicht sein; wohl auch nicht das „weite Reich der Weltennacht", in dem Richard Wagners Tristan weilte, über das er aber nicht reden will.

Denn der Tod liegt ja eben „jenseits des Punktes, von dem aus irgendwer zurückkehren kann, um irgendetwas zu erzählen", wie die englische Fachzeitschrift „Lancet" treffend bemerkt. Die Frage sei allenfalls, wie nah die Zurückgekehrten dem Tod gewesen sind. Für die Betroffenen ist dies freilich ein Streit um des Kaisers Bart. Sie „wissen" ganz einfach, dass sie „tot" waren, und kein Mediziner der Welt, auch kein Psychologe, wird sie davon abbringen.

Die NDE-Forscher versuchen das auch gar nicht erst. Ring und Moody zum Beispiel sehen nur eine „bescheidene Korrelation" zwischen der Nähe zum endgültigen, nicht mehr reversiblen Tod und der Tiefe und Vollständigkeit einer NDE. Jedenfalls kann die Todesnähe-Erfahrung eine offenbarende Begegnung mit dem Tod sein. Menschen, die eine solche Begegnung gehabt haben, sind subjektiv ganz sicher, sozusagen auf Reisen gewesen zu sein in einer Welt jenseits der unseren.

In jener Welt fehlt es bemerkenswerterweise an jeder Form von Strafe. Es gibt darin auch keine Sünde im hergebrachten Sinne. Der wie im Zeitraffer ablaufende Lebensfilm dient weniger der klassischen Gewissenserforschung als vielmehr dem Versuch, die eigene

Biografie besser zu begreifen. Der Stuttgarter Historiker Peter Dinzelbacher, der dieses Phänomen untersucht hat, zieht daraus den Schluss, „dass das Gottesbild heute wirklich nur mehr den lieben Gott vorstellt, nicht mehr den strafenden und richtenden Gott des Zornes" aus der mittelalterlichen Vorstellungswelt. In den Imaginationen der NDE ist das Universum prinzipiell menschenfreundlich und buchstäblich liebevoll. Unser hedonistisches Jahrhundert, könnte man denken, hat es also geschafft, die Hölle zu verdrängen.

Freilich nicht immer. Es gibt auch heute noch Furcht erregende Todesnähe-Erfahrungen, in denen böse Dämonen statt der Lichtwesen erscheinen und statt der blühenden Landschaften eisige Leeren. Manche empfinden auch das gesamte NDE-Ereignis, einschließlich der Lichtgestalten, als durchaus bedrohlich. Andere erleben eine dramatische Veränderung vom höllischen Szenario am Beginn ihrer Vision bis zu den schönen Götterfunken am freudvollen, lichtstarken Ende vor dem „Wiedereintritt". Dies widerfahre vor allem solchen Menschen, vermutet Kenneth Ring, die nicht „loslassen" können, die unter allen Umständen die Kontrolle behalten wollen und sich verzweifelt wehren gegen den drohenden Ich-Verlust.

Gewiss werden die Erscheinungsformen einer NDE nicht allein von den persönlichen Erfahrungen und Befindlichkeiten der Betroffenen beeinflusst. Sie sind auch Produkte einer sozial wie spirituell vorgeprägten Imagination; sie gewinnen Gestalt erst „durch den inneren Dialog zwischen dem Visionär und dessen Kultur" – so die amerikanische Religionswissenschaftlerin Carol Zaleski.

Was die moderne NDE-Forschung aus anderen Kulturkreisen beisteuern kann, bestätigt dies. Man weiß von Muslimen oder von Buddhisten, die einem „göttlichen" Lichtwesen begegnet sind, aber nur Christen identifizieren es mit Jesus. Von 16 betroffenen Indern beispielsweise hat keiner den eigenen Körper sehen können. Mehrere aber berichten über – ihnen mythologisch geläufige – Todesboten, von denen die Betroffenen „abgeholt" und auch wieder „zurückgebracht" worden seien, nachdem eine Art außerweltlicher Wachhabender verärgert festgestellt habe, dass es sich hier offenbar um eine Personenverwechslung handele.

Die Einkleidung einer Todesnähe-Erfahrung also, deren Szenario und „Personal", ist ein „kulturelles" Phänomen. Der „Körper" aber, der da eingekleidet wird, ist doch wohl ein physisches Ereignis: Ein Mensch gerät an den Rand seiner leiblichen Existenz.

Ohne Veränderungen im Bewusstsein dieses Menschen, ohne veränderte oder verändernde Vorgänge im Gehirn also, gäbe es keine Todesnähe-Erfahrung. Auch wenn solche Erfahrungen fast immer als psychische oder spirituelle Ereignisse erlebt werden, haben sie doch einen biochemischen Hintergrund. Und wenn dieses so ist, muss es auch zu erklären sein – vornehmlich medizinisch und psychologisch.

Natürlich liegen solche Erklärungen vor, und sie sind fast alle seriös und sehr plausibel. Das heißt aber auch, dass es die eine Erklärung eben nicht gibt, die das gesamte Ereignis verständlich machen könnte – und die obendrein von allen beteiligten Disziplinen der Wissenschaft akzeptiert werden könnte. Zu jeder Erklärung bietet sich vielmehr eine Gegenerklärung an, und für jeden pathologischen Zustand, der eine NDE verursacht haben könnte, gibt es genug Todesnähe-Erfahrene, die nachweislich davon nicht betroffen waren und auch nicht unter dem Einfluss von Drogen oder Anästhetika standen.

Der Streit der Gelehrten füllt mittlerweile dicke Bücher. Sein Fazit lässt sich in einem Satz zusammenfassen: Die Wissenschaft kann – und will – die dokumentierten Erfahrungen in Todesnähe weder bestätigen noch widerlegen. Was bleibt, sind Fragen – und gerade auf die spannendsten wissen Naturwissenschaftler und auch Philosophen noch immer keine verbindliche Antwort. Zum Beispiel: Wie verhalten sich Körper und Geist, Leib und Seele zueinander? Oder: Wie kommt das Ich ins Gehirn? Was ist überhaupt Bewusstsein, und wo findet es physiologisch statt? Kann es Bewusstsein auch unabhängig vom materiellen Körper geben, kann es den Tod seines biologischen „Gastgebers" überleben, als eine Art frei beweglicher Software? Und was eigentlich ist Wirklichkeit – am Ende nur eine Interpretation des Gehirns?

Relativ unstrittig ist heute allenfalls, dass eine Todesnähe-Erfahrung bei noch funktionierendem Gehirn stattfindet. Es gibt zahlreiche dokumentierte Fälle, die bereits bei Todesgefahr oder in Todeserwartung eingetreten sind, also nicht erst in der Nähe des Hirntods – und bestimmt ohne eine Schädigung des Gehirns, etwa durch Mangel an Sauerstoff.

Gleichwohl ist Sauerstoffmangel – „Hypoxie" – eine jener Teilerklärungen, die besonders häufig genannt werden, etwa von dem Neurologen Ernst A. Rodin, der im Zustand der Hypoxie selber glückselige Momente erlebt hat. Solche Erlebnisse lassen sich sogar experimentell herstellen und machen dann manchmal in der Öffentlichkeit Furore – zum Beispiel 1994, als zwei Mediziner vom Rudolf-Virchow-Universitätsklinikum in Berlin 42 gesunde Jugendliche bis zu 22 Sekunden durch Hyperventilation und Valsalva-Manöver ohnmächtig werden ließen und eine „akute globale zerebrale Hypoxie" bei ihnen auslösten. Die Probanden berichteten anschließend von Visionen und Vorstellungen, die den bekannten Todesnähe-Erlebnissen sehr ähnlich waren.

Kaum minder häufig genannt wird die These, es handele sich schlicht um Halluzinationen, hervorgerufen durch Erregungen des zentralen Nervensystems. Solche „Erregungen" können viele Ursachen haben: psychedelische Drogen, Anästhetika, Fieber, Erschöpfung, mithin auch die emotionalen und physiologischen Beanspruchungen durch den Sterbeprozess. Etliche Hirnforscher sind der Ansicht, dass vom so genannten limbischen System des Gehirns unter Sauerstoffentzug ebenfalls Halluzinationen ausgehen können – spontane neurale Entladungen des visuellen Kortex, also der Sehrinde des Großhirns, plus gespeicherte Erinnerungsinhalte.

Hirnchirurgen in den USA haben schon in den dreißiger Jahren durch elektrische Stimulation bestimmter Stellen im rechten Schläfenlappen und anderswo in der Großhirnrinde NDE-Visionen provozieren können, zum Beispiel Lebensfilm-Bruchstücke und auch außerkörperliche Erlebnisse. Der Psychiater Stanislav Grof wiederum hat durch halluzinogene Drogen, etwa LSD, bei unheilbar Krebskranken einige Elemente einer Todesnähe-Erfahrung ausgelöst. Auch Elisabeth Kübler-Ross berichtet von einem ärztlich überwachten Experiment, bei dem „es mir erlaubt war, meinen Körper zu verlassen".

Weit verbreitet und wenig umstritten ist inzwischen auch die Annahme, dass körpereigene Opiate – Endorphine und Enkephaline – am Verlauf einer NDE beteiligt sind, und zwar auf ähnliche Weise wie beim „runner's high", der berühmten Euphorie des Langstreckenläufers, oder bei den euphorischen Empfindungen, von denen Ertrinkende oder Erfrierende nach ihrer Rettung manchmal berichtet haben.

Die Liste der Laborversuche und der reduktionistischen Erklärungen ließe sich verlängern – sie ergäbe doch nie das Bild einer vollständigen Todesnähe-Erfahrung. Eines vor allem würde dabei immer fehlen: die moralische Qualität dieser Erfahrung und die verwandelnde Wirkung, die sie fast ausnahmslos auf die Betroffenen hat. Diese Wirkung aber ist von naturwissenschaftlich relevanten Erklärungen gänzlich unabhängig. Auch Liebe lasse sich mit neurochemischen und sozialen Mechanismen erklären, spottet eine NDE-Expertin, „doch kaum jemand schlägt deshalb ernsthaft vor, die Kenntnis dieser Mechanismen solle den Menschen verbieten, an die Liebe zu glauben und entsprechend zu leben".

Raymond Moody sagt, in mehr als 20 Jahren psychiatrischen Umgangs mit Todesnähe-Erfahrenen sei ihm niemand begegnet, den dieses Erlebnis nicht tiefgreifend verändert habe, und zwar positiv. In der Tat sind häufig sehr heilsame Persönlichkeitsveränderungen festzustellen, die das Ergebnis psychotherapeutischer Bemühungen weit übertreffen.

Die innere Religiosität solcher Menschen beispielsweise nimmt zu – wenn auch nicht unbedingt deren kirchliche Bindung. Ihr fürsorgliches Interesse an den Mitmenschen wird wesentlich intensiver, zugleich aber auch ihr eigenes Lebensgefühl und ihre Wertschätzung der verbleibenden Lebenszeit. So gut wie alle diese Menschen sagen, sie seien nun ganz sicher, dass es noch eine andere als die irdische Existenz nach dem Tod gebe. So gut wie alle diese Menschen versichern, dass sie die Angst vor dem Tod, vor dem Ende ihrer physischen Existenz, völlig verloren hätten. Und wer den Tod nicht mehr fürchtet, der kann das Leben viel gelassener genießen. Auch an Selbstmord denken die Todesnähe-Erfahrenen nicht mehr; und wer von ihnen einen Selbstmordversuch hinter sich hat, wiederholt ihn nicht. Sterben, so die Botschaft, ist gar nicht so schlimm; es kann sogar wunderschön sein.

Das ist die gute Nachricht. Die schlechte ist, dass mit der Rückkehr aus einem todesnahen Erlebnis auch eine Art Kulturschock verbunden ist. Der Wiedereintritt ins irdische Leben kann von den Betroffenen nicht nur physisch, sondern auch mental als äußerst schmerzlich erlebt werden. Die veränderte Persönlichkeit passt nicht mehr in ihre unveränderten Lebensumstände, also müssen auch diese verändert werden. Selbst Raymond Moody nennt die Todesnähe-Erfahrung heute eine „Entwicklungskrise". Scheidungen sind relativ häufig unter Reanimierten, auch radikale Berufswechsel, aber auch mehr Engagement für öffentliche Angelegenheiten.

In dem unaufgeräumten Raum der „support group" an der Universität von Connecticut hat Frances die Erzählung vom Tod ihrer Mutter nun fast zu Ende gelesen, und noch immer hören alle atemlos zu. Sie lauschen einer jener Totenbett-Visionen, die selten geworden sind, seit wir die Sterbenden lieber verstecken, als ihnen zuzuhören. Da spricht – mit Worten, die Frances festgehalten hat – nun wirklich eine Tote; eine Frau, die nicht mehr zurückgekommen ist aus jener anderen Realität, über die sie in der verschlüsselten Sprache der Sterbenden aber noch tagelang hat reden können.

Und gewiss sind solche Sterbebett-Visionen beweiskräftiger als die Berichte der Reanimierten. Aber nur die Todesnähe-Erfahrenen wissen das wirklich; denn sie können vergleichen. „Ich bin mir nicht mehr ganz sicher", liest Frances, „aber fast das Letzte, das du mir gesagt hast, hast du gesungen: ‚Row row row your boat gently down the stream ... life is just a dream'." Rudere rudere rudere dein Boot sanft den Strom hinab ... das Leben ist nur ein Traum.

Dann verstummte die Sterbende, mit offenen Augen, und Frances redete weiter mit ihr, suchte Kontakt zu ihrem Unbewussten. „Ich hoffe, ich habe dir noch helfen können", sagte sie, und: „Es ist gut so. Tu, was du tun musst." Ein schwacher Laut aus offenem Mund war die Antwort.

Als Frances geendet hat, bleibt es eine Weile still im Raum. Dann sagt eine junge Frau, eine von den Todesnähe-Erfahrenen, unter Tränen: „Danke, dass du das vorgelesen hast." „Danke, dass du geweint hast", sagt Frances.

ALBERT ROSENFELD

Schöpfung aus der Schale

*1982: Was noch wenige Jahre zuvor undenkbar zu
sein schien, wird nunmehr durch die Gen-Technik möglich –
Bakterien produzieren menschliche Hormone, während Pflanzen,
mit Genen von Bakterien ausgestattet, sich aus der Luft selber düngen.
Für die Menschheit beginnt ein Zeitalter voller Chancen und
voller Risiken. Denn Forscher schicken sich bereits an,
auch das menschliche Erbgut zu verwandeln.*

Die goldgelbe Substanz im Glaskolben scheint ein unheimliches Leuchten auszustrahlen, und der junge Mann, der den Kolben hält, hat etwas von einem Alchimisten. Meine Fantasie ist jedenfalls beflügelt, denn der Kolben enthält reine Erbsubstanz – die chemische Information, die darüber bestimmt, was alle lebenden Organismen, den Menschen eingeschlossen, sind und tun.

Mir fällt ein Buch von Jean Rostand ein, das ich vor vielleicht 20 Jahren gelesen habe. In ihm beschrieb der große französische Biologe, wie kompakt die genetische Information in die winzigen Moleküle gestopft ist, die wir Desoxyribonukleinsäure – kurz DNS – nennen. Rostand berechnete, mit wie wenig DNS das Erbgut der ganzen Menschheit verändert werden könnte: mit einer ungefähr stecknadelkopfgroßen Menge.

Und jetzt stehe ich hier in Bethesda, Maryland, im Labor der Genex Corporation neben dem Biochemiker Steve Lombardi, der in seinen Händen einen Zehn-Liter-Kolben mit der Grundsubstanz des Lebens trägt.

Der Kolben enthält zwar nicht fertige DNS, die in den Zellen des menschlichen Körpers dafür sorgt, dass unsere ererbten Eigenschaften sich ausprägen, und die auch unablässig vielfältige chemische Prozesse steuert. In diesem und drei weiteren Kolben stecken jedoch die Bausteine für alle Arten und Größen von DNS-Molekülen. Denn das genetische Alphabet besteht aus lediglich vier chemischen „Buchstaben", die „Nukleotide" genannt werden, und jeder Kolben umschließt eines davon in reiner Form. Die Moleküle in den Kolben stehen bereit, sich miteinander zu verbinden, welche Kombinationen auch immer sich Gen-Techniker ausdenken mögen.

Es sind diese vier Buchstaben, die in ihrer unterschiedlichen Anordnung darüber bestimmen, ob ein Lebewesen eine Klapperschlange wird oder ein Grizzlybär, eine Schnecke oder ein Michelangelo. Bis jetzt wurde eine gezielte Änderung der Erbanlagen, also eine Mutation, nur außerhalb menschlicher Kontrolle durch die Macht der Natur ausgelöst. Aber nun, da wir gelernt haben, Gene zu manipulieren, sind wir plötzlich die Treuhänder der Entwicklung des Lebens, auch unserer eigenen Entwicklung, geworden. Die Aussichten sind so erschreckend wie aufregend.

Der Fortschritt läuft auf diesem Gebiet atemberaubend schnell. Wenn es auch theoretisch längst einleuchtend war, beispielsweise an die Neukombination von Genen zu denken – Gene aus einem Organismus herauszuschneiden, um sie in die Zellen eines anderen Organismus, ja einer anderen Art wieder einzusetzen –, so hatte doch vor zehn Jahren noch niemand auch nur die blasseste Ahnung, wie so etwas zu bewerkstelligen sei. Heute aber ist genau dies bereits so einfach, dass „DNS-Rekombination" und „Gen-Spleißen" zur Grundlage einer sich explosiv entfaltenden neuen Industrie geworden sind. Genex ist eines von fast zweihundert Unternehmen auf dem Gebiet der Biotechnik, die allein in den USA in den letzten Jahren gegründet worden sind.

Gewiss leben die meisten Firmen heute noch mehr von der Hoffnung als von geschäftlichen Erfolgen. Aber was sind das für Hoffnungen! Durch die Fähigkeit, Gene neu zu kombinieren und sie mit höchster Präzision in den genetischen Apparat von Bakterien einzupflanzen, wird der Wirts-Organismus befähigt, jegliches Protein zu produzieren – welchen Eiweißstoff auch immer das fremde Gen befiehlt. Vermehrt sich das derart manipulierte Bakterium, besitzen auch alle seine Nachkommen das neue Gen.

Angenommen, ein Bakterium teilt sich alle 20 Minuten. Dann gibt es innerhalb von ein paar Stunden Milliarden Bakterien, die alle die gewünschte Substanz produzieren. Praktisch über Nacht haben sich damit für die Industrie, die Landwirtschaft, die Medizin ungeahnte neue Möglichkeiten eröffnet. Schon haben Unternehmer Wissenschaftlern Kapital zur Verfügung gestellt und sie ermutigt, Forschungsfirmen zu gründen, von denen viele prompt lukrative Verträge mit größeren Gesellschaften abgeschlossen haben.

Das bekannteste und wahrscheinlich bislang produktivste dieser neu gegründeten Unternehmen ist die „Genentech" in South San Francisco. Genentech hat bereits einige der in das Unternehmen gesetzten

Hoffnungen durch eine Anzahl von Produkten erfüllt, die vom Insulin bis zu einem Impfstoff gegen Maul-und-Klauenseuche reichen.

Von den Pharma-Riesen sicherte sich Hoffmann-La Roche einen Vorsprung: Die Schweizer haben schon vor 14 Jahren in Nutley in New Jersey ihr Roche Institute of Molecular Biology eröffnet. Als der Durchbruch in der Gen-Technik kam, arbeiteten Roche-Wissenschaftler schon an vorderster Forschungsfront. Gemeinsam mit Genentech stellten sie mithilfe der DNS-Rekombinations-Techniken Interferon her, jene von unserem Körper nur in winzigen Mengen produzierte Substanz, die gegen Viruskrankheiten, möglicherweise auch gegen Krebs wirksam ist. Ein anderes Resultat dieser Gemeinschaftsforschung war Thymosin, ein Hormon der Thymusdrüse, das die Abwehrkräfte des Körpers stärkt.

Die Frankfurter Farbwerke Hoechst schlossen einen Aufsehen erregenden Vertrag mit dem Massachusetts General Hospital in Boston, das der Harvard University angeschlossen ist. Mit 50 Millionen Dollar will Hoechst dort in den nächsten zehn Jahren Forschungsarbeiten auf dem Gebiet der Gen-Technik unterstützen, um, wenn Lizenzen zu vergeben sind, als Erster auf dem Plan zu sein.

Der Pakt zwischen Hoechst und Harvard ist nur der spektakulärste von vielen Fällen, in denen sich Universitäten mit Partnern aus der Wirtschaft zusammengeschlossen haben. Diese Entwicklung hat bei manchen Forschern böse Ahnungen ausgelöst: Sie befürchten, dass der freie Austausch der Information, von dem die Wissenschaft lebt, künftig durch Geheimniskrämerei behindert wird.

Natürlich wurde darüber öffentlich erbittert debattiert, ob es überhaupt zu vertreten sei, gentechnische Experimente auszuführen.

Im Juli 1974 erschien in „Science", „Nature" und den „Proceedings of the National Academy of Sciences", den wohl angesehensten Wissenschaftszeitschriften der westlichen Welt, ein Brief, den der spätere Nobelpreisträger Paul Berg von der Stanford University und zehn andere Wissenschaftler unterzeichnet hatten. Darin forderten die Forscher ihre Kollegen rund um die Erde auf, sich für bestimmte genetische Experimente freiwillig einem Moratorium zu unterwerfen, bis auf einer internationalen Konferenz über die möglichen Gefahren diskutiert und Sicherungsmaßnahmen vereinbart worden seien. Vielleicht würden neue Bakterien entstehen, die die Menschheit bedrohen. Oder manipulierte Mikroben könnten Gene in den menschlichen Organismus einschleusen, die das Krebsrisiko erhöhen.

In den Monaten darauf brach vor allem in den USA ein Sturm los. Schreckensvisionen wurden erfunden, in denen neu geschaffene Mikroben die Menschen dahinrafften. In vielen amerikanischen Gemeinden begannen die Leute sich über die Forschungen an den örtlichen Universitäten zu ängstigen.

Im Februar 1975 versammelten sich 139 Wissenschaftler aus 17 Ländern in Asilomar in Kalifornien und erarbeiteten Richtlinien für die weitere Forschung mit neu kombinierter DNS aus, nach denen die verschiedenen Experimente gemäß dem vermuteten Grad ihrer Gefährlichkeit in Klassen eingeteilt wurden. Für jede Klasse empfahl die Forscher-Konferenz entsprechende Sicherheitsmaßnahmen, so dass nur gut ausgerüstete Laboratorien die riskanteren Experimente ausführen durften.

Als daraufhin die National Institutes of Health in den USA ihre eigenen strengen Richtlinien erließen, waren viele Teilnehmer der Asilomar-Konferenz schon der Ansicht, dass sie sich zu große Sorgen gemacht hatten. Denn heikle Experimente konnten nur mit speziell gezüchteten Bakterien vorgenommen werden, die außerhalb des Labors überhaupt nicht lebensfähig waren. Es hatte sich zudem gezeigt, dass die Neukombination der DNS auch in der Natur, durch Viren etwa, vor sich geht. Und vor aller Welt war klar geworden, dass Mikroben nicht ohne weiteres ansteckend sind. Dazu bedarf es einer langen Gewöhnung an einen Organismus, bis er schließlich für eine Infektion anfällig wird.

Vor uns liegt unverkennbar das Zeitalter der Genetik. Die Verpflanzung in der Natur vorkommender Gene ist eindrucksvoll genug. Aber die Wissenschaftler sind auch schon dabei, Gene nach eigenen Konstruktionsplänen zu fabrizieren – aus den vier Grundbausteinen, wie sie die Genex-Leute in ihren Glaskolben bereithalten.

Schon gibt es „Gen-Maschinen", mit denen nahezu jeder schnell lernen kann, Teile von Genen innerhalb weniger Stunden herzustellen. Dazu brauchte früher ein spezialisierter Chemiker Monate. Die Wissenschaftler haben begonnen, die Gene zu „kartieren", das heißt, die Lage bestimmter Gene auf bestimmten Chromosomen festzustellen. Und die ersten zögernden Versuche wurden gemacht, fehlende oder fehlerhafte Gene zu ersetzen und auf diese Weise menschliche Erbleiden zu heilen oder wenigstens in deren Auswirkungen zu lindern. Besonders brisant werden diese Arbeiten dadurch, dass Gene in zunehmendem Maße im Verdacht stehen, nicht nur unsere körperliche Erscheinung, sondern auch unsere Persönlichkeit und unser Verhalten weitgehend zu bestimmen.

Um besser verstehen zu können, welche Macht der Menschheit zugewachsen ist, muss man sich der Grundlagen erinnern. Das Erbmaterial, das für die Entwicklung vom befruchteten Ei zum erwachsenen Menschen mit seinen vielen Billionen Zellen erforderlich ist, steckt im Kern jeder einzelnen Zelle. Während der vorgeburtlichen Entwicklung werden ständig Gene an- und abgeschaltet. Deshalb brauchen wir „Regulatorgene" ebenso wie „Strukturgene", die ganz andere Aufgaben haben: Sie sorgen für den Aufbau der Körpersubstanzen – das sind hauptsächlich Proteine – und der Enzyme – das sind ebenfalls Proteine –, die alle chemischen Prozesse im Körper katalysieren. Im erwachsenen Organismus werden Gene zwar weiterhin an- und abgeschaltet, je nach den Funktionen der einzelnen Zelle. Aber in den meisten Zellen sind die meisten Gene die meiste Zeit über abgeschaltet. Denn die Hirnanhangsdrüse – zum Beispiel – hat es nicht nötig, Muskel-Protein zu produzieren, und Nierenzellen brauchen nicht den Farbstoff für blaue Augen.

Seit wir den genetischen Code für die Aminosäuren kennen, können Wissenschaftler auch über das Protein das Gen erzeugen. Die Sequenz eines Proteins zu bestimmen – das heißt: die genaue Reihenfolge der Aminosäuren in der Kette festzustellen – war noch vor kurzem eine langwierige Aufgabe. Aber jetzt gibt es Automaten, die ganz methodisch die Proteinketten abbauen, eine Aminosäure nach der anderen abspalten und identifizieren. Was früher Monate und Jahre dauerte, ist heute in Stunden und Tagen zu schaffen.

Am California Institute of Technology in Pasadena gibt es solch einen Automaten als Teil einer „Gen-Maschine". Der Biochemiker Michael Hunkapiller erklärte mir, wie sie funktioniert: „Wenn wir auch nur über die ersten fünf Aminosäuren eines Proteins Bescheid wissen, können wir damit schon einmal anfangen. Wir kennen den genetischen Code für jede Aminosäure, jeweils drei Buchstaben, und so kommen wir auf dem Papier schon zu einem 15 Nukleotiden langen Stück DNS."

Die gewünschte DNS-Folge wird dann der Gen-Maschine über eine Tastatur mitgeteilt. Die Maschine ist vorher schon mit den Bausteinen der DNS beschickt worden. Während die gewünschten Buchstaben eingetippt werden, wird ein Baustein nach dem anderen abgerufen. Sie fließen durch ein Röhrensystem an den Platz, wo sie in der richtigen Reihenfolge zusammengesetzt werden, so lange, bis alle 15 Buchstaben beieinander sind.

„Wenn wir so weit sind", fuhr Hunkapiller fort, „können wir entweder weitere DNS-Stücke zusammenbauen und die einzelnen Stücke dann aneinander ketten. Auf diese Weise würden wir für jenes Protein das ganze Gen mit der Maschine synthetisch herstellen. Oder aber wir benutzen das 15-Buchstaben-Fragment gewissermaßen als Sonde. Die Aussichten stehen nicht schlecht, dass es sich in dem Organismus, aus dem das Protein stammt, mit jenem Gen verbindet, zu dem es gehört. Dann können wir das Gen herausschneiden, es in ein Bakterium einsetzen und zugucken, wie es dort – mit den Bakterien vermehrt – das Protein produziert."

Genau das hatte auch Steve Lombardi bei Genex vor. Weil immer nur winzige Mengen der DNS-Bausteine benötigt werden, reicht das Material in den Zehn-Liter-Flaschen länger als ein Jahr.

Welche Bedeutung es hat, vom Protein aufs Gen zu kommen – den Bauplan des Konstrukteurs vom Produkt abzuleiten –, zeigt der Fall des Insulins. Diabetiker sind heute vielfach auf Insulin angewiesen, das von Rindern oder Schweinen stammt. Dieses Insulin funktioniert aber nicht bei jedem. Warum sollte man nicht, fragten sich Gen-Techniker, das Gen für menschliches Insulin in ein Bakterium stecken? Das Problem war freilich, dass die Gen-Ingenieure nicht wussten, wie sie das Insulin-Gen unter den mehr als 100000 menschlichen Strukturgenen finden sollten.

Die Gen-Forscher hatten sich bei ihren Studien natürlich zunächst mit einfachen Organismen beschäftigt. Als der Nobelpreisträger Paul Berg zum ersten Mal verschiedene DNS-Abschnitte miteinander verspleißte, experimentierte er mit dem Virus SV 40, das nur fünf Gene besitzt. Doch das Lieblingsobjekt für Gen-Manipulationen wurde das Darmbakterium *Escherichia coli*. Neuerdings beginnen Hefezellen populär zu werden. Aber die menschlichen Erbanlagen sind noch wenig untersucht, und sie zu erforschen ist unvergleichlich schwieriger als der Umgang mit Bakterien. So nimmt es nicht wunder, dass noch niemand imstande war, das Insulin-Gen auf einem Chromosom zu lokalisieren.

Glücklicherweise kannten die Protein-Chemiker den Aufbau des Insulin-Moleküls, und mit diesem Wissen war es möglich, das Gen zu rekonstruieren, um es dann einem Bakterium einzupflanzen. Die Firma Genentech beauftragte Wissenschaftler mit dem Aufbau des Gens. Inzwischen produziert Genentech, in Zusammenarbeit mit dem Pharmaunternehmen Eli Lilly bereits menschliches Insulin im Labormaßstab. Erste klinische Versuche zeigen, dass das Produkt sicher wirkt.

Solche fantastischen Möglichkeiten erwuchsen Anfang der siebziger Jahre aus zwei Entdeckungen. Die eine bestand darin, dass bestimmte Bakterien-Proteine, die „Restriktionsenzyme" genannt werden, imstande waren, DNS-Moleküle an vorhersagbaren Stellen zu zerschneiden. Andere Enzyme, die Gen-Stücke miteinander wieder verbinden, sie „spleißen" können, wie Gen-Techniker nach einem der Seemannssprache entlehnten Begriff sagen, waren damals bereits bekannt.

Die zweite Entdeckung war, dass spezielle ringförmige DNS-Stücke im Bakterien-Plasma, die „Plasmide", eingebaute genetische Information willig von einer Bakterien-Generation zur nächsten weitergeben.

Ein Plasmid mit der Bezeichnung pSC101 erlangte historische Bedeutung. Dabei steht p für Plasmid und SC für Stanley Cohen, einen Kollegen Paul Bergs in Stanford. Die Gene, die Cohen in Zusammenarbeit mit Forschern der University of California in San Francisco auf Bakterien übertrug, stammten zunächst von einem verwandten Stamm derselben Art, dann von zwei anderen Bakterien-Arten, schließlich von einem Frosch. Das war der Beginn des Manipulierens mit Genen.

Kurioserweise hatten noch kurz vor dem Durchbruch in der Gen-Technik viele Molekulargenetiker geglaubt, dass es an der DNS nicht mehr viel zu entdecken gebe. Gewiss – Details wären noch zu untersuchen, aber die Grundlagen seien geklärt. Doch so paradox es klingt: Während die Forscher Gene heute mit Leichtigkeit manipulieren können, haben sie gleichzeitig entdeckt, wie viel weniger sie über Gene wissen, als sie dachten. Wissenschaftler finden so etwas anregend. Mir aber erscheint es beruhigend, zu erfahren, dass ein stabiles, zuverlässig funktionierendes Molekül wie DNS in Wirklichkeit voller Merkwürdigkeiten und Launen steckt – bis hin zu einem Punkt, an dem einige Genetiker sich gefragt haben, wie dieses Molekül es überhaupt fertig bringt, seine lebenswichtige Aufgabe der Vermehrung und der Kontrolle des ganzen Organismus zu erfüllen.

Da gibt es zum Beispiel „springende Gene", die ihren Platz auf den Chromosomen wechseln. Diese mobilen DNS-Abschnitte sorgen nicht selber für Proteine, die der Zelle nützen. Aber sie beeinflussen andere Gene in mannigfacher und schwer durchschaubarer Weise, vereinigen sich mal mit diesem, mal mit jenem, schalten ganze Gruppen von Genen an und aus oder sorgen dafür, dass DNS-Sequenzen zur Protein-Produktion auch mal rückwärts gelesen werden. Springende Gene können sogar die Resistenz gegen bestimmte Antibiotika von einer Bakterien-Art auf eine andere übertragen.

Eine weitere Überraschung war die Erkenntnis, dass die ganzen DNS-Ketten durchaus nicht immer, wie lange Zeit angenommen worden war, kontinuierlich in Protein-Moleküle übersetzt werden. Gene sind vielmehr oft – wie manche Genetiker glauben, sogar in den meisten Fällen – in höchst seltsamer Weise zerteilt. In solchen Genen sind die lesbaren Strecken immer wieder von Partien unterbrochen, die keinen Sinn ergeben – zumindest gehören sie nicht zu den Instruktionen für den Aufbau des betreffenden Proteins.

Diese Unterbrechungen, die „Introns" genannt werden, nehmen oft weitaus mehr Platz ein als die Sequenzen mit Bedeutung, als die „Exons", die eine erkennbare Information enthalten. So ist das Gen für den Eiweißstoff Kollagen, der im Bindegewebe, in Knorpeln und Knochen enthalten ist, von etwa 50 Introns durchsetzt, während das Gen für Interferon ausnahmsweise kein einziges Intron aufweist.

Ein unterbrochenes Gen lässt sich vergleichen mit einem Wort wie LABSXOLZZORASOWAMGTORZZNPPUIUM. Übergeht man die Introns und reiht nur die Exons aneinander, kommt LABORATORIUM heraus. Glücklicherweise trennt die RNS, die bei der Übersetzung von DNS in Protein vermittelt, die Exons von den Introns.

Welchen Sinn es hat, die eigentliche Information derart zu verstecken, vermag bislang niemand zu sagen. Ungeklärt ist auch, weshalb DNS-Moleküle zu komplizierten Formen gekrümmt und noch einmal in sich selbst gewunden sind wie das Kabel am Telefonhörer. Glatt ausgestreckt wie ein Tonband, das kopiert wird, so sollte man meinen, könnten die Gene ihre Funktion viel besser erfüllen. Tatsächlich treten beim Kopieren der DNS auch laufend Fehler auf, aber auf wunderbare Weise bringt die DNS das selber in Ordnung – jedenfalls in den allermeisten Fällen.

Ich habe für diesen Bericht viele Labors besucht, in denen heute um Antworten auf die Fragen nach dem Wesen der Gene gerungen wird. Von zahllosen Genetikern und Biochemikern habe ich mir zeigen und erklären lassen, womit sie beschäftigt sind. Aber es wäre vermessen, so zu tun, als könne ich hier die Entwicklung der modernen Genetik darstellen.

Was ich tun kann, ist: einen knappen Überblick geben in der Hoffnung, ein wenig von der Aufgeregtheit mitzuteilen, die sich so schnell in der Welt der Wissenschaft, der Wirtschaft und auch der Politik ausgebreitet hat; ein wenig Verständnis für den geistigen Aufbruch und die fantastischen Verheißungen in den praktischen Anwendungen zu wecken; schließlich auch eine Vorstellung von den beunruhigenden Auswirkungen zu vermitteln, die der unvermeidlich wachsende Einfluss der Genetik auf unser Leben haben wird.

Wie die DNS dabei ist, unser Leben zu verändern, empfand ich besonders intensiv letzten Sommer in Bar Harbor, Maine. Dort, am

Jackson Laboratory, veranstaltet eine Stiftung zur Bekämpfung angeborener Gesundheitsschäden jeden Sommer einen zwei Wochen langen Intensiv-Kursus in Genetik. Bei diesen Kursen werden stets die neuesten Entwicklungen dieses turbulenten Fachgebiets diskutiert. Das Jackson Laboratory ist führend in der Genetik der Mäuse. Es ist berühmt für die Vielfalt der Mäuse, die speziell als „Modelle" für das Studium verschiedener Krankheiten gezüchtet werden. Mäuse sind beliebte Versuchstiere für jene Forscher, die wissen wollen, wo auf den verschiedenen Chromosomen welche Gene sitzen. Menschliche Gene zu kartieren ist viel schwieriger. Doch Human-Genetiker können von Mäuse-Genetikern, da die Nager als Säugetiere mit dem Menschen verwandt sind, eine Menge lernen.

„Wir haben jetzt", erklärte mir in Bar Harbor stolz Victor McKusick von der Johns Hopkins University in Baltimore, Maryland, „ungefähr 450 Gene des Menschen kartiert. Ein paar hundert Gene von etwa 100 000, das scheint nicht gerade viel zu sein. Aber bedenken Sie, dass fast alle erst in den letzten paar Jahren kartiert worden sind und dass Biologie und Medizin von diesem Wissen auch schon profitiert haben." Gleich darauf erfuhr ich, dass ich die Arbeit, die vor den Gen-Kartierern liegt, weit unterschätzt hatte. Mit den 100 000 Genen waren nur die Strukturgene gemeint, die Instruktionen für die Protein-Produktion enthalten. „Sie machen", klärte mich McKusick auf, „ganze fünf Prozent der DNS in unseren Zellen aus." Über die Rolle, die der große Rest von 95 Prozent in unserem Leben spielt, gibt es bisher praktisch nur Theorien.

In Bar Harbor wurde auch über das Gen-Spleißen gesprochen und über die wundersame Fähigkeit der DNS-Moleküle, Fehler schnell zu reparieren, über springende Gene, Exons und Introns. Aber die Theoretiker und Grundlagenforscher wurden an Zahl von den Genetikern übertroffen, die sich mehr mit Menschen oder wenigstens Säugetieren befassen als mit Viren oder Bakterien und die andere Methoden anwenden, wenn sie Gene übertragen wollen.

Francis Ruddle von der Yale University in New Haven in Connecticut schilderte, wie Körperzellen verschiedener Organismen in einer „Hybridisierung" genannten Prozedur miteinander verschmolzen werden. „Das ist", sagte Ruddle, „im Prinzip ganz einfach. Man nimmt Zellen, sagen wir, von Menschen und Mäusen, mischt sie in der Glasschale miteinander und lässt sie ein paar Stunden stehen. Einige Zellen werden spontan miteinander verschmelzen, aber wir beschleunigen den Prozess, indem wir zum Beispiel inaktivierte Sendai-Viren hinzufügen." Wie bei der Befruchtung einer Eizelle durch eine Samenzelle verschmelzen die Kerne miteinander – obwohl die Zellen ganz unterschiedlichen Arten angehören.

Die Methode, DNS zusammenzubringen, die von Natur aus gar nicht zusammengehört, wurde schon 1960 von französischen Forschern entdeckt, lange vor dem Gen-Spleißen. Ruddle und andere Wissenschaftler haben Körperzellen in vielfältigen Variationen miteinander kombiniert, um das Wirken der Gene zu studieren, um Erbkrankheiten besser zu verstehen oder Einblick in den genetischen Wirkmechanismus zu gewinnen, durch den aus normalen Zellen Krebszellen werden. Für die Ergebnisse dieser Untersuchungen interessierten sich lange Zeit nur Kollegen vom Fach.

Mitte der siebziger Jahre aber wurde auch dieses Gebiet plötzlich heiß. Eine gentechnische Fundgrube für Leute mit Unternehmergeist tat sich unversehens auf. Damals gelang es Cesar Milstein und Georges Köhler im britischen Cambridge, weiße Blutkörperchen, die Antikörper erzeugen, mit gewissen Typen von Krebszellen zu verschmelzen.

Die Fusionsprodukte, „Hybridome" genannt, erzeugten Antikörper wie weiße Blutkörperchen, und sie teilten sich in Gewebekulturen wie Krebszellen auf unabsehbare Zeit, sie waren potenziell unsterblich. Normale Zellen hingegen hören auch unter besten Kulturbedingungen bald auf sich zu teilen und sterben ab. Die durch Teilung entstandenen Abkömmlinge eines Hybridoms bilden, da sie alle exakt erbgleich sind, einen Klon. Sie alle produzieren genau denselben Typ von Antikörpern. Solche „monoklonalen Antikörper" konnten nach den Experimenten von Milstein und Köhler praktisch in beliebigen Mengen im Labor hergestellt werden.

Diese auch in Bar Harbor ausgiebig diskutierte Entwicklung elektrisierte Biologen in aller Welt. Sie bedeutete nämlich, dass große Mengen Antikörper gegen jedes bekannte Protein hergestellt werden konnten. Wie für das Gen-Spleißen eröffnete sich eine Fülle von Möglichkeiten zur Nutzung monoklonaler Antikörper: so für unglaublich präzise diagnostische Tests, für bessere Impfstoffe, neue Behandlungsmethoden für Infektionskrankheiten und Krebsleiden, die Überwindung der Abstoßungsreaktion nach Transplantationen.

Unvermeidlich kam das Gespräch in Bar Harbor immer wieder auf die Aussichten für eine Gen-Therapie. Victor McKusick hat bisher rund 3000 Krankheiten des Menschen katalogisiert und klassifiziert, bei denen Gendefekte eine entscheidende Rolle spielen. Wird es möglich, mithilfe gentechnischer Verfahren einer zunehmenden Anzahl oft schwer behinderter Opfer zu helfen? Martin Cline von der University of California in Los Angeles hatte in Israel und Italien zwei jungen Frauen, die an einer erblichen Blutkrankheit litten, Gene zuzuführen versucht, die den Erbfehler ausgleichen sollten. Cline hatte den Todkranken etwas Knochenmark entnommen, in diese Zellen zwei Gene eingeschleust und das derart bereicherte Mark den Patientinnen wieder injiziert.

Diese Versuche waren zwar mit Einwilligung der Kranken vorgenommen worden, aber sie waren zuvor nicht von den Komitees genehmigt worden, die über die Gen-Forschung und über die Experimente an Menschen wachen. Cline war von vielen Kollegen und den National Institutes of Health in den USA heftig getadelt worden. Ihr Hauptvorwurf: Der Forscher habe vor den klinischen Versuchen nicht genügend Tierversuche vorgenommen und daher voreilig gehandelt. Cline bestreitet das: „Ich hatte bei meinen Tierversuchen gerade jenen Punkt erreicht", sagte er mir, „an dem ich auch bei einem anderen Projekt zu den ersten klinischen Versuchen übergegangen wäre. Irgendwo muss man anfangen, und die Zeit schien mir dafür reif zu sein." Einig waren sich jedoch die meisten Genetiker in Bar Harbor in der Überzeugung, dass die Gen-Therapie kommen wird, dass es sich – in den Worten Clines – „um eine Frage des Wann, nicht des Ob handelt".

Mit dem Aufstieg der DNS-Rekombinationstechnik ist es Mode geworden zu sagen, dass die Genetik die achtziger Jahre ebenso beherrschen wird wie – sagen wir – die Computer die vorhergehenden Jahrzehnte. Aber in Bar Harbor wurde mir klar, dass eine derartige Feststellung eine Untertreibung ist. Wir treten in ein weit stürmischeres Zeitalter der Genetik ein.

Wir werden nun imstande sein, Pflanzen zu erschaffen, die ihre Photosynthese effizienter betreiben. Andere Pflanzen werden sich selbst mit Stickstoff aus der Luft versorgen, nachdem ihnen Gene von Bakterien eingepflanzt worden sind, die das vermögen. So können Millionen Barrel Öl und Milliarden Dollar gespart werden, die wir heute jedes Jahr für Kunstdünger ausgeben. Wir werden Bakterien-Stämme erschaffen, die Abfälle in nützliche Produkte verwandeln, sogar in Nahrungsmittel und Brennstoffe. Mit unserem genetischen Know-how, das noch in den Kinderschuhen steckt, können wir uns noch kaum vorstellen, wie weitreichend die Genetik jeden Zweig der Industrie und der Landwirtschaft beeinflussen wird.

Aber schwerer als dies alles wiegt, dass wir – vielleicht widerstrebend – die Herren der Moleküle werden, aus denen wir bestehen, und damit die Herren unserer Körper und unserer Seelen und zugleich aller Lebewesen. Kaum eine Facette unseres persönlichen Lebens wird davon unberührt bleiben. Mit jedem Vorteil aus der Genetik wird eine neue Sorge über uns kommen.

Und mit jedem Schritt bei der Erforschung der Gene geraten wir in ethische und moralische Zwickmühlen. Sind wir darauf vorbereitet?

STEPHEN S. HALL

Der entschlüsselte Mensch

*Wie die Astronauten einst von der Mondlandung,
so redeten Biologen in den achtziger Jahren über die
Entzifferung des »Human-Genoms«, des kompletten menschlichen
Erbguts. Welche Hoffnungen und Befürchtungen begleiteten
jenen Aufbruch ins Zeitalter der totalen Bio-Information?*

Am Freitag, dem 24. Mai 1985, versammelte sich in Kalifornien eine Gruppe von Biologen. Ort der Veranstaltung: das „Babbling Brook Inn" in Santa Cruz, in dem die University of California eine ihrer Niederlassungen unterhält. Sie trafen sich in dem Küstenstädtchen am Pazifik, um ein Projekt zu besprechen, das so enorm, so grotesk futuristisch erschien, dass der Gratistrip nach Kalifornien für die Eingeladenen womöglich reizvoller war als die Erwartung, dass das Projekt funktionieren könnte.

Die Tagung jedoch verlief spektakulär: Am Ende waren die Weichen gestellt für den Beginn eines der größten, ehrgeizigsten, teuersten und – nach Meinung von Kritikern – sinnlosesten Projekte in der Geschichte der Biologie.

Getroffen hatten sich in Santa Cruz Experten ihres Fachs: Leroy Hood, Leiter des Biologie-Departments am California Institute of Technology; David Botstein, ein junger Genetiker vom Massachusetts Institute of Technology; der Nobelpreisträger Walter Gilbert von der Harvard University; ein Computerspezialist der University of Southern California sowie einige prominente europäische Biologen, darunter Hans Lehrach aus Heidelberg und John Sulston aus Cambridge. Im Gegensatz zu anderen Wissenschaftstagungen hatten die Eingeladenen von Beginn an eine gemeinsame Überzeugung. „Die meisten", so einer der Teilnehmer, „hielten die ganze Idee für verrückt."

Die Idee war ein Projekt mit dem Ziel, alle Gene des menschlichen Erbguts zu entziffern. Alle Gene eines Organismus zusammengenommen werden als dessen „Genom" bezeichnet und bilden im wesentlichen dessen Bauplan. Die Gene steuern die Zellen bei der Herstellung der Proteine, der Eiweißstoffe, und halten den Motor des Lebens in Gang, bei Mikroben ebenso wie bei Premierministern. Daher bedeutet das „Genom-Projekt" – in den Worten eines Forschers – nichts weniger als den Versuch, „das Programm" zu finden, „aus dem ein menschliches Wesen hervorgeht". Man kann es auch als den Versuch der Biologie definieren, eine dem Periodensystem der Elemente entsprechende Systematik der Gene zu ermitteln.

Schon die Dimensionen des Genom-Projekts klingen Furcht einflößend. Nach Leroy Hood würden die dabei zu gewinnenden Informationen eine 500-bändige Enzyklopädie füllen – jeder Band mit 1000 Seiten, jede Seite bedruckt mit 1000 genetischen „Wörtern" und jedes Wort zusammengesetzt aus je sechs „Buchstaben". Das genetische Kompendium des menschlichen Erbguts umfasst somit rund drei Milliarden biochemischer Buchstaben. Dabei schaffen die schnellsten molekularen Dechiffriermaschinen derzeit täglich nur 12 000 davon. (Stand Sommer 2000: die gleiche Zahl von „Buchstaben" – allerdings pro Minute!)

Die Biologen wissen zudem, dass über 90 Prozent unseres genetischen Textes aus Müll besteht – „Abfall-DNS", wie sie es in Anlehnung an die Erbsubstanz DNS nennen. Sie hat anscheinend keinen Bezug zu den Genen und für die Vererbung keine offensichtliche Bedeutung. Dennoch soll auch dieser Genom-Anteil mit entziffert werden. Die Gesamtkosten für das Projekt werden sich nach konservativer Schätzung auf drei Milliarden Dollar belaufen.

Als die Wissenschaftler nach zwei Tagen wieder aus Santa Cruz abreisten, war jedem von ihnen klar, dass das Genom-Projekt die Schranken der Wissenschaft sprengen würde. Leroy Hood beschrieb es sogar fortan als „das verdienstvollste Unternehmen, das die Menschheit je in Angriff genommen hat", und dank seiner „würden wir in den nächsten 20 Jahren so viel über die biologischen und pathologischen Merkmale des Menschen lernen wie in den letzten 2000 Jahren". Und der Harvard-Biologe Gilbert nannte das Genom des Menschen den „Gral der menschlichen Genetik" – einen Gral, der vielleicht, wie er später hinzufügte, urheberrechtlich geschützt und kommerziell genutzt werden könnte.

Sollten Hood und Gilbert Recht behalten, wird diese genetische Enzyklopädie des Menschen Biologie und Medizin revolutionieren. Sie wird der ärztlichen Diagnose ungeahnte Möglichkeiten an die Hand geben und die Chance eröffnen, bestimmte Erbkrankheiten, von Muskeldistrophie über Herzerkrankungen bis zu einigen Formen des Krebses, zu heilen. Zugleich erhoffen sich die Biologen Hinweise auf die Lösung einiger fundamentaler Geheimnisse ihres Faches. Zum

Beispiel, wie sich Gene nach einem perfekten Zeitplan an- und abschalten; oder wie sich aus einem winzigen befruchteten Ei ein Komplex von 100 Billionen Zellen entwickeln kann, der dann etwa ein Faible für Johann Sebastian Bach hat, ein menschliches Individuum also.

Die Optimisten prognostizieren die beste aller Welten: Erbkrankheiten werden verstanden und geheilt. „Beim Neugeborenen", so schildert Leroy Hood enthusiastisch die Zukunft, „werden wir den genetischen Zustand feststellen. Dann geht man zum Computer und tippt die Daten ein. Der wirft rund 50 Krankheiten aus, für die das Baby genetisch anfällig sein könnte, und für jede davon eine Reihe von Vorschlägen, die sich zur Heilung unternehmen lassen – in seiner Umwelt oder therapeutisch."

Pessimisten erwarten hingegen die schlimmste aller Welten: eine Welt, in der ein Mensch nur noch Manipulationsobjekt wissenschaftlichen Eifers und ökonomischer Interessen ist. In der Versicherungen und Arbeitgeber ihre Klienten und Beschäftigten nach deren genetischem Profil aussuchen. Kritiker warnen davor, dass wir derart auf die genetische Disposition von Krankheiten fixiert werden könnten, dass wir in genetischem Fatalismus alle Umweltfaktoren vernachlässigen. Oder davor, dass dieser genetische Striptease zu einer „neuen Eugenik" führt und die neuen Diagnosemittel dazu benutzt werden, genetisch Ungeeignete schlicht auszumerzen.

Trotz der energischen Vorbehalte hat sich das Genom-Projekt innerhalb von drei Jahren von der *Idee* zu einem respektablen Unternehmen gemausert. Im Februar 1988 folgerte in den Vereinigten Staaten ein 102-Seiten-Report der ehrwürdigen National Academy of Sciences, dass das Genom-Projekt gegenwärtig auf einen „einmaligen und geeigneten Augenblick in der Geschichte" treffe und empfahl, der US-Kongress solle für die nächsten 15 Jahre 200 Millionen Dollar jährlich ansetzen.

James Watson, der 1953 gemeinsam mit Francis Crick die Struktur der DNS aufgeklärt hatte und heute Direktor des „Cold Spring Harbor Laboratory" ist, begrüßt diesen Vorschlag: „Ich glaube, dass wir nichts Besseres tun können als herauszufinden, wer wir sind!" Vor kurzem wurde Satson von den „National Institutes of Health" – der US-Bundesanstalt für biomedizinische Forschung – dafür gewonnen, alle Genom-Aktivitäten zu koordinieren.

Dieses Projekt markiert den Höhepunkt einer Entwicklung der Biologie, die in den sechziger Jahren des 19. Jahrhunderts mit Gregor Mendel einsetzte. Der Abt eines Klosters in Brünn entdeckte, dass

Pflanzen – und damit alles Lebendige – gewisse Eigenschaften nach bestimmten Regeln auf die Nachkommen übertragen. Etwa zur gleichen Zeit, 1869, berichtete der Biochemiker Johann Friedrich Miescher von der Universität Tübingen von seiner Entdeckung einer offenbar unscheinbaren Säure in den Zellkernen, die später unter dem Namen Desoxyribonukleinsäure (kurz: DNS) bekannt wurde. Im Jahre 1944 schließlich verknüpfte der amerikanische Forscher Oswald Avery diese beiden Erkenntnisse aus dem 19. Jahrhundert, indem er bewies, dass die von Miescher entdeckte Substanz die von Mendel beobachteten Erbanlagen beförderte: Die DNS gab die Botschaften, kodiert als biochemische Information, von einer Generation zur nächsten weiter.

Die alles entscheidende Entdeckung brachte jedoch das Jahr 1953: James Watson und Francis Crick entschlüsselten die Doppelhelix-Struktur des DNS-Moleküls – eines Moleküls, das aussieht wie eine verdrehte Strickleiter. Bald erkannten die Wissenschaftler, dass die Leitersprossen, ähnlich wie in einer Knotenschrift, aus Folgen von nur vier Chemikalien bestehen, den „Nukleotiden" Adenin, Cytosin, Guanin und Thymin. Abgekürzt als A, C, G und T bildeten sie die „Buchstaben" des genetischen Codes. Je drei dieser Buchstaben, etwa das Triplett „ATG", geben das Signal zum Aufbau einer bestimmten Aminosäure. Und aus diesen Aminosäuren bauen sich, aneinander gereiht wie in einer Perlenkette, die Proteine auf.

Mit dieser Erkenntnis war klar: Eine ganz bestimmte Buchstabenfolge, ein Gen, enthält die Anweisung für den Bau eines kompletten Proteins. Diese Eiweißkörper wirken in der Zelle als Katalysatoren, die bestimmte organische und biochemische Reaktionen beschleunigen. Alle Bausteine des Lebens liegen codiert als solche Molekülketten vor.

Gene, ob einzeln wirksam oder im Verbund, enthalten die Erbanlage, die Mendel beobachtet hatte – die Schrumpelhaut von Erbsen oder blaue Augen und rote Haare bei Menschen. In den siebziger Jahren machten die Forscher dieses Wissen nutzbar durch die revolutionäre Technik der „Gensequenzierung", des „Genspaltens". Damit konnten sie nun praktisch jedes Gen, jeden Gen-Abschnitt der DNS, duplizieren oder „klonen". Gleichzeitig waren sie nun in der Lage, die genaue Buchstabenfolge – die „Sequenz" – eines Gens zu entziffern.

Im Genom-Projekt soll diese Technik nun auf alle 50 000 bis 100 000 Gene der menschlichen DNS angewandt werden, die in den 23 menschlichen Chromosomenpaaren gespeichert sind (22 davon sind „utosom", also in beiden Geschlechtern vorhanden, dazu kommt ein X-Chromosomenpaar für „weiblich" oder ein X- und ein Y-Chromosom für „männlich").

Aber während sich die Forscher noch um das Pro und Kontra zum Genom-Projekt streiten, läuft die Arbeit daran schon seit Jahren mit atemberaubendem Tempo. Das Projekt gliedert sich in zwei Abschnitte:
- das „Kartographieren" und
- das „Sequenzieren".

Das Kartographieren soll einen Überblick über die physikalische Landschaft der 23 Chromosomenpaare liefern sowie über die genaue Lage der Gene oder anderer wichtiger genetischer Punkte darin. Beim Sequenzieren sollen die Buchstaben wichtiger – oder aller – Gene entziffert werden, darüber hinaus, welche Funktion sie haben oder welchen Regelsignalen sie gehorchen.

Schon 1911 konnte die Farbenblindheit in einem Gen des X-Chromosoms lokalisiert werden, das nur Männer besitzen. Seither versuchen die Forscher mit genetischer Kartographie bestimmte Gene als bestimmte Abschnitte auf den Chromosomen zu markieren. Hilfreich dazu waren Untersuchungen bestimmter Bevölkerungsgruppen, etwa der relativ isoliert lebenden Mormonen oder der Amish-Clans in den USA, an denen sich genetische Defekte über Generationen hinweg verfolgen lassen.

1978 entdeckten David Botstein und Ronald Davis (Stanford University) gemeinsam mit Mark Skolnick (University of Utah) eine neue Theorie. Sie postulierte den „Riflip" (Restriction Fragment Length Polymorphisms): Bei Menschen mit Erbkrankheiten vererben sich auch bestimmte Fragmente des DNS, die kürzer oder länger sind als bei Gesunden. Diese DNS-Fragmente liegen vermutlich nahe bei den diese Krankheit disponierenden Genen und werden daher „Markierungen" genannt.

Auf Streifzügen durch alle Chromosomen lokalisierten die Forscher in den letzten Jahren Markierungen, die eine Verbindung zu bestimmten Krankheiten hatten. Die erste davon – die für die Huntingsche Krankheit – wurde 1983 entdeckt, seither auch die für Schizophrenie oder für die manische Depression. Manchmal konnten die Forscher sogar das Gen selbst identifizieren, wie im Fall der Muskeldistrophie. Inzwischen sind so viele „Krankheitsgene" entdeckt worden – bis heute 4000 –, dass Victor McKusick von der Johns Hopkins University einen Katalog der „Anatomie der Krankheiten im menschlichen Genom" zusammenstellen konnte.

Die Zahl der kartographierten Gene wächst rasch. Zusammen mit den Markierungen ähneln sie den Flüssen und Bergen in einer Reliefkarte. Tatsächlich muss, um sie exakt zu lokalisieren, das Äquivalent von Länderkarten erstellt werden – mit Unterteilungen und Grenzen. Einige Forscher spezialisieren sich auf ganz bestimmte Chromosomen.

„Dies ist Chromosom 21", sagt Cassandra Smith, Genetikerin an der New Yorker Columbia University, und deutet in eine kleine Schachtel auf ihrem Schreibtisch. Auf fotografischem Film ist ein geschlängeltes Band mit dunklen Querstreifen zu sehen – „eine Art Schnappschuss des ganzen Chromosoms", erläutert Smith.

Um den zu „schießen", wird die DNS des Chromosoms in Stücke zerlegt und in einem elektrischen Feld durch ein Gel geführt. Die DNS-Fragmente, jedes radioaktiv gekennzeichnet, wandern in dem Feld je nach Größe unterschiedlich schnell und trennen sich so voneinander. Wird dann ein Stück Film auf das Gel gepresst, „belichten" die radioaktiven Fragmente den Film und bilden deutliche Spuren ab – wie Staatsgrenzen in einem Kontinent. Die Biologen versuchen sodann auf jedem Fragment ein Gen oder eine Markierung zu lokalisieren, wie ein Geograph Städte innerhalb eines Landes.

Bis das menschliche Genom vollständig kartographiert ist, dauert es – schätzt die Forscherin – womöglich 50 Jahre. „Wir haben uns zunächst Chromosom 21 ausgesucht, weil es das kleinste ist", gibt Smith offen zu. Allerdings ist dieses Chromosom für die Medizin besonders interessant, weil es irgendwo das Gen für Mongolismus und für die berüchtigte Alzheimersche Krankheit enthält.

Solche Ergebnisse ermutigen immerhin die Aktivisten in den Labors, die „weißen Flecken" auf der Karte der menschlichen DNS auch noch zu enträtseln. Inzwischen wurden Maschinen entwickelt, die diese zeitraubende Arbeit automatisch und schnell erledigen. Im Keller des Labors für Chemische Biologie des California Institute of Technology setzt die „Siebzigerbande", wie sich die 70 Mitarbeiter ihres Direktors Leroy Hood nennen lassen, vier Maschinen ein – einen DNS-Synthetisierer, einen DNS-Sequenzierer, einen Protein-Synthetisierer und einen Protein-Sequenzierer. Mit der so genannten Farbcodierung, die Leroy und seine Mitarbeiter vor acht Jahren entwickelt haben, um die DNS zu sequenzieren, lässt sich jeder der vier genetischen Buchstaben mithilfe fluoreszierender Chemikalien unterschiedlich einfärben. Wenn dann Laserlicht auf die so präparierten Substanzen trifft, etwa auf den Buchstaben „T", dann leuchtet er in einer anderen Farbe auf als die anderen Buchstaben, und ein Computer kann nun automatisch den richtigen Buchstaben registrieren: Orange für „G", Rot für „T", Blau für „C" und Grün für „A".

Dieses Verfahren ist nicht nur schneller, sondern auch sicherer als ältere, bei denen radioaktive Substanzen verwendet werden. 80 Maschinen sind bereits weltweit verkauft. Listenpreis 92000 Dollar. „Wenn alles klappt, können wir", so Hood, „12500 Nukleotide pro Tag analysieren."

An solchen Geräten hängt das ganze Genom-Projekt. In dem Rennen um diese Automaten steckt aber auch ein Kampf um die kommerzielle Vorherrschaft in der Biotechnologie – der Wettlauf der Biologen vor allem gegen die Kollegen aus Japan. „Sie sind Experten bei Miniaturisierung und bei der Vervollkommnung von Techniken. Beim Sequenzieren brauchen sie wie beim Auto ja auch nichts neu zu erfinden, sondern müssen es nur besser machen – und das können sie." Paul Silberman, Codirektor am Lawrence Berkeley National Laboratory, hat gelinde Panik in der Stimme. Zwar trainieren die Japaner bisher noch an der Kartographierung des Reispflanzen-Genoms. Aber seit 1981 arbeitet Akiyoshi Wada, Biophysiker an der Universität von Tokyo, an der automatischen Sequenzierung – mit Unterstützung der Industrie: Seiko Instruments baut die Roboter. Fuji stellt die Gele her, und Hitachi entwickelt ein Lasersystem, das DNS-Sequenzen lesen kann. Die japanische Sequenziermaschine soll einmal eine Million Genbuchstaben am Tag schaffen. Das japanische Forschungsministerium hat bisher 3,8 Millionen Dollar in die Sache gesteckt.

Außer den USA und Japan reiht sich noch ein Land in die Avantgarde der Genom-Aktivitäten ein: Italien. Im Mai 1987 hat die italienische Regierung ein Zweijahresprojekt unter dem Titel „Kartographierung und Sequenzierung des menschlichen Genoms" aufgelegt, das von dem Nobelpreisträger Renato Dulbecco gesteuert wird. Auch in England, Frankreich und der Bundesrepublik wird in diversen Labors am Genom-Projekt gearbeitet, doch nicht im Rahmen koordinierter Programme. Allerdings hat die EG Anfang 1989 angekündigt, das Projekt finanziell zu unterstützen.

In der Bundesrepublik wird diese Forschung dadurch kompliziert, dass sie von zahlreichen Wissenschaftlern abgelehnt wird und dass die Bundesregierung im letzten Juli Vorschriften erlassen hat, die den restriktiven Empfehlungen der Enquetekommission von 1987 folgen. Gerd Hobom, Mitglied der Zentralen Kommission für Biologische Sicherheit, merkte kürzlich an: „In den USA gibt es nur einen Jeremy Rifkin, aber in Deutschland gibt es viele, und sie sind besser organisiert." „Europa verfolgt das Genom-Projekt sozusagen mit Interesse", meint Leroy Hood, „und ich glaube, dass es sich mit Expertengruppen in die internationale Diskussion einschalten wird. Aber so wie die Dinge liegen, denke ich nicht, dass die Europäer sich ernsthaft beteiligen werden. Die Japaner dagegen meinen es ernst."

Nicht zuletzt aus ökonomischen Gründen: Die Uhr läuft bereits für einen ungewöhnlichen Handelskrieg, der als Folge einer kommerziellen Absicherung lukrativer Teile des menschlichen Genoms erwartet wird. Manche sehen einen regelrechten Goldrausch der Biologie kommen. Was steht auf dem Spiel? „Ich könnte nicht einmal raten", sagt Leroy Hood, „außer, dass es vielleicht um Milliarden Dollar geht, wenn nicht um mehr." Denn jedes menschliche Gen enthält die Anweisung zur Herstellung eines Proteins; und jedes dieser Proteine könnte ein beträchtliches Therapie-Potenzial darstellen.

Der „Gewebe-Plasmingen-Aktivator" (GPA) lieferte kürzlich ein einschlägiges Beispiel – ein menschliches Protein, das Blutgerinnsel, wie sie bei Herzinfarkten auftreten, auflöst. Die kalifornische Biotechnikfirma „Genentech" isolierte das betreffende Gen und produziert es gentechnisch in vermarktbaren Mengen. Fachleute schätzen den GPA-Umsatz der Firma schon für 1988 auf über 150 Millionen Dollar – eine der erfolgreichsten Einführungen eines neuen Medikaments.

Niemand weiß, wie viele andere GPAs noch irgendwo im Genom verborgen sind. Auch ist unwahrscheinlich, dass Forscher durch blindes Suchen dem Genom entlang zufällig auf eine Wundermedizin stoßen werden. Aber die US-Pharmafirma Smith Kline Beckman erwarb kürzlich für 2,25 Millionen Dollar von einem Labor in Cambridge (England), das sich mit Genom-Kartographie befasst, das Recht, alle dort gemachten interessanten Entdeckungen patentieren und vermarkten zu dürfen. Vermutlich werden sich Universitäten, andere Forschungsstellen und private Labors verwertbare DNA-Sequenzen künftig patentieren lassen.

So hat inzwischen beispielsweise das „Collaborative Research" in Bedford das Patent für eine Gen-Markierung angemeldet, die mit Blasenfibrose zu tun hat; diese Gentechnikfirma verkauft bereits eine Diagnosehilfe, mit der sich eine Neigung zu dieser Genanomalie vorhersagen läßt. Möglicherweise sind dies bereits die Vorboten des erwarteten Handelskrieges: Als die wissenschaftliche Diskussion um das Gen für Blasenfibrose aufkam, soll der Präsident von Collaborative Research, Orrie Friedman, behauptet haben: „Chromosom 7 gehört uns!"

Und wie steht es mit Medikamenten, an die heute noch niemand von uns denkt? Die Biologen sind da schon weiter. Charles Cantor verweist darauf, dass etwa die Hälfte der 100000 menschlichen Gene den Bauplan für Substanzen enthält, die im Gehirn wirksam sind. „Einige beeinflussen Stimmung und Gefühle. Ich erwarte, dass es uns gelingen wird, daraus Medikamente zu entwickeln, die weit besser auf Zustände wie Unglücklichsein, Depressionen, Angst oder Stress einwirken als heutige Substanzen. Ich denke, dass Stoffe zu begrüßen wären, die das Leben in der modernen Gesellschaft angenehm gestalten. Die völlig harmlos sind und die einen in gute Laune versetzen, auch wenn man gerade mitten in einer überfüllten U-Bahn steckt."

Die amerikanische National Academy of Sciences macht sich hingegen Sorgen wegen einer Monopolisierung von Erkenntnissen in Sachen Human-Genom. Sie empfiehlt, entdeckte Sequenzen dem „Vertrauen der Öffentlichkeit" zu überlassen. Regeln für eine Marktanwendung schlägt allerdings auch sie nicht vor. So könnte es denn passieren, dass Gen-Sequenzen auf Auktionen regelrecht versteigert werden? „Ich halte es für denkbar, dass mehrere Firmen daran Interesse hätten", antwortet Paul Silverman vom Lawrence Berkeley Laboratory. „Unser Institut und die University of California werden das Recht haben, jedem gewünschten Partner eine Exklusivlizenz zu geben. Das kann schon zu einem Wettbewerb führen."

In dieser besten aller Welten wird der Markt sich also darum reißen, die Menschheit von Erbkrankheiten zu befreien. In ein, zwei Jahrzehnten, prophezeit Leroy Hood, werden wir in dieser schönen Neuen Welt leben.

Unglücklicherweise ist es nicht die einzig mögliche. Beispielsweise nicht für José Ordovas. Der Genforscher war 1985 nicht zu dem Treffen nach Santa Cruz eingeladen; er hätte den versammelten Forschern eine Geschichte erzählen können, die ihm ein Jahr vorher an der Tufts University in Boston widerfahren war. Der schlanke, freundliche Ordovas arbeitete damals an den Erbfaktoren, die zum vorzeitigen Auftreten von Herzkrankheiten gehören. 1984 identifizierte er ein bestimmtes Gen, das besonders häufig bei Patienten in jungem Alter vorkam – eine Entdeckung, die jeden Wissenschaftler entzückt hätte. Auch Ordovas freute sich. Routinemäßig kontrollierte er auch seine eigenen Blutzellen – und fand auch bei sich diese potenziell tödliche Besonderheit.

„Hier wies ein Faktor auf eine Erkrankung der Herzkranzgefäße hin; und ich besaß ihn. Da fühlt man es ..." Er schlägt mit den Händen wie ein schnell schlagendes Herz. Tatsächlich hatte Ordovas in der Folgezeit Herzbeschwerden. „Manche Menschen können unter einer

Krankheit leiden, ohne sie zu haben", sagt der Genforscher heute. „Da kann man schon in Schwierigkeiten geraten." Seine Angstzustände ließen erst nach, nachdem sein Team herausgefunden hatte, dass mindestens drei oder vier Markierungen zusammenwirken müssen, um solche Herzbeschwerden auszulösen.

Wissenschaftler behaupten gern, Wissen sei neutral: aber das Wissen über sich selbst kann einen Menschen vernichten. „Das nenne ich das Dilemma des unvollständigen Wissens", sagt Robert Sinsheimer, „ein Dilemma, in das man gerät, wenn sich die Krankheit vorhersagen läßt, man aber nichts dagegen tun kann. Vielleicht kann man später nicht nur diagnostizieren, sondern auch etwas unternehmen."

Jonathan Beckwith hatte ebenfalls nicht an der Santa-Cruz-Tagung teilgenommen. Kein Wunder: Der angesehene Forscher der Harvard Medical School hat sich – als Mitglied der Organisation „Wissenschaft für die Menschen" – besonders kritisch mit den Auswirkungen einer genetischen Durchleuchtung befasst. Technisch seien die Möglichkeiten dafür schon vorhanden, sagt er. Es ist nicht auszuschließen, dass Embryos künftig im Mutterleib zum Gegenstand akribischer gentechnischer Ermittlungen werden. Ohne eine einschränkende Gesetzgebung, kritisiert Jonathan Beckwith, ist solche Diagnostik für den Missbrauch offen – für die völlige Entblößung der Privatsphäre auf der Ebene von Molekülen. „Die Krankenkassen", kommentiert Beckwith, „würden sich über solche Informationen freuen."

Eine Veranlagung für gewisse Erbkrankheiten lässt sich schon aus ein paar Zellen des Embryos herauslesen, aus einer winzigen Blutprobe oder – mit etwas Aufwand – aus einem Haar. Krankenkassen, die ihr Versicherungsrisiko senken, Arbeitgeber, die den Krankenstand in ihren Betrieben minimieren wollen, scheidungswillige Ehefrauen in Prozessen um das Sorgerecht für die Kinder – sie alle könnten es verlockend finden, das genetische Make-up eines bestimmten Menschen zu inspizieren.

Dies alles klingt zwar futuristisch – aber es trifft das Problem, meint Beckwith. Er hält die Zeit für eine gesetzgeberische Regelung in allen Ländern, in denen am Genom geforscht wird, für überfällig. Sonst könnten etwa Firmen, die Diagnose-Tests vertreiben, schon bald auch die Gendurchleuchtung im Geschäftsangebot haben.

In Diskussionen über neue Technologien muss stets auch über ihre schlimmste mögliche Anwendung nachgedacht werden. Beckwith offeriert mir seinen Albtraum: Eine Schwangere erfährt nach einer pränatalen Diagnose, dass ihr Kind an einem genetischen Defekt leidet, etwa an einer Sichelzellenanämie. Daraufhin teilt ihr ihre Krankenkasse mit, dass sie, falls das Kind ausgetragen wird, den Versicherungsschutz einstellt. In solch einem Fall, meint Beckwith, „würde die Krankenkasse entscheiden, wer leben darf und wer nicht". „Ungeeignetes", „defektes" oder genetisch benachteiligtes Leben würde sie aussondern, also „Eugenik" praktizieren.

Auch Forscher, die am Genom-Projekt arbeiten, nehmen solche potenziellen Konflikte ernst. Beispielsweise Jack Bartley, stellvertretender Direktor des „Human Genome Center" am Lawrence Berkeley Laboratory: „Falls die Sequenzierung des Humangenoms zur Routine wird, dann könnte ein Arbeitgeber sagen: ‚Ich hätte gern dieses genetische Profil für Chiptechniker und jenes für Manager.'"

Ähnlich könnte sich die Art und Weise verändern, in der wir über uns selbst nachdenken. Überschwemmt mit genetischem Wissen würde, so glauben manche Biologen, unser Bild vom Kranksein sich fast ausschließlich auf die genetische Diagnose einengen. Dabei bedeutet ein bestimmter genetischer Befund keineswegs schon ein unausweichliches Schicksal. Aber Informationen aus einer genetischen Durchleuchtung können Menschen bedrücken, Schuldgefühle und gelegentlich sogar Selbstmordgedanken auslösen.

Andererseits können sich die optimistischen Prognosen über gentechnische Heilverfahren als bloße Beschwörungen entpuppen. Wie Charles Cantor betont, ist die Sichelzellenanämie ein Beispiel, bei dem die Information, dass sie von einer winzigen Veränderung des Hämoglobin-Moleküls herrührt, den Berufsheilern keineswegs weiterhilft. „Obwohl wir seit langem den Gendefekt der Sichelzellenanämie exakt kennen", sagt Cantor, „obwohl die dreidimensionale Struktur des Moleküls vollständig ermittelt ist und obwohl wir bei dieser Krankheit wissen, was auf dem innersten molekularen Niveau schiefgeht, hat das bislang zu keinem Medikament dagegen geführt."

„Wir Wissenschaftler sind uns bewusst", räumt José Ordovas ein, „dass wir womöglich die Büchse der Pandora öffnen." Würde sich Ordovas selbst einem Test unterziehen? „O ja", sagt er ohne Zögern. „Genetische Tests sind etwas Neues. Es hat etwas von Alchimie. In zehn, 15 Jahren wird es eine neue Generation von Menschen geben, die damit aufwächst, und es wird ihnen normal und natürlich erscheinen. Sie werden nicht einmal darüber nachdenken, so wenig wie wir über das Fliegen."

Längst hat die Arbeit am Human-Genom den Punkt erreicht, an dem das Tempo der Wissenschaft rascher ist als die Reaktion der Gesellschaft, die damit umgehen soll. Auch die Tatsache, dass in den USA die Finanzierung, Organisation und Leitung des Projekts noch immer unklar sind, wirkt da nicht als Bremse. Kürzlich haben sich die National Institutes of Health bereit erklärt, die Koordinierung zu übernehmen, und der wissenschaftliche Superstar James Watson verleiht mit seiner Befürwortung dem Projekt öffentliche Glaubwürdigkeit.

„Das Projekt ist unterwegs und wird gemacht. Wir diskutieren nur noch darüber", erklärt Leroy Hood, ein begeisterter Bergsteiger, „auf welcher Route wir es weiter in Angriff nehmen sollen." Die Forscher an ihren Maschinen optieren durchweg für die steilste.

VOLKER STOLLORZ

Gentechnik im Rückspiegel

*Was ist aus den Prognosen zu Chancen und Risiken
der Genforschung geworden, die in zwei GEO-Artikeln vor mehr als
zehn Jahren zu lesen waren? Ein Fachjournalist bewertet
die Visionen von gestern.*

Die Biotechnologie, so steht es heute in jeder Zeitung, wird unser Leben im 21. Jahrhundert radikal verändern. Der Grund: Die in jeder Zelle unseres Körpers zu Tausenden steckenden Gene sind nun erkannt, der Code des Lebens ist geknackt. Ergo treten wir in das Zeitalter molekularer Textverarbeitung ein, in dem Forscher Gene lesen, bearbeiten, speichern, kopieren sowie deren Fehler im genetischen Text korrigieren und verbessern lernen. Noch Gesunde werden anhand schadhafter Gene zu zukünftig Kranken umdefiniert, genetisch maßgeschneiderte Pillen sollen den Ausbruch eines Leidens verhindern, im Ernstfall soll eine Gentherapie schadhaftes Erbgut korrigieren. Umstritten, aber denkbar ist inzwischen sogar, unseren Kindern genetische Veränderungen ins Buch des Lebens zu schreiben, wo uns die Natur fehlerhaft erscheint.

So weit die heutige Vision. Weit vorsichtiger blickte GEO in den achtziger Jahren auf die Gentechnik, trotz der eindeutigen Überschriften zu Artikeln wie „Schöpfung aus der Schale" (1982) oder „Das Genom: Der entschlüsselte Mensch" (1989). Um zu verstehen, was dran ist am aktuellen Hype der Biotechnologie, hilft der Blick zurück auf die Frage, was von den damaligen Prognosen eingetroffen ist. Kurz nachdem 1982 der Artikel von Albert Rosenfeld erschien, kam mit gentechnisch hergestelltem Insulin das erste erfolgreiche Medikament aus dem Genlabor auf den Markt. Dank Gentechnik ließ sich das menschliche Hormon für die Therapie von Zuckerkranken konkurrenzlos billig herstellen – in Bakterien. Der Aktienkurs der Herstellerfirma Genentech zog heftig an. Eine der Prognosen Rosenfelds, die sich mehr als bewahrheitet hat, ist die rasante Entwicklung der kommerziellen Biotechnologie. Aus der ehemaligen Garagenfirma Genentech ist heute eine der erfolgreichsten Biotechfirmen erwachsen. Weltweit haben sich inzwischen fast 2600 junge Unternehmen darauf spezialisiert, das Wissen um den Rohstoff Gen in Geld zu verwandeln. Nicht allen gelingt das. Profitabel sind bisher nur rund zwei Dutzend Biotechfirmen, die meisten hängen mehr denn je am Tropf optimistischer Finanziers.

Doch es gibt eben auch die Erfolgsstorys, neben Genentech vor allem die von „Amgen". Interessanterweise erwähnte Rosenfeld sie nicht. Wohl deshalb, weil das Unternehmen damals ein Biotech-Baby war, für Investoren und Journalisten schwer zu erkennen im Wirrwarr der Visionäre. Und doch fahndeten Amgens Wissenschaftler damals im Wettlauf mit fünf weiteren Firmen nach einem seltenen Hormon, das im Knochenmark dafür sorgt, dass sich bei Sauerstoffmangel vermehrt rote Blutkörperchen bilden. Das heute gentechnisch hergestellte Hormon Erythropoetin hat sich weltweit zum Topseller unter den Medikamenten für die Behandlung von Blutarmut entwickelt, es spülte Amgen 1999 allein 3,52 Milliarden Mark in die Kasse. Die Börsenkapitalisierung von Amgen in Höhe von 144 Milliarden Mark übertrifft die des Pharmamultis Bayer.

Weltweit sind inzwischen zwar über 100 per Gentechnik entwickelte Medikamente auf dem Markt, weitere 350 werden derzeit am Menschen getestet. Doch trotz dieser für Patienten greifbaren Erfolge sind die Genforscher bei allem Optimismus bescheidener geworden. Viele der damals als körpereigene Wunderwaffen gepriesenen Präparate floppten in der Klinik aufgrund schwerer Nebenwirkungen, Antikörper als Therapeutika werden erst seit kurzem nach vielen vergeblichen Anläufen in der Klinik angewandt. Hinzu kommt, dass sich Krankheiten wie Krebs, Herzinfarkt oder Alzheimer als äußerst komplex in ihren molekularen Ursachen erwiesen. Die Vision der totalen Verfügbarkeit von Leben scheitert bis heute an dessen atemraubender Komplexität. Diese Komplexität war schon 1982 spürbar, als Forscher in GEO über springende Gene rätselten oder über jene 97 Prozent des Erbgutes, in dem sich keine Gene, sondern nur strukturelle Informationen finden oder – wie es heute heißt – „Datenmüll" der Evolution. Beide Rätsel sind im Kern auch im Jahr 2000 ungelöst.

Womit wir bei der zweiten Prognose sind. 1989 schilderte der Wissenschaftsjournalist Stephen S. Hall in GEO die Debatte um das damals in seinen Geburtswehen liegende Human Genome Project. Heftig umstritten war, ob es wirklich sinnvoll ist, alle drei Milliarden Bausteine des menschlichen Erbguts zu entschlüsseln. „Das Projekt ist unterwegs und wird gemacht", zitierte Hall damals Leroy Hood, jenen Visionär, der mit seinen automatischen Genlesegeräten (Sequenzierern) das Erbgut des Menschen überhaupt erst entzifferbar gemacht hatte. 1990 fiel tatsächlich der Startschuss, und zehn Jahre später (nach Investitionen von rund sechs Milliarden Mark öffentlicher Forschungsgelder) ist erstmals ein menschliches Genom entschlüsselt, zumindest sind es jene 90 Prozent der Sequenz, die mit heutigen Methoden analysierbar sind. Ironischerweise hatte Hood damals Recht, als er vorhersagte, dass „mehrere Wege zum Gipfel" der vollständigen Entzifferung führen würden. Ein privater Konkurrent vollbrachte das Meisterstück tatsächlich zuerst. Statt mühsam Stück für Stück der genetischen Landkarte zu kartieren und zu lesen, lösten Craig Venter und seine Firma „Celera" das Genpuzzle mit raffinierter Software. Dass ausgerechnet die Bioinformatik und die rasant schnelle Bearbeitung gigantischer Datenmengen diesen Erfolg ermöglichten, war 1989 ebenso wenig vorherzusehen wie die Tatsache, dass das Projekt zehn oder auch vierzig Jahre früher vollendet war als damals von Experten in GEO prognostiziert.

Zwar ist das Genom des Menschen nun entziffert, entschlüsselt ist der Bauplan des Menschen damit allerdings keinesfalls. Der erstürmte Gipfel erweist sich als ein kleiner in einem Hochgebirge. Längst ertrinken Forscher in der Flut der von ihren automatisierten Sequenzierern produzierten Daten. Niemand behauptet mehr, er könne erklären, warum eine einzige Hefezelle 6000 Gene braucht, während sich die mit Gehirn und Flugapparat ausgestattete Fruchtfliege mit nur doppelt so vielen Erbanlagen zu begnügen scheint. Obwohl fast die komplette Sequenz vorliegt, werden sich die Gelehrten noch lange streiten, wie viele Gene denn nun überhaupt im menschlichen Erbgut codiert sind. Im Frühjahr 2000 schätzten manche die Zahl auf 40000, andere tippten auf bis zu 150000.

Wie sehr Forscher selbst an einfachen genetischen Zusammenhängen scheitern können, zeigt die Entwicklung der Gentherapie. Noch immer handelt es sich beim Versuch, mit Genen zu heilen, „um eine Frage des Wann, nicht des Ob", wie der umstrittene und erste Gentherapeut Martin Cline 1982 in GEO behauptete. Inzwischen ist das Feld aber um eine Erkenntnis reicher: Falsche Versprechungen sowie ein übertriebener Börsenhype können dem Wohl der Patienten mehr schaden als nutzen, einleuchtende Therapiekonzepte machen in der Praxis noch keine einfachen Therapien.

Überhaupt beherrscht das Thema Risiko die Gentechnikdiskussion wie kein zweites. Als Albert Rosenfeld im Jahr 1982 die Sorgen um die Sicherheit der Gentechnik im Labor zurückwies, dürfte er kaum erwartet haben, dass Experimente mit angeblichen Monsterpflanzen im Freiland wenig später umso heftiger diskutiert würden. Zwar wachsen inzwischen in den USA, China, Argentinien, Kanada und Brasilien Genmais und Gensoja auf Millionen von Hektar Ackerland. Doch vom Nutzen der Genkreationen sind die Verbraucher bisher nicht überzeugt, die Angst vor Gefahren der gentechnischen Saat sitzt tief. Auch deshalb, weil viele Visionen von damals gescheitert sind. Niemand kann bisher genetisch die Photosyntheserate steigern oder in Nutzpflanzen Gene übertragen, um Stickstoff aus der Luft statt aus teurem Dünger zu gewinnen. Auch jene berühmten, gentechnisch veränderten Öl fressenden Bakterien, die die Folgen von Tankerkatastrophen lindern sollten, sind bis heute in der Praxis bedeutungslos – es gibt viel bessere in der Natur. Zwar sind Hoffnungen geblieben, zugleich aber ist der Realismus gewachsen.

Für die öffentliche Debatte gilt das nicht, sie hat sich mit jedem technologischen Quantensprung intensiviert. Greifbarer, weil konkret erlebbar sind heute vor allem die „ethischen Zwickmühlen" (Rosenfeld). Zwei schon damals andiskutierte Beispiele sind längst Realität: Versicherungen verweigern genetischen Hochrisikopatienten Verträge, und Eltern selektieren Kinder ohne genetischen Makel im Labor. Es scheint also, als ob Gentests für die gegenwärtige Generation tatsächlich zu einer Routine-Angelegenheit werden, wie in GEO für die Jahre 2000 bis 2005 prophezeit. Entsprechend versuchen viele Staaten inzwischen, die Privatsphäre ihrer nun genetisch gläsernen Bürger auch in Zeiten zu wahren, in denen schon ein Haar intime Auskunft darüber geben kann, woran wir zukünftig erkranken werden oder ob wir eine Tat begangen haben. Auch wird versucht, die Folgen des Zusammenwachsens von Fortpflanzungsmedizin und Gentechnik zu kontrollieren.

Hunderte von Komitees und Gesetzesvorhaben diskutieren weltweit nahezu jeden denkbaren Aspekt, manche Techniken wie etwa das Klonen von Menschen werden schon am Patentamt verboten, bevor sie überhaupt entwickelt sind. Bleibt am Ende die Furcht vor unseren eigenen Wünschen nach Perfektion und Verbesserung. Was geschieht mit uns, wenn wir wirklich selbst zu Konstrukteuren zukünftigen Lebens werden können? Wollen wir Gesundheit um jeden Preis? Fragen wie diese werden die Ethikkommissionen noch lange beschäftigen – das Jahrhundert der Biotechnologie hat ja gerade erst begonnen.

Die Autoren

Der Chemiker **Klaus Bachmann**, Jahrgang 1958, hat mehrere Jahre für GEO Wissen gearbeitet und ist jetzt GEO-Redakteur. Seine Themenschwerpunkte sind Biomedizin, Ökologie und Evolution.

Nach ihrem Biologiestudium absolvierte **Rafaela von Bredow**, Jahrgang 1967, eine journalistische Ausbildung an der Henri-Nannen-Schule und wurde Redakteurin bei GEO. Heute arbeitet sie für den *Spiegel*.

Der promovierte Biologe **Henning Engeln**, Jahrgang 1954, war von 1990 bis 2000 Redakteur bei GEO, wo er die Rubrik GEOskop betreute, und arbeitet jetzt als freier Wissenschaftsjournalist in Hamburg. Seine Themenschwerpunkte sind Evolution und Astronomie.

Joachim E. Fischer, Jahrgang 1957, ist seit 1992 Oberarzt an der Universitäts-Kinderklinik Zürich und Privatdozent für Pädiatrie an der ETH Zürich. Außer seinem Medizinstudium hat er eine Ausbildung zum Familientherapeuten absolviert und über Stressbewältigung geforscht. Neben Artikeln für GEO hat er das Buch *Die Medizin* in der GEO-Bibliothek geschrieben.

Stephen S. Hall, Jahrgang 1951, schreibt biomedizinische Kolumnen für die *New York Times* und das *Technology Review Magazine*.

Irene von Hardenberg, Jahrgang 1954, gab ihr GEO-Debüt 1989 unter ihrem früheren Namen Irene Mayer-List. Die ehemalige *Zeit*-Redakteurin bearbeitet heute als freie Autorin hauptsächlich wirtschaftliche und wissenschaftliche Themen.

Uta Henschel, Jahrgang 1941, studierte deutsche und englische Literatur und arbeitete für *Time-Life,* bevor sie 1978 als GEO-Redakteurin begann. Ihre Hauptinteressen liegen im Bereich der biologischen Grundlagen menschlichen und tierischen Verhaltens.

Stefan Klein, Jahrgang 1965, war Redakteur beim *Spiegel* und bei GEO. Jetzt arbeitet er als freier Wissenschaftsautor. Sein Buch *Die Tagebücher der Schöpfung* ist bei dtv erschienen.

Der Jurist und Kulturjournalist **Erwin Koch**, Jahrgang 1956, war von 1984 bis 1990 Redakteur beim Züricher *Tages-Anzeiger-Magazin* und arbeitet heute als Reporter beim *Spiegel*. Er ist zweifacher Träger des Kisch-Preises (1988 und 1996) und des Zürcher Journalistenpreises (1992 und 1995). Koch lebt in Hitzkirch in der Schweiz.

Michael O. R. Kröher, Jahrgang 1956, ist examinierter Mediziner und seit 1999 Redakteur für wissenschaftliche und wirtschaftliche Trendthemen beim *Manager Magazin*. Schon während des Studiums hat er als Proband an wissenschaftlichen Versuchen teilgenommen – die damals im Vergleich zu den geschilderten besser überwacht und schlechter bezahlt wurden.

Die promovierte Biochemikerin **Hania Luczak**, Jahrgang 1955, war Redakteurin der *Süddeutschen Zeitung*, bevor sie 1990 zu GEO kam. Die mehrfach ausgezeichnete Journalistin (Aids-Preis 1989, Journalistenpreis der Deutschen Krankenhausgesellschaft 1992 und Joseph-Roth-Preis 1994) bearbeitet vorwiegend Themen aus Biowissenschaft, Medizin und Psychologie.

Harald Martenstein, Jahrgang 1953, ist Leitender Redakteur beim Berliner *Tagesspiegel* und war Ressortleiter für Kultur bei der Münchner *Abendzeitung*. Seit 1991 schreibt er regelmäßig für GEO.

Robert McCrum, Jahrgang 1953, war Cheflektor bei Faber & Faber und arbeitet gegenwärtig als Literaturredakteur für den Londoner *Observer*. Sein Buch über das erste Jahr nach seinem Schlaganfall ist 1998 beim Berlin-Verlag unter dem Titel *Mein Jahr draußen* erschienen.

Der mehrfach preisgekrönte Autor und promovierte Neurobiologe **Franz Mechsner**, Jahrgang 1953, war GEO-Redakteur und freier Wissenschaftsjournalist. Jetzt ist er Forscher am Max-Planck-Institut für Psychologische Forschung in München.

Ines Possemeyer, Jahrgang 1968, hat Literaturwissenschaft, Politologie und Volkswirtschaft studiert. An der Henri-Nannen-Schule journalistisch ausgebildet, arbeitet sie als freie Journalistin und Redakteurin für GEO. Ihr Beitrag zur Hirnstrom-Kommunikation wurde 1999 mit dem Heureka-Journalistenpreis ausgezeichnet und für den Kisch-Preis nominiert.

Johanna Romberg, Jahrgang 1958, hat in Köln Musik studiert und begann ihre journalistische Karriere als Musikkritikerin bei der *Neuen Ruhrzeitung* in Essen. Nach einem Gastspiel als Kulturredakteurin beim *Stern* wurde sie 1987 Redakteurin bei GEO. Ihre mehrfach ausgezeichneten Reportagen (Kisch-Preis 1987 und 1993) beschäftigen sich mit „Menschen und was in ihren Köpfen vorgeht".

Albert Rosenfeld, Jahrgang 1920, ist emeritierter Professor für Biochemie und lebt als Publizist in der Nähe von New York.

Oliver Sacks, Jahrgang 1933, wurde mit 33 Jahren Professor für Nervenheilkunde am Albert Einstein College of Medicine. Seine neurologischen Fallbeschreibungen wurden zu großen Bucherfolgen *(Der Mann, der seine Frau mit einem Hut verwechselte)* und dienten als Vorlage für Verfilmungen *(Zeit des Erwachens)*.

Hermann Schreiber, Jahrgang 1929, war Redakteur bei der *Stuttgarter Zeitung* und Reporter des *Spiegel,* ehe er 1979 Chefreporter bei GEO wurde. Als Chefredakteur leitete er die GEO-Redaktion von 1987 bis 1992; daneben moderierte er die NDR-Talkshow (von 1981 bis 1993). Er ist Autor mehrerer Sachbücher (u. a. *Das gute Ende. Wider die Abschaffung des Todes)*.

Helge Sieger, Jahrgang 1965, ist Biologe, freier Wissenschaftsautor und Medienberater. Zu seinen Themenschwerpunkten gehören neben Biowissenschaften und Medizin auch Verhaltensforschung und Kulturarbeit.

Volker Stollorz, Jahrgang 1964, hat Biologie und Philosophie studiert. Der Stipendiat der Robert-Bosch-Stiftung für Wissenschaftsjournalismus war von 1993 bis 1998 Wissenschaftsredakteur bei der *Woche*. Seitdem arbeitet er als freier Journalist.

Hanne Tügel, Jahrgang 1953, war freie Autorin und Redakteurin bei der *Woche,* ehe sie 1995 zu GEO kam. Ihre mehrfach prämierten Publikationen (Joseph-Roth-Preis 1989, RWTH-Preis 1997, Journalistenpreis für Entwicklungspolitik 1997) beschäftigen sich insbesondere mit der Schnittstelle zwischen Wissenschaft, Umwelt und Gesellschaft.

Der Meeresbiologe und Wissenschaftsjournalist **Andreas Weber**, Jahrgang 1967, hat mehrfach für GEO geschrieben und interessiert sich heute besonders für biologische Erkenntnistheorie und das Verhältnis von Kunst und Natur.

Quellenverzeichnis

Die Beiträge dieses Bandes sind in folgenden Heften von GEO erschienen:

„Scherz, Witz, Humor und tiefere Bedeutung", von Irene von Hardenberg in Nr. 8/1997
„Warum wir alle Fehler machen", von Johanna Romberg in Nr. 2/1996
„Zu Rivalen geboren", von Uta Henschel in Nr. 9/1997
„Geschichten aus der Nacht", von Franz Mechsner in Nr. 2/1994
„Im Spital der taumelnden Seelen", von Hania Luczak in Nr. 5/1994
„Die Suche nach dem Ich", von Franz Mechsner in Nr. 2/1998
„Das kleine Leben des Philippe S.", von Joachim E. Fischer in Nr. Nr. 3/1999
„Leben von Geistes Hand", von Ines Possemeyer in Nr. 7/1999
„Ich bin ich, und ich bin viele" von Erwin Koch in Nr.11/1995
„Wenn ich Worte höre, dann sehe ich sie farbig geschrieben vor mir", von Klaus Bachmann in GEO-WISSEN „Sinne und Wahrnehmung", 9/1997
„Vom Es besessen", von Oliver Sacks in Nr. 6/1993
  Der Text von Oliver Sacks ist in einer geringfügig veränderten Fassung unter dem Titel „Das Leben eines Chirugen" (Deutsch von Hainer Kober) in dem Buch „Eine Anthropologin auf dem Mars. Sieben paradoxe Geschichten" im Rowohlt Verlag, Reinbek 1985, erschienen.
„Sprich, damit ich dich sehe", von Johanna Romberg in Nr. 12/1998
„Seid verschlungen, Millionen", von Helge Sieger in Nr. 6/1995
„Urstrom des Lebens", von Rafaela von Bredow in Nr. 11/1997
„Viel mehr als eine Hülle", von Albert Rosenfeld in Nr. 1/1988
„Der Stoff, aus dem die Pfunde sind", von Hania Luczak in Nr. 6/1999
„Und immer ist die Nacht zu kurz", von Andreas Weber in Nr. 4/1999
„Auf dem Prüfstand – Betriebssystem Mensch", von Hanne Tügel in Nr. 3/1996
„Die fatale Lust", von Harald Martenstein in Nr. 7/1995
„Man lebt nur zweimal", von Uta Henschel in Nr. 12/1999
„Als die Liebe auf die Welt kam", von Henning Engeln in Nr. 1/1997
„Der Kampf um eine Handvoll Leben", von Joachim E. Fischer in Nr. 11/1987
„Wettlauf gegen den Hirntod, von Robert McCrum in Nr. 5/1997
  Der Text von Robert McCrum ist in einer geringfügig veränderten Fassung in dem Buch „Mein Jahr Draussen. Wiederentdeckung des Lebens nach einem Schlaganfall" (Aus dem Englischen von Monika Schmalz) im Berlin Verlag, Berlin 1998, erschienen.
„Versuchskaninchen Mensch", von Michael O. R. Kröher in Nr. 8/1989
„Das fremde Ding in meiner Brust", von Hania Luczak in Nr. 12/1993
„Der Griff ins Menschenhirn", von Klaus Bachmann in Nr. 9/1996
„Techno sapiens", von Stefan Klein in Nr. 6/2000
„Komm, schöner Tod", von Hermann Schreiber in Nr. 9/1995
„Der entschlüsselte Mensch", von Stephen S. Hall in Nr. 10/1989
„Schöpfung aus der Schale", von Albert Rosenfeld in Nr. 2/1982

„Gentechnik im Rückspiegel" von Volker Stollorz (Originalbeitrag)